カリブ‐世界論

植民地主義に抗う複数の場所と歴史

Nakamura Takayuki
中村隆之

人文書院

カリブ-世界論　目次

第三章　脱植民地化運動の時代　151

グアドループ

グランド＝テール島
アンス＝ベルトラン
バス＝テール島
デジラード島
プティ＝カナル
サント＝ローズ
ムール
モル＝ナ＝ロ
サン＝タンヌ
サン＝フワンソワ
ポワン＝タ＝ピトル
プティト＝テール諸島
ブイヤント
スフリエール山
カペステール
サン＝クロード
マトゥーバ
バス＝テール
マリ＝ガラント島
トロワ＝リヴィエール
サント諸島
0 10 20km
グアドループ
マルティニック
ベネズエラ

マルティニック

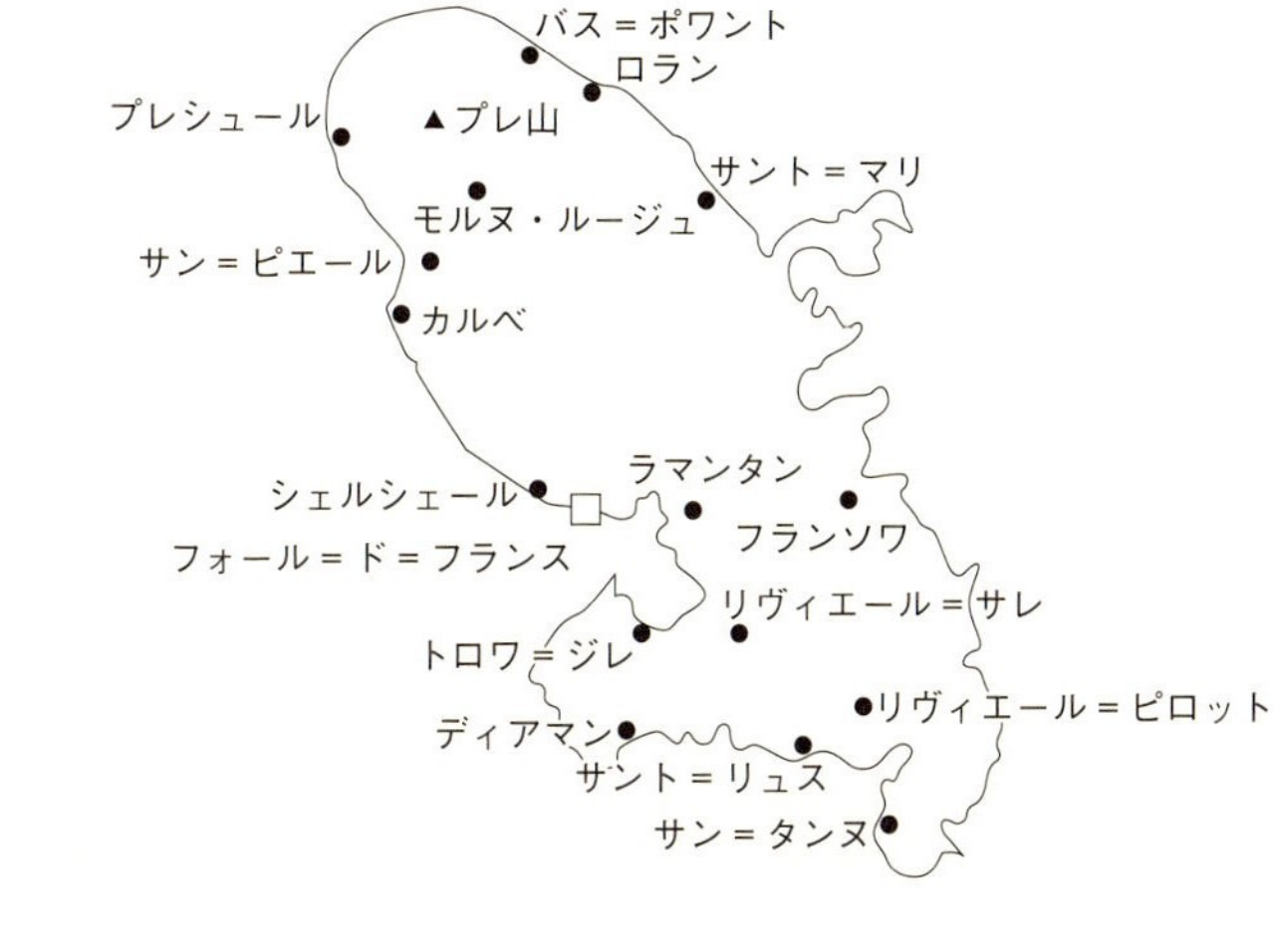
バス＝ポワント
ロラン
プレシュール
▲プレ山
サント＝マリ
モルヌ・ルージュ
サン＝ピエール
カルベ
ラマンタン
シェルシェール
フランソワ
フォール＝ド＝フランス
リヴィエール＝サレ
トロワ＝ジレ
リヴィエール＝ピロット
ディアマン
サント＝リュス
サン＝タンヌ
0
10
20km

カリブ–世界論

・本書の用語について

本書はカリブ海のフランス領マルティニック島およびグアドループ島をめぐって書かれる。カリブ海の島嶼地域全体を指す名称には、「アンティル諸島」および「西インド諸島」が用いられる。後者は英語圏で流通する呼称である。「アンティル諸島」は地理学で用いられる一方で、フランス語圏でも広く使用される。しかし、フランス語では、カリブの島々すべてのみならず、マルティニック、グアドループだけを指すさいにも「アンティル」と呼ぶことが多々ある。そこで、本書では、フランス領カリブを限定的に指す場合には、「アンティーユ」というフランス語読みを採用する。ただし、既訳からの引用に「アンティル」とある場合は訳文を尊重することにする。

また、マルティニック、グアドループ両島の地名には「ル・ラマンタン」や「ル・ロラン」など冠詞がつく場合がある。しかし現地では「ラマンタン」や「ロラン」など冠詞抜きで表記することも珍しくない。本書では煩雑さを避けるためにも地名の冠詞は省略した。

プロローグ

ゼネストという出来事

二〇〇九年一月二〇日は、バラク・オバマがアメリカ合衆国第四四代大統領に正式に就任した日だ。世界中の人びとがテレビ中継をつうじてアメリカ合衆国初の黒人大統領誕生を注目したこの日、フランスではあるゼネラルストライキが予告されていた。労働者の権利意識が総じて高いフランスのことだからゼネスト自体は驚くにあたらないかもしれない。だがこの日の呼びかけは、おそらくフランス国民一般にとって思いがけないことだった。人びとが普段はあまり意識することのない、カリブ海のフランス領が舞台であったからだ。

フランスがいまでも大洋に海外領を有していることをご存知だろうか。日本でも人気の観光地であるニューカレドニア、タヒチは南太平洋のフランス領だ。インド洋にはレユニオン島、カリブ海にはグアドループ島、マルティニック島、南米のギュイヤンヌ（フランス領ギアナ）がある。領土としては、北海道ほどの面積をもつギュイヤンヌをのぞけば、どれもが小さな島々だ。フランスは、南太平洋、インド洋、カリブ海という広域にわたって領土を保有することで、アメリカ合衆国に次いで世界第二位の排他的経済水域を確保している。また、これらの海外領にはいくつかの行政区分があり、カリブ海の三つの地域とレユニオン島は「海外県」として、フランスの各県と法律上は同等の地位にある。

しかし、海外県をはじめとしたフランス領は本土の人びとから普段は忘れられている。熱帯の島=リゾート地という紋切り型はフランスでも支配的だ。だからこそ、そうしたリゾート地でゼネストが起こるというのは、一般には予想外なのである。

ゼネストが第一に掲げたのは賃上げだった。具体的には、労働者の最低賃金の引き上げである。だが、それだけではない。ガソリン代、食費、水道・電気代といった、生活に直結するもろもろの価格の引き下げをも要求した。ようするに、物価高の生活に対するストライキだったのである。しかも、ゼネストはグアドループで始まり、その後、マルティニック、レユニオンにまで波及した。物価高に反対するこの運動に先立ち、ギュイヤンヌではガソリン代の値下げを求めた運送業者のストライキが打たれていた。だから、これは海外四県を巻き込んだゼネストだったといってよい。さらには、各地のゼネストはひと月以上におよんだ。規模の面でも期間の面でも途方もないこのゼネストは、「本土の外《ウートル・メール》」の存在をフランスのみならず世界に知らしめる希有の出来事だったのだ。

LKP

二〇〇九年一月二〇日、グアドループでゼネストを呼びかけたのは、Liyannaj Kont Pwofitasyon

（リヤンナジ・コント・プオフィタション）という労働組合連合だった。これは現地のクレオール語で名づけられた名前だ。リヤンナジという単語はクレオール語で「絆、連帯、団結」を表わす。一方、プオフィタションは「〜で得をする」を意味するフランス語の動詞に由来し、クレオール語でも「暴利をむさぼること」をいう。コントは「〜に対する」の意であるから、「過剰搾取反対連合」とでも訳せるだろう。Liyannaj Kont Pwofitasyon は、海外県ゼネストのシンボルとなった連合であり、その頭文字をとってＬＫＰ（エル・カ・ペ）とただちに呼ばれるようになった。

ＬＫＰは、燃油費の引き下げを求めた二〇〇八年一二月一六日の集会をへて、四八の労働組合、政党、文化団体によって結成された。その中心は、グアドループ最大の労働組合「グアドループ労働者総同盟」、通称ＵＧＴＧである。ＬＫＰの代表には、ＵＧＴＧの書記長を務めるエリ・ドモタが選ばれた。

フランスでストライキと交渉の動向が連日報道されるなか、エリ・ドモタはＬＫＰの「顔」として一躍有名になった。集会、デモ、交渉、どんな場面でも中心にいて運動を率いるドモタのイメージは、そのカリスマ性も手伝って、海外県ゼネストを象徴する人物として人びとの目に焼きついたはずだ。

ドモタとＬＫＰの戦いは、知事、市長協会、経営者団体を相手におこなわれた。合言葉は、低所得者層の労働者の最低賃金二〇〇ユーロの賃上げだ。物価高に対する運動は、住民の大きな共感を呼び、ピーク時には四万人以上がデモに参加したといわれる（デモの主催者側と警察側の発表はつねに食い違うが、そうしたことを踏まえて、あるルポルタージュは四万人が妥当な数字であるという(1)）。グアドループの人口は約四〇万人であるから、全人口の一〇分の一が参加したということになる。日本でいえば、一三〇〇万人規模のデモということになるだろうか。単純に比較することはできないが、労働組合の運動をはるかに超えた、島民全体を巻き込んだ運動だったことがわかるだろう。

この運動のあいだ、ガソリンスタンドが無期限ストに入り、運送業者が道路を封鎖したために、経済は完全に麻痺した。交通網が遮断されることで、島には物資が入らず、輸出も輸入もストップしたのだった。経営者側の損失は日に日に増すばかりである。とりわけ観光業は大打撃を受けた。というのも、カリブ海の海外県は一二月から四月にかけてハイシーズンであるからだ。この時期は乾季にあたり、いつも天気がよい。夏のクリスマスは北半球の人びとの憧れだろう。さらに二月にはカリブ海一番の祭りであるカーニヴァルがおこなわれる。こうしたことからこの時期が観光業にとって書き入れ時なのだが、ゼネストを理由に渡航のキャンセルが相次いだ。

もちろんこの間、住民側も大きな痛手を負うことになった。なぜならガソリンは買えず（海外県は車社会である）、スーパーの閉店で食料は手に入らず、普段どおりの生活がすっかり営めなくなってしまったからだ。自分の暮らす町や地方で、ひと月以上、生活必需品がほとんど買えなくなってしまう、そうした事態がこの場所で起こったのだ。

それでも、多数の住民はＬＫＰを支持し続けた。交渉の場所となった県庁には、多くのスト参加者、デモ参加者が集まり、太鼓のリズムにあわせてメッセージ・ソングを唱和して、二〇〇ユーロの賃上げを支持した。

グアドループはわれわれのもの、グアドループはやつらのものじゃない（La Gwadloup sé ta nou, la Gwadeloup sé pa ta yo)。

これは、このゼネストをとおして有名になったリフレインだ。リフレインは伝播し、やがて二〇〇九年二月五日からはじまるマルティニックのゼネストでも、「マルティニックはわれわれのもの、マルティニックはやつらのものじゃない」という替え歌がうたわれ、物価高に抗議する運動を精神面で支えた。

「高度必需品宣言」

グアドループ、次いでマルティニックでゼネストが継続するなか、フランス領カリブ海の知識人たちが、フランスの日刊紙『ル・モンド』に声明文を発表した。二〇〇九年二月一六日のことである。「高度必需品宣言」という一見奇妙な表題をもつ声明文は、ゼネストを全面的に擁護しながら、この社会運動がたんに一地域にとどまらないことを、すなわち、現代世界が直面する課題それじたいがこの大衆運動のなかで問われていることを世界の人びとに向けて訴えた(2)。

署名者は九人。その多くはマルティニック出身で、中心人物は二人の作家だ。ひとりはエドゥアール・グリッサン（一九二八―二〇一一）。マルティニック生まれのフランス語圏カリブ海を代表する世界的な詩人であり思想家である。もうひとりは、グリッサンを師と仰ぐ、現代カリブ海フランス語文学の旗手パトリック・シャモワゾー（一九五三年生）だ。

署名者たちの分析によれば、このゼネストはたんに物価高に対抗するだけでなく、物価高を生み出してきた社会構造それ自体を問うものだ。たしかに、物価高の問題（とくに燃油費の値上げ）は、世界金融危機による国際的経済不況を直接の背景にしている。だが、価格の高騰はここ数年来のことではなく、この地域が一九四六年にフランスの県になる以前からそうだった。さらに見ていけば、二〇〇九年の社会運動にいたるまでに、グアドループでもマルティニックでも賃上げストライキや「暴動」は間欠的に起きてきた。つまり物価高への抗議は古くて新しい異議申し立てなのだ。

この古くからの異議申し立てが、価格の高騰という局面によって、一九四六年以来の未曾有の大運動となったことを受けて、グリッサンやシャモワゾーたちは、この運動のうちに現代世界の経済に対する通念や価値観を揺さぶり、これを乗り越える可能性を認めようとした。

マルティニックにしろ、グアドループにしろ、熱帯の豊かな自然があるにもかかわらず、今日の生活形態の基本は消費にある。フランス本土からの輸入品を買うことで生活の大部分が成り立っているのだ。遠方から輸入しているために輸送コストがかかることが物価高の要因のひとつなのだが、グリッサンやシャモワゾーたちによれば、このゼネストの要求はそうした商品を購入するための最低賃金の引き上げ以上でなくてはならない。すなわち、商品を消費し続けるという構造を強いるもの——資本主義というシステムに対する異議申し立てであるべきなのだ。「高度必需品」と著者たちが呼ぶのは、現代人が「最低必需品」と呼ぶ、生きるために必要な商品という観念を超えるものだ。生産と消費のサイクルのなかに否応なく巻き込まれ、それ以外の生活形態は存在しないという暗黙の価値観と感性を問いなおすことが「高度必需」という考えには込められている。

「高度必需」とは、一言でいえば、もうひとつの世界、もうひとつの社会の希求である。資本主義社会でも、国民国家でもない、新しい社会体への希望。こうした希望は現在世界各地でさまざまなかたちで語られているが、これがカリブ海発のゼネストのなかで発せられたというのは意義深い。なぜなら、カリブ海は、のちに見るように、資本主義システムの発展と切っても切り離せない地域であるからだ。さらには、カリブ海のフランス領は、一九五〇年代に高まる脱植民地化運動のなかで、独立を果たせなかった地域である。国家に一度もなったことがなく、その時機を逸した場所であるからこそ、独立問題は従来とは異なるかたちで問われてくる。

本書の試み

本書は、二〇〇九年のフランス海外県ゼネストのインパクトに端を発している。この出来事は、フランス海外県の新たな局面を印した。その象徴性でいえば、フランスの「六八年五月」と比すことができるだろうし、物価高や失業問題を背景にしている点ではチュニジアの「ジャスミン革命」との共通点も指摘できるだろう。もっとも、国際情勢に直結するアラブの出来事に比べればカリブの出来事はまだあまり知られていない。本書の第一の目的は、この知られざる社会運動の射程と拡がりを提示することである。

ただし、そのためには、このゼネストの経過を記述するだけでは不十分だ。なぜなら、たとえゼネストの直接の契機が二〇〇七年以降の世界金融危機にあるとしても、物価高や失業問題はそれ以前から長らく存在してきたからである。むしろそうした長年の不満が二〇〇九年に一挙に爆発したと捉えるべきだろう。だとすれば、フランス海外県の特殊な政治的・経済的状況を知る必要がある。ゼネスト終結から現在にいたるまで、この出来事をめぐる多くの本がフランス語で出版され、雑誌上では特集が何度か組まれている[3]。それらが示唆するのは、このゼネストに先行する、大小さまざまなストライキ、反体制運動や政治闘争だ。その一連の系譜のうちにゼネストを位置づける視点も重要だろう。

もちろん、労働者の運動と同様に、知識人の社会参加についても多くを語らなければならない。のちほど見るように、反体制運動には多くの学生や知識人がかかわってきた。「高度必需品宣言」のように、政治家や文学者は、これまでもそれぞれの立場から自分たちを取り巻く状況について発言をしてきたのだった。とくに、旧宗主国に対して、共産主義に対してどのような立場をとるかという問いや、「独立」と「同化」をめぐる政治的主題は、カリブ海では深く入り組んだかたちで展開されてきた。普段知られる機会の少ないフランス語圏カリブ海の歴史的展開をさまざまな角度からたどることが、本書のもうひとつのねらいである。

注

(1) Frédéric Gircour et Nicolas Rey, *LKP, Guadeloupe : le mouvement des 44 jours*, Paris, Syllepse, 2010, p. 16.
(2) 「高度必需品宣言」は『思想』一〇三七号(二〇一〇年九月号)に拙訳で掲載されている。
(3) フランスの雑誌では、左翼系批評誌『コントル・タン(反時代)』がいち早くこの運動を取りあげた。L

KPの主要メンバー、アレックス・ロリアのインタビュー（聞き手はダニエル・ベンサイード）が収められている。その後『エスプリ（精神）』誌二〇〇九年八月―九月号で「エメ・セゼールのアンティーユ」という小特集が組まれた。『ル・モンド（世界）』誌の号外シリーズでは二〇一〇年に総特集号が発売され、さらに二〇一一年の『レ・タン・モデルヌ（現代）』誌六六二―六六三号（二〇一一年一月―三月号）では四〇〇頁以上のゼネスト特集が組まれた。単行本にかんしては詳しくは巻末書誌であげることにして、タイトルと刊行年だけを挙げておこう。『ゼネストするグアドループとマルティニック』（二〇〇九）、『立ち上がるマルティニック』（二〇〇九）、『アンティーユ革命』（二〇〇九）、『すべての始まりの季節』（二〇〇九）、『誰がエリ・ドモタ氏を知らないというのだ』（二〇〇九）、『激動のグアドループ』（二〇〇九）、『フランス海外領土の危機』（二〇〇九）、『LKP』（二〇一〇）、『怒れるアンティーユ』（二〇一〇）、『グアドループ研究一一号　爆発から問いかけへ』（二〇一一）。

第一章　植民地と海外県、その断絶と連続

1　「カリブ海のフランス」という問題

小さな場所

マルティニックとグアドループはカリブ海の小さな島々だ。マルティニックの面積は約一一二八平方キロメートルであり、日本語話者に身近なところでは、沖縄島（約一二〇八平方キロ）ほどの大きさだといっていい。現在の人口は四〇万人程度で、沖縄島の人口の約三分の一である。

マルティニックはひとつの島だといえるが、グアドループは小さな群島をなしている。本島は蝶のかたちをしたバス＝テール島（低い陸地）とグランド＝テール島（大きな陸地）のふたつからなり、マリ＝ガラント島、サント諸島、デジラード島、プティト＝テール諸島（小さな陸地）が離島をなしている。面積は本島が約一四三八平方キロで、すべての島をあわせると一七〇二平方キロほ

どの大きさだ。人口はやはり四〇万人程度で、マルティニックよりも若干だが規模は大きい。

地理学的に、このふたつの「島」をふくめたカリブ海東南部に点在する列島は「小アンティル諸島」と呼ばれる。対して、キューバ島、エスパニョーラ島（スペイン語表記。現在のハイチおよびドミニカ共和国）、ジャマイカ島、プエルトリコ島といった西北部の比較的大きな島々は「大アンティル諸島」と総称される。これらカリブ海の島々は熱帯気候に属し、気温は年中高く、雨季と乾季の時期がある。[1]

こうした地理的特性から、カリブ海は観光地として一般に人気が高い。緯度の高い地域に住む人びとにとって冬の季節を熱帯地方で過ごせるのは嬉しいことだろうし、強烈な陽射しでカラフルに彩られた町並みや自然はエキゾチックな美を感じさせることだろう。青く透きとおった海、白い砂浜、ココヤシの木といった南国リゾートへの期待どおりのイメージをカリブ海は裏切らない。

実際、カリブ海の島々の多くは観光を重要な産業のひとつにしている。マルティニックとグアドループも例外ではない。パリから飛行機で八時間かかる、物理的にも心理的にもまさに「異国」であるこれらの島々は、フランス本土向けの観光地だ。クリスマスから四月末にかけてのハイシーズンにはマリンブルーの海と熱帯の自然を求めて来る観光客で賑わう。

グアドループの北に位置するアンティーガ（アンティグア）という英語圏の島はなかでも観光を主産業にしている。この島で生まれ育った英語表現作家ジャメイカ・キンケイド（一九四九年生）に『小さな場所』（旦敬介訳、平凡社、一九九七年〔原著一九八八年〕）と題された自伝的評論がある。著者にとって、アンティーガは観光地ではなく生まれた土地だ。人口数万人の小さな島。アメリカ合衆国やイギリスの観光客にしてみれば、数ある美しい島のひとつにすぎないだろう。だがキンケイドは観光客には見えない隠された現実を提示する。しかもその提示の仕方は生易しいものではない。観光客としてこの島にいずれ訪れるかもしれない英語圏の読者に「あなた」と呼びかけながら、「あなた」の無邪気な振舞や素朴な感慨が、どれほどアンティーガの現実を無視したものなのかを鋭く突きつけるのである。「あなた」はアンティーガにはそれほど興味をもたず、自分が求める南国リゾートをただただ満喫している。そこで暮らす人びとのことなど一切考えず、島の歴史と文化についてあえて知ろうともしない。「あなた」は島を「消費」するだけの存在なのだ。

ジャメイカ・キンケイドの言葉はあまりに強烈だ。直接呼びかけられていないとしても、その呼びかけから逃れることを許さないような衝撃力をもっている。「小さな場所」からのこの言葉は、ひとりキンケイドだけのものでなく、「観光地」に暮らす人びとの、やり場のない思いを代弁しているように思えてならない。(2) ハワイ、ニューカレドニア、タヒチ、オキナワ。カリブ海と同じく太平洋の島々もまた「小さな場所」だ。

カリブ海のフランス

キンケイドが代弁しようとするのは、島から外に出て余暇を楽しむような経済力も時間もない、そう言ってよければ、底辺で暮らす人びとの思いである。もちろん、カリブ海住民のすべてが同じ境遇にあるのではなく、それぞれの島のあいだにも、島のうちにも無数の差異があるわけで、島の外に出て余暇を楽しめる人びとも当然ながら存在する。その意味では、マルティニックとグアドループは、カリブ海のなかでは比較的裕福な方だといわねばならない。ふたつの島はフランス領であることによってヨーロッパ経済圏に組み込まれている。通貨はユーロだ。カリブ海のフランス、カリブ海のヨーロッパとして、マルティニックとグアドループには、「世界最貧国」と呼ばれるハイチや、近隣の島から移住を求める人びとがあとを絶たない。

しかしながら、このふたつの島に暮らす人びとが全般的に裕福かというとそうではなく、貧富の差は明白に存在する。政府系機関である海外県発券機関（ＩＥＤＯＭ）の二〇〇八年の調査では、各海外県の失業率は二割を超えるという。フランス本土の失業率が七・八％であるのに対し、グアドループの失業率は二二・七〇％、マルティニックのそれは二一・二〇％におよぶ。さらに一五歳から二四歳の若者の失業率を見た場合、グアドループでは五五・七〇％、マルティニックでは四七・八〇％にまで達している(3)。

現在、マルティニックとグアドループの主要な農作物はバナナである。フランス本土で流通しているバナナは基本的に海外県で生産されている。しかし、バナナをのぞけば、これらの島を代表する産品はラム酒しか残らない。天然資源もなく、観光業とバナナ栽培以外にはさしたる産業も育っていないのが現状である。しかも、慢性的な失業を解消することもできない。そのような島が決定的な貧困に陥らない主たる理由はただひとつ、いまもなおフランス領だからである。

これらの島がフランスの一部であることは、経済面で見た場合、決定的である。慢性的な失業状態にあっても人が飢えないのは、フランス政府から毎年一定の補助金が社会保障の名のもとで供出されるからである。マルティニックとグアドループの産品は限られている以上、生活必需品の大半は輸入に頼らざるをえない。スーパーの商品から自動車にいたるまで、大部分はフランスからの輸入品である。バナナ産業が成り立つのも、フランス政府が自国のバナナを保護して本土のバナナ市場をほぼ独占させる政策をとっているからである。観光が成り立つのも、フランス本土から「南国リゾート」を求めて観光客がやって来るからである。つまるところ、マルティニックもグアドループも経済面においてフランスに全面的に依存しているのである。

のちに見るように、この経済的従属関係は宗主国と植民地との関係そのものである。一九四六年の県制施行法以降、政治的ステイタスとしては、マルティニックとグアドループはもはや植民地ではないはずだ。しかし、フランスが元植民地の通商権を「独占」するという点で、これらの島は依然として植民地的構造を脱していない。

こうした関係を打開する抜本的な政治的選択は独立である。本書をつうじて示すように、戦後のマルティニック、グアドループにおいて、知識人および学生を中心とした政治運動に賭けられていたのは独立だった。しかしその一方で、独立という選択は、島民の不安の対象でもあった。経済基盤の脆弱なマルティニックとグアドループがフランスから離れれば、たちまち「最貧国」になるかもしれない。ハイチを見よ。「世界初の黒人共和国」という栄光の代価として手に入れたのは独裁と貧困ではないか。独立後のアフリカを見よ……。

それゆえ、マルティニックもグアドループも政治的独立を経験しないまま今日にいたっている。知識階級を中心とした一部の人びとには、いまなお独立は捨てることのできない希望であり続けている。独立を信条としながらも、この政治的選択を今日では非現実的であると見る人びともいる。

独立よりも自治権の拡大を求めるべきだという意見もあれば、共和国フランスを「母なる祖国」と思い続ける人たちもいる。いずれにせよ、現実的な考えとして優勢なのはフランスとの関係を保ち続けることに変わりはない。

しかし、このことは打算的に割り切れる話ではない。フランス本土への依存と帰属をとおして、これらの島はたしかに見かけのうえでは経済的にも政治的にも安定を保っている。とはいえ、やはり解消できない矛盾がそこにはある。歴史を遡れば、島の住民の大半の子孫は、アフリカから連れてこられた奴隷の血を引いている。県制施行法が成立する一九四六年まで、三世紀以上にわたってフランスの植民地だった場所である。グアドループの哲学者ジャッキー・ダオメ（一九四四年生）も指摘するように、島の人びとは、存在論的居心地の悪さとでも呼ぶべきアイデンティティをめぐる葛藤を心中に抱えている(4)。アイデンティティの問題は、知識人の発言をとおして主に提示されるが、たとえ表立ってそう言表されない労働者のストライキにおいても、このことは潜在的に問われている。

植民地としての海外県

プロローグで述べたとおり、本書の主要な課題は、二〇〇九年の海外県ゼネストの社会運動の射程と拡がりを示すことであり、そのためには、長期的な視座から、ゼネストへいたった諸要因を捉える必要があると考えている。とくに本書で扱うのは、海外県以降の両島における社会運動と知識人の歴史である。その歴史的展開については第二章以降で詳しくたどることにして、最初の章にあたる本章では、海外県問題の背景を提示することを目的にしている。

海外県問題には主に三つの見方がある。ひとつは海外県に肯定的な共和主義の立場からのもので、フランスの県となったにもかかわらず、本土との実質的格差が是正されないことが問題となる。この場合、解決策はフランスへの同化要求というかたちをとる。一方、海外県に否定的な立場からは海外県問題の解決として独立を主張する。この場合、海外県問題は構造的なものと考えられる。自治要求はこの中間形態と見なすことができ、フランス共和国の一部を構成しつつも、一定の政治的・経済的な自律性を求める。また、海外県問題の捉え方には共和主義者と独立派双方の見方が混在しているといえる。

本書における海外県問題の捉え方は独立派に近い。海外県は植民地であるとする捉え方である。もちろんこれは極論であり、単純な見解だという誹りを免れない。しかし、共和主義的な立場が海外県と植民地との断絶を強調するのに対して、独立派の見解は、海外県を植民地との連続において捉える。すなわち、県化後も植民地問題は依然として継続していると考える。

実際、植民地時代の痕跡は、フランス海外県となって久しいいまでも人びとの生活や風景のなかに見出せる。その最たるものは奴隷制である。フランス領において奴隷制が廃止されたのは一八四八年のことであり、現在から見てまだ一六〇年しか経っていない。それに対して奴隷制はこれらの島で二世紀以上にわたって続けられた。現在、奴隷制を直接体験した人びとはもはやいないにせよ、サトウキビ労働の風景は二〇世紀中盤にはいまだ日常的であり、現在でもサトウキビ畑の風景は部分的に残っている。奴隷制の記憶は海外県以後も人びとのうちに保持されており、奴隷制と奴隷貿易を「人道に対する罪」と規定した「トビラ法」以降、この記憶はますますその重要性を帯びてきている。[5]

その一方で、ほとんど風化してしまった記憶もある。コロンブスによる「発見」以前にこれらの島々に住んでいた先住民の記憶だ。ヨーロッパ人の入植の過程で「殲滅《せんめつ》」に追いやられてしまったため、先住民の痕跡はもはや多く残されていない。ヨーロッパ人の入植以降の歴史が五世紀であるのに対し、先住民はカリブ海地域に紀元前四世紀から住んでいたとされており、人類史の視点からすれば、いまでも先住民の歴史がカリブ海においてもっとも長いことになる。そのことを考えれば、海外県問題には一見直接関係のない先住民の記憶もまたここで想起しておくべきだろう。少なくとも、西洋によるカリブ海地域の「発見」から始まるこの地域の「歴史」の始点には先住民がいる。

次節では、海外県問題の背景に潜むこのような記憶を想起しておきたい。先住民の記憶まで遡ること、奴隷制の記憶をたどることとは、マルティニックとグアドループのみならずカリブ海全域にかかわる共通の経験を喚起することにつながるはずだ。ただし、記憶をたどるといっても「あるがままの過去」の再構成を試みるのではない。むしろ筆者が試みたいのは部分的・断片的な「ありえたかもしれない過去」を現在につながるかたちで想像することである。

ここで念頭に置いているのはマルティニック生まれの作家エドゥアール・グリッサンの考え方だ。グリッサンはカリブ海地域の風景には記憶が刻まれていると考えていた。

たとえば、海について。英語圏バルバドス島の詩人エドワード・カマウ・ブラスウェイト（一九三〇生）に「統一性は海底にある」という一文がある。[6] グリッサンはこの一文から大西洋の海底に沈んだ鉄球を幻視し、鉄球がアフリカの海岸からカリブ海地域の海岸へ連綿と続いているイメージを受けとった。この鉄球は、かつて奴隷船で運ばれた人びとに強いられたものであり、航海の最中に病気にかかったことから海に放り捨てられた者たちや、私掠船の追撃から逃れるために「積み荷」として捨てられた人びとの喩である。[7]

グリッサンの視点を介して見れば、カリブ海の風景は集合的記憶を保持している。風景はそれ自体としては何も語らない。白い砂浜も、一面に広がるサトウキビ畑も、鬱蒼と生い茂る森も、カリブ海のどこにでも見られる景観だ。しかしその黙する風景は、それ自体、何世紀あるいは何十世紀も持続してきた。その意味で海をふくめたあらゆる風景は歴史であるといえるだろう。

2　風景と痕跡

刻まれた岩

マルティニックの南部にサント＝リュス（聖リュス）という漁村がある。この漁村近郊のモントラヴァイユ森（「わが仕事」森）には「刻まれた岩《ロッシュ・グラヴェ》」と呼ばれる巨石がひっそり佇んでいる。人の力では持ち上げることのできないずっしりとしたその岩は、断面が平らに削り取られており、そこに人の顔に見える文様が刻まれている。子どもの落書きのようなそのデッサンは、しかし、この島に住んでいた人びとのもっとも古い記憶を保持している。

二〇〇五年、モントラヴァイユ森の「刻まれた岩」を訪れたことがある。この遺跡の存在を知ったのはマルティニックの作家パトリック・シャモワゾー（一九五三生）とラファエル・コンフィアン（一九五一生）の著作『クレオールとは何か』（西谷修訳、平凡社、一九九五年〔原著一九九一年〕）によってだった。フランス語圏カリブ海の文学を本格的に紹介したこの書で、著者たちは自分たちの文学の「始まり」をモントラヴァイユ森の「刻まれた岩」に据えたのだった。この遺跡は民家の庭らしきところにあり、その民家の主が遺跡の管理人だった。

「刻まれた岩」はグアドループにも存在する。バス＝テール島トロワ＝リヴィエール市（三本川）にあるこちらの方がモントラヴァイユ森よりも規模の面で上回っている。ここには何十もの「刻まれた岩」が保管されており、一九七五年から考古学公園として一般に開放されている。二〇一一年に訪れたさいは、ガイドの同行とともに一時間ほどかけて敷地内に点在する遺跡を見て回った。

図1　「刻まれた岩」（トロワ＝リヴィエール、グアドループ）

そこに刻まれている文様は一般に六つに分類されるといわれる。単純な顔、積み重ねられた顔、装飾された顔、囲まれた目（囲まれた目をもつ顔）、人物、動物である。しかし、それらが正確なところ何を意味するかはほとんどわかっていない。少なくともわかっているのは、このデッサンは紀元前三世紀か四世紀にまで遡る、先住民の記憶の痕跡であるということだ。

カリブ海の歴史を考える場合、一四九二年のコロンブス（一四五一—一五〇六）によるカリブ海地域の「発見」以前は「先史時代」——歴史学・考古学上の分類で「前コロンブス期」とされる。広く知られるとおり、西回り航路でアジアを目指したコロンブスは、これらの島々を「インディアス」（現在の東アジア一帯）だと思い込み、原住民をインディアスに住んでいる人と解して「インディオ」と呼んだのだった（英語でこの列島を「西インド諸島」と呼ぶのはその名残だ）。

先住民は岩に記憶を刻む術はもっていたが、ヨーロッパ人のような文字技術をもっておらず、より正確には、文字による記録手段をもつ必要がなかった。このため、たとえ憶測と誤解と偏見に満ちていようと、航海者、宣教師が当時残した書簡や日記が、先住民の生活や文化を知るための重要な手がかりとなってきた。

食人種の住む島々

ヨーロッパ人による記録に基づいて長らく信じられる人類学的区分によれば、カリブ海にはふたつの先住民がいた。ひとつはアラワク族と呼ばれる人びとだ。かれらは、中央アメリカを起源とし、アマゾン熱帯雨林で生活後、現在のベネズエラ北端に位置するパリア半島から、カリブ海の列島を北上し、各島に移住したという。アラワク族の移住は紀元前四世紀以降におこなわれたとされる（現在グアドループやマルティニックで確認される「刻まれた岩」はアラワク族が残したものだ）。とくに大アンティル諸島に集住したアラワク族（タイノ族と呼ばれる）は、七世紀以降、農耕文化の発展により、定住的な社会組織を作り出したといわれる。

一方、六世紀のあいだに、同じ経路でカリブ海を北上して移住していった集団がいる。これがカリブ海の語源ともなっている、カリブ族と呼ばれる人びとだ。この時期にはすでにアラワク族は主に大アンティル諸島に、カリブ族は小アンティル諸島に住んでいたといわれる。

コロンブスが第一次航海のさいに「発見」したのはエスパニョーラ島をはじめとする大アンティル諸島であり、そこでアラワク族（タイノ族）とされる人びとに出会った。かれらから聞いたこととして、コロンブスはカリブ族のことを次のように伝えている。

インディアスに入って二番目にあるクアリス島［カリブ島］にはとても獰猛な、人間の肉を喰う人種が住みついております。彼らは多数のカヌーを持っていて、インディアスの島々を渡り歩き、手当たり次第に盗みを働いております。彼らは他の島々の者より格好が悪いというわけではなく、ただ女のように髪を長くしているのです。（「計理官ルイス・デ・サンタンヘルへの書簡」『全航海の報告』林屋永吉訳、岩波文庫、二〇一一年、五六頁）(8)

これがカリブ族と呼ばれる人びとについての最古の記録のひとつである。しかし、この記述を鵜呑みにするわけにはいくまい。インディオとの最初の接触のさい、ヨーロッパ人はインディオの言語を解さなかったからである。コロンブス一行が見聞したことの真偽は定かではないものの、たしかに「人間の肉を喰う人種」が存在すると報告された。さらに、一四九三年、スペインからエスパニョーラ島に向かう途上で、小アンティル諸島を探索した第二次航海のとき、コロンブス一行はカリブ族と呼ばれる人びとに実際に遭遇している。場所はコロンブスがスペインのエストレマドゥーラ州にあるサンタ・マリア・デ・グアダルーペ修道院に因んで名づけた島、すなわちグアドループ島である。

この第二次航海の記録については、一九八五年に新資料が発見されるまで、コロンブス自身による報告は長らく存在しないとされてきた。したがって第二次航海に随行したチャンカ博士の書簡が「人間の肉を喰う人種」を実際に見聞した報告として知られてきた。

人間の肉は非常に美味で、これほどうまいものはこの世にないということでありますが、実際彼らの家で我々がみつけた骨は、かじれるだけかじってあり、固くてどうしても喰えないところだけしか残しておりません。一軒の家では、鍋で人間の首筋を煮ているのをみつけました。（「チャンカ博士がセビリャ市に送った書簡」『全航海の報告』前掲、七七頁）

この記述――引用は一部に過ぎない――は一見するとカリブ族が人食いであることを証明する決定的な証拠であるように思われる。しかも、一九八五年に発見されたコロンブス自身による第二次航海の報告はこの「食人種」カリブ族の実在を補強するものになるだろうか。

私がいまこの船に乗せて送っている人びとによって両陛下がのちほどご覧になりお知りになられますとおり、この島々はどこもかしこもカニバルのもので、この人食いの人びとが住んでいると聞きました。

この島［グアドループ島］には村は多くなく、さまざまな丘陵の斜面に点在しておりました。家々は大変良く、備蓄に溢れていました。男たちは、その大勢が森に逃亡してしまったため、わずかにしか遭遇せず、捕らえることができませんでした。女たちしか捕らえられませんでしたが、両陛下の多大な努力を払ってそうすることができたこの女たちを同じくお送りいたします。この女たちの打ち明け話によると、かの女たちは他の島々から連れてこられたそうで、私の考えではカリブ族はこの捕虜たちを妾と見なしていました。かの女たちはまた私に力を込めた合図でもってかれらが自分たちの夫、自分たちの息子・兄弟を食べたことを、また、かの女たちにも食べるように強いたことを報告しました。（「第二次航海の報告」[9]）

ここに書いてあるとおりであるとすれば、カリブ族と呼ばれる人びとは人食いであったことは疑いないだろう。それでも、疑問は多いに残る。まず何よりもカリブ族と呼ばれる人びとが記述の客体としてしか現われないことである。こうした記録が残っているという事実は、記録の正確性を保証するものではない。すでに述べたようにコロンブスは食人種の存在を伝聞でしか聞いておらず、その伝聞も通訳（解釈）を介している。チャンカ博士が目撃した骨が、人肉の結果であると断定できるのかも定かではない。一説には、カリブ族には葬送の儀式で人骨を焼くという習慣があったとされる。そうであるとすれば、儀礼用の容器を鍋と取り違えたという可能性も否定できない。いずれにしてもたしかであることは、コロンブス一行の誰も実際には食人行為を目撃しておらず、間接的証拠（伝聞や人骨）を手がかりに食人種の実在をほぼ確証する記録を残している、ということである。

食人行為の有無にこのようにこだわるのは「カリブ」という語にこの人食いのイメージが長らくつきまとってきたからである。人食いを意味する「カニバル」という語は「カリブ」から派生した。カリブ族のみならずカリブ海という名称自体に人食いのイメージが残響しているのである。

ピーター・ヒューム（一九四八年生）の『征服の修辞学』（岩尾龍太郎、本橋哲也、正木恒夫訳、法政大学出版局、一九九五年〔原著一九八六年〕）は、カリブ族およびカリブ海に刻印されたこの人食いのイメージが、ヨーロッパの植民地主義のイデオロギーと結びついてきたことを大胆かつ緻密に論じている。ヒュームが指摘するとおり、明らかに食人の象徴行為を有するカトリックの聖体拝領について、人はこれをカニバリズムとは呼ばない。聖体拝領を聖なるものとし、カニバリズムを野蛮な食人行為とする弁別はどのように作り出されたのか。ヒュームの仮説にしたがえば、ヨーロッパ・キリスト教世界が自己同一性を獲得してゆく過程で、その「他者」を表象するさいにカニバリズムが異端の習慣を意味するものとして機能した。こうしてカニバリズムとは「ある共同体がその他者との境界を明徴に標記するためにしばしば用いられる、人肉を獰猛に食らい尽くすイメージ」として、「ヨーロッパ植民地主義言説内部における完全な意味を獲得した」（『征服の修辞学』前掲、一一五頁）という。(10)

このヒュームの見解を踏まえれば、長らく信じられてきたアラワク族とカリブ族という人類学的区分もまた不確かなところを残すように思える。少なくとも、ふたつの先住民の対立的表象、すなわち、大アンティル諸島に住む平和を好み温厚なアラワク族（高貴な野蛮人）と、小アンティル諸島に住む攻撃的で人を食べるカリブ族（食人種）という表象は、ヨーロッパの集合心性をとおして作り出されたといえるだろう。

それゆえ、アラワク族とカリブ族の二項対立的把握には、それ自体、カニバリズムのイデオロギー的負荷がかかっている。最近の研究では、この紋切型は修正されており、アラワク族とカリブ族の対立性よりも類縁性が強調されている。グアドループの歴史家が編集した『カリブ海の歴史と文明』第一巻（二〇〇四年）は、アラワク族とカリブ族の対立的表象を批判しながらも、カリブ族のうちには儀礼的行為として人肉を食べる習慣があったとしている（すなわちコロンブスをはじめとするヨーロッパ人の記述を一定程度根拠としている）。『カリブ海の歴史と文明』では、一九三八年にドミニカ島でヨーロッパ人神父により聞き書きされた、カリブ族の起源物語が引用されており、その物語は、（1）カリブ族とアラワク族が血縁関係にあったこと、（2）ある事件をきっかけに両民族が反目し対立し合う関係になったことを説明している。[11] すなわち、この話は食人行為の儀礼性が復讐にあることを見事に説明しているわけだが、ある意味で出来すぎた話であるともいえ、この起源物語自体が作り話である可能性も否めない。

以上のように、カリブ海の先住民について知られていることはそれほど多くない。アラワク族が残したとされる「刻まれた岩」は何を物語るのか。解読されないその絵文字は、あたかもカリブ海の歴史それ自体であるかのようである。海が鉄球をつけて沈められた死者たちについて語らないように、「刻まれた岩」は黙したままそこにある。

サトウキビ畑

サトウキビ畑は今日でもマルティニックとグアドループに見られる風景である。サトウキビの背は高く、三メートルを優に超える。キビは竹のように固い。一般に植え付けから収穫までに一年あるいはそれ以上を要する。四月から五月に植え付けをすると、一二月には一面がサトウキビで覆われる。収穫は翌年の五月から七月にかけておこなわれる。一般に畑を焼いたあと、キビを鉈《なた》で伐採する。これをトラックに乗せて工場に持ってゆき、圧搾機にかけて「ヴズ」と呼ばれる搾り汁を採取し、さらに濾過する。砂糖（粗糖）を精製する場合、濾過したヴズを加熱して水分を蒸発させ結晶化させる、という製糖の工程を踏む。

しかし現在はどちらの島でも砂糖を作ることは少なく、サトウキビは主にラム酒製造に用いられる。ラム酒の場合には、ヴズを発酵タンクのなかで発酵させ、砂糖をアルコールに変えたのち、この砂糖酒を蒸留塔で蒸留させて、大樽のなかで寝かせる。醸造させる期間に応じて、ホワイトラムやダークラムになる。ホワイトラムのアルコール度数は一般に五〇度か五五度である。

図２　発酵タンク（アビタシオン・クレマン、マルティニック）

島ではラム酒は愛飲されており、なかには世界的に有名な銘柄もある(12)。クレオール式建築の家特有のテラスで、昼下がりから夜にかけて、友人や知人を迎えるときに人びとはよくラム酒

を飲む。ホワイトラムの一リットル瓶がテラスのテーブルに置かれ、多くの場合、ラム酒を注いだ小さなグラスに砂糖とライムを加える。「ティポンシュ」と呼ばれる日常の飲み方だ。

そもそもサトウキビはどこから来たのか。

サトウキビ発祥の地は現在のニューギニア島で紀元前八〇〇〇年から六〇〇〇年にかけて現在の東南アジア、インド、中国に広まったといわれている[13]。七世紀にペルシアから砂糖の精製法とともにイスラム世界に伝わり、八世紀以降にエジプトをはじめとするイスラム文化圏で栽培されるようになった。ヨーロッパにサトウキビが伝わったのは一一世紀末、十字軍を介してである。それ以前はヨーロッパにおける主な甘味料は糖蜜だった。サトウキビは寒さに弱いことから当時は地中海地域で栽培されたという。

サトウキビをカリブ海地域に持ち込んだのもやはりコロンブスである。インディアス発見の翌年におこなわれた一四九三年の第二次航海は、エスパニョーラ島への本格的な植民を目的としていた（この過程でグアドループ島を発見してカリブ族に遭遇した）。一七隻の船と約一五〇〇の人員を率いたこの航海で、コロンブスはエスパニョーラ島にサトウキビの苗を移植したのだった。その後、サトウキビの本格的栽培が取り組まれるとともに、メキシコ、ブラジルをふくめたカリブ海の各地域にも移植された。マルティニックとグアドループに持ち込まれたのは一六三五年、すなわち両島にフランス人が入植した年である（栽培が本格化するのは後述するように一七世紀後半以降）。別言すれば、カリブ海におけるサトウキビの移植はヨーロッパ人の植民地化と並行関係にある。

サトウキビ畑を耕し、収穫し、砂糖を精製するにはその技術もさることながら何より大量の労働力を必要とした。しかし、ヨーロッパ人の植民地化の過程ですでに多くの先住民が命を落とした。カトリック司祭バルトロメ・デ・ラス・カサス（一四八四―一五六六）は、一五五二年の報告書でスペイン人による「インディアスの破壊」について次のように記している。

> この［スペイン人入植以降］四〇年の間、また、今もなお、スペイン人たちはかつて人が見たことも読んだことも聞いたこともない種々様々な新しい残虐きわまりない手口を用いて、ひたすらインディオたちを斬り刻み、殺害し、苦しめ、拷問し、破滅へと追いやっている。例えば、われわれがはじめてエスパニョーラ島に上陸した時、島には約三〇〇万人のインディオが暮らしていたが、今では僅か二〇〇人ぐらいしか生き残っていないのである。（『インディアスの破壊についての簡潔な報告』染田秀藤訳、岩波文庫、一九七六年、一九―二〇頁）

このようにインディオは、スペイン軍との戦争で殺されたり、鉱山労働を強制されたり、植民者が持ち込んだ病気に感染するなどして「殲滅」へと追いやられていった。小アンティル諸島でも同様に、ヨーロッパ人との戦闘に敗れたカリブ族は消滅の一途をたどった。なかでもフランス人が最初に入植したグレナダ島には「跳躍者たちの丘陵《モルヌ・デ・ソトゥール》」と呼ばれた崖がある。文字通り殲滅へと追い込まれたカリブ族の最後の一団は、その崖から身投げしたと伝えられている。

インディオの「消滅」後、ヨーロッパ人はサトウキビ農園を経営するために労働力を他所に求めるようになった。最初に導入されたのは、白人移民である。その供給源は大まかにいって三種類あったといわれる。[14] 第一は、年季奉公人である。かれらは渡航費の免除の上で一定期間（主に三年間）植民地で労働に従事した。第二の供給源は、囚人、犯罪者で、国家の支援のもと、囚人労働の一環として植民地に移送された。第三は、宗教上あるいは政治上の敵である。イギリスでは本国の体制派の宗教を信奉しない者たちがバルバドス島に送られた。しかしながら、以上の白人労働力にはそれぞれ難点があり、最大の問題は砂糖生産に必要な分だけの労働力が確保できないことにあった。

そこで新たな労働力として注目されたのがアフリカの黒人だった。白人年季奉公人よりも安価であり、扱いやすく、何より大量に供給することができたからである。こうして一七世紀以降、かの悪名高い三角貿易が確立し、ヨーロッパ商人によって奴隷として買われたアフリカ人たちがカリブ海の植民地に次々と移送された。人びとは、積み荷として船倉に押しやられ数週間の過酷な航海を強いられたあと、ついにたどり着いた未知の土地で奴隷市場に連行され、サトウキビ農園の主人に買い取られる、という運命をたどった。

大邸宅と奴隷小屋

サトウキビ畑はカリブ海を決定づけてきた風景だ。数世紀にわたって続くこの風景は、カリブ海の人びとにとっては生まれながらにして与えられていた。一般にこの風景からそれほど遠くない場所に、奴隷たちが住む粗末な小屋が並び、その小屋の先には農園主の大邸宅がある。農園主はその広い敷地に風車、製糖所、厩舎から、大規模な農園になれば、管理職の屋敷や小売店などをもつ。奴隷の生活も、農園主の生活も、すべてこのサトウキビを生産する空間、すなわちプランテーションのなかで完結する。

プランテーションの風景については、ユーザン・パルシー監督（一九五八年生）の映画『マルチニックの少年』（一九八三年）が具体的なイメージを与えてくれる。[15] この映画はマルティニックの作家ジョゼフ・ゾベル（一九一五―二〇〇六）の自伝的小説『黒人小屋通り』（一九五〇年）を原作にしており、作家の分身であるジョゼ少年の成長をとおして、マルティニックの農村と都会を描いている。物語前半の舞台は「黒人小屋通り」と呼ばれる奴隷小屋の界隈だ。二〇世紀前半にはプランテーションの風景はまだ日常に残っていた。

黒人小屋通りは、丘の中腹に、等間隔で並んだ、およそ三ダースのトタン屋根で覆われた木製のあばら屋からなっている。丘の上には瓦葺きの、王座すなわち管理人《ジェルール》の屋敷があり、その妻は小売店を経営している。この「屋敷」と小屋通りのあいだに、会計係の小さな家、ラバの牧養場と肥料置き場がある。小屋通りの向こう側は一面、広大なサトウキビ畑、その果てに工場が現われる。[16]（『黒人小屋通り』）

ここでの屋敷は農園主のものでなく、農園主（工場主）のもとでプランテーションを取り仕切る白人の「管理人」（農園内の全仕事を管理・運営する上級の職務）のそれであるが、基本的構図は変わらない。すなわち、大邸宅と奴隷小屋がプランテーションにおいて主人と奴隷、所有者と労働者、白人と黒人という対照的な関係を空間的に表象しているのだ。

このことをいち早く論じたのはブラジルの社会人類学者ジルベルト・フレイレ（一九〇〇―一九八七）だった。フレイレはアメリカ合衆国深南部のプランテーション社会がブラジルのそれに類似していることを発見し、プランテーションを基盤にブラジル社会が成立したことを論じた『大邸宅《カザグランデ》と奴隷小屋《センザーラ》』（鈴木茂訳、日本経済評論社、二〇〇五年［原著一九三三年］）を著した。

ルイジアナ、アラバマ、ミシシッピ、南北カロライナ、ヴァージニア――いわゆる「深南部《ディープ・サウス》」、すなわち家父長制的な経済制度がブラジルの北部や南部のそれとほとんど同じ型の貴族階級とカザグランデ、奴隷とセンザーラを生み出した、そういう地方である。［……］生産と労働をめぐる技術――単一栽培《モノカルチャー》と奴隷制――の同じ影響が結合し、アンティル諸島やジャマイカ同様、あのアメリカ大陸のイギリス人の土地にも、われわれの間に見られるのと類似した社会的帰結がもたらされた。ときにはあまりにも似通っているので、言語や人種、宗教といった付属物にだけしか違いがないほどである。（『大邸宅と奴隷小屋（上）』前掲、四―五頁）

ジルベルト・フレイレのこの指摘は、ブラジルからカリブ海をへて深南部にいたる一帯が同一の物質的基盤を共有していた事実を喚起させるとともに、プランテーション文化圏とでも呼べる、それらの地域の文化的・社会的空間の共通性をも示唆している。フレイレはまた別の著作でノルデスチ（ブラジル北東部）のサトウキビ畑について語り、「民衆のポエジー」は「サトウキビの、その味、その匂い、その粘着に染まったままである」と表現している。(17)

たしかにサトウキビ畑の風景は民衆の労働と分かちがたく結びついている。『黒人小屋通り』にはジョゼ少年が大人たちの仕事の様子を感嘆しながら語る場面がある。労働歌にあわせて男たちはサトウキビを伐採し、女たちはキビを束ねる。

すべてが素晴らしかった。黒や小麦の色をした肌は半分むき出しで、垢だらけのぼろ着は光によって強められ、吹き出る汗は、背中を伝い胸に滲み、腕を振り下ろす動作のたびに大包丁が放つ一閃に応じて光っていた。背景音の類が足踏みされた藁によって積み重ねられ、「束ね紐」が後ろに投げられ、束ね女たちがこれをつかみ、一〇本一束に縛り、一〇束が山のように堆《うずたか》く積もっていた。これらの歌は途絶えることなく、ときには、努力の絶頂にある胸部から漏れた荒い鼻息や鋭い口笛が合間に入った。(『黒人小屋通り』)[18]

このプランテーションの空間で人びとは生きた。集団の歌が日々の過酷な労働を緩和し、夜には、太鼓の音にあわせた歌と踊りが繰り広げられ、人びとは語り部の話を聞いた。この空間で生み出された歌や夜話が、大農園の解体以降、各地で発展する民衆文化の基盤となった。その意味でプランテーション社会とは逆説的にも民衆文化の「母胎」だった。

逃亡奴隷の森

森はカリブ海の島々を特徴づけるもうひとつの風景だ。ただし森といっても日本語の語感とはずいぶん異なる。熱帯では木々も植物も密生しており、強烈な陽射しのもとで青々とした塊が一面に広がっている。その驚くべき密度のために、森のなかにはほとんど光が差し込まず、外から眺めると、森の内部は日中でも闇に閉ざされている。

森は逃亡する奴隷たちの潜伏場所であり住処だった。逃亡行為は奴隷制が布かれたプランテーション文化圏全域で見られるが、いくつかの地域では逃亡奴隷社会が形成され、ブラジル、ペルー、ジャマイカ、スリナムの各地では逃亡奴隷の子孫が独自の社会体をいまでも構成しているという。[19]

フランス領カリブの逃亡奴隷にかんする古い記述はジャン・バティスト・デュ・テルトル神父（一六一〇―一六八七）の旅行記『フランス領アンティル諸島通史』（一六六七年、全三巻）に見出せる。宣教師として一七世紀にグアドループ島を中心に当時のフランス領の島々に滞在したデュ・テルトル神父は、一六六五年、マルティニック滞在中に数百名の逃亡奴隷が集う野営地が同島に実在したと報告している。逃亡奴隷を率いる長は、「森で見つけた三〇〇人か四〇〇人ほどの逃亡奴隷のなかへ飛び込み、われこそが長だと宣言し」、主人の名前をとってフランシスク・ファビュレと周囲に呼ばせた。かれは「好戦的な風貌をし、途方もなく強い威光を備えた、屈強なニグロ」[20]で、住民（白人入植者）を脅かす存在であったが、最終的には、交渉の過程でフランス当局の罠にはまりフランス本国に移送された。[21]

デュ・テルトル神父の報告記は、同時代の旅行記が空想的な場合が多いのに対して、信頼に足る記述だと専門家には評価されているが、たとえば逃亡奴隷の長についての形容（好戦的な風貌、屈強なニグロ）は客観的記述というよりも、ヨーロッパ人による他者表象の記述と捉える方が適切ではないだろうか。すでにカリブ族に対するコロンブスの報告で見たとおり、好戦的な野蛮人という表象はここでもかたちを変えて繰り返されているように見える[22]。

デュ・テルトル神父は奴隷の逃亡行為についてもいち早く考察をしている[23]。神父によれば、隷属から解放されるための「自由への渇望」だけでは逃亡行為は説明できない。なぜなら逃亡を企てる者たちはアフリカでも隷属状態に置かれ、むしろアフリカの方がカリブ海よりも生存の条件として過酷だったからである。そのように考える著者は、逃亡の種類を次のように区別する。

図3　熱帯林（トロワ=リヴィエール、グアドループ）

ひとつはカリブ海に連れてこられてきたばかりの新参者である。新参者は、カリブ海で強いられる労働に馴染むことができず、「アフリカ」へ戻ろうとして森へ逃亡する。しかし、かれらが口にできるのは「野生の実、カエル、カニ、サワガニ」といったもので、これらを生のままでしか食べられない。このため、ある者は結局プランテーションに戻り、またある者は飢えや病で死ぬという。

もうひとつはすでにプランテーション労働に馴染んだ者たちで、かれらは主人たちの手荒い扱いや食料不足を不満に脱走する。かれらは鉈鎌や斧やナイフなどを持ったまま逃げ、人の近づけない山間部で庭を耕してそこで暮らす。闇夜に乗じてプランテーションに戻って必要品を奪ったり、主人の武器を盗んだりもする。さらに食料栽培が安定すると、自分の家族を連れ戻したり、ほかの逃亡者が合流するなどしてコミュニティを形成するようになる。その具体例として、一六五七年、マルティニックで逃亡奴隷の追跡者が森で栽培された食料やヒョウタンの皿を見つけていることを神父は報告している。

逃亡奴隷をめぐるこの考察の歴史的妥当性については立ち入らない[24]。少なくともここで確認できるのは、森に逃げた人びとの生活の痕跡をこの記述が残しているということだ。デュ・テルトル神父が記しているのは一七世紀のマルティニックにおける逃亡行為だが、グアドループでも同じだっただろうことは想像に難くない。

森はプランテーション世界とは異なるもうひとつの空間と時間を有している。プランテーション世界の外で、逃亡奴隷が自律的に生活を営む場所が森だった。やがてこの逃亡奴隷が、カリブ海の知識人のなかで抵抗の主体として表象され、民衆文化のうちに定着するようになる。のちに見るように、逃亡奴隷の姿は反体制運動の象徴として繰り返し現われるだろう[25]。

3　植民地と奴隷制

フランス史のなかの島々

マルティニックとグアドループの「歴史」には共通する四つの重要な年がある。

最初は一六三五年。これはフランス人がこれらの島に入植した年だ。言い方を変えれば、マルティニックとグアドループがフランス領としてフランス史に組み込まれた年である。先住民カリブ族の「殲滅」とアフリカ黒人の強制移住が運命づけられたのはこの年であるとも言っておきたい。

次に重要なのは一六八五年だ。黒人法という法律がフランス領で制定された年である。黒人が奴隷であり、奴隷主の動産であることが法によって定められたのである。フランス領カリブ海地域では奴隷貿易と奴隷制を背景に、一八世紀、プランテーションの砂糖生産がピークを迎えることになる。

それから、一八四八年。黒人奴隷制が最終的に廃止された年である。「最終的」というのは、じつはそれ以前にも奴隷制は撤廃されているからである。奴隷制廃止は、これまでプランテーションに縛りつけられていた人びとに「自由」を与えた。以後、植民地の人びとは「フランス市民」となるだろう。また、奴隷制廃止はプランテーション体制の漸進的崩壊を予告することになる。

最後は一九四六年。何度か触れたように、植民地をフランスの県とすることを定めた法案が可決される年である。

この四つの年をたどるだけでも、マルティニックとグアドループの「歴史」が宗主国フランスに完全に従属していることが理解されるだろう。植民地化をおこなったのも、奴隷制を導入したうえに黒人法を制定したのも、この法律を撤廃して元奴隷に市民権を与えたのも、県化を承認したのも、すべてフランスである。「歴史」の主体はあくまでフランスにあるのだ。

カリブ海の旧フランス領で独立を果たしたのはハイチだ。黒人奴隷制がフランスによって廃止されるはるか以前の一八〇四年に、自分たちの手で自由を勝ち取った国である。カリブ海初、黒人初の共和国として出発したハイチは、たとえ苦難の道を歩もうと、フランス軍に勝利して自国の「歴史」を切り開いた点で、海外県の独立派知識人の精神的支柱になってきた。

本章第一節で触れたように、海外県以降のマルティニック、グアドループには、「独立」か「同化」かという政治的主題がある（「自治」は中道路線）。筆者の感覚からすると、独立を求める人びとの気持ちはよくわかる気がする。自分たちの生まれた場所がかつての植民地であるだけでなく、現在はかつての宗主国の一部であること。その宗主国の政策によって自分たちの親の世代が奴隷として扱われ、自分たちの祖先は奴隷貿易によってアフリカから無理やり連れてこられたことを知るとき、そうした「歴史」を強いてきた旧宗主国フランスに対して怒りや悔しさを感じるのはもっともなことだろう。そこから、全的な依存・従属関係を脱して、「民族自決」の原則を実現したいという痛切な願いが生まれるのもやはりもっともだと思う。ところが、実際はそうはならない。独立運動を展開する人びとがこれらの島の「多数派」を形成することはないのである。むしろ「同化」のほうがつねに求められてきた政治要求だった。

なぜか。その理由を考えるためには、フランスにおいて奴隷制が廃止された経緯をたどる必要があるだろう。フランスでは二度奴隷制が廃止されている経緯もあって、やや複雑なところがあるのだが、海外県問題を考えるうえで重要な論点を含んでいるので押さえておきたい。

奴隷制廃止だけでなく、奴隷制がマルティニックとグアドループに導入された過程をたどることも等しく重要だ。フランス国家はどういう政策のもとにカリブ海に奴隷制を布いたのか。まずはこの点について、これらの島がフランス史に組み込まれた時代背景を確認することからはじめよう。

資本主義と奴隷制

「世界史」のおさらいになるが、一七世紀から一八世紀にかけてヨーロッパ各国で支配的だった経済政策は、重商主義である。これは、貿易を中心に自国に資本を蓄積するという考えのもとに「新世界」で獲得した富を本国へ輸入するという政策だ。当初、ヨーロッパが植民地に求めた富は金だった。しかし、やがて金を蓄積するよりも砂糖に代表される熱帯産物の取引の方がより大きな富を生み出すようになってくる。そこで、ヨーロッパは熱帯産物生産の安価な労働力を確保するために、奴隷制の導入を思いつくのである。

こうして確立したのが大西洋間の三角貿易だ。ヨーロッパの輸出品、航海のための日用品をアフリカへ運ぶ航路を三角形の第一辺とすると、アフリカ西海岸で奴隷を購入してカリブ海地域まで運ぶ大西洋航路が第二辺、すなわち「中間航路」にあたる。第三辺は、植民地で奴隷を売った金額で買い入れた現地産物をヨーロッパに持ち帰る航路である（なお最後の辺は、本国とカリブ海地域の直接貿易で補完された）。

この三角貿易によってもたらされた利潤が、一八世紀末のイギリスで先駆けて見られた産業革命を準備した。産業革命は、生産技術の急激な進展による社会・経済上の大変革を画する現象として、資本主義経済の確立の基礎をなしたといわれる。イギリス産業革命といえば、大量生産と大量流通を可能にする技術革新（紡績機、製鉄法、蒸気機関の発明）やエンクロージャー（囲い込み）によって土地を追われた農民の都市への流入（賃金労働者の出現）がその要因としてあげられるが、マニュファクチュア（工場制手工業）から機械制大工業へ移行するには、本国に資本が蓄積されていることが条件だ。その条件を準備したのが三角貿易であり、三角貿易の基盤となった奴隷貿易と奴隷制である。プロローグで、カリブ海は資本主義システムの発展と切っても切り離せない地域だと述べたのはこうしたことを念頭に置いてのことだった。

奴隷貿易および奴隷制をヨーロッパ世界経済の形成という枠組みで、すなわち「近代世界システム」（ウォーラースティン）の枠組みで捉えるという見方は、ある程度定着しているように思われる。本書でもその見方を基本的に共有するが、ことに資本主義と奴隷制のテーマにかんしてはトリニダード出身の歴史家エリック・ウィリアムズ（一九一一―一九八一）の古典的学説を参照しておきたい(26)。

ウィリアムズの著作にまさしく『資本主義と奴隷制』（山本伸監訳、明石書店、二〇〇四年［原著一九四四年］）と題された有名な歴史書がある。この本は、かれがオックスフォード大学に提出した博士論文「西インド諸島の奴隷貿易と奴隷制廃止における経済的側面」（一九三八年）に基づいている。

その基本的主張はこうである。イギリス領カリブ海地域の奴隷制経済は、産業革命に不可欠な役割を果たし、産業革命を準備する資本の蓄積を可能にした。さらに、黒人奴隷制が宗主国の経済的利害から生じたように、その廃止もまた経済的理由が大きい。ウィリアムズの言葉を借りれば、「一八世紀の商業資本主義は、奴隷制と独占によってヨーロッパに巨万の富をもたらした。しかし同時に、それは一九世紀の産業資本主義を呼び起こす役割をも果たしたことになり、逆に商業資本主義と奴隷制およびその諸産物を破壊することにつながっていった」（『資本主義と奴隷制』前掲、三〇二頁)。

このことをウィリアムズの論旨にそくしてやや立ち入ってみると、おそらく次のように説明できるだろう。

三角貿易は一七・一八世紀イギリスに産業上の発展をもたらした。第一に奴隷輸出のための造船業を中心に海運業が発達し、ブリストルやリバプールといった海港都市を飛躍的に発展させた。造船業では効率良く奴隷を運ぶことを目指し、船舶の積載量や速度が改良された。第二にアフリカ向けの積み荷となる商品の製造である。主要商品は、毛織物、とくにマンチェスターで製造された綿製品だった。ほかにも砂糖、ラム酒、ガラス、ビーズ、さらには船内で奴隷を縛る足枷や鎖などもあった(奴隷の食糧である塩漬け鱈も忘れてはならない)。これらの商品の製造過程で、綿花産業、製糖業、冶金業が発展するとともに、今度はこの貿易で得た資本が金融業、重工業、保険業に投資されることにより、イギリス産業の発展をもたらした。

三角貿易が隆盛を極めた一八世紀、イギリスでは砂糖の消費量が急激に増大した[27]。たとえば、いまではイギリス文化の典型的イメージのひとつとなったティータイムは、一八世紀中に中間階層に定着した。イギリスで紅茶やコーヒーに砂糖を加えるのが日常的な習慣になったのは一七〇〇年頃だという。貿易の初期には王族や貴族の専有物であった砂糖も、植民地での生産と本国への輸入の増大とともにイギリスの新たな消費文化を形成していったのだ。

イギリスの資本蓄積を可能にした三角貿易の要である奴隷貿易は、一八〇七年にイギリス議会で廃止が決定された。奴隷貿易が廃止されるにいたった経緯のひとつには、ウィリアム・ウィルバーフォース（一七五九—一八三三）をはじめとするイギリスの奴隷制廃止論者の積極的な活動がある。その後、一八三三年には植民地における奴隷制も廃止された。

しかし、ウィリアムズの見解では、奴隷制が人種的理由でなくヨーロッパ各国の経済的思惑からはじまったのと同じく、奴隷貿易の禁止と奴隷制廃止もまた、人道主義的理由よりも経済的理由から説明される。

従来、重商主義の理論は植民地に対する経済政策と不可分だった。本国が植民地の通商権を独占し、他国との交易を一切認めないのと同時に、植民地の産品を本国で排他的に流通させるという政策である。つまり、イギリス領カリブ海地域で生産される産物はすべてイギリス本国に輸入される一方で、イギリス領以外からの同種の輸入品に対しては高関税をかけるということである。こうして植民地から輸入した原料をもとに国内で生産した製品を諸国へ輸出することで利潤を得て国力を発展させるというのが、重商主義の基本的発想であり、この過程でイギリスは産業革命を可能とする資本蓄積をおこなった。

ところが、植民地の経済政策と結びついた重商主義理論は、経済学者アダム・スミス（一七二三—一七九〇）に徹底的に批判されることになる。スミスは『国富論』（大河内一男監訳、中公文庫、一九七八年［原著一七七六年］）で貿易を独占あるいは制限する保護貿易を否定し、国家が経済政策に関与しない自由貿易こそが国力の発展につながるという論旨を展開する過程で、重商主義を支える奴隷による労働もまた非生産的だとして批判している。しかも、アメリカ独立戦争（一七七五—一七八三）はアダム・スミスの経済思想の有効性を裏付けるように作用する。イギリスは、アメリカ合衆国の独立を承認したパリ条約（一七八三年）により一三の植民地とともに多くの奴隷を失った反面、アメリカ合衆国とのあいだに定めた自由貿易は、重商主義以前よりも一層の貿易拡大をもたらした。イギリスはこのアメリカ独立を契機に植民地政策の重心をカリブ海地域からインドへ置くようになる。

こうした経済的利害の変化を背景に、まず奴隷貿易が禁止された。一九世紀には砂糖生産量は世界的に拡大し、ジャマイカやバルバドスといったイギリス領の島々よりも、大規模生産に適した広大な面積を有するキューバやブラジルが砂糖生産を上回った。国内の各産業界からも、イギリス領カリブ海地域への保護政策を批判する声があがり、同地域に対する関税の優遇措置もやがて撤廃された。

奴隷制廃止の理由もまた、経済的自由主義に基づく資本主義経済を確立したイギリスにとって、奴隷制を維持することに利益が見出せなくなったことが大きい。奴隷制廃止運動は資本主義の展開との関係で生じてきたのであり、政府による奴隷制廃止の決定も、植民地保有と奴隷制に対する反省に立ってなされたわけでなかったのである。

フランスの植民地政策と奴隷制

以上がウィリアムズの『資本主義と奴隷制』のおおよその論旨だ。奴隷制の導入とその廃止を経済的観点から説明するウィリアムズの学説は、いま読んでも刺激に満ちている。

大局的に見た場合、ウィリアムズの学説はフランス領の奴隷制の歴史を捉える場合にも有効だ。

イギリスとフランスでは経済的展開が異なる以上、ウィリアムズ説を図式的に当てはめることはできないが、フランスにおいても奴隷制は、工業化にいたる本国の資本蓄積に漸次的に寄与してきたのは疑いえない事実だ。このことを念頭に置きつつ、以下ではマルティニックおよびグアドループの植民地化以降の「歴史」（つまりカリブ海のフランス植民地史）をたどりたい[28]。

すでに触れたとおり、このふたつの島がフランス植民地になったのは一六三五年である。カリブ海地域での植民地獲得のきっかけを作ったのは、ノルマンディー地方出身の海賊ピエール・ベラン・デナンビュック（一五八五—一六三六）だ。すでにカリブ海を拠点に活動していたデナンビュックは、一六二六年、サン＝クリストフ島（セントキッツ島）[29]での植民活動の庇護を求めてパリに赴き、宰相リシュリュー（一五八五—一六四二）にその許可と資金を得て、特権貿易会社サン＝クリストフ会社を設立した。さらに一六三五年、この会社を土台に植民地獲得による収益拡大を目指したアメリカ諸島会社が創設された。こうしてグアドループには一六三五年七月に、マルティニックには同年九月にフランス人が入植した。

しかしながら、アメリカ諸島会社はサン＝クリストフ会社と同じく事業的成功をおさめなかった。これらの島では小プランテーションに適したタバコの栽培がおこなわれたが、一六三〇年代末にはすでにタバコの国際価格は低下しはじめていた。くわえて一六三五年から参戦した三十年戦争で経費がかさんだために、財源の乏しい特権会社に十分な資金提供がなされなかったのだった。

フランス国家がカリブ海の植民地経営に本格的に乗り出すのは絶対王政期である。この時期の植民地経営は、ルイ一四世（一六三八—一七一五）のもとで財務を担当した政治家コルベール（一六一九―一六八三）の貿易政策と切り離せない。ウィリアムズは、カリブ海の主要地域の包括的歴史書『コロンブスからカストロまでⅠ・Ⅱ』（川北稔訳、岩波書店、一九七八年［原著一九七〇年］）において、マザラン（一六〇二―一六六一）に宛てたコルベールの書簡を紹介しているが、その文章はフランス重商主義の代名詞といえるコルベルティスムの特徴を端的に示していると思われるので引用しておきたい。

> われわれはいまやあらゆる産業を再建ないし創建しなければなりません。その場合は、奢侈品産業といえども例外ではないのです。また保護関税を確立し、生産者と商人が協力しうる組織をつくらなければなりません。国民を害する公債を減らし、自国物産の輸送はフランス船だけで行なえるようにもしなければならないでしょう。植民地を開発し、その貿易をフランスが握らねばなりません。フランスと非ヨーロッパ《インド》世界との間に介在するすべての仲継業者を追放し、商船隊を守る海軍の整備を図らねばなりません。（コルベール「マザランへ宛てた書簡」『コロンブスからカストロまでⅠ』前掲、二〇三―二〇四頁）

実際、フランス国内では主要な輸出品であった毛織物工業が深刻な危機に陥っていたという。このため国内対策として、コルベールは外国の工業製品、とりわけ毛織物に高額な関税をかけることで自国製品を守りつつ、国家の資金援助と独占権の付与によって特権企業を設立することで工業の育成をはかった。[30]

コルベルティスムの一方の極が関税による国内市場の保護にあるとすれば、もうひとつの極は、この引用にあるとおり、積極的な植民地政策にある。再び『コロンブスからカストロまで』からその植民地政策の三つの基本原則を確認しておけば、（1）植民地はフランスの貿易網の不可欠な核になること、（2）植民地は本国が独占的な領有権を行使できる場であること、（3）植民地の利害は本国のそれに従属していることである。コルベールはこの原則を厳格に適用し、植民地と本国間の貿易から他国の商人（とくにオランダ商人）を排し、アメリカ諸島会社にかわって新設した西インド会社（一六六四年）、さらにこの会社の後継であるセネガル会社（一六七三年）に、カリブ海フランス領のすべての貿易を独占させた。

この重商主義的独占貿易体制は、民間商人や現地の農園主からの反発をよそになかば強制的に布かれ、植民地政策の基本となった。ここでもやはりイギリスと同様、植民地は本国の商品だけを輸入し、かつ、本国のために産品を輸出すべきだとされ、完成品（白糖）ではなく原料（粗糖）を生産することが求められた。

このような植民地政策は、カリブ海フランス領での新たな変化と対応している。マルティニック、グアドループでは当初は白人の年季奉公人によってタバコの栽培が主におこなわれていた。もちろんサトウキビ自体はすでにフランス人の入植とともにこれらの島にも伝わっていたが、その栽培には技術と大量の労働力がいるため、実施が難しかった。しかしながら、一七世紀中盤にユダヤ系オランダ人を介して精製技術が伝わり、風車も建設されてサトウキビ栽培の条件が整うようになると、今度は労働力の不足が問題となった。こうして砂糖プランテーション確立にともないフランス領でも黒人奴隷が導入されていった。

農園主たちは当初はオランダから奴隷を買っていたが、やがてコルベールの政策のもと貿易特権会社（西インド会社、セネガル会社）がフランス領の奴隷貿易を独占するようになった。もちろん農園主は、奴隷だけでなく、ヨーロッパから運ばれるほとんどの物資を貿易特権会社から購入しなければならなかった。一六八四年には植民地で精製工場を開設することも禁じられ、植民地は本国に従属する商業地であるというコルベルティスムの基本理念が貫徹されたのだった（この独占貿易体制は一八世紀に緩和される）。

砂糖事業の拡大に応じて奴隷の数も増加した。一例をあげよう。マルティニックの農園主ジャン・ロイは、一六六〇年、主要な領地に四人の奉公人、四四人の奴隷（うち一五人は未成年）、別の領地に五人の奴隷（うち二人は未成年）を抱えていた。これが一六八〇年には、すべての領地の総計で、一二人の白人（中間管理職、外科医、仕立屋など）、二九九人の黒人奴隷を所有することになる。一六八五年の段階でマルティニックでは四八八二人の白人に対して黒人は一万三四三人を数えた。

このような急激な黒人奴隷の増加を背景にフランス領で制定されたのが、例の黒人法（一六八五年）である。これはカトリックの宗規に基づいて奴隷の身分を定めた法であり、日曜と祝日の労働禁止や食料提供の義務など、奴隷を消費材のように酷使する農園主に対する規制ともなる一方、奴隷が動産であること、奴隷の子どもが農園主に帰属すること、奴隷による財産所有の禁止などを明文化している。黒人法には、正式な結婚の手続きを踏まないかぎり、農園主、あるいはそれ以外の白人男性が女奴隷とのあいだに子どもを作ることを厳しく罰する条項があるが、この条項はそうしたことが一六八五年当時の段階ですでにおこなわれていたか、あるいは十分におこりうる可能性を示唆している。おそらくこの条項と関係して、黒人法には解放奴隷についての規定もうけられている。奴隷主が特別に奴隷身分を解く場合としてもっとも考えられるのは、奴隷が自分の子どもであった場合だろう。白人と黒人の混血を「ムラート」[31]と呼ぶが、「ムラート」はやがて特別な階層を形成するようになる。

フランス領カリブ海地域の植民地交易は一八世紀に最盛期を迎える。カリブ海植民地のなかでもっとも利益をあげたのはサン＝ドマングだ。これはスペインが支配していたエスパニョーラ島の西側三分の一の領土であり、現在のハイチにあたる。サン＝ドマングへの植民は一六七〇年頃からなされていたが、一六八八年から開始されたアウグスブルク同盟戦争（大同盟戦争）の終結にさいして一六九七年に結ばれた条約によって、フランスはスペインからサン＝ドマングを正式に獲得した。サン＝ドマングではその広大な面積を利用した大規模なプランテーションが営まれ、大量の黒人奴隷がこの地に供給された。

こうしてサン＝ドマングは一八世紀に世界最大の砂糖生産地になった。一七四〇年になると、サン＝ドマングの砂糖生産量は英領カリブ海全体の生産量に比するほどになり（四万三〇〇〇トン強）、一七六七年にはフランス領カリブ海地域の総生産量八万七〇〇〇トンのうち、六万三〇〇〇トンをサン＝ドマングが占め、さらにフランス革命前夜にはサン＝ドマングのみで八万六〇〇〇トンの生産量を誇った。

サン＝ドマングにはおよばないが、マルティニックとグアドループも、フランスにとって経済上欠かせない植民地だった。実際、七年戦争期（一七五六―一七六三）にイギリスを相手におこなわれた植民地争奪戦で大敗北を喫したフランスが死守しようとしたのは、サン＝ドマング、マルティニック、グアドループだった。マルティニックもグアドループもイギリス軍に占領されたが、戦争終結のためのパリ条約（一七六三年）でこのふたつの島はフランスに返還された。その代償としてフランスは植民地の大半（インドとカナダの植民地、セント＝ルーシャ島、ドミニカ島）を失ったのだった。

ナント、ボルドー、ラ・ロシェルといった海港都市についてもここで触れておくべきだろう。これらの都市は、三角貿易でイギリスの海港都市が繁栄したのと同じく、奴隷貿易およびカリブ海植民地との直接交易によって飛躍的発展を遂げた。奴隷貿易港としてもっとも栄えたのはナントである。貿易特権会社（西インド会社、ギニア会社、アシエント会社）による奴隷貿易の排他的独占は、一七一六年以降、大幅に緩和され、海港都市の商人、船主が奴隷貿易に参入できるようになった。[32] ナント奴隷制廃止記念館の公式サイトによれば、一七世紀中盤から一九世紀中盤にかけてナントが奴隷船（団）を送った回数は一七一四を数え、フランスの奴隷貿易全体の四三％におよぶ。これに対して奴隷貿易よりもカリブ海植民地との直接交易によって栄えたボルドーは、サン＝ドマングの砂糖生産の急成長を背景に一八世紀に発展した。ボルドーはカリブ海産の熱帯産品をイギリスよりも低価格でヨーロッパ諸国へ再輸出することで莫大な利益を得たのである。こうして一八世紀の間に海港都市ボルドーの人口は二倍になり、植民地貿易額にいたってはフランス革命前夜に一億一〇〇〇万リーヴルにまで達した。その貿易額は一七三〇年のおよそ一〇倍である。[33]

トリニダード出身の歴史家C・L・R・ジェイムズ（一九〇一―一九八九）は、ハイチ革命の過程を描いた歴史書『ブラック・ジャコバン』（青木芳夫監訳、大村書店、一九九一年〔原著一九三八年〕）で、これらの海港都市における資本蓄積が奴隷貿易と奴隷制によってもたらされたことを指摘している。いわく「一八世紀にフランスで発達した工業のほとんどは、もともとギニア海岸向け、またはアメリカ向けの商品や日用品の製造であり、奴隷貿易からえた資本が工業を育てあげた」のである（『ブラック・ジャコバン』前掲、五九頁）。

ジェイムズによれば、「奴隷貿易と奴隷制がフランス革命の経済的基盤であった」（同書、五八頁）。つまりフランス革命は、直接的であれ間接的であれ、奴隷貿易と奴隷制から財を築いた有産階層によって導かれたということである。そして奴隷制はフランス革命期に廃止される。奴隷制廃止は政体の変化によってすぐさま撤回されるものの、この制度を維持する国のなかではもっとも早い宣言だった。

〈革命〉と奴隷制廃止

奴隷制廃止が宣言されたのは、フランス革命期の国民議会の場においてだった。一七九四年二月四日（革命暦二年雨月《プリュヴィオーズ》一六日）に採択された奴隷制廃止宣言は、「人権宣言」を掲げるフランス共和国の革命理念を輝かしく映し出しているように見える。人間の平等性をその独立宣言に記したアメリカ合衆国が奴隷制を廃止するのが一八六五年であることを考えれば、なおさらである。

実際、この決議に人権思想が果たした役割を指摘することはできる。奴隷制廃止にいたるおよそ半世紀前にモンテスキュー（一六八九―一七五五）は『法の精神』（野田良之ほか訳、岩波文庫、一九八九年〔原著一七四八年〕）において奴隷制を原理的に批判している。生まれながらに平等であるはずの人間が、また別の人間の生命と財産の絶対的主人となることは理にかなっていないとする批判だ。モンテスキューは、黒人奴隷制に対しても一章を割き、反語法《アンチフラーズ》を用いて奴隷制擁護の論拠の愚かさを批判した。ヴォルテール（一六九四―一七七八）の小説『カンディード』は、しばしば引用される有名なくだりで奴隷制を風刺している(34)。

奴隷制廃止運動は、啓蒙思想家たちのこうした批判精神を背景としながら、一七八八年に発足した「黒人友の会」によって担われた。中心メンバーにはジロンド派の指導者ブリソ（一七五四―一七九三）、数学者コンドルセ（一七四三―一七九四）、グレゴワール神父（一七五〇―一八三一）がおり、人道主義の立場から奴隷制の廃止を強く訴えた。とくに「黒人友の会」の初代会長を務めたコンドルセが一七八一年に偽名で出版した『ニグロ奴隷制考』はフランスにおける奴隷制廃止論の最初の宣言文といわれている。

「黒人友の会」の活動は一見すると奴隷制のもたらす経済的利益を度外視している。奴隷制擁護を唱える「マシャック・クラブ」と呼ばれるロビー団体がフランス人大農園主によって設立されるのは「黒人友の会」の活動を恐れてのことだった。ところが「黒人友の会」は経済観念において自由主義的だった。アダム・スミスは奴隷制の非効率性についてこう述べていた。

古今東西の経験に徴して、奴隷の仕事というものは、一見したところ、かれらの生活費だけ出せばよいように見えて、その実、結局もっとも高くつくことを明示していると思う。財産を取得できない人間は、できるだけたくさん食べ、できるだけ少ししか働かないことだけを考え、ほかにはなんの関心も示さないものである。奴隷の生活資料をまかなうのに十分な量を超えて、さらに仕事をさせるということは、ただ力ずくでのみできるのであって、奴隷がすすんで働くなどということはない。(『国富論』前掲、第三篇第二章)

コンドルセが『ニグロ奴隷制考』において「解放されたニグロは食料の量も質も害することはなく、それとは逆に、質を改良しながら量を高めるのは確実である」と書くとき、念頭に置いているのは明らかにアダム・スミスの経済思想である。[35] ブリソも同様に強制労働よりも自由労働の方が生産力が高まると主張していた。[36]

このように「黒人友の会」の奴隷制廃止論は、同時代に展開された経済自由主義も論拠としている。ただし、この主張には植民地放棄という発想は見られない。植民地の保有によるフランスの経済的繁栄は疑われざる前提なのだ。

「黒人友の会」の活動は奴隷制廃止までにいたらず、後述の有色自由人(解放奴隷)の参政権獲得をもって一七九一年秋に解散する。奴隷制廃止が可決され、奴隷に「人権宣言」が適用されるのは「人権宣言」採択から遅れること五年後のことである。この遅れの理由は何か。このことに答えてくれるのは浜忠雄のハイチ革命史研究だ。『ハイチ革命とフランス革命』(北海道大学図書刊行会、一九九八年)、『ハイチからの問い』(岩波書店、二〇〇三年)を手がかりに、奴隷制廃止にいたるやや複雑な経緯をたどろう。

「人権宣言」の正式名称は、「人間の権利と市民の権利の宣言」である。「人間」が「白人男性」を指し、女性が排除されていたように、当初、有色自由人と黒人奴隷はこの宣言の対象としてはまったく想定されていなかった。しかし、国民議会内で植民地が問題となったとき、有色自由人の参政権をめぐる議論が浮上する。植民地からの代表を認め、植民地議会を認めたあとでの議論だ。こうして、まず一七九一年五月、有色自由人の法的平等、すなわち「人権宣言」の適用が認められるのである。

さらにそこから遅れること三年後に奴隷制廃止が宣言される。その決議文にはこうある。

国民公会は、すべての植民地における黒人奴隷制が廃止されることを、宣言する。したがって国民公会は、植民地に居住する人はすべて、肌の色の区別なしに、フランスの市民であり、憲法が保障するすべての権利を享受するものであることを、宣言する。(河野健二編『資料　フランス革命』岩波書店、一九八九年、四九七頁)

この決議文はその文面を読むかぎり、たいへん画期的である。「人権宣言」の適用が遅れたとはいえ、フランスの共和主義的理念はここに見事に反映されているではないか。やはりフランスは自由と平等の国であると言いたい気持ちにさせられる。

しかし、この宣言が採択される直接の要因は、じつは人道主義にも共和主義にもない。そこにははっきりとしたフランス共和国の経済的、政治的利害があるのである。その引き金は、一七九一年八月二二日にサン＝ドマングで起こった。この日、のちに「ハイチ革命」と名づけられる、大規模な黒人奴隷蜂起がはじまったのだ。

この蜂起に恐れをなしたのは、サン＝ドマングの白人農園主だった。かれらは自分たちの権益をいかに守るかを考えた。農園主のうち「旧体制」を支持していた人びとは革命後のフランスを危険視していた。フランスの急進的革命派は「旧体制」支持者や反対派を次々と弾圧していたからである。王制の廃止を告げるルイ一六世の処刑（一七九三年一月）は決定的だった。そこでサン＝ドマングの農園主は、フランスの革命波及を同じく恐れていたイギリスと結託することでこの難を逃れようとする。イギリスはすでにマルティニックに進攻していたが（一七九三年二月）、今度はサン＝ドマングの白人農園主の手引きのもと同地の南西部一帯を制圧した（一七九三年九月）。

一方、フランスは、サン＝ドマング喪失だけは是が非でも防がなくてはならなかった。政体が変わったとはいえ、フランスには植民地を放棄するという観念は一切なかった。しかもサン＝ドマングは革命前夜において世界最大の砂糖生産を誇った土地であるからなおさらである。サン＝ドマングを狙っていたのは、イギリスだけではない。スペインもそうだった。現地のフランス軍だけでは到底両軍の進攻を防ぐことはできなかった。このような情勢のなかで、サン＝ドマングに派遣されていた革命政府の代表委員は、黒人奴隷に武器を与えて国民軍に編入する必要を迫られた。そのさい、黒人奴隷を自分たちの側に引き止めなければならない。でもどうやって？　有色自由人に法的平等を認めたように、黒人奴隷を「フランス市民」と認めることで、サン=ドマングを防衛するしかないではないか。

こうして現地の革命政府代表委員の判断で、一七九三年八月に奴隷解放が宣言されたのである。ただし、この解放宣言には本国議会の承認が必要だ。そこで革命政府代表委員はサン=ドマング代表の代議員を選出し、本国に派遣したのである。一団が本国議会の会議場に入ったのは二月三日だった。翌日、奴隷制廃止が宣言されるにはこのような経緯があったのである。

奴隷制廃止宣言はフランス領カリブ海の島々に何をもたらしたのだろうか。サン=ドマングでは実質上奴隷は解放されていた。マルティニックは一七九四年三月からイギリス軍の占領下にあり、奴隷制廃止の政令が届くことはなかった。白人支配層はマルティニックでも同様に現状維持を望んでいたことから、「旧体制」を維持するイギリス軍の占領をむしろ歓迎した。奴隷制廃止が宣言されたのはグアドループである。その任を託されたヴィクトル・ユーグ(一七六二—一八二六)は、イギリス軍の手中に落ちたばかりのグアドループを奪還し、一七九四年六月、奴隷制廃止を宣言した。一七九八年までの四年間、ユーグはグアドループに恐怖政治を布き、白人農園主をはじめとする反革命分子を断頭台に送る一方、解放した奴隷をプランテーション労働に従事させた。革命と植民地経営は矛盾しないのである。

一八〇二年、奴隷制の復活が宣言される。奴隷制廃止を撤回したのは、霧《ブリュメール》月一八日のクーデターによって事実上の国家元首となったナポレオンだった。このとき、サン=ドマングはのちにハイチ革命の英雄と讃えられることになるトゥサン・ルーヴェルチュール(一七四三頃—一八〇三)

図4　トゥサン・ルーヴェルチュールの肖像

の実質上の統治下にあった。トゥサンは、奴隷出身だが、きわめて特別な境遇にあった。かれは奴隷制廃止以前に農園主から解放されていただけでなく、フランス語の読み書きと高い教養を身につけていた。戦術と交渉能力に長けていたトゥサンは、ハイチ革命の動乱期を、欧米列強と巧みに駆け引きをしながら、フランス領サン＝ドマングの支配者となった。

ナポレオンは一八〇一年、トゥサンが植民地議会でサン＝ドマング憲法を可決させたことに激怒した。奴隷制廃止をうたっていることもあるが、ナポレオンにはなによりもこの憲法が事実上の独立宣言とうつったからだ。こうしてナポレオンはサン＝ドマングに遠征軍を派遣し、トゥサン軍の解体と奴隷制復活をもくろむ（両者の戦いについては浜忠雄『ハイチからの問い』に詳しい）。トゥサンはナポレオンの奸計に陥り、フランスに移送され獄中死する。しかし、サン＝ドマングの革命軍はナポレオン軍に完勝し、一八〇四年、ハイチ共和国の独立を宣言。奴隷制復活の企図を挫いた。国名にとられたハイチは、先住民アラワク族（タイノ族）のことばで「山がちの土地」を意味するという。

一方、グアドループでは奴隷制復活に対して有色自由人の軍人ルイ・デルグレス（一七六六―一八〇二）が蜂起するが、敗北に終わった。こうしてフランス領グアドループも、マルティニック同様、革命以前の体制に戻ったのである。

一八四八年

奴隷制復活後のフランスでは、ナポレオンの帝政期（一八〇四―一八一四）、二度の復古王政（一八一四―一八三〇）、ルイ・フィリップの七月王政期（一八三〇―一八四八）と政体がめまぐるしく変化するなかで、フランスの植民地貿易政策を決定づけてきた排他的独占が漸次的に廃止され、自由貿易へ移行してゆく。これには砂糖生産をめぐる変化がかかわっている[37]。まず、サン＝ドマング喪失を受けてフランス本国で甜菜砂糖の生産が試みられはじめたことがある。甜菜砂糖がサトウキビ砂糖と本格的に競合するのは一八四〇年代以降のことだが、カリブ海の白人支配層にとっては当初からの脅威だった。かれらは重商主義政策によるサトウキビ砂糖の保護を求めたが、これが有効な要求でないことに気づくと一転自由貿易を主張し、外国市場を求めるようになる。さらに、一八二〇年以降の砂糖の国際価格の低下を背景に、フランスの砂糖輸入業者、精糖業者が、保護貿易で守られた自国植民地の砂糖よりも、大量で安価なブラジル産、キューバ産の砂糖を求めるようになった。

こうした自由貿易へ向けた流れにくわえて、奴隷制廃止運動の機運が七月王政期から再び高まる。その中心を担ったのは一八三四年に設立された「フランス奴隷制廃止協会」である。その前年にイギリスでは奴隷制の漸進的廃止が可決されたばかりだった。この会に名を連ねた人物には、ロマン派詩人ラマルティーヌ（一七九〇―一八六九）、政治思想家トクヴィル（一八〇五―一八五九）、経済学者イポリット・パスィ（一七九三―一八八〇）がいる。筆者の推測では、多かれ少なかれかれらに共通するのは自由主義思想である。すなわち、社会的には個人の自立と平等を、経済的には自由貿易と自由労働を説くという立場だ。「奴隷制の維持は自由労働と解放でかかる経費よりも一〇〇倍は高くなるでしょう」とラマルティーヌは国民議会の演説で述べている（一八三六年五月二五日）。

フランス領の奴隷制が最終的に廃止されるのは一八四八年のことだ（奴隷貿易は一八一七年廃止）。この年の四月二七日、二月革命によって樹立した第二共和政臨時政府のもと、奴隷制廃止が可決された。この決議はふたつの点で際立っている。ひとつは、イギリスのように段階的な移行期間をもうけずに即時撤廃を掲げたこと。もうひとつは、本国の国民議会に代表を送る権利を認めたことだ。これにより植民地で初めて国民議会選挙がおこなわれた（植民地の選挙は、一八五四年、ルイ＝ナポレオンの第二帝政期（一八五二―一八七〇）に廃止され、帝政崩壊とともに復活する）。

しかし、奴隷制廃止宣言の通達が本国から届く前に、マルティニックでは奴隷たちによる即時解放の要求が高まった。ルイ・トマ・ユッソンという高官が奴隷制廃止の政令が準備されていることを奴隷たちに告げたからだった。近いうちにお前たちは解放されるが、法が施行されるまでのあいだは奴隷であり、それまではおとなしく待って解放後は勤勉に働くべし、という内容である。待ちきれない奴隷たちは解放を求めて五月二二日にプレシュール（説教師）で蜂起を起こした。こうして五月二三日、予定を前倒しにしてマルティニックの植民地総督が奴隷解放を宣言したのである。グアドループでは五月二七日に奴隷制廃止が宣言された。

一八四八年の奴隷制廃止にかんしては政治家ヴィクトル・シェルシェール（一八〇四―一八九三）に触れないわけにはいかない。「フランス奴隷制廃止協会」の会員であり、奴隷の即時解放を主張した、奴隷制廃止の立役者である。廃止後は、マルティニックおよびグアドループの国民議会議員を務めるなど、フランス領カリブ海の島々に大きな足跡を残した。後年（奴隷制廃止一〇〇周年の翌年）、フランス国家に認められた人物のみが許される死後の殿堂、パンテオンに祀られている。

シェルシェールといえば、奴隷制廃止に尽力した人道主義の政治家というイメージが一般的だ。しかし、平野千果子『フランス植民地主義の歴史』（人文書院、二〇〇二年）、工藤庸子『ヨーロッパ文明批判序説』（東京大学出版会、二〇〇三年）が指摘するように、この人物はもう一方で植民地推進派だった[38]。なぜ奴隷制廃止と植民地主義が両立するのか。平野の分析にしたがえば以下のように説明できるだろう（『フランス植民地主義の歴史』第一章参照）。

鍵になるのは「文明化の使命」である。これはフランスによる他民族支配を正当化するために用いられた言葉だ。このスローガンに表わされる精神が発揮されるのは、七月王政期から始まるアルジェリア侵略である。先述のラマルティーヌはその典型だ。かれは奴隷制に対しては、奴隷に「文明」（「人間」としての諸権利）を与えるべきだとし、アルジェリア征服はフランスの「文明」を広める「使命」だと述べた。この論理を敷延すれば、「文明」を与える主体は「共和国」である。ここで奴隷制が「共和国」の名のもとに廃止されたことが重要な意味をもつ。「野蛮な」奴隷制を撤廃した「共和国」こそ「文明」を体現する政体だと帰結されるからだ。

共和主義者シェルシェールがフランス領カリブ社会で体現するのはまさしくこの論理である。マルティニック、グアドループには「シェルシェール主義」と呼ばれる政治思潮がやがて生まれるようになる。カリブ海で共和主義を信奉する思潮だが、その考えにしたがえば、奴隷制というのは王政時代や帝政時代というフランス「旧体制」の遺物であり、共和国フランスこそが自由と平等と同胞愛をうたう自分たちの「母なる祖国」だ、ということになる。

一七九四年の奴隷制廃止が共和政下でおこなわれたことも、この論理を見事に後押ししている。すでに見たとおり、実際のところは植民地サン＝ドマング喪失の危機が奴隷制廃止の直接的要因だったのだが、この点を顧みずにすますなら、共和主義のイデオロギーは十分担保されることになるだろう。

それゆえシェルシェール主義者はフランス共和国への「同化」を求める。シェルシェール主義は、とくに一八七一年の国民議会選挙復活以降、フランス領カリブの政治の基本潮流を形成することになる。ようするに、フランス領カリブの同化主義の「起源」は、一八四八年の奴隷制廃止のうちにすでに書き込まれていたのである。

注

（1）もちろんここでいうふたつの島とはマルティニックとグアドループである。群島の特徴を強調する場合をのぞいて、基本的にはグアドループを「島」と表記する。

（2）ステファニー・ブラックのドキュメンタリー映画『ジャマイカ——楽園の真実』はキンケイドの『小さ

な場所』を下敷きにしてジャマイカを描いている。アメリカ合衆国で二〇〇一年に、日本では二〇〇五年に公開された（配給会社アップリンク）。原題は『生活と負債』（Life & Debt）。

（3）拙稿「ハチドリ通信　第一回　グアドループ、マルティニック、レユニオンの社会運動」『リプレーザ』第二期一号を参照のこと。

（4）「いまや同化は、政治、経済、社会の次元でほぼ完成し、フランスは、旧植民地を海外県化した世界でもまれな例を提供する国となった。生活水準や教育、社会保護において、仏領アンティルはカリブ地域のうちでも最も高い水準にあり、その点で近隣諸島の羨望の的となっている。ところが逆説的にも、近隣諸島とは異なって、仏領アンティル社会では存在論的居心地悪さがますます意識されるようになっている」（ジャッキー・ダオメ「アンティルのアイデンティティと〈クレオール性〉」元木淳子訳、複数文化研究会編『〈複数文化〉のために』人文書院、一九九八年、一六三頁）。

（5）通称「トビラ法」は、ギュイヤンヌ県選出の国民議会員クリスティアヌ・トビラが提出した法案である。この法案以降、奴隷制と奴隷貿易をめぐる記憶と歴史はフランスの公共の場で広く認知されるようになった。

（6）この一文は、一九七六年のカリブ海芸術祭（通称カリフェスタ）用におそらく準備されたブラスウェイトの原稿「空間と時間のなかのカリブ海人」の巻頭に置かれた詩の一部である。Edward Kamau Brathwaite, "Caribbean Man in Space and Time", John Hearne (ed.), *Carifesta Forum : An Anthology of 20 Caribbean Voices*, Kingston, Institute of Jamaica and Jamaica Journal, 1976, p. 199.

（7）Édouard Glissant, *Le discours antillais*, Paris, Seuil, 1981, p. 134.

（8）仏訳版の注釈によれば、クアリス島はコロンブスの航海日誌で言及したカリブ島が変形したものである。Christophe Colomb, *La découverte de l'Amérique*, tome 1, traduit de l'espagnol par Soledad Estorach et Michel Lequenne, Paris, La Découverte, 2002, p. 312.

（9）Christophe Colomb, *La découverte de l'Amérique*, tome 2, traduit de l'espagnol par Soledad Estorach et

Michel Lequenne, Paris, La Découverte, 2002, pp. 9-10.

（10）食人の風習をもつカリブ族というイメージは、一七世紀後半にフランス領カリブ海の島々（主にマルティニック島）に一二年間暮らしたフランス人宣教師ジャン＝バティスト・ラバ神父（一六六三―一七三八）の『仏領アンティル諸島滞在記』（佐野泰雄訳、岩波書店、二〇〇三年［原著一七二二年］）のなかでも触れられている。カリブ族と接触をもっていたラバ神父は、同書で食人の風習に対する反証をおこなっている（同書、三四二―三四四頁）。日本語版『仏領アンティル諸島滞在記』は抄訳だが、黒人奴隷やカリブ族の生活などの大変貴重な記述をふくんでいる。

（11）Jean-Pierre Sainton（ed.）, *Histoire et civilisation de la Caraïbe, tome I : Le temps des Genèses, des origines à 1685*, Paris, Maisonneuve & Larose, 2004, pp. 65-66. 以下、参考までにこの話を引用する。「その昔、ひとりのアラワク族のインディアンが娘セセにこう忠告した。おなかに子を宿さないうちは川に水浴びに行ってはならないよ。ある日、セセは親の忠告を忘れ、月事のときに水浴びに行った。すると、川の水浴び場で暮らしていた「犬の顔をした」蛇が、娘をわっと捕まえて、身ごもらせてしまった。／ところが、毎晩、蛇は人間の男に変身し、日が暮れると、娘は親に気づかれないように川へ男に会いに行くようになった。セセは母の小屋で子を産み、やがて、毎晩、その子はセセの父と水浴びをして遊んだ。日が昇ると、全員が小屋（カルベ）に戻り、蛇はセセのおなかに隠れた。セセの弟はずっと以前から不思議がっていた。セセは刈取り用の鉈ももたずにいったいどうやってバラタ木の種を手に入れたのだろう。ある晩、弟は姉のあとをついていった。セセはバラタ木に向かい、木の根元で立ち止まった。すると蛇がかの女の腹から出てきて、木に登ると、突然、男に変身して枝を揺らし、種を落とした。このことにすっかり腹を立てた若者は蛇を殺してしまおうと決め、翌日、蛇が再び木を登るときに殺すことにした。弟は蛇をばらばらに切り刻んだ。悲しみに暮れるセセは、蛇の亡骸を鱗ひとつ残らずかき集めた。亡骸を埋めて、葉でおおった。幾晩かの月夜のあと、セセの弟がこのあたりで狩をしていると、突然巨大な音が近づいてくるのが聞こえ、やがて蛇が埋まった場所でぴたりと止まった。近づいてみると、インディアンでいっぱいの四つの小屋が見つかった。最初のカリブ族は、セセと蛇との息子たちだったわけだ。四つのうち、ひとつの小屋はアラワク族のおじに会うのを喜んだが、残りの三つの小屋は、かれが蛇を殺したことに怒っていた。いずれにせよ長老たちはおじを殺してはならないと忠告した。／カリブ族とアラワク族は贈り物を交換し合い、友人として暮らした。ある日、悲しみに暮れたままの年老いたセセが、息子たちカリブ族に蛇の仇討ちでアラワク族の子どもを殺すようにいうまでは。こうして事はなされた。だが今度はアラワク族がカリブ族の子どもを殺した。こういうわけでカリブ族とアラワク族のあいだの戦争は始まり、両者は今日まで敵対するようになったのだ」（ドゥラワルド神父が一九三八年ドミニカ島で再録した民話）。

（12）以下が代表的な銘柄。「トロワ＝リヴィエール」「ラ・モニー」「サン＝ジェームス」「サン＝テティエンヌ」「クレマン」（以上マルティニック）。「ダモワゾー」（グランド＝テール島）、「モンテベッロ」「ボローニュ」（バス＝テール島）、「ビエル」「ペール・ラバ」（マリ・ガラント島）。

（13）サトウキビの伝播については以下を参照。Sylvie Meslien, *La canne à sucre et ses enjeux aux Antilles françaises : des origines au début du XXe siècle*, Centre Régional de Documentation Pédagogique de la Martinique, 2009.

（14）エリック・ウィリアムズ『コロンブスからカストロまでⅠ』川北稔訳、岩波書店、一九七八年、一一四頁以下。

（15）日本では一九八五年に劇場公開された。原題はゾベルの小説と同じく『黒人小屋通り』（La rue Cases-Nègres）。

（16）Joseph Zobel, *La rue Cases-Nègres*, Paris, Présence Africaine, 1974, p. 17.

（17）Gilberto Freye, *Terres du sucre*, traduit du portugais par Jean Orecchioni, Paris, 1956, p. 143. 本書は『ノルデスチ』（一九三七年）のフランス語訳である。

（18）Joseph Zobel, *La rue Cases-Nègres, op. cit.*, p. 64.

（19）Richard Price et Sally Price, *Les marrons*, Paris, Vents d'ailleurs, 2005.

（20）R. P. Du Tertre, *Histoire générale des Antilles habitées par les François*, Tome III, Paris, Chez Tomas Jolly, 1667, p. 201. フランス国立図書館所蔵文献の電子版を利用。

（21）*Ô Fugitif : Anthologie autour de la figure du marron*, une présentation de Jacqueline Picard avec la collaboration d'Armelle Détang et Claude Lucas, Le Gosier（Guadeloupe）, Editions CARET, 1999, pp. 17-18. 同書の解説を参照。以下デュ・テルトル神父の旅行記についての本書の記述も同書を参照している。

（22）一九四〇年代生まれのマルティニック人フェルナン・フォルチュネとマリウス・ゴタン両氏から聞いた話によれば、逃亡奴隷は最初から民衆文化のなかの抵抗の象徴だったのではなく、住民に恐怖を与える山の異人のように表象されていた。

（23）R. P. Du Tertre, *Histoire générale des Antilles habitées par les François*, Tome II, Paris, Chez Tomas Jolly, 1667, pp. 534-537. 同じくフランス国立図書館所蔵文献の電子版による。

（24）*Ô Fugitif, op. cit.*, pp. 373-374. 同書の注によれば、デュ・テルトル神父の記述を出発点に逃亡奴隷を論じたイヴォン・デバシュの研究書『逃亡行為――アンティーユ奴隷の脱走についての試論』（一九六二年）は歴史家のあいだで激しい論争の的となった。デバシュの論文が逃亡奴隷の植民地社会に対する対抗性を過小評価している、と一部の歴史家が捉えたためである。逃亡奴隷を抵抗の象徴とする歴史家たちの見解はその政治的立場と一般に結びついている。

（25）奴隷制に対する抵抗の形態は逃亡奴隷だけでない。プランテーション内でも過酷な労働条件に対する反乱や、毒薬による支配層の暗殺や、自殺などが試みられてきたことが知られている。だがそれだけでもない。黒人たちの娯楽として捉えられてきたダンスが秘された抵抗運動であったことを、日本で長年暮らしたマルティニック人歴史家ガブリエル・アンチオープ（一九四七―二〇〇九）は『ニグロ、ダンス、抵抗』（石塚道子訳、人文書院、二〇〇一年）で明らかにしている。

（26）イギリス産業革命における奴隷制の役割について日本である程度共通了解が得られるのは、産業革命前史の専門家川北稔氏をはじめとする一部の歴史家の努力によるところが大きいだろう。筆者の理解は、川北氏の訳業（ウォーラーステイン、ウィリアムズ、ミンツ）、池本幸三、布留川正博、下山晃『近代世界と奴隷制』人文書院、一九九五年に多くを負っている。

（27）池本、布留川、下山『近代世界と奴隷制』前掲のうち、主に二八八―二九二頁を参照。

（28）主に以下を参照。Paul Butel, *Histoire des Antilles françaises : XVIIe-XXe siècle*, Paris, Perrin, coll.«tempus», 2007 ; Pierre Pluchon (ed.), *Histoire des Antilles et de la Guyane*, Toulouse, Privat, 1982 ; Jean-Pierre Sainton (ed.), *Histoire et civilisation de la Caraïbe, tome I, op. cit.*. とくに最初の二著については、本章をつうじて参照する。このほかからの参照は本文あるいは注で適宜指示する。

（29）サン＝クリストフ島には数年前からイギリス人トーマス・ワーナー（一五八〇？―一六四九）が入植しており、デナンビュックの入植以後、この島はイギリス領とフランス領に分割された。

（30）服部春彦「アンシャン・レジームの経済と社会」柴田三千雄、樺山紘一、福井憲彦『フランス史2』山川出版社、一九九六年、四二―四五頁。

（31）フランス語表記では「ミュラートル」となるが、ここでは歴史用語として定着しているスペイン語表記「ムラート」を用いる。

（32）Gaston-Martin, *Nantes au XVIIIe siècle : L'Ère des négriers (1714-1774)*, Paris, Librairie Félix Alcan, 1931, pp. 13-15.

（33）ポール・ビュテル『近代世界商業とフランス経済』深沢克己、藤井真理訳、同文館、一九九八年、七七―七九頁。

（34）スリナムで出会った黒人は主人公にこう告げる。「おいらは着るものといったら、年に二度布の下ばきをもらうだけなんで。砂糖工場で働いていて、臼に指をくわれたら手を切られる、逃げようとすりゃ脚を切られる、おいら、こいつを両方ともやられたんだ。そのおかげで旦那方はヨーロッパで砂糖が食えるんですぜ」（『カンディード』吉村正一郎訳、岩波文庫、一九五六年［原著一七五九年］、九七頁）。

（35）Condorcet, *Réflexions sur l'esclavage des nègres*, Flammarion, 2009, pp. 77-78.

（36） André G. Cabanis et Michel L. Martin, «La question économique et l'abolition de l'esclavage dans le discours révolutionnaire, 1791-1794», Michel L. Martin et Alain Yacou (eds.), *De la Révolution française aux révolutions créoles et nègres*, Éditions Caribéennes, 1989, p. 78.

（37） Alain-Philippe Blérald, *Histoire économique de la Guadeloupe et de la Martinique : du XVIIe siècle à nos jours*, Paris, Karthala, 1986, pp. 38-41.

（38） 工藤庸子の『ヨーロッパ文明批判序説』では「資産家の文化人」としてのシェルシェールの肖像が紹介されている。同書がある研究書から翻訳引用している箇所が興味深い。「じっさい有名な磁器製造業者の息子であるシェルシェールは、年金生活を送るブルジョワ、大金持ちで、いつも変わらぬ黒の長いフロックコートを着込み、外出するときには、かならず手袋をはめ、シルクハットをかぶり、稀少な木材を使ったステッキをついていた。芸術の愛好家であり、堂々たる書物のコレクション（一万二〇〇〇冊）の一部は豪華な特別製本をほどこされ、ほかにも芸術作品、家具、食器、手稿そして版画（九〇〇〇人の異なる版画作家による九〇〇〇点の版画作品！）などのコレクションをもっていた」（同書、一二二―一二三頁）。シェルシェールは晩年にコレクションの一部をグアドループに寄贈し、一八八七年、シェルシェール博物館（ポワン＝タ＝ピトル市）が開館した。この博物館は現在まで続いている。

第二章　政治の同化、文化の異化

1　同化主義の「起源」

同化要求

問題は、「同化」である。なぜ、いつから、カリブ海フランス領はフランス共和国への「同化」を求めるようになったのか。すべての問題はここにあるといってよい。

前章の後半でフランスの奴隷制廃止の経緯をたどった[1]。一度目にしても、二度目にしても、まずは当時の経済的、政治的文脈があり、そこに人道主義的な運動が加わるかたちで奴隷制は廃止されたと捉えてよいだろう。今日の議論では、奴隷制とその廃止をめぐる宗主国の経済的、政治的利害関係は十分に顧みられることはないように思われるが、この関係を考慮に入れることで資本主義と奴隷制というテーマが見えてくることは前章で示したとおりだ。

一方、奴隷制廃止にかんしては、「自由、平等、同胞愛」の国フランスが人権の観点からこの「非人間的」な制度を撤廃した、と一般に解されることが多い。たしかに一八四八年の奴隷制廃止の立役者であるヴィクトル・シェルシェールは高邁な精神をもっていたにちがいない。しかし、シェルシェールをふくめた当時の進歩的知識人でさえも植民地を放棄する発想がなかったことや、奴隷制廃止を導いた論理は、アルジェリア征服からはじまる植民地主義を正当化する「文明化の使命」であったことも、今日ではしっかり見定めねばならない。だから「共和主義」の実態は理想化されるべきではないし、「共和主義」もまた一個のイデオロギーとして捉えなおす必要があるのではないか。そしてそのような視点から考えるとき、カリブ海フランス領の「同化」問題のねじれた様相が浮かび上がってくる。

あらかじめ確認しなければならないのは、「共和主義」とは「同化」の論理である、ということだ。共和国の理念を植民地にもたらすことは、究極的には、奴隷をその身分から解放し、「フランス市民」と見なすことである。「フランス市民」と見なすということは、市民としての諸権利を奴隷とされてきた人びとに授けるということである。つまり「同化」とは共和国の内部で「市民」としての平等を実現することである。

ところが、第一章で見てきたとおり、フランス革命は奴隷解放令をただちには公布しなかった。奴隷はいうまでもなく、奴隷制下で解放されていた有色自由人も「市民」とは見なされなかったからだ。ここから、フランスの人道主義者や、現地の有色自由人の側から「市民」としての権利要求が生じることとなり、一七九一年、最初の奴隷制廃止に先立ち、有色自由人の参政権が獲得されたのだった。

じつはこのプロセスは、「同化」問題を考えるさいに非常に重要である。というのも、有色自由人の市民権要求は、植民地の人間が政治の場に参入するという意味で、植民地における「政治」の誕生を告げるプロセスであったからだ。かれらが求めたのもまた「共和主義」の徹底化であり「同化」であった。

こうしてフランス領の植民地で生じた政治意識は、それ以後、共和主義の原則を植民地へ拡大適用することをめざすことになる。しかし、有色自由人の参政権は、結局のところ、なんの効力ももたず、カリブ海フランス領では相変わらず白人支配層を頂点とした封建的な体制が布かれていた。

この体制は人種的ヒエラルキーに基づいている。頂点には富裕層の白人農園主がいる。中間には有色自由人が位置する。このなかには黒人もふくまれるが、多くの場合、かれらは「ムラート」(白人と黒人奴隷とのあいだの混血)だ。そして最下層にいるのが奴隷である。古典的な階級図式に当てはめるならば、白人農園主は「王侯・貴族階級」、ムラートは新興の「ブルジョワ階級」、そして黒人奴隷は「プロレタリアート」とでもなるだろうか。実際にも、ムラートの権利要求は、白人農園主を頂点とする「旧体制」を揺るがす可能性を秘めていた。

一例をあげよう。一八二三年一二月、奴隷制が廃止されるちょうど四半世紀前にマルティニックで『フランス領アンティルの有色自由人の状況について』という冊子が出回った[2]。わずか三二頁のその文章は著者名はなく、当時(復古王政期)の国王と政府に宛てられていた。だがその内容から書き手がムラートであることは明らかだった。この冊子はマルティニックおよびグアドループの有

図5　シリル・ビセット

色自由人の抑圧された現状を告発していたからだ。黒人法第五九条には解放された奴隷は自由人としての権利を有すると明記されている。実際、有色自由人は、奴隷と違って、商業活動に携わるなどして財を築くことができた。すると、はじめのうちは有色自由人を自分たちの「親類」と考えていた白人支配層も、やがて自分たちの特権が脅かされるのではないかと考えはじめる。そこで、白人支配層は、有色自由人が自分たちの遺産を相続できないようにする法律や、かれらの財産に高額の税を課す法律などを作らせて、自分たちの権益を守ることにした。さらには実力行使で有色自由人の土地を奪うこともあった。

この匿名の政治文書は、こうした特権階級の横暴を暴くとともに、市民としての権利と政治への権利を請願する内容だった。これを読んだ現地の白人層は当然ながら激怒した。マルティニックの総督はこの文書を秩序壊乱と見なし、有色自由人に対して厳しい取り締まりをおこない、容疑者を割り出した。その人物がマルティニック人ムラートのシリル・ビセット（一七九五―一八五八）である。

この事件で検挙された有色自由人は一四八人におよび、かれらは七月王政成立によって恩赦がおりるまで、マルティニックから追放された。なかでも首謀者と目されたビセットにはフランス領からの永久追放や終身労働といった重刑が下されたが、最終的にはフランス植民地から一〇年間の追放処分が言い渡された（一八二七年五月）。

「ビセット事件」は、有色自由人の白人支配層に対する敵対心を強め、両者の対立を激化させることになったといわれる。それに伴い、有色自由人の法的平等に向けた動きが強まり、一八三三年四月にこれは達成されるものの、同年末、マルティニック北西部のグラン＝タンス（大入江）でムラートによる蜂起が起きた。引き金は、有色自由人による白人農園主の暗殺未遂事件である。容疑者とされた人物に死刑判決が下されたことから、緊張関係が一挙に高まり、ムラートの決起へいたった。しかし、この蜂起は奴隷を味方につけられず失敗した。結果として、マルティニックの裁判所に召喚された一一七人の関与者のうち、四一人に死刑判決が下された。

「普通選挙」

ムラートに政治参加の機会が実際に与えられるのは、一八四八年の奴隷制廃止のさいである。シェルシェールは急進的な共和主義者であり、そういってよければ大胆な同化主義者だった。かれは奴隷制の即時撤廃とともに、植民地に「政治」の場を与えた。こうして一八四八年から本国議会に代表を送る選挙がおこなわれるようになる。

この選挙は一般に「普通選挙」と呼ばれる。この場合、「普通」とはフランス語の「普遍（universel）」、万人に共通する選挙という意味だ。ただし、「人間（homme）」を意味する語が同時に「男性」を表わすように、女性は「人間の権利と市民の権利の宣言」から排除され、その帰結として選挙権をただちに認められない。にもかかわらず、第二共和政下で初めて実現する「普通選挙」が植民地にも即座に適用され、解放されたばかりの自由人（男性）に投票権が与えられたことは、やはり急進的だというべきだろう。

シェルシェールは、共和国における平等を実現するために解放されたばかりの人びとに投票権を与えた。このことは制度的な同化に向けた、最初の決定的な一歩である。なぜならこのときまで、奴隷はいうまでもなく、参政権を獲得したはずの有色自由人もまた実際の政治には参加できなかったからである。

図6　ヴィクトル・シェルシェール

「普遍選挙」はムラートが切望するものだった。というのも、「普通選挙」はかれらにとって白人支配を打ち破る好機だったからだ。選挙にはシェルシェール自身も出馬し、マルティニック、グアドループ両島の国民議員を歴任することになった。ムラートは当然シェルシェールを支持した。「ビセット事件」で有名になったシリル・ビセットは当初はムラート階級を代表する政治家としてシェルシェールよりも人気を得たが、支持基盤を白人層まで広げたことが仇となり、ムラートから見捨てられることになる。

前章で述べたとおり、カリブ海フランス領の「歴史」は宗主国の「歴史」に従属している。フラ

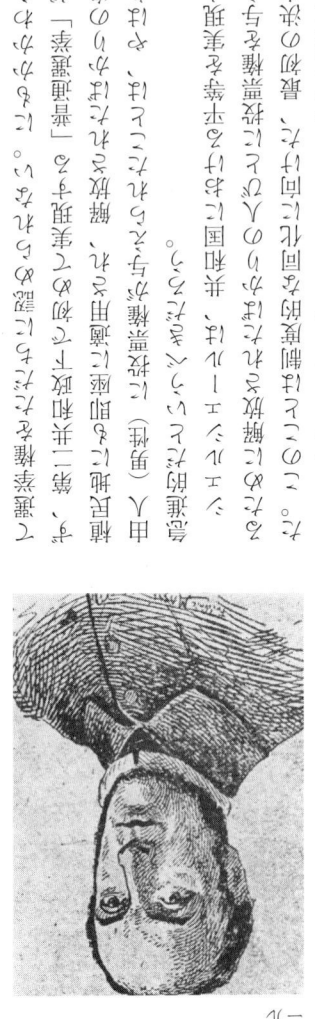

ンスの政体の変化は植民地の政策にそのまま反映する。それゆえ、第二共和政がルイ＝ナポレオンのクーデターによって終焉し、第二帝政（一八五二―一八七〇）が始まると、植民地で認められてきた「普通選挙」は廃止され、代わりに植民地議会が復活する。[3] これは本国と植民地の政体を切り離すこと、つまり制度的同化を斥けることを含意する。すると、植民地議会はやはり以前と同じように白人が議席の多数を占める結果となる。これはムラート側からすれば当然ながら政治的後退だった。

普仏戦争の敗北による第二帝政崩壊の翌年、第三共和政のもとで「普通選挙」は再開した。この間、政治的亡命を余儀なくされていたシェルシェールの復帰を待ち望んでいたのはほかならぬムラートだった。こうしてシェルシェールは再び両島で当選し、一八七一年から一八七五年までマルティニック選出の国民議会議員となった。その後は政治活動の場を元老院に移し、元老院議員を生涯続けることになる。

マルティニックでは「普通選挙」再開後、白人層は共和政を拒み、政治に直接関与しなくなる。これは事実上、ムラートに政治の場を明け渡すことを意味した。こうして本国議会においても、新たに組織された植民地議会においても、共和政の原理実現を推し進めるシェルシェール主義が優勢に立った。ムラートは革新派であり、左派だった。グアドループでも事情はさほど異ならず、シェルシェール主義者が地方政治を先導した。

カリブ海フランス領の政治プログラムは、島をフランス本土と同等のステイタスにすること、つまりフランスの県にすることにあった。こうして一八九〇年、マルティニックとグアドループの元老院議員二名が、制度的同化を要求する法案を起草した。この法案は日の目を見なかったが、以後、同化を求める法案がカリブ海フランス領から断続的に本国議会に提出されることになる。(4)

以上のように、同化主義の「起源」のひとつは、共和政下におけるムラートの権利要求にある。とりわけ「普通選挙」が復活した一八七一年以降、フランス領カリブ社会は、共和主義者の主導のもとに「同化」の道を歩む。一九四六年の県制施行法成立の背景には、このような一世紀以上におよぶ同化主義の政治的経緯があったことを確認しつつ、以下では、奴隷制廃止以降のフランス領カリブ社会を経済と労働の観点からたどろう。

移民と工業化

奴隷制廃止以降、解放された人びとはどうしたのか。原則的には、一八四八年の政令でもって、奴隷であった人びとに労働の自由が与えられたはずだった。少なくとも人びとはかつての主人のもとで働く理由などない。そこで解放当時、大部分の人びとは農園から出ていった。

このため農園は一時期働き手が大きく不足した。いうまでもなく農園主は奴隷解放には大反対だった。だから奴隷制廃止には国が奴隷主に補償金を出すことも条件にふくまれていた。これは解放した奴隷に給与を支払うための補償金として位置づけられていたが、農園主は補償金をこれまでの赤字補填に回して、賃労働ではないかたちで労働力を確保する手段を探した。

一方、植民地行政側としても、「放浪者《ヴァガボン》」が増える事態を避けたかった。第二共和政のフランスで「国立作業場」が失業対策として設立されたように、フランス領カリブ海でも「作業場」を作って労働の再組織化をはかろうという動きがあったが、うまくいかなかった。

こうして解放後間もなく導入されたのが「協同組織《アソシアシオン》」と呼ばれる労働契約である。これは、菜園の所有と栽培、労働時間の規定など、一定の労働環境を提供するかわりに、農園に労働者を固定させ（ほかの農園で働いてはならなかった）、金銭を支払うのではなく生産物を分配するという、農園主にきわめて都合のよい契約だ。このほかに、プランテーションの土地を分割して耕作させる分益小作制をとる場合もあったり、給与を支払う農園主もいた。

新たに解放された自由人のなかには町に住み着く者たちもいたが、最終的にはプランテーションに戻る場合が多かった。グアドループでは一八四八年以前にはサトウキビ畑で働く奴隷は四万人以上いたが、解放直後に二万五〇〇〇人に減っている。しかし一八五三年から五四年にかけて再び四万人の労働者を擁するようになる。仕事がなくて戻った場合もあるが、「放浪者《ヴァガボン》」を取り締まり、労働を強制させる政令と条令が、第二帝政期に公布されたことが大きかった。

労働形態は、一年以上の長期、一年未満の短期、日雇いにわかれた。労働者は先述した「協同組織」、分益小作、賃労働といった契約を結んで、再びプランテーションで働くことになる。さらに人びとには身分証明の手帳とパスポートをもつことが義務づけられる。これにより、人びとは行政の管理下に置かれたうえで労働を強いられた。結局のところ、奴隷制廃止後も、自由な賃労働というよりも強制労働に近い形態がとられたのである。

さらに、一八五〇年代になると、移民が各地から募集されるようになる。一八五二年から一八八四年にかけて、フランス領カリブ海地域にはおよそ九万六〇〇〇人の移民が導入された。かれらは年季契約労働者として農園で雇われ、低賃金でサトウキビ労働に従事した。移民は、かつての奴隷のように農園に住み込み、自由が許されなかったことから「小屋住まい《ジャン・カゼ》」と呼ばれ、総じて、元の奴隷よりも劣悪な労働条件に置かれた。契約期間は五年間だったが、多くの移民はカリブ海の島々にとどまることを選んだ。

移民のなかで一番多いのはインド人である。グアドループには約四万五〇〇〇人、マルティニックには約二万五五〇〇人が英領インドから移り住んだ。出身地はインドの南部（タミル地方）から北西部にいたるまでさまざまである。インド系移民は人びとから「クーリー」と呼ばれた。次にアフリカ人であり、グアドループでは六六〇〇人、マルティニックでは九〇〇〇人におよんだ。かれらは主にコンゴ出身者であったことから「コンゴ」と呼ばれた。合わせて二〇〇〇人に満たないものの、中国人もこの時期に渡った(5)。

こうして農園の労働力不足は完全に解消し、一時期急激に下がった生産量も奴隷制廃止以前の水準を取り戻した。しかし、世界的な砂糖生産の増大とそれに伴う競争は、フランス領カリブの経済に少しずつ打撃を与えていった。国際市場においてはカリブ海の砂糖総生産の五割から七割を占めるキューバが圧倒的であり、フランスの国内市場に目を転じれば、甜菜砂糖の生産が急成長を遂げていた。資本家の観点からすれば、競争に勝ち残るには量産体制の確立しかない。そこで一部の農園主は、砂糖生産の工業化に踏み切る。資金面では、蓄積してきた資本にくわえて、一八五〇年代からフランス領カリブに銀行が開設されたことによって融資を受けられるようになった。こうして一八六〇年代以降、大工場が次々と建設されることになる。

機械制大工場の出現は、農園との分業化をもたらした。工場と契約した農園では、もっぱらサトウキビを卸すことが仕事になり、もはや砂糖を生産することはなかった。もちろん手工業での砂糖生産にこだわる経営者もいたが、そうした農園はやがて行き詰まり、閉鎖していった。

砂糖危機、ベケ支配、保護主義

マニュファクチュアから機械制大工業へと砂糖生産システムの移行を果たすことで、たしかにふたつの島での砂糖生産量は向上した。一八八二年、両島をあわせた砂糖生産量は、一〇万三〇〇〇トンを上回っている。およそ一世紀前、サン＝ドマング（現在のハイチ）の生産量が八万六〇〇〇トンであったことを思い起こしてほしい。一世紀前の世界最大の産地を凌ぐほどの生産量に達したフランス領カリブだったが、しかし世界の砂糖市場のなかではもはや一五〇番目の取引高でしかなかった。同年、カリブ海地域最大の産地キューバは五九万五〇〇〇トン、その一二年後には一〇〇万トン以上にもおよんだ。

一方、フランス国内の甜菜砂糖の生産量も飛躍的に伸び続け、一八八〇年に三三万一〇〇〇トン、一八九〇年には六一万五二〇〇トンにまで達した(6)。こうして数字を列挙するだけでも予想がつくとおり、世界の砂糖市場は、もはや過剰生産による供給過多に陥っていた。こうなれば砂糖の価値低下は免れない。

砂糖価格の暴落がはじまったのは、一八八四年以降である。グアドループでは前年に一〇〇キロあたり六〇フランで取引されていた価格が一八八四年に四〇フランとなり、さらに一八八七年には

表1　砂糖生産量の推移

	1828年	1882年	1894年
キューバ	72,635	595,000	1,054,214
マルティニック	32,812	47,120	36,353
グアドループ	35,244	56,592	43,041

出典：エリック・ウィリアムズ『コロンブスからカストロまでⅡ』川北稔訳、岩波書店、1978年、114頁

二五フランまで下がった。マルティニックでも状況は同じであり、一八八四年以降、価格暴落に歯止めがきかなかった。

小規模な製造所と農園は砂糖危機に耐えられず、次々と破産に追い込まれた。この危機は、白人層のなかでもとくに大資本家にとってみれば、支配権を確立する好機でもあった。

マルティニックには、奴隷制廃止以降から今日まで、クレオール語で「ベケ」と呼ばれる有力な白人支配層が存在する。この語は、広い意味では白人支配層一般を指すが、より限定的には、初期の入植者として一大家系を築いている大富裕層のことをいう。なおフランス革命期に多くの白人支配層が処刑されたグアドループには「ベケ」にあたる突出した階級は形成されなかった。そのようなわけで、本書では以後、マルティニックの白人大資本家については「ベケ」と呼びたい。

ベケは破産した製造所や農園の跡地の買収を進めた。こうしてこの時代にマルティニック経済はわずか一〇のベケ・ファミリーによってほぼ掌握されることになる。

グアドループでは大工場も多額の負債を抱え込むほどだった。ベケのような地元の大富裕層が存在しないグアドループでは、砂糖危機以降、本土系の企業とマルティニックのベケが進出し、経済の実権を徐々に握っていった。

ところで、奴隷制廃止と平行して植民地でも本国でも自由貿易を求める声があったと前章で述べた。その後、第二帝政期に入ると、これまでの排他的保護貿易は緩和され、砂糖などの産品を外国へ輸出することが認められたことから、アメリカ合衆国が重要な市場になった。さらに一八六六年には、植民地議会に、輸入物に関税を自由に設定する権利が与えられた。それまで外国からの輸入品には、各種商品への関税と、入港税（輸入税）がかけられてきた。ただし、フランスからの輸入物だけは例外で、関税は免除されていた。しかし、一八六六年七月四日の元老院令によって、植民地議会に関税権限を委譲したことから、議会は独自の判断で、関税を全面撤廃して入港税を引き上げた。この結果、フランスの輸入品は外国（とくにイギリス）のそれよりも総じて高くなった。こうしてマルティニックでは一八六五年から一八八八年のあいだにフランス本国からの輸入品が三四％減少したのに対して、外国からの輸入品は五〇％増えた(7)。

フランス領カリブ海地域の自由貿易化によって損失を受けたのは本国の商人であり、かれらは植民地の関税制度に対する不満の声をあげた。また、砂糖危機による植民地経済の弱体化は本国政府としても痛手だった。こうして、一八九二年、フランス領カリブの関税制度をフランスの関税制度のうちに同化吸収することが法律で定められた。この政令により、カリブ産の砂糖はフランスの市場で保護されるかわりに、すべての外国製品にフランス本国と同率の関税がかけられるようになった。一八九二年一月一一日の法律はアルジェリアのような新規の植民地にも適用された。植民地は宗主国の利益に従属しなければならないという、コルベール以来の重商主義的発想がこうした経済政策に見てとれるだろう。イギリス帝国の自由貿易と対照的に、フランスは保護貿易を植民地政策としたのである。

労働条件への否

奴隷制廃止は人びとに職業の選択や働くことの自由をもたらしたかのように見えたが、それもつかの間のことで、人びとは農園や工場で砂糖生産のための労働に再び従事するようになったことは先に見たとおりだ。もちろん生活のためには働かなければならない。とはいえ、どれほど働いても日々の暮らしをしのぐことだけで精いっぱいであるとしたらどうだろう。働いた収入ではもはや暮らせないような状況に追い込まれたとしたらどうだろう。一九世紀末のカリブ海フランス領の労働者たちは強いられた貧しさをただただ耐え忍ぶだけではなかった。

砂糖危機以降、過酷な労働環境では、一日の平均賃金が二フランから一フランにまで切り詰められていた。しかも、一八九二年の法で排他制が復活することによって、生活物資の高騰が続いた。一八八三年の段階で塩漬け鱈の価格はキロあたり一フラン、アメリカ産塩漬け肉はキロあたり二フランだったが、一八九二年以降、およそ倍の値段にまで高騰した(8)。

一九〇〇年二月五日のことである。マルティニック北東部のマリゴ（末無川）、サント＝マリ（聖母）、トリニテ（三位一体）の各農園でストライキがはじまった。要求は賃上げである。その二年前、国民議会の選挙戦で、共和派の新党、進歩党は労働者の生活水準の向上を掲げ、賃金の二フランへの引き上げをうたったのだった。しかし進歩党候補者の当選後、「公約」はまったく果たされないままだった。これが発端となって、労働者たちは一団をなし、賃上げを求めて練り歩いた。その数は三〇〇人から四〇〇人におよんだ。翌日、ストライキはマルティニック中部のラマンタンにまで達し、その後も各地に広がっていった。七日、賃上げをめぐる交渉が北東部の経営者たちとのあいだではじまるが、交渉は決裂した。翌日、ストライキは各地で継続したが、一七時、中部フランソワの工場に四〇〇人のスト集団が到着すると、工場を守るために配備されていた憲兵隊が一斉に射撃をおこない、一七人の労働者が即死、一〇人が負傷して後日亡くなった。この惨劇を機に事態は収束に向かい、二月一三日、経営者側とスト側とのあいだで最初の合意がなされた。しかし、この合意は北東部の労働者のみを対象にしていた。二月一二日以降、リヴィエール＝サレ（塩川）、トロワ＝ジレ（三つの小島）、サント＝リュスといった南部方面でもストライキが打たれ、一五日に経営者側との合意を獲得した。

「一九〇〇年二月ストライキ」は「マルティニック労働運動の始まり」（アデライド＝メルランド）と呼ばれる。こののち、一〇月には北東部で三つの労働組合が誕生した。このストライキは労働者としての権利意識を育んだにちがいなく、島全体に波及するほどの広がりを見せた点で、フランス領カリブの「最初のゼネスト」（レオタン）ということもできるだろう。

グアドループでは、一八九五年に最初のストライキの試みといわれる出来事が起こった。じつは、ストを決行したのは移民労働者であり、しかも日本人だった(9)。

日本人移民がグアドループにいたというのはやや意外かもしれない。一八九四年、約五〇〇人の日本人移民がグアドループに到着し、その大半がグランド＝テールのプティ＝カナル（小運河）に送られた。当時、新規移民であった日本人には一日あたり四フランが支給されていた。一フランから一フラン二五サンチーム程の賃金に甘んじざるをえないほかの労働者はこの新規移民をよく思わなかったようだ。しかも日本人は絶えず不平を訴えていたという。一八九五年七月初旬、日本人労働者は故郷に帰ることを求めてストを起こした。スト自体にはほかの労働者は連帯しなかったばかりか、ストの解散後に、グアドループの労働者が五人の日本人を捕まえて、一人をサトウキビ伐採用の鉈で殺害、残りの四人を負傷させるという事件まで起きた。これがきっかけで日本人労働者は当局にかけ合い、帰国を認めさせた。日本人の一部はグアドループにとどまったという。

帰郷を要求した日本人移民のストライキののち、グアドループで暮らしていかなければならない人びとによる労働改善の要求が断続的に始まるが（一九〇〇年の三件の賃上げストライキ、一九〇二年の工場への砂糖の卸価格引き上げを求めたストライキ）、なかでも一九一〇年二月からはじまった運動はグアドループ史上初の大規模ストライキとなった。

最初の舞台は、グアドループの商業中心地ポワン＝タ＝ピトルのダルブシエ工場だ。一八六七年に地元の若い経営者によって開設された島最大の機械制大工場は、砂糖危機以降、多額の負債を抱えるようになっていた。経営破綻に追い込まれ、一九〇七年、本土の企業家の手に明け渡されたあと、一九八〇年までは操業を続けていた工場である。

ダルブシエ工場には約三〇の農園から伐採されたサトウキビが運ばれてきていた。そのうちのひとつの農園で、一九二〇年二月一五日、ストライキが始まった。別の農園の労働者もすぐさま合流した。要求は賃上げだ。男性の一日の給料に対して二フラン、女性に一フラン五〇サンチーム、子どもに一フラン二五サンチームという要求は、二月一七日、ダルブシエ工場長に拒否された。しかし、この日を境にストライキは各地に広まり、二一日にはグランド＝テールの農園全体がストライキに入った。翌日、スト集団はモル＝ナ＝ロ（水丘）のブランシェ大工場、ポール＝ルイ（ルイ港）のボー・ポール大工場を占拠し、ほかの労働者たちはダルブシエ工場に向かった。グアドループの植民地総督は事態の収拾をはかるため、交渉の場をもうけた。その結果、賃上げ要求は認められ、スト側が勝利した。

しかし、惨劇も起きた。二二日、サン＝フランソワ（聖フランソワ）では工場を守るために配備された憲兵の銃撃で、スト側に三人の死者、六人の負傷者が出た。さらに、ストライキの波はバス＝テールの一部やマリ＝ガラント島にまで広がり、三月五日に別の合意の協定が結ばれるまで続いた。

社会主義から共産主義へ

当時のストライキはかならずしも組織立っておらず、自然発生的な要素のほうが強かった。フランスで労働組合の合法化が認められたのは一八八四年のことにすぎない（「ワルデック＝ルソー法」）。とはいえ、フランス領カリブがヨーロッパ発の社会主義思想を知らないわけではなかった。グアドループ選出の国民議会議員のムラート、ジェルマン・カス（一八三七—一九〇〇）は第一インターナショナル創設メンバーのひとりであったし、一八九九年には、フランス初の本格的社会主義政党といわれるフランス労働党（ＰＯＦ）のメンバーがフランス領カリブにプロパガンダに来ている。

エジェシップ・レジティミュス（一八六八―一九四四）は、グアドループの社会主義運動の創設者と呼ばれる黒人政治家だ。フランス労働党の創立者のひとりであるジュール・ゲード（一八四五―一九二二）の思想に触れるとともに、ムラートの黒人に対する差別的扱いに憤慨を覚え、社会主義政党を組織し、一八九一年、機関紙『プープル（民衆）』を刊行した。黒人労働者階級の支持を背景に、まさに黒人と労働者階級の「代弁者」として、レジティミュスは国民議会議員を歴任した。しかし、経済的必要から、レジティミュスは何人かの工場経営者と妥協をはかるようになり、資本家と労働者の階級対立を棚上げにするようになった。レジティミュスの「転向」は、一九一〇年二月の大ストライキを支持しなかったことにもうかがえる。

マルティニックではジョゼフ・ラグロジリエール（一八七二―一九五〇）が社会主義運動を最初

図7　エジェシップ・レジティミュス

図8　ジョゼフ・ラグロジリエール

に担った。パリ留学時代に社会主義思想に目覚め、フランス労働党の党員になり、マルティニックに戻ると、一九〇一年、マルティニック社会主義者連盟（FSM）を創設し、機関紙『プロレタリア』を発刊した。機関紙名にはっきり示されているように、ラグロジリエールの目ざすところはブルジョワジーとプロレタリアとの階級闘争だった。ただし、この階級闘争はフランス共和国の議会政治のなかに位置づけられ、非合法な戦い（すなわち分離独立）は許されないとした。したがって労働者の政党を作り、フランスの社会主義政党と連携して平等な社会を実現するというのがこの社会主義者の展望だった。

フランス領カリブの社会主義のヴィジョンは、共和派ムラートの同化要求とそれほど変わるものではなかった。大ざっぱにいって、共和派のムラートが白人階層への対抗心から同化要求をおこなってきたとすれば、社会主義者は、階級闘争の構図のなかで、労働者階級の生活向上のために制度的同化を求めた。事実、熱心な同化主義者だったラグロジリエールは、グアドループの社会主義者とともに、一九一五年、県化の法案を国民議会に提出している。だが、一八九〇年に元老院に提出された同化法案と同じく、この試みは失敗した。

ラグロジリエールと一緒に初期の社会主義運動を牽引した人物に、ジュール・モヌロ（一八七四―一九四二）がいる。『シュルレアリスムと聖なるもの』（有田忠郎訳、吉夏社、二〇〇〇年［原著一九四五年］）で知られる社会学者ジュール・モヌロ（一九〇八―一九九五）はかれの息子だ。父モヌロのほうは、レジティミュスのように資本家階級と妥協するラグロジリエールと袂を分かち、一九一九年、フランス社会党（SFIO）の指導者の名をとった「ジャン・ジョレス」グループを結成した。とはいえ、グループの機関紙『ジュスティス（正義）』で示される社会改革のプログラムは、資本家階級と妥協しないという点をのぞけば、ラグロジリエールとそれほど変わらない。「同化は、フランス国家から遠い地方にいる、自覚的プロレタリアのプログラムの基本事項である」とモヌロは書いている（アルマン・ニコラ『マルティニックの歴史』）。[10]

「ジャン・ジョレス」グループは、一九二〇年末のフランス共産党設立に伴って共産主義の一派となり、労働組合の結成、労働者の組合への勧誘などに力を入れた。そうした工作活動や、改善されない労働条件と貧困を背景に、一九二〇年から一九三八年までにかけて大小さまざまなストライキが打たれた。以下、主だったものを年表形式で記しておこう。[11]

一九二〇年八月　ダルブシエ工場（ポワン＝タ＝ピトル）でのゼネスト。

一九二三年二月　ロラン、サント＝マリなどマルティニック北部の農業労働者による、いわゆる「バシニャック・ストライキ」。死者二人、負傷者三人。

一九二四年二月　ポワン＝タ＝ピトルの湾岸労働者のスト。

一九二五年二月　デュヴァル工場（プティ＝カナル）およびブランシェ工場（モル＝ナ＝ロ）の工場労働者および農業労働者による、小農園主と連帯したスト。死者五人、負傷者四人。

一九三〇年二月　アビーム（グランド＝テール島）の農業労働者による二ヶ月以上におよぶ長期スト。死者三人、負傷者多数。

一九三二年二月　マリ＝ガラント島、グラン＝タンス工場でのスト。
一九三五年二月　サトウキビ労働者のハンガーストライキ。フォール＝ド＝フランスに向かう数千人の「飢えの行進」。
一九三六年九月　フォール＝ド＝フランスおよびポワン＝タ＝ピトルの湾岸労働者のスト。両島でパン製造業者のスト。マルティニックで工場労働者、電気技師のスト。
一九三七年三月　マルティニック北部でサトウキビ労働者のスト。五月一日（メーデー）には八〇〇〇人が参加。

とくに一九三六年九月のストライキは各部門における労働組合間の協同が大きな役割を果たした。共産主義者の先導のもと、この年に各部門の組合員がフランス労働総同盟（CGT）に加盟したのだった。一九三七年のマルティニックのメーデーでは「金持ちに払わせろ」が合言葉のひとつになったが、一九三五年以降に高まるマルティニック労働運動には、ある事件が起爆剤となったといわれる。共産主義者のジャーナリスト、アンドレ・アリケール（一八九四―一九三四）の惨殺事件である。

「ジャン・ジョレス」グループのメンバーであり、機関紙『ジュスティス』の記者だったアリケールは、マルティニックの政界と財界との癒着をめぐる一大スキャンダルを握っていた。それは大資産家ウジェーヌ・オベリーの所得隠しをめぐる不正である。一九二九年、オベリーは脱税の廉で起訴されて八〇〇〇万フランを支払う判決を受けた。しかしこの判決は半年後に撤回されたばかりか、植民地行政側はオベリーに八万二五〇〇フランを支払うことになった。すでに察しはつくと思うが、オベリーは財界と強いパイプをもつ政治家に働きかけて、賄賂によってこの脱税疑惑をもみ消したのだった。

一九三三年六月、アリケールは『ジュスティス』紙でこの不正を暴いた。さらには、資本家と妥協した社会主義の政治家が、オベリーから政治資金を受けていたことものちに明らかになった。オベリーは『ジュスティス』紙とアリケール双方に圧力をかけたが、アリケールは妥協する姿勢を一切見せなかった。

一九三四年一月、アリケールの死体が海岸で発見された。その死体は、殴打を受けたあとにロープで身体を縛られて海に投げ捨てられたことを物語っていた。この死の少し前から命を狙われていたアリケールである。オベリーの指示であることはほぼ間違いなかったが、この大資産家に容疑がかけられることはついぞなかった。その二年後、アンドレの実弟マルセルが、教会で、ラマンタン市長の葬儀に参列したオベリーを狙って殺害を企てた。暗殺は未遂に終わり、その場で取り押さえられて投獄されるものの、マルセルは世論の後援を得て釈放されたのだった。

以上の悲劇もひとつの糧として、フランス領カリブの共産主義は、労働者の高まる意識と強い支持を受けて躍進を遂げる。一九四五年、第二次世界大戦終結直後、若い詩人エメ・セゼールは仲間たちの支援を受けて共産党候補の議員として立候補し、ラグロジリエールを相手に完勝するだろう。そして、県制施行法を議会に提出し、悲願の県化を共和国に承認させることになる。セゼールによって制度的同化は「完成」を見るのだ。

2　セゼール、パリ、ネグリチュード

模倣への違和感

エメ・セゼールとは誰か。

その生涯については、かれの代表作『帰郷ノート／植民地主義論』（砂野幸稔訳、平凡社、一九九七年［原著一九三九年／一九五〇年］、のちに平凡社ライブラリーとして文庫化）に付された訳者の解説論文に詳しい。また、近年刊行された『ニグロとして生きる』（立花英裕、中村隆之訳、法政大学出版局、二〇一一年［原著二〇〇五年］）では、レユニオン島出身の政治学者によるセゼール晩年のインタビューが掲載されている。同書の最初の質問は、マルティニックを発ってフランスに赴くことの幸せをよく語っているが、その理由を説明してほしいという趣旨だ。セゼールの答えが興味深い。

あなたはレユニオン島の方だから、わかってくださるでしょうが、私はマルティニックの人間なのです。バス＝ポワントという村で初等教育課程を終えました。第七学級からシェルシェール高等中学校の生徒になり、同校で中等教育の全課程を修めました。私が生きていたマルティニック社会に嫌悪感を抱くようになったのは、べつに大げさにこんな言い方をしているのではないのですが、まさにこの頃なのです。いまでもあの有色プチブル連中の姿がまざまざと目に浮かんできます。入学するや、ショックでした。あの連中には根っから、ヨーロッパを猿真似する性向があ

るのを見せつけられたのです。彼らはヨーロッパの人間と同じ先入見を共有しており、彼らのひけらかすスノビズムは、浅薄極まるもので、心底腹立たしかった。当時は内気で、しかも社交性に欠けていたので、あんな連中はまっぴらでした。あんな世界に何の興味も覚えませんでした。

(『ニグロとして生きる』前掲、一六―一七頁)。

いくつか説明を加えたい。バス＝ポワントは島の北端に位置し、サトウキビの大農園が点在する地域だった。セゼールは、そういう風景に取り囲まれた場所で一九一三年に生まれた。父は大農園のひとつで会計をおこなう管理職についており、セゼール家は裕福とはいえないが、かといってサトウキビ労働者の家庭などとは違う暮らしをしていた。マルティニックに最初の学校ができるのは一八八一年のことだ。これはサン＝ピエールという町にできた高等中学校だった。サン＝ピエールは「カリブ海の真珠」と呼ばれた、フランス領カリブのなかでもっとも栄えた優雅な町だったが、一九〇二年のプレ山の噴火で灰燼に帰してしまう。その話も重要なのだが、いまは先を続けよう。フランスで、公立初等教育の無償化および義務化と、宗教と教育の分離を定めた「ジュール・フェリー法」が可決した一八八二年以降、マルティニック各地で小学校が開校した。そのようにしてバス＝ポワントにも作られた小学校で勉強したあと、エメ少年は、教育熱心な両親の援助で、サン＝ピエールの壊滅後に島の中心地となったフォール＝ド＝フランスに勉学を続けるために出てきたのだ。

シェルシェールの名を冠した高等中学校には、成績がよく、しかも授業料を支払える家庭でなければ、子どもを入学させることは難しかった。学業優秀で奨学金を得ていたとはいえ、エメ少年の授業料や生活費を捻出するために母親は内職をしていた（これに似た話が、前章で紹介したジョゼフ・ゾベルの『黒人小屋通り』でも描かれている）。田舎から出てきたエメ少年が当時唯一の都会であったフォール＝ド＝フランスの学校で感じたのは、周囲の生徒に対する違和感だった。インタビューでは自分と同じ肌の色をした生徒が「ヨーロッパを猿真似する性向」や「ヨーロッパの人間と同じ先入見」をもっていた、と語られている。この発言が示唆するのは、当時の学校教育がもたらす同化作用である。

学校では、フランス語の読み書きを学び、フランス式の教育を受けることになる。その結果、「言語をつうじて、排外主義的にして愛国的な視野のなかで教えられる歴史をつうじて、フランスの作品の徹底的賛美をつうじて、フランスの文化は広まってゆき、『母なる祖国』という思念はマルティニック人の意識のうちに少しずつ根づいていく」（ニコラ『マルティニックの歴史』[12]）。このような文化的同化が、初等教育のうちから進められるのである。「われらの祖先、ガリア人は金髪と青い眼をもち……」という文章はフランスの教科書にある有名な文句だが、フランス領カリブの有色の子どもはこの文章を自分の文化として学んできた。距離をもって眺めれば、この教育がいかに倒錯的であるのかにただちに気づくが、教育の階梯をあがるためには、たとえ違和感を抱いたとしても、フランス文化を進んで吸収して「普遍の文明」を信じるしかなかっただろう。優等生ほどヨーロッパの「猿真似」となるのはある意味で必然である。

そうであるからこそ、教育をつうじた文化的同化を進んで受入れなかったエメ少年の特異性が際立つ。シェルシェール高等中学校でも優秀な成績を修めたセゼールは、一九三一年、学業継続のために本土の首都に赴き、パリ有数の進学校に通った。この学校でセゼールは、アフリカ出身の学生に出会う。一九世紀後半にフランスが支配下においた植民地セネガルからやってきた留学生レオポル・セダール・サンゴール（一九〇六―二〇〇一）だ。この出会いがやがて「ネグリチュード」と呼ばれる新たな文化的思潮を生み出すことになる。

パリ国際植民地博覧会とシュルレアリスト

ネグリチュードについて話を進める前に、セゼールが学生生活を送ることになるパリで生じた重要な文化的事件について述べるべきだろう。直接的であれ、間接的であれ、ネグリチュード誕生の背景をなすものである。

セゼールがフランス本土に到着した一九三一年は、パリで国際植民地博覧会が開催された年にあたる。この博覧会には、文字通り、フランスが獲得してきた植民地を国民に広く喧伝するねらいがあった。フランスの植民地拡張は、何度か触れてきた七月王政期のアルジェリア征服（一八三〇年）から始まり、第三共和政成立（一八七〇年）以降に本格化した。フランスは、植民地博覧会が開催されるまでのおよそ一世紀のあいだに、イギリスに次ぐ第二の植民地帝国を築き上げていた。アジア方面ではインドシナ地域（現在のヴェトナム、ラオス、カンボジア）を植民地化し、南大西洋に点在する島々（フランス領ポリネシア）をも支配した。フランスがタヒチやニューカレドニアを領有したのもこの時代である。

とりわけアフリカ大陸支配は広範におよんだ。現在の国名でアフリカ大陸フランス領の植民地を列挙してみよう。まず北アフリカでは、アルジェリア、モロッコ、チュニジア。西の方面では、モーリタニア、セネガル、マリ、ギニア、コートジボワール、ニジェール、ブルキナファソ、ベナン。これら八つの植民地は「フランス領西アフリカ」と呼ばれる連邦に組み込まれ、統治された。中部アフリカでは、ガボン、コンゴ共和国、中央アフリカ共和国、チャドからなる「フランス領赤道アフリカ」。アフリカ大陸東側のマダガスカル島もやはり一九世紀末にフランスに征服された。

一九三一年の国際植民地博覧会は、フランスの植民地帝国のまさしく絶頂期に、パリ南東部に広がるヴァンセンヌの森で五月から一一月まで開催されたのだった。スローガンは「一日世界周遊」であり、いまでいうところの一大テーマパークだ。三三〇〇万枚のチケットが売れ、実質八〇〇万人の来場者数におよんだといわれるこの博覧会では、仏教寺院、モスク、王宮などを模した異国趣味的な数々のパビリオンが建てられ、植民地各地から人びとが「原住民」として連れて来られた。そうした人びとのうちにニューカレドニアの先住民カナクがいた。カナクの人びと一一〇人は「正真正銘の人食い《カニバル》」として植民地博の見せ物とされ、ある者たちはドイツの動物園のワニと交換され、また別の者たちは生肉を食べて踊ることを強いられたのだった。カナクの人びとの悲話は、これを題材にしたディディエ・デナンクス（一九四九年生）の小説『カニバル（食人種）』（高橋啓訳、青土社、二〇〇三年〔原著一九九八年〕）で知られている。「カリブ」から生じたカニバルという記号は、野蛮さの象徴として、植民地主義の言説のなかで反復され、強化される。

国際植民地博覧会に反対する声をあげたのは、当時フランス共産党の党員であったりシンパだったシュルレアリストのグループだった。開催されたその月にグループは「植民地博を見物するな」と題したビラを、七月には「植民地博の最初の総括」というビラを作成した。双方のビラの署名者は、アンドレ・ブルトン（一八九六―一九六六）、ルイ・アラゴン（一八九七―一九八二）、ポール・エリュアール（一八九五―一九五二）ほか一二名だ。[13] シュルレアリスムと反植民地主義活動との関係をたどった研究書（ソフィー・ルクレルク『植民地主義の代償』）によれば、これらのビラは、ブルトンとエリュアールを中心に作成され、五〇〇〇枚以上刷られ、植民地博の入口やいくつかの工場で撒かれた。[14]

最初のビラ「植民地博を見物するな」は国際植民地博覧会反対の言説としてよく知られている。ブルトンたちはそのビラで植民地博のパビリオンが、「偉大なるフランス」という「騙し概念」を植え付けるための、「かの地での銃殺の響きを何の怒りも覚えずに聞くのに必要となる所有者の意識を、本国市民に与える」ことをねらったものであると糾弾している。第二のビラ「植民地博の最初の総括」（こちらは主にブルトンの手による）では、六月二七日から二八日にかけて火災でオランダ領インド館が焼失するという事故によって、このパビリオンに保管されていた強奪品がどれほど貴重な文化財であったのかを指摘するとともに、この火災そのものが植民地支配の象徴であることを示した。[15]

一九三一年九月には、国際植民地博覧会に反対する「反帝国主義展」が開催された。この展示は、当時、帝国主義と植民地支配に唯一反対していた共産党とシュルレアリストとの協同によって実現した。反帝国主義展は、「植民地の真実」や「反植民地展」と題されて、パリ一九区（コロネル・ファビアン広場の近辺）で一二月まで開催された。

反帝国主義展の入場者数は五〇〇〇人ほどであり、残念ながら、世間の耳目をそれほど集められなかった。植民地出身の学生たちはこの展示会に訪れたのだろうか。この点については寡聞にして知らないが、のちほど言及するように、シュルレアリスムに感化された運動がマルティニック出身の学生たちから生まれることを考えると（『正当防衛』誌）、ありえない話ではないだろう。パリに着いたばかりのセゼールは、国際植民地博覧会にもその反対展にも行かなかったようだ[16]。セゼールが足を運んだのは、黒人知識人の集う文学サロンだった。

クラマールのサロン

パリから南西へ少しくだったところにクラマールという郊外の町がある。モンパルナス駅から列車が出ており、毎週日曜になると、黒人知識人や作家がクラマールに向かい、駅のすぐ近くのエベール通り七番地に集った[17]。サロンを催したのはマルティニックのナルダル姉妹、ポーレット・ナルダル（一八九六―一九八五）とふたりの妹（ジャンヌ、アンドレ）である。ナルダル姉妹はセゼールのようにやはり教育熱心な親もとで育った。ポーレットは、一九二〇年、つまりセゼールがパリに到着するはるか一〇年以上前にマルティニックから首都にやって来て、ソルボンヌ大学で英語を勉強した。ポーレットが学業に励んでいた一九二〇年代のパリは、「ニグロ」への文化的関心が高まる時代だった。音楽では、ジャズやビギンといった黒人系音楽が流行り、「黒いヴィーナス」の異名をとった踊り手ジョセフィン・ベイカー（一九〇六―一九七五）がパリの観客を沸かせた。芸

図9　ポーレット・ナルダル

術面では、アフリカ彫刻をおおいに参照したピカソの「アヴィニョンの娘」（一九〇七年）をはじめとして、当時の前衛芸術家は「ニグロ芸術」へ関心を持ち続けていたし、一九一〇年代には前衛詩人ギヨーム・アポリネール（一八八〇—一九一八）が美術批評家として「ニグロ美術」を論評している。やがてアフリカの仮面や彫像の熱心な収集家となるダダの創始者トリスタン・ツァラ（一八九六—一九六三）が「ニグロ芸術についての覚書」を発表するのは一九一七年のことだ。一九二一年には、

世界を遍歴する作家ブレーズ・サンドラール（一八八七—一九六一）によるアフリカの民話・歌謡を編んだ『ニグロ選集』が出版され、なによりも、ギュイヤンヌ出身の作家ルネ・マラン（一八八七—一九六〇）の小説『バトゥアラ』がフランス有数の文学賞ゴンクール賞に輝いている。植民地行政官として中央アフリカに滞在した経験に基づいた小説であり、有色人作家による初めてのゴンクール賞受賞作だ(18)。さらに一九二〇年代末のパリにはアメリカ合衆国で開花したハーレム・ルネサンスの息吹が、若い黒人作家たちを紹介したアラン・ロック（一八八五—一九五四）の選集『ニュー・ニグロ』（一九二五年、英語）や、パリを訪れる作家たち自身をとおして伝わってきていた。

そのような時代を背景にポーレットは、一九二八年に創刊された『デペッシュ・アフリケーヌ（アフリカ速報）』という月刊誌で記事を書くとともに（雑誌は一九三二年まで続いた）、その言語能力

を活かして、パリを訪れる英語圏の黒人作家と交流するようになった[19]。こうしてクラマールの文学サロンには、アラン・ロックのほか、「ニュー・ニグロ」の代表格ともいえる詩人ラングストン・ヒューズ（一九〇二―一九六七）や、同じくハーレム・ルネサンスの一翼を担った、ジャマイカ出身の作家クロード・マッケイ（一八八九―一九四八）が訪れ、英語圏とフランス語圏の黒人知識人の集う希有な場所となった。このサロンについてのセゼールの証言を聞いてみよう。

当時、マルティニック出身のナルダル姉妹が豪華なサロンを開いていました。サンゴールは定期的にこのサロンに通っていましたね。私はといえば、サロンというものが好きではなく、とはいえ見下していたわけでもなく、ともかく一、二度赴いただけで、長居はしませんでした。そのとき、ラングストン・ヒューズやクロード・マッケイといった何人かのアメリカのニグロ作家に出会いました。アメリカのニグロ作家たちは私たちには一個の天啓でした。ホメロス、ウェルギリウス、コルネイユ、ラシーヌなどを読むだけでは飽き足らなかったのです。もうひとつの現代文明と、すなわち、黒人たちとその誇り、ひとつの文化に帰属しているという彼らの意識と出会うということ、これがなによりも重要だった（『ニグロとして生きる』前掲、二二

図10　クラマールの文学サロンが開かれたアパルトマン

頁）。

このあとセゼールは「フランスでは同化への、同化主義への傾向にあった」と続けている。セゼールが念頭に置いているのは、マルティニックの少年時代の話ではなく、フランス本土の黒人エリートの態度である。先ほど触れた『デペッシュ・アフリケーヌ』は黒人を語りつつも、「偉大なるフランス」というイデオロギーに迎合する、体制順応的な媒体だった。ナルダル姉妹がハイチ人の文学博士レオ・サジューと一緒に、この文学サロンに集う書き手を中心に始めた『黒人世界評論』も政治的路線ではそれほど変わらない。

図11 『黒人世界評論』表紙（再刊版）

『黒人世界評論』はパリ国際植民地博閉幕の月（一九三一年一一月）から翌年まで計六号刊行された。この雑誌の特徴は、何よりも、文学サロンの「国際性」を反映して英仏二カ国語で出版されたことだろう。翻訳は無記名だが、英語が堪能だったナルダル姉妹（ポーレットとジャンヌ）が担当したと考えられる。雑誌の寄稿者であるルネ・マランも、ハイチの政治家で、ハイチ民族誌の古典『おじはこう語った』（一九二八年）の著者ジャン・プライス＝マルス（一八七六―一九六九）も、ギュイヤンヌ生まれの大物政治家フェリックス・エブエ（一八八四―一九四四）も、クラマールのサロンにかかわった人びとだった。さらには、ネグリチュード運動に影響を与える、ドイツのアフ

リカ民族学者レオ・フロベニウス（一八七三―一九三八）の文章も紹介されており、最初の本格的な黒人文化誌とでも呼びたくなる充実ぶりだ。

この雑誌にはセゼールよりも一回り年上のマルティニック出身の学生たちも寄稿していた。一九三二年六月、『黒人世界評論』が財政難で廃刊するころに、かれらは新しい雑誌を創刊した。『正当防衛《レジティム・デファンス》』である。

『正当防衛《レジティム・デファンス》』

雑誌といっても、それはたかだか二〇頁ほどの小冊子に過ぎない。しかも、刊行後には発禁処分となったために次号のない、一号かぎりの雑誌である。雑誌に参加した学生のうちに、セゼール、サンゴールに比するような未来の大詩人がいたわけでもない。しかし、この雑誌の発刊はカリブ海フランス領の文化的営為を画するような「事件」だった。

『正当防衛』創刊に携わったのは八人のマルティニック人学生だ。そのうち、『黒人世界評論』にも書いていた三人の名前をあげておこう。一人はルネ・メニル（一九〇七―二〇〇四）。マルティニック帰郷後はシェルシェール高等中学校の哲学教師となり、後述する『トロピック』誌やマルティニック共産党設立にかかわるなど、重要な足跡を残す、知られざる大知識人である。もう一人は、社会学者ジュール・モヌロ（一九〇八―一九九五）。ややこしいが、「ジャン・ジョレス」グループのリーダーとして言及した同姓同名の人物はかれの父である。『正当防衛』にたずさわった息子ジュール・モヌロの方は、その後、シュルレアリスム運動やバタイユの社会学研究会にもかか

図12　『正当防衛《レジティム・デファンス》』表紙（再刊版）

わりをもったことから、一部には知られている。[20]最後の一人は、エティエンヌ・レロ（一九〇九―一九三九）。若干三〇歳で夭逝した、『正当防衛』を代表する詩人だ。

雑誌は詩と評論からなる。雑誌のタイトルは、シュルレアリストの政治的態度表明を迫るある人物の文章に応答するかたちでアンドレ・ブルトンが書いた小冊子『正当防衛』（一九二六年）に由来する。このことからして『正当防衛』グループへのシュルレアリスムの影響は決定的だ。

もうひとつ、『正当防衛』グループが依拠したのはマルクス主義である。とはいえ、すでに見たようにこの時期はシュルレアリストがフランス共産党に接近していたのだから、マルティニック人学生が自覚する階級意識も、かれらが表明する共産党への忠誠も、大きく見れば当時のシュルレアリスムの圏内にあったともいえるだろう。いずれにしても、かれらは自分たちを「フランスの有色ブルジョワ」と規定し、「この階級の裏切り者」として、「裏切りの道をできるかぎり遠くまで進むこと」を宣言する。[21]

収録されている文章はどれもが鋭利だ。

ジュール・モヌロは、白人富豪の金権政治によるマルティニック支配と、その構造のなかで「成功」を求める有色ブルジョワの行動様式とを批判の目で描いている。

ルネ・メニルの文章は、当時のフランス領カリブの有色作家にその「限界」を突きつけた批評だ。ゴンクール賞作家ルネ・マランにしても、ヨーロッパの古典的文学の枠内から主題も方法も脱しきれないというのだ。なぜなら、学校教育においてヨーロッパ文学を模範として学び、文化的同化を目ざしてきたカリブ海フランス領の作家たちは、自分たちの表現すべき「現実」を欠いてきたからである。メニルが目ざすべき文学としてあげるのは、社会主義リアリズムの文学と、シュルレアリスムの系譜に連なる、想像力による自己解放の文学である。

エティエンヌ・レロはフランス領カリブの「ブルジョワ」詩を批判する。何人かの詩人が槍玉にあげられている。たとえば、ジルベール・グラシアン（一八九五―一九八五）というムラート詩人。出版されたばかりのかれの詩集『偽韻文詩』（一九三二年）に対して、フランスの数世紀前の叙情詩のような「明白な遅れ」を指摘したルネ・メニル同様、レロは「偽」と冠しつつもフランス詩法に忠実な作風、詩句の「骨董品」のような古めかしさを痛烈に批判する。対して、ヒューズやマッケイを「革命的黒人詩人」として高く評価する（誌面にはマッケイの小説『バンジョー』フランス語訳の抜粋も紹介されている）。マルティニック、グアドループの詩は黒人プロレタリアートによる来るべき詩作をとおして生まれるとレロは書く。

このように、『正当防衛』はフランス領カリブにおいて文化を担う「有色ブルジョワ」のフランス文化への同化主義をラジカルに批判し、これを乗り越えようとしたマニフェストである。これまでの文化的営為を断ち切り、新たな批評的意識と方法でもってフランス領カリブの現実に対応する文化を生み出そうとする、マルティニックの若者たちの気迫がこの雑誌にはみなぎっている。

『正当防衛』は文化における反同化という視点を最初に打ち出したグループだった。しかし、旧文化との切断を導くそのことばは、逆説的であるが、ヨーロッパの先端的思想によって支えられていた。このことは、批評の実践としての詩作を見るとよくわかる。たとえばエティエンヌ・レロの詩はその名前を隠してしまえば、どこかのシュルレアリスム雑誌上のヨーロッパ人の作といってもわからないほどシュルレアリスム的であって、模倣の域を脱していないと、ある高名なフランス知識人にのちに酷評されるほどである。

『正当防衛』の学生たちはシュルレアリスムを模倣し、マルクス主義的展望にしたがうかぎりで、きわめて急進的な言説を形成していた。しかし、そのことは裏を返せば、グリッサンが指摘するように、『正当防衛』には自分たちに固有の思想なり詩学なりをもとうという意識がいまだ乏しかった、ということでもある。[22] そしてこの点において『正当防衛』グループと異なる道を歩むのが、ネグリチュード運動だった。

「帰郷ノート」

ネグリチュードは、エメ・セゼールの造語だ。

その成り立ちをたどってみると、この語には「ネグル」がふくまれているのにただちに気づく。「ネグル（Nègre）」は英語の「ニグロ（Negro）」。だからこの語には人種差別的な意味合いがふくまれる。英語で「黒人」を指示する場合には「黒」一般を意味する「ブラック（Black）」を用いるように、フランス語でも通常は「ノワール（Noir）」を用いる。

日本語にも「ネグル」や「ニグロ」にあたる差別語として「黒ん坊」があった。黒人は「大きな子ども」というヨーロッパ文化の紋切り型をそのまま表わしたような言葉である。差別語「ネグル」につきまとう、欧米白人に対して従順で、おどけていて、卑屈な笑いを浮かべる黒人というイメージは、そもそもこの語が、奴隷制以来、黒人奴隷を指して用いられてきた歴史の延長線上にある。「ネグル」という語の歴史のうちには、白人の黒人に対する差別意識とともに、黒人の白人に対する隷属が潜んでいる。

そのような負の意味やイメージが込められた「ネグル」に、性質や状態を表わす接尾辞「イチュード（-itude）」を組み合わせたのが、ネグリチュードである。あえて訳すなら「ネグルであること」とでもなるこの新しい語は、したがって、「ネグル」という差別的他称を、自分たちのアイデンティティを指し示す語として再規定し、これを引き受けることの表明なのだ。

セゼールがネグリチュードの語に込められる考えを最初に示したのは、『黒人学生』という新聞においてである。この新聞は、パリ・ウルム通りの高等師範学校（文系エリート養成機関）への入学許可が下りて、セゼールが引っ越したジュルダン大通りの大学都市で、マルティニック学生協会の機関紙として発行された。この新聞には、カリブとアフリカの学生双方がたずさわった。なかでも、セゼール、サンゴール、そしてギュイヤンヌ出身の詩人レオン＝ゴントラン・ダマス（一九一二―一九七八）という、ネグリチュード運動を牽引する三人の詩人が関与していたことで、この文化運動の誕生を告げる新聞としてその分野ではよく言及されるのだが、残念ながら、現存する号はきわめて少ない[23]。一九三五年三月に発行された第一号には、当時二二歳のセゼールの手による短い論考が掲載されている。幸いにも砂野幸稔が『帰郷ノート/植民地主義論』の解説論文でこのセゼールの文章の主要箇所を翻訳引用している。以下、その一部を紹介する。

ニグロの歴史は三幕のドラマである。そしてわれわれは三幕目にさしかかっている。

ニグロはまず隷属させられた。「低能の獣ども」と人々は言っていた。次いで人々は彼らにもっと寛大な眼差しを向けた。人々はこう思ったのだ。「奴らは評判よりはましじゃないか」と。そして人々は彼らを仕込もうとした。彼らを「同化」したのだ。彼らは主人の学校に行った。「大きな子供だ」と人々は言っていた。子供だけが永久に主人の学校に行くからである。

今日の若いニグロたちは隷属も同化も望まない。彼らは解放を望むのだ。

[……]

黒人青年は行動し創造することを欲する。自分たちに向かって自分たちの不幸、自分たちの偉大さを語る、自分たちの詩人、自分たちの小説家をもつことを欲する。普遍的な生に、人類の人間化に貢献することを欲する。(砂野幸稔「エメ・セゼール小論」、セゼール『帰郷ノート/植民地主義論』平凡社ライブラリー、二〇〇四年、二四三―二四四頁[24])

かれが自分たちの存在の根拠を「ニグロ(ネグル)」に置いていることが、はっきりわかる文章だ。『正当防衛』のように文化的同化への否を表明しつつ、しかも、「ニグロ」としての意識を明確に打ち出している。『黒人世界評論』のように黒人について語るが、白人との協調・融和的路線はとらない。差別語をあえて自称として用いることで、その差別の歴史それ自体を引き受けようとする、力強い肯定が「ニグロ」という語の使用に読みとれる。

『黒人学生』紙には確認されている号がもう一号ある。それは一九三五年五・六月の第三号であり、セゼールが初めてネグリチュードの語を用いた、重要な記事をふくんでいる。(25)「人種問題と社会革命」と題されたその記事でセゼールは次のように書いている。

われわれは欲するのだ、自分たちの固有の価値を探究することを、自分たちの固有の価値を知ることを、個人的体験をとおして自分たちの力を知ることを、自分たちの固有の深度を、普遍的人間の湧き上がる源泉を掘り下げることを。〔……〕ある条件が肝要だ。つまり、人種の自動的識別を断ち切ること、上っ面の価値を引き裂くこと、われわれのうちに直接的ニグロを捉えること、われわれのネグリチュードを一本の美しい木のようにやがてそれが真正な実をつけるまで植えること。(26)

この文章に見られる「直接的ニグロ」は「ネグリチュード」の同義といっていいだろう。第一号の記事よりも、ニグロであることを自分の「固有の価値」とする決然とした態度が示されている。セゼールの話を続ける前に、レオン＝ゴントラン・ダマスの最初の詩集『色素』（一九三七年）に触れておきたい。セゼール、サンゴールの影に隠れてあまり目立たないダマスだが、かれがネグリチュード三人衆のなかではもっとも早く詩集を発表した。その詩集は、前衛詩を主に手がけ、植字にこだわる詩人にして出版人ギィ・レヴィ・マノ（一九〇四―一九八〇）のGLM社から出版された。発売二年後に国家安全侵害罪で発禁となってしまう『色素』には、ネグリチュードの意識がたしかに刻印されていた[27]。この詩集におさめられた「乞食がおれに一〇スウくれと手を出した」を嶋岡晨訳で紹介したい。

おれもだよ　ある日　出かけたよおれも
乞食のボロを
身にまとい

おれもだよ　手を出したよおれも
あわれっぽい目つきでな
みじめな淫売と同じようにな

おれもだよ
この神さまの国で飢えていたのよ
ひっついた腹にお慈悲をねがい
一〇スウぐらいもらったって

いいと思ったのよ

おれもだよ
警察《デカ》のうろつく大通りには
なかなか店が出せなくてよ
追っぱらわれる夜が
やたらとあったよ
目をくぼませてな

おれもだよ　目をくぼませてな　飢えていたのよ
一〇スウぐらいもらったって
いいと思ったのよ

だけどある日
もうたくさんだと思ったんだ
乞食のボロが
ばかにされているのを見ているとな
目も腹もへっこんだひとりのニグロの姿が

たらふく楽しまれているのを見ているとな。[28]

どうだろうか。筆者の解釈では、この詩における物乞いは卑屈に生きることの比喩である。最後の詩句に一〇スウを乞う「ひとりのニグロ」が公衆の好奇を満たす存在として描かれることで（語り手自身の姿と受けとれる）、物乞いするように隷属して生きることへの拒否が示されているといえるだろう。

一方、セゼールの詩は一九三九年八月、作家レイモン・クノー（一九〇三―一九七六）が携わった雑誌『ヴォロンテ（数々の意志）』（一九三七―一九四〇）の二〇号に発表された。その詩こそ「帰郷ノート」、セゼールの代表作のみならず、ネグリチュード運動そのものを象徴する、黒人文学の金字塔だ。

「帰郷ノート」誕生にはひとつの逸話がある。一九三五年のある晩のことだ。セゼールは演劇（ジャン・ジロドゥの戯曲）を観た帰りに、本屋や古本屋をめぐってお金がつきてしまった。だから大学都市の食堂ではトマトなど野菜だけしか食べないことにした。すると給仕の若い女性にこういわれる。「あなた、お肉はぜったい食べないの？　お金がないの？」するとセゼールはこういったそうだ。「いいえ、マドモワゼル、これはお金の問題ではなく、哲学の問題です。わたしは菜食主義者です」。するとうしろからこんな笑い声が聞こえてきた。「ぼくもだよ、ぼくも菜食主義者、同じ哲学でね！」これがクロアチア人の留学生ペタル・グベリナ（一九一三―二〇〇五）との出会いだった。やがてふたりは友人となり、この年の夏のヴァカンスにセゼールはグベリナ（かれはのちに言語学者となる）に誘われてクロアチアを旅行したのだった。[29]

ユーゴスラヴィアの友人もいました。ペタル・グベリナ、その彼の誘いである夏にクロアチアに行きました。その海岸がカリブ海の海岸に似ていると思ったのを憶えています。さらに私は、ある日、彼にこう尋ねました。「この島の名前は？」彼はフランス語で「Martin（ハッカチョウ）」の意味だと答えました。そしてこう思ったのです。「僕はMartinique（マルティニック）の面影を見ていたのか！」こうして学習帳を買い、私は『帰郷ノート』を書きはじめたというわけです。ですから『帰郷ノート』は、厳密に言えば故郷への帰還ではなく、ダルマチア地方の海岸での故郷の想起なのです。（『ニグロとして生きる』前掲、一二三頁）。

こうして長い期間をかけて少しずつ書きためていったのが「帰郷ノート」だった。『ヴォロンテ』誌に発表したのはその第一稿であり、以後、セゼールはこの長編詩に機会があるたびに加筆や修正を加えてゆく。やがて決定版として出版されるプレザンス・アフリケーヌ社版『帰郷ノート』（一九五六年）には、グベリナがその序文を寄せたことも付け加えておこう。

「帰郷ノート」は、筆者なりにまとめてみると、詩人の分身である語り手が、故郷マルティニックの否定的な現実と過去を、ニグロとしての実存を肯定することで全面的に受け入れ、精神的な意味での真の帰郷を果たし、黒人種の未来をうたうにいたる内的過程を描いている。ネグリチュードの語は一般にこの詩で使用されたことで知られる。詩は一九五六年の決定版で全一八四節、計九六六六語におよぶ（拙著『フランス語圏カリブ海文学小史』風響社、二〇一一年、一七頁）。ここではその全文を引用することは叶わないため、『帰郷ノート／植民地主義論』（前掲）からいくつか抜粋をおこなおう。以下、同書からの引用頁はここに付す注をご参照いただきたい(30)。

暁の果てに、脆い入江から芽生える、腹を空かしたアンティル諸島、疱瘡であばただらけのアンティル諸島、アルコールに爆砕され、この湾の泥の中に座礁し、この不吉に座礁した町の埃の中に座礁したアンティル諸島。

［……］

暁の果てに、この平らな町――べったりと拡がり、自らの良識によろめき、無気力で、永遠に繰り返される十字架の幾何学的重荷に喘ぎ、自らの運命に従わず、口の利けぬ、あらゆることに不服で、この大地の汁によって育つことのできない、途方に暮れ、切り縮められ、牧神《フォーヌ》も花神《フロール》も欠いた町。

これは冒頭の数行だが、この始まりを読むだけでも、引用したレオン＝ゴントラン・ダマスの詩との共通点と差異が指摘できる。まず共通点はリフレインだ。ダマスもセゼールもこのように同じ詩句を何度も繰り返すことで、耳に残る韻律と、繰り返されるたびに高まる強度を作りだす。詩の口承性とでも呼べるような何かがかれらの詩にはある。また、リフレインの重要性は、なにもダマスとセゼールにかぎったことではなく、アフリカ系ディアスポラが生み出す文化的営為全般にかかわることだろう。ブルース、ソウル、レゲエといった黒人大衆音楽（歌詞とリズムの反復）と、これらの詩は離れていないはずだ。

一方、差異も明瞭だ。ダマスの詩のことばは口語に近く、情景が浮かびやすくシンプルであり、民衆歌のようにうたわれることを意識しているようだ。セゼールの詩は、語彙の幅が圧倒的に広いが、その分、抽象的で難解だという印象が先立つかもしれない。この難解さは、語に対する詩人の鋭敏な意識の表われである。

引用文の情景は、語り手（詩人）が船に乗って故郷マルティニックの港に到着するところだ。夜明けにうっすらと見えるアンティル諸島。詩人の目に映るのは、貧困と、病気と、酒浸りの島の姿だ。いま詩人を乗せた船が着岸しようとしているのは、そのような不幸な島の病巣のように描かれる「この不吉に座礁した町」フォール＝ド＝フランスである。

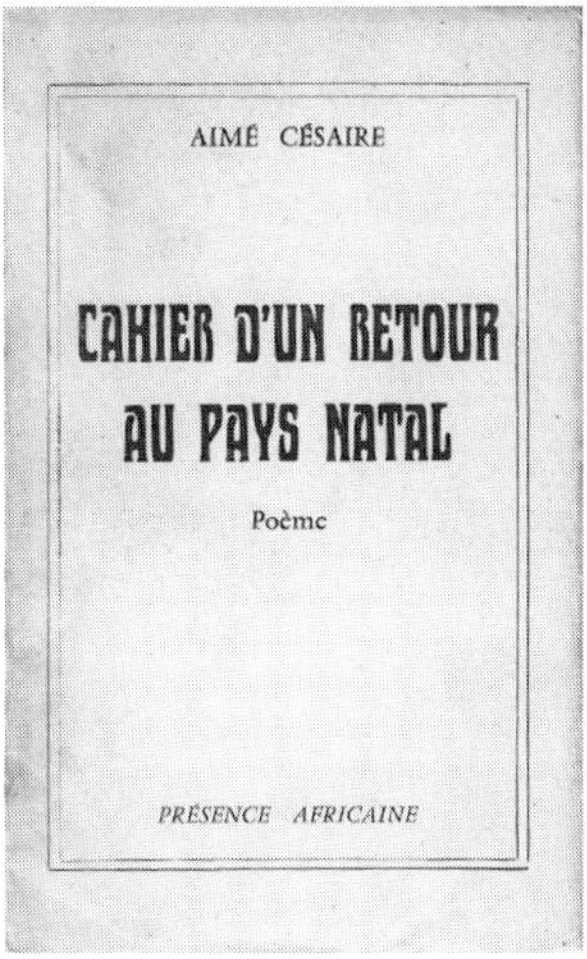

図13 セゼール『帰郷ノート』表紙（1956年版）

マルティニック時代のエメ少年が、シェルシェール高等中学校の生徒たちの「猿真似」に対して抱いていた違和感を思い起こそう。詩人が見とおす「この平らな町」フォール＝ド＝フランスは、フランスへの文化的同化の象徴である。「永遠に繰り返される十字架の幾何学的重荷」という詩句のうちに筆者が認めるのは、植民地化とともに伝来したキリスト教をなんの疑いもなく自分たちの信仰とすることへの、あるいは、ヨーロッパ・キリスト教文化に対する同化への、詩人の違和感である。

そしてこの無気力な町の中の、唖然とするほど自らの叫びを素通りしてしまうこの騒々しい群衆、そして、心穏やかに、自らの動きを、自らの意味を素通りし、その真の叫びを、それだけがこの町のものであると感じられるがゆえに、町のどこか、闇と矜持の奥まった避難所にそれが住むと感じられるがゆえに、聞きたいものであった、ただひとつの叫びを素通りしてしまうこの町。この無気力な町の中の、飢えの、悲惨の、反抗の、憎しみの叫びを素通りしてしまうこの群衆。かくも異様におしゃべりで無言のこの群衆。

図14　フォール＝ド＝フランス

この詩節で繰り返される「叫び」こそ、詩人が求める、ニグロであることの「叫び」である。しかし、その「叫び」に気づかないのが、かれの認めるフォール＝ド＝フランスの姿なのだ。詩人はそのような場所には帰りたくない。むしろかれの心の帰郷の地は、自分たちの過去を一挙に遡ることで見出せる、アフリカだ。しかし、詩人は知っている。自分をアフリカ文明の栄光に同一視することはできないことを。

私は自分の腫れを真の栄光であるかのように装うことを拒否する。
そして私はかつての私のがんぜない夢想を笑う。
否、われわれはかつてダホメー王の女戦士《アマゾネス》であったことも、八百頭のラクダを連れたガーナの王子であったことも［……］、戦士であったこともない。［……］私は自ら認めたい（午後の自分の影を食む羊ほどすばらしいと思えるものは何ひとつないこの私は）、われわれはいつの時代にもかなり惨めな皿洗い、みみっちい靴磨き、せいぜいのところでけっこう良心的な呪術師でしかなかったことを、そしてわれわれが打ち立てた唯一文句なしの記録は、鞭打ちに耐え抜いたことなのだ……

詩人が用いる「われわれ」とは、アフリカ大陸から引き離され、奴隷船に詰め込められて「新大陸」を渡った人びと、奴隷とされた人びとの血を引く人びとだ。苦難に耐え忍び、主人に屈従してきた人びとだ。

火薬も羅針盤も発明しなかった者たち
蒸気も電気も一度として飼い馴らせなかった者たち
海も空も探検しなかった者たち
だが彼らはそのすみずみまで苦難の国を知っている
旅は故郷喪失の旅しか知らなかった者たち

躓くことに馴染んだ者たち
家畜化されキリスト教化された者たち

しかし、詩人は「ニグロ」と蔑まれてきた自分たちの過去と現在を全面的に受け入れることで、いま一度、ディアスポラ黒人の原体験である奴隷船から「ニグロ」であることの誇りを取り戻そうとする。次の箇所で「黒ん坊」と訳されているのは、やはり「ニグロ」のように黒人に対する蔑称である「ネグライユ（nègraille）」だ。

そしてその黒ん坊はすっくと立つ

しゃがみ込んでいた黒ん坊は
思いがけずすっくと立つ
船倉の中ですっくと立つ
船室の中ですっくと立つ
甲板の上ですっくと立つ
風の中ですっくと立つ
太陽の下ですっくと立つ
血の中ですっくと立つ

すっくと立ち
　そして
　　自由だ

セゼールの証言によれば、「帰郷ノート」は、定型詩の束縛から解放されたところで、ノートとして書かれた（砂野「エメ・セゼール小論」前掲、二六八頁）。たしかにこの詩は、フランス文学の伝統的な詩法にとらわれることなく、散文と韻文との境界を取り払った、独自の境地を切り開いている。この自由な精神とその詩のありようこそ、「帰郷ノート」を、文学上の模倣や影響関係を超えた、遥かなる高みへ押し上げているのではないだろうか。詩において重要なのは形式ではない。そこで表明される内容であり、そういってよければ魂だ。セゼールが教えるのは、文化的同化から解放されたところに打ち立てられる詩学があるということだ。「帰郷ノート」はこの意味でフランス領カリブの文学、より広義にはその文化的営みの真の出発を刻印したのだ。

3　ヴィシー政権占領下から〈戦後〉へ

「アン・タン・ロベ」

「帰郷ノート」を誌面に発表したその月にセゼールはパリを発ち、マルティニックに向かった。セゼールのそばには伴侶シュザンヌ・ルースィ（一九一五―一九六六）とふたりのあいだの子どもがいた。マルティニック人シュザンヌ・ルースィもまた学生としてフランスに渡り、トゥールーズで三年間近代文学を勉強したのち、パリでセゼールと出会い、結婚した。帰郷にあたり、ふたりには教師のポストが約束されていた。エメはシェルシェール高等中学校でフランス語とラテン語の教師として、シュザンヌは別の学校でフランス語教師として迎えられることになる。

この離島のあいだ、島ではフランスによる植民地化を大々的に祝う「フランス併合三百年祭」（一九三五年）がおこなわれる一方で、本章第一節で言及した「飢えの行進」と呼ばれるハンストなどのストライキが打たれてきたように、マルティニック大衆は総じて貧困の只中にあった。

偶然にも、第二次世界大戦が勃発したのはセゼール一行の到着の月である。一九三九年九月、ナチス・ドイツ軍はポーランド侵攻を皮切りにヨーロッパ各地に進撃し、一九四〇年六月にはパリを攻め落とし、フランス北部を占領下とした。ナチス・ドイツに休戦協定を申し入れたフィリップ・ペタン元帥（一八五六―一九五一）は、首都を中部の都市ヴィシーに移し、対独協力政権を樹立した。その一方で、パリ陥落によってイギリスに亡命したシャルル・ドゴール（一八九〇―一九七〇）は同地で対独抗戦の亡命政府「自由フランス」を打ち立てる。

ペタン元帥は、フランス敗北の理由を民主主義的体制に求めた。共和主義の標語である「自由、平等、博愛」を「労働、家族、祖国」に置き換えて保守主義的価値観を重視する家父長的体制を布いた。悪名高い「国民革命」である。

第二次世界大戦下のフランスの情勢は、植民地にも当然ながら反映される。[31] ヴィシー政権樹立当時、マルティニックにはジョルジュ・ロベール提督（一八七五―一九六五）がいた。ロベール提督は、セゼールと同じく一九三九年九月にフォール＝ド＝フランスに到着し、西大西洋海域司令官およびカリブ海フランス領の高等弁務官の職に就いていた。かれの任務は、（1）アメリカ合衆国とヨーロッパのあいだのフランス制海権を確保すること、（2）マルティニック、グアドループ、ギュイヤンヌを防衛し、植民地の秩序を維持することにあった。ヴィシー体制確立後はロベール提督がフランス領カリブの「ペタン元帥」として君臨した。ロベール提督によるフランス領カリブ支配は一九四三年まで続くが、この時代はクレオール語で「アン・タン・ロベ（ロベール時代）」とやがて言われるようになる。

ロベール提督は、植民地で「国民革命」を遂行し、共和制から旧体制へ逆行するような、反動的な支配体制を布いた。直接統治したマルティニックを例にとろう。政治面では、多少の自治機能を

図15　エメ・セゼール

図16　シュザンヌ・セゼール

果たしていた植民地議会は解散させられ、新たに組織された地元議会では白人が多数派を占めるよう案配された。イデオロギー的統制としては、プロパガンダ用のラジオ局をフォール＝ド＝フランスに設置する計画を立てたり（結局失敗する）、学校の生徒にペタン元帥への賛歌を歌わせたり、プロパガンダ用の新聞・雑誌を発刊したりした。と同時に、監視や検閲を強化し、カーニヴァル（仮装行列の祭り）ほか公衆の場での催しも、ラジオの海外放送を聞くことも禁じ、手紙や葉書はすべて検閲対象となり、共産党系の『ジュスティス』紙など反体制的な出版物は禁止された。

『トロピック』とアンドレ・ブルトン

このようなきわめて抑圧的な環境のなかで、セゼールは教員を務めるかたわら、ヴィシー政権にひそかな抵抗を企てるため、仲間たちと雑誌を刊行することを決意する。この試みの危険性は承知のうえであり、当然ながら協力者は少なかった。中心的なメンバーは、エメ、シュザンヌ、そして『正当防衛』にかかわったルネ・メニルだった。メニルはセゼール同様、シェルシェール高等中学校の教員となっていた。この三人に共産主義者の弁護士ジョルジュ・グラシアン（一九〇七―一九九二）ほか二名が加わり、雑誌刊行が準備された。

雑誌は「文化誌」と銘打たれた。これには検閲の目を逃れながらも、文化面における抵抗をおこなうという二重の目的があった。雑誌名は「熱帯地方」を意味する『トロピック』が選ばれた。出版費用はメンバー各人が持ち寄った。季刊誌として最初に出版された一九四一年四月号には、「本誌紹介」と題されたセゼールの文章が巻頭に掲載されている。その冒頭部分は次のように始まる。

無言の、不毛の土地。私が話しているのはわれわれの土地のことだ。そして私の聴覚はカリブ海から〈人間〉の恐るべき沈黙を測る。ヨーロッパ、アフリカ、アジア。鋼のうねる音、叢林のタムタムの音、菩提樹に囲まれた寺院の祈りが聞こえる。そして私は知っている、話すのはまさに人間であるのだ。なおも相変わらず、そして私は聞いている。しかしここにあるのは、声の異常なまでの萎縮、一世紀におよぶ意気消沈、驚異的な無言状態だ。都市のかけらもない。芸術のかけらもない。詩のかけらもない(32)。

ここに示されているのは、カリブ海マルティニックの文化的停滞の認識である。耳を澄ませば、この土地自体からは何も聞こえず、遠い彼方から、文明の声が響いてくるのみだ。ではどうするか。ロベール体制の抑圧に抗しつつ、この土地から新たな文化を創出しなければならない。「われわれは闇に対して否《ノン》という者たちである」という一文はまさに『トロピック』の立場を暗示的に、しかしはっきり示している。『トロピック』はこうした野心的な意志のもとに刊行されたのだった。

当時のマルティニックには本が少なかった。セゼールの回想によると、フランス文学にかんしては、たとえばマラルメの詩集は一冊もなかった。書店の品揃えはきわめて乏しく、フォール＝ド＝フランスのシェルシェール図書館にはユゴーやルコント・ド・リールなどの正統派文学は置かれていても、ボードレールの全詩集が一揃いあったかどうかも怪しいほどだった(33)。

そのような文化状況のなかで刊行された『トロピック』は、ある有名なエピソードとともに語られる。

図17　『トロピック』表紙（再刊版）

一九四一年四月、つまりちょうど創刊号が発売されたころ、マルティニックに一隻の船が強制寄港させられた。マルセイユを出発してニューヨークに向かうその船には、ナチスとヴィシー政権下のフランスを逃れてアメリカ合衆国に亡命しようとする知識人たちが乗船していた。そのひとりがアンドレ・ブルトンだった。[34] 当時フォール＝ド＝フランスにはヴィシー政権によって二〇〇〇人ほどのユダヤ人が移送・収容されていたラザレ収容所があり、ブルトンたちフランス人乗客は一時ここに収監された。[35] 収容所から解放されたブルトンは、フォール＝ド＝フランスの商店街で、ある小間物屋に入って娘のためのリボンを購入した。ブルトンは、そのとき、店に置いてあった『トロピック』一号を拾い読みしはじめた。以下、その様子をブルトンの言葉をとおして確認しよう。

言うまでもなく、一年来、思想の堕落がどこまで進んだかをつぶさに見、また、マルティニックの警察に独特の情容赦のないやり方を経験した後であったので、私は極度の偏見を抱いてこの文集を開いたのだった……。私はわが目を疑った。なんと、そこで言われていたことは、まさしく言わねばならないことだった。しかもそれは、言いえる最良のことであるばかりか、この上ない高邁さで言われていたのだ！　私に渋面を見せていたあの黒い影どもはすべて引き裂かれ、四散していった。すべての嘘、すべての愚劣なものがずたずたになった。人間の声は、押し潰されることも押し殺されることもなく、ここに、まさに光の穂のように昂然と上げられていたのである。エメ・セゼール。それが語り手の名だった。（ブルトン「偉大なる黒人詩人」『帰郷ノート／植民地主義論』前掲、一〇頁）

ブルトンのこの文章はやがて亡命先ニューヨークのフランス語雑誌で発表され、『トロピック』やブルトンのマルティニック文集などに再録されたのち、一九四七年に単行本として出版される『帰郷ノート』（ボルダス社およびブレンターノ社）の序文となる。そのようなわけで、シュルレアリスム運動の中心人物によって書かれた「偉大なる黒人詩人」は、セゼールの名を一躍知らしめる文章であるのだが、いまはそのことは措き、この文章によって回想されるブルトンとセゼールとの出会いの過程をたどろう。

『トロピック』に大きな衝撃を受けたブルトンはセゼールに会いたいと思う。するとこの小間物屋を営んでいたのはルネ・メニルの妹だった。かの女の紹介でブルトンはメニルにその日のうちに会い、翌日にはエメ・セゼールに会ったのだった。こうしてニューヨークへ出発するまでの約一ヶ月のあいだ、ブルトンは、セゼール夫妻と交流をもち、対話を重ね、島の驚異的な自然を発見した。「シュザンヌ・セゼール夫人へ」と題された島の女性たちの美をうたう詩や、セゼール、メニル、ジョルジュ・グラシアンを連れ立っておこなった森深いアプサロン滝（フォール＝ド＝フランス）への遠足に着想を得た詩などは、滞在中にブルトンが書いたものだ。これらの詩をふくめ、マルティニック滞在から生まれた作品はやがて『マルティニック、蛇を魅惑する島』（一九四八年）としてまとめられる。同書には、ブルトンと同じくこの島で足止めを余儀なくされていたアンドレ・マッソンの文章とデッサンも収められている[36]。

ブルトンと『トロピック』グループとの精神的共振は大きかった。この共振は『トロピック』第三号（一九四一年一〇月）以降に結実する。同号ではメニルは「驚異的なるものへの導入」という文章を、シュザンヌは「詩人アンドレ・ブルトン」という文章を発表したほか、ブルトンの詩が掲載された。第五号（一九四二年四月）にはブルトンに捧げられたセゼールの「文学宣言に代えて」という詩が発表された。この詩はやがて「帰郷ノート」が一九四七年に単行本化されるさいに加筆というかたちで組み込まれることになる[37]。

反ヴィシーの戦い

『トロピック』は、アンドレ・ブルトンとの邂逅以降、「文化誌」の枠にとどまりつつもより明確な路線を打ち出してゆく。セゼールにならえば、かれがブルトンから受けとったのは「大胆さ」だった。第三号ではシュルレアリスム的傾向を強めたが、第四号（一九四二年一月）ではマルティニックの民間伝承についてのセゼールとメニルの共同論考を巻頭に配し、ラフカディオ・ハーン（一八五〇—一九〇四）の採集した「ハチドリの話[38]」、ジョルジュ・グラシアン採集・翻訳による「クレオールの話」を掲載した。そして第五号にはブルトンに捧げた「文学宣言に代えて」が巻頭に来る。この詩は決定版「帰郷ノート」には十分に反映されていないが、その理由のひとつはこの詩が対峙しようとした時代性にもあるのだろう。というのも、「文学宣言に代えて」はロベール支配に抗する明らかな反体制宣言でもあったからだ。


われわれの通行に対して、月よりもバターがかった、梅毒に冒されたお前たちの青白い顔を怖面にしても無駄だ。

われわれに対して、膿んだ嚢胞持ちのお前たちの微笑の淫らさでもって哀れみを誘おうとしても無駄だ。

警察《デカ》とポリ公
白状せよ、いかれた大いなる裏切りを、キチガイジミタ大いなる挑戦を、悪魔的衝動を、赤茶色の月、緑色の火、黄色の熱を懐かしむ無礼千万な逸脱を……

われわれはお前たちを、お前たちとお前たちの理性を憎んでいるからこそ、われわれは自らに要求する、早発性痴呆を、燃え盛る狂気を、執拗なカニバリズムを(39)

試みに訳してみたのは最初の四連に過ぎないが、詩のことばでもって当局に対峙しようとするセゼールの決然とした態度がはっきり読みとれるだろう。この冒頭を味読するだけでもじつに多くの言葉を要するが、ここでは、一点のみ、最終行の語「カニバリズム」に注意を喚起しておきたい。この語は、「狂気」とともに、「お前たち」（体制側の人間）の「理性」に抗する、「われわれ」の一種の武器として用いられている。これまでに見てきたように、「カニバリズム」の語には「野蛮な人食い」というう西洋的ファンタズムが充填されているわけだが、セゼールはむしろこの「野蛮な人食い」のイメージを逆手にとることで「お前たち」に攻勢の構えをとるのだ。

「カニバリズム」の語の使用は、じつは第四号でのシュザンヌ・セゼールの次の印象的な文章を引き継いでいると考えられる。「マルティニック詩はカニバルであるだろう、さもなければ存在しないだろう[40]」。ある異国趣味的な風物詩を批判する書評でのシュザンヌの言葉をエメは当然意識したにちがいない。この意味でエメの「文学宣言に代えて」はシュザンヌによって触発された「カニバル詩」宣言であるとも読めるのだ[41]。

続く六・七合併号（一九四三年二月号）ではメニルによる共産主義者ジュール・モヌロへの追悼の辞が巻頭に置かれ、セゼールによるロートレアモン讃とその詩の抜粋、「独裁者」と題されたメニルの創作などが掲載された。『トロピック』の反体制路線は明白である。一九四三年五月、検閲担当長のベール海軍大尉は発行停止処分を下した。雑誌はもはや「文芸誌や文化誌」などでなく、「革命主義的・人種差別的・セクト的」だと判断された。セゼール宛の発禁命令の手紙にはこう書かれていた。「自由？　たしかに。しかし精神に毒を盛り、憎しみを撒き、道徳を荒廃させる自由であってはなりません[42]」。これに対し、セゼールたちは辛辣な抗議文で応じた。

もちろん『トロピック』に発行許可は下りなかったが、それも時間の問題だった。なぜならもうこの時期にはロベール体制は崩壊の危機に瀕していたからだ。『トロピック』に発行停止処分が下された同じ月にロベール提督はペタン元帥に「経済的行き詰まりと信頼の急速な失墜」を電報で報告している。

ロベール体制をまず脅かしたのは、一九四一年一二月に日本軍の真珠湾攻撃を受けて参戦したアメリカだった。カリブ海フランス領はアメリカの厳しい監視下に置かれ、マルティニックでは一九四二年五月から八月上旬にかけてアメリカ軍が海上封鎖をおこなった。これによりフランスから孤立したマルティニックは食料輸入路を絶たれ、砂糖の輸出も停止し、重大な危機に陥ったのだった。食料危機はとりわけ深刻であり、島の生産では住民の食糧を到底まかないきれなかった。このため食料品をはじめとしてすべての値段が高騰し、一九三九年から一九四三年にかけて、たとえば卵の価格は一個〇・六五フランから八・五〇フランへ、塩漬け鱈はキロあたり三・八五フランから三二フランへ、米はキロあたり一・九〇フランから一五フランといった具合に急騰した。

さらにロベール時代には、すでに述べたとおり、イデオロギー的統制や監視体制が布かれ、経済だけでなく政治の実権も白人支配層が握っていた。しかも、本土から来た水兵たちの高慢な態度や蔑視をとおして、マルティニックの人びとは人種差別を如実に感じるようになった。このような状況において人びとの体制への不満は当然募り、抵抗の温床となった。なかでもより明確な抵抗の形態は、「反逆《ディシダンス》」と呼ばれる現象である。これは、ドゴールの自由フランス軍に合流するべく、島の若者たちが隣の英領の島々（ドミニカ島、セント＝ルーシャ島）に秘密裏で渡ったことをいう。かれら「反逆者」は地元でゴミエと呼ばれる漁業用カヌーに乗り、真夜中、警備の目をかいくぐって隣の島を目ざした。一九四三年、当時高等中学校の生徒だったフランツ・ファノンもまた「反逆」に加わり、ドミニカ島に渡っている[43]。

一九四三年六月下旬にはマルティニックの社会主義者や共産主義者などが集会を組織し、その数日後にはフォール＝ド＝フランスの駐屯地の陸軍が反ヴィシーの蜂起を企てた。もはや外からの圧力にも内からの抵抗にも耐えきれなくなったロベール体制は七月に崩壊した。

こうして『トロピック』は八・九合併号（一九四三年一〇月）から再開し、一三・一四合併号（一九四五年九月）まで発行を続けた。部数は号によって四五〇部から一〇〇〇部までばらつきがあるが、「アン・タン・ロベ」から第二次世界大戦終結まで、『トロピック』は知識人とリセの生徒たちのあいだで熱心に読まれた。発行停止以前からこの雑誌は、マラルメをめぐる論考や、ロートレアモン、ブルトンなどの詩を紹介してきた。当時のマルティニックの書籍の状況を考えると、『トロピック』のテクストが生徒たちに与えた衝撃は計り知れないだろう。最終号となる一三・一四合併号まで、『トロピック』はマルティニックの文化誌としての使命を十二分に果たしたのだった。

政治家セゼール

一九四五年五月、セゼールは市町議会選挙でフォール＝ド＝フランス市長に立候補し、当選した。セゼールはフランス共産党（ＰＣＦ）の候補として出馬した。フランス領カリブにおける進歩主義的な改革派が共産主義グループであったこと、『トロピック』同人にルネ・メニルやジョルジュ・グラシアンといった共産主義者の仲間がいたこと、なによりもフランス占領下で抵抗運動を組織したのが共産党であったこと、そうした状況的文脈を考慮すると、セゼールは戦争中にはすでに共産党シンパだったと考えられる。少なくともPCFへの入党は、議会政治に参入するには必然的な選択肢だったはずだ。

一九四五年七月、フォール＝ド＝フランスでヴィクトル・シェルシェール祭と呼ばれる催しがなされたとき、セゼールはこの奴隷制廃止の立役者に賛辞を送る演説をおこなった。そのときの原稿は、『トロピック』最終号に「ヴィクトル・シェルシェール讃」として収められている(44)。セゼールは聴衆を魅了する演説家として知られるが、たしかにこの文章には弁舌豊かなその才能が見出せる(45)。まずかれは「共和政民主主義」が両大戦間期の一九一八年から一九三九年にかけて破綻してきたと述べる。それから民主主義に連なる偉大な出来事や人物として、共和国憲法、ロベスピエール、パリ・コミューンをあげ、物故したばかりのジュール・モヌロを「われらの尊師」と讃えつつ、両大戦間期に煙たがられたこれらの民主主義精神を体現する人物として、ヴィクトル・シェルシェールの名前をあげる。

そのあとに続くのはシェルシェールへの熱烈な賛辞だ。セゼールによれば、シェルシェールは「誠実さ」、「勇気」、「良識」そして「寛大さ」を身につけた立派な人物である。シェルシェールによって「書かれた作品」については、「これほど情熱的で論理的にして、かつ、格調高く良識的な性質を一度に備えた作品を私は知らない」ほどである。シェルシェールは商業の原則に対して「人間の権利の革命的原則」を対置させ、奴隷制の即時廃止を求めた。かれの作品は立場を超えたあらゆる人間にとって「尊厳の手引書であり賢明さの座右の書」である。ところが、シェルシェールの残した作品は、じつは書物にとどまらない。セゼールはいう。

そしていま、シェルシェールのもっとも素晴らしい作品へついにたどり着きました。書かれていないけれども生きている作品があります。何千もの人びとの顔によって出版され、何千もの人びとの心のうちに印刷された作品です。一八四八年四月二七日、数世紀来、陽の閉ざされた場所で立ち往生してきた民、数世紀来、鞭が歴史の墓穴のなかに抑え込んできた民、数世紀来、拷問にかけられてきた民、数世紀来、辱められてきた民、国も神々も文化も奪われてきた民、死刑執行人が人間の名を騙ってまで略奪を企ててきた民、まさしくその民が、一八四八年四月二七日、ヴィクトル・シェルシェールの恵みとフランス人民の意志によって、みずからの鎖を断ち切り、いまだ知らない春を約束する陽射しに照らされ、世界の大舞台に突如出現したのです。（セゼール「ヴィクトル・シェルシェール讃」『トロピック』一三・一四合併号）

一八四八年の奴隷解放を語るセゼールのこの熱気を帯びた言葉には、いままさにかれの演説をこちらが聞いていると思わせるほどの力がある。おそらくこれはセゼールの巧みな言葉遣いだけでなく、かれの詩にも見られた口承の力、とりわけ反復によって高まるリズムと関係しているのだろう。メッセージとしては、シェルシェールへのこの留保なき賛辞が語っていることは明瞭だ。それはつまり、セゼールが政治家としてシェルシェールの遺産を引き継ぐということであり、共和主義者にして共産主義者という立場から積年の政治的要求を果たすということだ。共和主義者の有色ムラートから共産主義の黒人階層にいたるまで、フランス共和政のもとで求められてきた制度的同化を「完成」させるということだ。

セゼールが共産党候補として国民議会議員に選出されるのは、『トロピック』終刊の翌月にあたる一九四五年一〇月だ。本人の言葉を借りれば「文化的闘争は政治的闘争に場を譲った」のである(46)。この選挙のときにマルティニックで国民議会議員に選ばれたのは、同じく共産党候補のレオポル・ビソル(一八八九—一九八二)(「ジャン・ジョレス」グループのメンバーであり、労働者階級出身の古参の共産主義者)だった。選挙戦では共産主義者とジョゼフ・ラグロジリエールら社会主義者が二席の議席を争ったが、共産主義者の圧勝だった。最後の政治生命を賭けたラグロジリエールの得票は一七三三票にとどまり、一万五五六四票を得たセゼールに惨敗した。

国民議会議員の最初の仕事としてセゼールが率先して取り組んだのが、マルティニックを植民地から県に格上げすることだった。ドゴール将軍は一九四四年のブラザヴィル演説で自由フランスへの協力と引き換えに植民地の政治的ステイタスの見直しを約束していた。さらに、第四共和政成立まで続くこの時期の共和国臨時政府ではPCFが第一党だった。つまり本土への同化法案を提出するにはまさに好機だったのである。

この法案提出に先立つ一般予算の審議の場面でのセゼールの発言が残されている。かれによれば、サトウキビ経済は崩壊し、サトウキビを原料とする砂糖はもはや誰も買い手がいないほど高くなっている。現状において利益を得ているのは「奴隷制時代の大農園主からなる寡頭支配階級」だけであり、人民は「失業、貧困、病に容赦なくうち捨てられている」。そしてセゼールは植民地担当大臣に向けてこう発言する。

植民地協定を引き継ぐ古びた政策が推進してきた誤った歩みからフランス領カリブとマルティニックが脱却することをお望みくださるのなら、手段はただひとつです。これらの地域を整備することです。〔……〕これらの地域が本土の負担であるのをやめるために、これらの地域が若者の失業を解消するために、労働者の生活水準を高めるために、勤勉な大衆に仕事と社会保険を保障するために、これらの地域を整備することです。われわれには道路が、港が、飛行場が、下水溝がなくてはならず、われらの種族を変質から守るには病院が不可欠であり、教育を受けたいという子どもたちの渇きを癒すには学校が必要なのです[47]。

この発言においてセゼールが求めるものこそ、かれが中心になってビソルと一緒に準備していた県制施行法案に賭けられた具体的な事柄だった。県化のための法案は、グアドループ、ギュイヤンヌ、レユニオンの議員の支持を受け、海外領土委員会の名のもとに一九四六年二月に提出された。法案の報告者はセゼールである。セゼールによれば、奴隷制を廃止した第二共和政以降、共和国によるフランス領カリブに対する政策が本土への「同化」にあったにもかかわらず、その政策は十分に貫徹されてこなかった。そして、第二共和政以来、植民地出身の政治家が求める「同化」要求がつねに先送りにされてきたことを歴史的に示しながら、同化法成立が海外領土の悲願であることを力説した。

この法案の条項は次の三つだった。（1）「本法の公布をもってグアドループ、マルティニック、レユニオン、フランス領ギュイヤンヌの植民地はフランスの県に昇格する」。（2）「フランス本国で現在施行されており上記の植民地にいまだ適用されていない法と政令は、三ヶ月以内に当該新県への適用政令の対象となる」。（3）「本法の公布後に本国で適用されうるすべての法と政令は、法文記載の反対条項をのぞき、自動的に当該新県に適用される」。

一九四六年三月一九日、セゼールの起草した法案は議会の満場一致で可決される（なおフランスの法律は法案可決日の日付をとって表わされるので、この法律の正式名称は「一九四六年三月一九日法四六―四五一号」という）。積年の要求はセゼールによってついに「完成」を見た。

しかし県制施行法の可決は新たな困難の始まりにすぎない。なぜなら、「同化」の要求にはそもそも解消できないねじれが胚胎していたからだ。そのねじれは、本章で見てきたとおり、奴隷制廃止以降の急進的な政治的言説が同化主義以外には形成されなかったことに由来している。政治家セゼールがシェルシェールを留保なく賞賛し、フランス共和主義への全面的信頼を表明していたように、この時代には共和主義と植民地主義との関係を疑うという発想はいまだ見られない。この関係を疑うことから出発するとき、政治的「独立」という展望は開けてくる。そしてこの展望には文化における異化の態度が必然的に伴われる。

ネグリチュードが示した反同化主義的態度は、来るべき独立主義者の精神にかたちを変えて引き継がれることになるのだ。

注

(1) 本節の歴史的記述にあたっては主に以下の通史を参照。Paul Butel, *Histoire des Antilles françaises : XVII*[e] *-XX*[e] *siècle*, Paris, Perrin, coll.«tempus», 2007 ; Pierre Pluchon (ed.), *Histoire des Antilles et de la Guyane*, Toulouse, Privat, 1982 ; Alain-Philippe Blérald, *Histoire économique de la Guadeloupe et de la Martinique : du XVII*[e] *siècle à nos jours*, Paris, Karthala, 1986 ; Armand Nicolas, *Histoire de la Martinique : De 1848 à 1939*, tome 2, Paris, L'Harmattan, 1997 ; Lucien-René Abénon, *Petite histoire de la Guadeloupe*, Paris, L'Harmattan, 1996 ; *Historial antillais*, tome 6, Pointe-à-Pitre, Editions Dahani, 1981. 必要に応じて注で適宜指示する。

(2) *De la situation des gens de couleurs libres aux Antilles françaises*, Paris, L'Imprimerie de J. Mac Carthy, 1823. フランス国立図書館所蔵文献の電子版を参照。

(3) 厳密には、復古王政期には「一般議会《コンセイユ・ジェネラル》」と呼ばれ、七月王政期には「植民地議会《コンセイユ・コロニアル》」と呼ばれた。第二帝政期以後には再び「一般議会《コンセイユ・ジェネラル》」という名称に戻り、今日まで続くことになる。ただし「コンセイユ・ジェネラル」は県制においては「県議会」と訳されることから、便宜上、植民地期においては「植民地議会」とする。

(4) Jean-Claude William,«Les origines de la loi de départementalisation», *Historial antillais, op. cit.*, tome 6, pp. 54-57.

(5) Alain-Philippe Blérald, *Histoire économique de la Guadeloupe et de la Martinique, op. cit.*, pp. 108-109. ところで「クーリー」にしても「コンゴ」にしても、新規移民に対する蔑称である。マルティニック北部の村グラン＝タンスを舞台にしたラファエル・コンフィアンの小説『コーヒーの水』（塚本昌則訳、紀伊國屋書店、一九九九年［原著一九九一年］）は、新規移民に対する住民の複雑な感情を絶妙に表現している。

(6) Nelly Schmidt, *La France a-t-elle aboli l'esclavage?*, Paris, Perrin, 2009, p. 339.

(7) Philippe Saint-Cyr, «L'octroi de mer», *Historial antillais, op. cit.*, tome 6, pp. 127-129 ; Alain-Philippe Blér-

ald, *Histoire économique de la Guadeloupe et de la Martinique*, *op. cit.*, 1986, pp. 45-46.

（8）Marie-Hélène Léotin, *Martinique : La grève de février 1900*, Apal Production, sans date, p. 19 ; Jacques Adélaïde-Merlande, *Les origines du mouvement ouvrier en Martinique 1870-1900*, Paris, Karthala, 2000, p. 118.

（9）以下グアドループにおけるストライキについては以下を参照。Sylvie Meslien, *La canne à sucre et ses enjeux aux Antilles françaises : des origines au début du XX*^{e} *siècle*, Centre Régional de Documentation Pédagogique de la Martinique, 2009, pp. 131-135.

（10）Armand Nicolas, *Histoire de la Martinique*, tome 2, *op. cit.*, p. 199.

（11）Cécile Celma, «Le mouvement ouvrier aux Antilles de la première guerre mondiale à 1939», *Historial antillais*, tome 5, *op. cit.*, pp. 190-191.

（12）Armand Nicolas, *Histoire de la Martinique*, tome 2, *op. cit.*, p. 185.

（13）本文で触れなかった残りの署名者は以下のとおり。バンジャマン・ペレ（一八九九―一九五九）、ルネ・クルヴェル（一九〇〇―一九三五）、ルネ・シャール（一九〇七―一九八八）、イヴ・タンギー（一九〇〇―一九五五）、ジョルジュ・サドゥール（一九〇四―一九六七）、ピエール・ユニク（一九〇九―一九四五）、アンドレ・ティリオン（一九〇七―二〇〇一）、マクシム・アレクサンドル（一八九九―一九七六）、ジョルジュ・マルキーヌ（一八九八―一九七〇）。

（14）Sophie Leclercq, *La rançon du colonialisme : les surréalistes face aux mythes de la France coloniale (1919-1962)*, Paris, Les Presses du Réel, 2010, p. 195. ビラをめぐる同書の記述は、基本的に署名者の一人アンドレ・ティリオンの回想に基づいている。ここではルクレルクの研究書を参照したが、シュルレアリスムの反植民地博の活動をふくめて、パリ国際植民地博について知るには以下が有益だ。パトリシア・モルトン『パリ植民地博覧会』長谷川章訳、ブリュッケ、二〇〇二年。植民地博覧会に対するシュルレアリスムの活動についてより詳しくは、谷昌親「植民地博覧会に降る雨――一九三一年のシュルレアリスム」『人文論集

（早稲田大学法学会）』四二号（二〇〇四年二月）、一二七―一五〇頁を参照。また、ロビン・D・G・ケリー『フリーダム・ドリームス』（高廣凡子、篠原雅武訳、人文書院、二〇一一年）の第六章「（超）現実的に生きる」ではシュルレアリスムが黒人世界に与えたインパクトをフランス語圏から説き起こしており、本章を補う内容がふくまれている。

（15）本書で言及したビラの原文は、シュルレアリスム研究誌『メリュジーヌ（蛇女）』のサイト（パリ第三大学）上で二〇〇九年一二月以来公開されている電子版を参照。http://melusine.univ-paris3.fr/Tracts_surr_2009/Tracts_surrealistes_Menu_2009.htm

（16）筆者が参照するエメ・セゼールの伝記（ロジェ・トゥムソンとシモーヌ・アンリ＝ヴァルモールの共著、ロミュアルド・フォンクーアによる最新の伝記）では国際植民地博覧会とセゼールを結ぶエピソードは見当たらない。砂野幸稔も「エメ・セゼール小論」で「ブルトンらシュルレアリストたちは反「植民地博覧会」のビラをまくが、黒人セゼールはまだ彼らと出合っていない」（セゼール『帰郷ノート／植民地主義論』平凡社ライブラリー、二〇〇四年、二四六頁）と書いている。レオポル・セダール・サンゴールの校訂版全詩集の年譜では、「植民地博覧会の開幕には参加しなかったが、やや遅れてこれを発見することになる」とあり、反帝国主義展とのかかわりには触れられていないものの、この記述からサンゴールは国際植民地博には訪れたと考えられる。Léopold Sédar Senghor, *Poésie complète*, édition critique, Paris, CNRS Éditions, 2007, p. 945.

（17）Louis-Thomas Achille, «Préface» in *La Revue du Monde Noir : 1931-1932 Collection complète numéro 1 à 6*, réédition, Paris, Jean-Michel Place, 1992, pp. vii-xvii.『黒人世界評論』の寄稿者で、ナルダル姉妹の親戚だったルイ＝トマ・アシルはこの序文でクラマールの文学サロンを回想している。なおクラマール駅は、モンパルナス駅とヴェルサイユ左岸駅（現ヴェルサイユ城駅）を結ぶ路線が開通した一八四〇年に設置された。

（18）ギュイヤンヌ出身の両親のもとに生まれた作家ルネ・マランとその小説について語るべきことは多いが、

ここでは指摘にとどめよう。『バトゥアラ』をふくめ、ネグリチュードの前史からクレオール性にいたる文学の流れについては、拙著『フランス語圏カリブ海文学小史』風響社、二〇一一年を参照。ところで『バトゥアラ』には日本語訳がある。改造社から一九二三年に出版された『バツアラ』（高瀬毅訳）だ。翻訳背景とその受容については、砂野幸稔「大正期に翻訳されたフランス黒人小説——ルネ・マラン『バトゥアラ』と日本の知識人」『アフリカ文学研究』第四号（一九九四年二号）、一—二五頁を参照のこと。

(19)『デペッシュ・アフリケーヌ』について詳しくは次を参照のこと。Phillipe Dewitte, *Mouvements nègres en France 1919-1939*, Paris, L'Harmattan, 1985.

(20) モヌロがフランス領カリブの文化と接点をもつ運動に直接かかわったのは、どうやら『正当防衛』のみのようである。モヌロはもともと共産主義に近い立場から出発したが、やがて共産主義の批判者となり、最後には極右のイデオローグとなる。そのような政治的変節も手伝って今日ではその仕事が顧みられることは少なく、故郷マルティニックでもほとんど忘れられている。その劇的な転向と植民地出身という出自には何か関係があるのだろうか。なお、モヌロの経歴については次の論考で詳しく紹介されている。永井敦子「ジュール・モヌロの転成」『現代詩手帖』二〇〇一年四月号、八九—九七頁。モヌロの著作の翻訳としては、前掲の『シュルレアリスムと聖なるもの』のほかに、以下に収録されている。ドゥニ・オリエ編ジョルジュ・バタイユほか『聖社会学』、兼子正勝、中沢信一、西谷修訳、工作舎、一九八七年。ジョルジュ・バタイユほか『無頭人《アセファル》』兼子正勝、鈴木創士、中沢信一訳、現代思潮新社、一九九九年。

(21)『正当防衛』一号二頁の巻頭言より。*Légitime Défense*, réédition, Paris, Jean-Michel Place, 1979.

(22) Édouard Glissant, *Le discours antillais*, Paris, Seuil, 1981, pp. 425-429.

(23) このため、現在のところ、『黒人学生』紙については何年まで何号出たのか定かでない。拙著『フランス語圏カリブ海文学小史』（前掲）では一九三四年から一九四〇年まで刊行されたという説を不用意にも採用したが、トマ・アル（トーマス・ヘイル）のセゼール書誌研究にあるように、一九三六年までに五号か六号出たというのがおそらく妥当なところだろう。Thomas Hale, «Les écrits d'Aimé Césaire : Bibliographie

commentée» in *Etudes françaises*, vol 14, n° 3-4, 1978, pp. 221-224.

（24）原文はラファエル・コンフィアンのセゼール論の補遺に付されている。Raphaël Confiant, *Aimé Césaire : Une traversée paradoxale du siècle*, Paris, Écriture, 2006, pp. 341-343.

（25）『黒人学生』紙とこの号をめぐる、筆者の調べたかぎりでの、やや細かい話を記しておきたい。『黒人学生』紙の存在はこれまでリリアン・ケステロートの先駆的研究書『フランス語黒人作家』（一九六三年）で知られていた。セゼール、サンゴール、ダマスの証言をとおしてこの学生新聞について書いているからである。しかしかの女自身は当時実物を参照することができなかった。その後あるセゼール研究者が一九三五年の第一号を発見し、研究者間で存在が知られるようになった。一九七〇年代のことである。さらに一九八〇年、また別の研究者がセゼール論において第三号の抜粋を引用し、ネグリチュードの語が『黒人学生』紙で初めて用いられたことの証拠とした。第三号はその研究者の私物であったようで、この号の存在はかれの論文を読んだ人によって間接的に知られるばかりだったが、二〇〇八年、ようやく次の研究書のなかで複製された。Christian Filostrat, *Negritude Agonistes, Assimilation against Nationalism in the French-speaking Caribbean and Guyane*, Cherry Hille（New Jersey, USA）, Africana Homestead Legacy Publishers, 2008.

（26）Christian Filostrat, *Negritude Agonistes, Assimilation against Nationalism in the French-speaking Caribbean and Guyane*, *op. cit.*, p. 123.

（27）発禁処分が下された理由は、『色素』収録の反体制的・反植民地主義的な最後の二編（「一枚の葉書の上に」「エトセトラ」）にあるといわれる。

（28）ダマス「乞食がおれに一〇スウくれと手を出した」『世界黒人詩集』嶋岡晨、松田忠徳訳、飯塚書店、一九七五年、一四一－一六頁、一部改訳。Léon-Gontrans Damas, «Un clochard m'a demandé dix sous», in *Pigments, Névralgies*, édition établie et postfacée par Sandrine Poujols, Paris, Présence Africaine, 2007, pp. 39-40.

(29) Romuald Fonkoua, *Aimé Césaire*, Paris, Perrin, 2010, pp. 56-57.

(30) 「暁の果てに……」は二八―二九頁。「そしてこの無気力な町の中を……」は二九―三〇頁。「私は自分の真の腫れを……」は七二―七三頁。「火薬も羅針盤も……」は八一―八二頁。「そしてその黒ん坊は……」は一〇八―一〇九頁。以上の出典は平凡社ライブラリー版の砂野訳「帰郷ノート」である。

(31) ヴィシー政権下のマルティニックについては以下を主に参照。Armand Nicolas, *Histoire de la Martinique : De 1939 à 1971*, tome 3, Paris, L'Harmattan, 1998. また以下もあわせて参照。*Historial antillais*, tome 5, Pointe-à-Pitre, Editions Dahani, 1981.

(32) Aimé Césaire, «Présentation», in *Tropiques 1941-1942*, réédition, Paris, Jean-Michel Place, 1978. 砂野「エメ・セゼール小論」における翻訳引用（前掲、二七二頁）もあわせて参照。

(33) «Entretien avec Aimé Césaire par Jacqueline Leiner», in *Tropiques 1941-1942*, réédition, Paris, Jean-Michel Place, 1978, p. VII.

(34) ほかに人類学者クロード・レヴィ＝ストロース（一九〇八―二〇〇九）、革命家ヴィクトル・セルジュ（一八九〇―一九四七）、キューバ人画家ヴィフレド・ラム（一九〇二―一九八二）が乗船していた。画家アンドレ・マッソン（一八九六―一九八七）はブルトン出立の数日後にマルセイユを離れ、マルティニックでブルトンに合流した。

(35) ある証言によれば、マルティニックには当時ユダヤ人は二人しかいなかったという。Armand Nicolas, *Histoire de la Martinique*, tome 3, *op. cit.*, pp. 48-49.

(36) André Breton, *Martinique charmeuse de serpents*, Paris, Jean-Jacques Pauvert, 1972. 本書自体の翻訳はないが、本書収録の詩と文章は以下に訳されている。ブルトン「震えるピン」『アンドレ・ブルトン集成4』大槻鉄男訳、人文書院、一九七〇年、二二一―二二三頁。ブルトン＋マッソン「クレオールの対話」鈴木雅雄訳、鈴木雅雄、真島一郎編『文化解体の想像力』人文書院、二〇〇〇年、一五七―一六八頁。なお『マルティニック、蛇を魅惑する島』という題名はアンリ・ルソーの熱帯画のひとつ「蛇使いの女（La Char-

meuse de serpents)」にかけている。

（37）「文学宣言に代えて」に基づく加筆はボルダス社版『帰郷ノート』（一九四七年）に見出せるが、その加筆箇所はその後の推敲の過程で短縮・削除された部分があるため、現行のプレザンス・アフリケーヌ社版（一九八三年）やスイユ社の『全詩集』（一九九四年）では「帰郷ノート」のヴァリアントとして付されている。セゼールとシュルレアリスムとのかかわりについては以下を参照のこと。砂野幸稔「「黒人シュルレアリスト」と戦後——セゼールとシュルレアリスム」『現代詩手帖』二〇〇一年四月号、八〇—八八頁。また、『トロピック』誌におけるシュルレアリスム的テーマ群については以下に詳しい。星埜守之「カリブ海とシュルレアリスム——エメ・セゼールと『トロピック』を巡って」塚本昌則、鈴木雅雄編『〈前衛〉とは何か？〈後衛〉とは何か？——文学史の虚構と近代性の時間』平凡社、二〇一〇年、五〇七—五二〇頁。

（38）小泉八雲「ハチドリの話」平川祐弘編『クレオール物語』西成彦訳、講談社学術文庫、一九九一年、三〇八—三一三頁。

（39）Aimé Césaire, «En guise de manifeste littéraire», in *Tropiques 1941-1942*, réédition, Paris, Jean-Michel Place, 1978.

（40）Suzanne Césaire, «Misère d'une poésie, John Antoine-Nau», in *Tropiques 1941-1942*, *op. cit.*.

（41）以下の論考は文学的カニバリズムを考えるにあたって大変重要である。マリーズ・コンデ「英雄とカニバル」『越境するクレオール　マリーズ・コンデ講演集』三浦信孝編訳、岩波書店、二〇〇一年、一四一—一六二頁。同論考が指摘している、文学上のカニバリズムの先駆的宣言であるブラジルの詩人オズワルド・ヂ・アンドラーヂ（一八九〇—一九五四）の『食人宣言』（一九二八年）を出発点に、カリブ海をふくむアメリカスにおける文学的カニバリズムの系譜をたどるとき、どのような影響関係が見えてくるのかは興味深いところだ。

（42）«Lettre du Lieutenant de Vaisseau Bayle, chef du service d'information au directeur de la revue *Tropiques*», in *Tropiques 1941-1942*, *op. cit.*, pp. XXXVII-XXXVIII.

(43) ファノンの伝記的記述については、海老坂武『フランツ・ファノン』みすず書房、二〇〇六年を参照。

(44) Aimé Césaire, «Hommage à Victor Schoelcher», in *Tropiques 1943-1945*, réédition, Paris, Jean-Michel Place, 1978.

(45) フランツ・ファノンが伝える有名なエピソードがある。「一九四五年、下院に立候補したエメ・セゼールが、選挙運動に際し、フォール・ド・フランスの男子小学校で、大勢の聴衆を前に話したことがある。講演のさなかに一人の夫人が気を失った。翌日、この事件を語りながら、ある友人が、こう注訳を加えた。「フランス語ってやつぁえらい熱気あんで女あぶったおれた。」言葉の魔力!」(ファノン『黒い皮膚・白い仮面』海老坂武・加藤晴久訳、みすず書房、一九七〇年、三八頁)。この話はフランス語の達人であるセゼールの言語的魔力を語ったものだが(ファノンの友人の言葉はクレオール語)、筆者自身、セゼールの演説に立ち会った女性からその魔術的魅力についての話を聞いたことがある。

(46) «Entretien avec Aimé Césaire par Jacqueline Leiner», in *Tropiques 1941-1942*, *op. cit.*, p. VIII.

(47) 国民議会議員セゼールの発言(抜粋)を多数収録した以下の文献より引用。Ernest Moutoussamy, *Aimé Césaire : Député à l'Assemblée nationale 1945-1993*, Paris, L'Harmattan, 1993, p. 16.

第三章　脱植民地化運動の時代

1　「脱植民地化」に向けて

フランス領アフリカの政治

本章の主題は、「脱植民地化」である。「脱植民地化」とは、植民地の状態を脱して政治的主権を確立する過程、すなわち「独立」のプロセスのことだ。第二次世界大戦終結後、各植民地で独立の気運が高まるなかで、海外県となったフランス領カリブではどのような運動が展開されるのか。

これまでも述べてきたとおり、フランス領カリブは独立を経験せず、ヨーロッパの生み出した近代国家という政治単位をもちえない。またその一方で、二〇世紀中盤以降に独立した地域のなかには真の意味で「脱植民地化」を果たしたとは言いがたい現実を抱えている国々も多い。独立後の国々で問われるのは、形式的には独立したが、政治・経済的な実権を握っているのは依然として旧宗主国であるという、新植民地主義的構造である。冷戦崩壊後は、新植民地主義をふくめた植民地的状況が、ポストコロニアルの問題圏のなかで考え続けられている。今日のアフリカ諸国の大半に見られる戦争や貧困といった、きわめて過酷な諸問題の根には植民地問題がある。

この意味で「脱植民地化」は、独立を知らない地域だけでなく、独立した国々でもいまだに完了していない。「脱植民地化」はなおも未解決の問題なのであり、だからこそ脱植民地化運動の歴史的文脈に何度でも立ち返る必要がある。

本章ではこうした観点から、カリブ海フランス領のみならず、フランス植民地における脱植民地化運動をなるべく広範囲にたどることにしたい[1]。そのように包括的にたどることで、カリブ海フランス領の政治的動向が同時代のフランス植民地における脱植民地化運動と無縁でないことも見えてくるはずだ。

そのためにも、共和国フランスの植民地政策の基本をいま一度ここでまとめておこう。共和主義とは、共和国の内部で市民としての平等を実現するという意味で、同化主義的な政治思想であった。「自由、平等、同胞愛」の理念を植民地に拡大適用することが、論理的には「同化」の究極的目標となるはずである。だが、第二章で見たとおり、現地の政治家による制度的同化の要求は何度も先延ばしにされてきた。むしろフランス国家は、その政体が共和政にしろ帝政にしろ、植民地に完全な平等をもたらすつもりはなかったと言っていいだろう。たしかに第二共和政は、奴隷制を即時廃止にし、植民地に「(男子)普通選挙」を適用した。しかし、そうした権利の平等化はその後絶えず制限されてきた。

植民地の獲得を目指した共和国の同化思想とは、詰まるところ、フランスの「普遍的文明」を「未開」の人びとに教導するという尊大な考えといえば言い過ぎだろうか。「文明化の使命」を合言葉にさらなる領土拡張に乗り出したのは第三共和政下のフランスだった。最盛期には、北アフリカ、西アフリカ、赤道アフリカ、マダガスカル、シリア、レバノン、インドシナといった地域を掌握し、イギリスに次ぐ植民地帝国を築いた。それらの植民地住民すべてにフランス市民としての諸権利を保障することは到底無理な話である。たとえば「普通選挙」による代表権を考えてみればこのことはすぐにわかる。数のうえで圧倒的に多い植民地住民が本国住民と等しく選挙権をもったとする。本国と同じ政治システムを適用すれば、議会へ派遣する植民地の代表者数が本国のそれを上回りかねない。本国は植民地に自らを脅かすような政治的な力を与えたくないはずであり、植民地を経済的、政治的に従属せしめることが支配の原則である。そのように考えると、共和国の理念がいかなるものであろうと、植民地を植民地として有するかぎりにおいて、同化とはたんなる植民地統治の口実であり、それが実態であるということがわかる。

しかし、そうであるならば、共和国はフランス領カリブを「県」に昇格させることなどしないのではないだろうか。一九四六年、フランス議会はセゼールによって提出された同化法案を承認したではないか。たしかに植民地からの要求を受け入れるのに時間はかかったが、フランス共和国は「自由、平等、同胞愛」という共和主義の原則を守る政体であり、一九四六年の法案成立はその証拠のひとつではないか。

このような反論は一見成り立ちそうだが、有り体にいえば、こうした類の言説こそ共和主義のイデオロギーにほかならない。ムラートからセゼールまで、フランス領カリブの政治家たちが信じて疑わなかったのはこうした共和主義的言説だった。

フランス領カリブばかりでない。じつはフランス領西アフリカもフランス領カリブと平行した政治的過程をたどっている。フランス領西アフリカではセネガルの四つのコミューン（都市区）のみが本国に代表を送る選挙権を認められていた。一九一四年、このコミューンから初めてのアフリカ人国民議会議員としてブレーズ・ジャーニュ（一八七二―一九三四）が選出された。かれは熱烈な同化主義者である。一九一五年、ジャーニュはフランス市民権をもったコミューン住民に兵役の義務を課す法律を議会に承認させたものの、兵役義務に伴う宗主国住民との平等は形式に過ぎなかった。しかも、市民権の与えられていない他の地域のアフリカ人は、フランス共和国のために強制的に徴募されていた。第一次世界大戦に徴集されたセネガル狙撃兵は一六万人におよぶとされる。ジャーニュはアフリカ人兵徴募の責任者として積極的にフランスに尽くし、多くのアフリカ人を戦線に送ったことも付け加えておこう。

第二次世界大戦では、アフリカ植民地はヴィシー政府と自由フランスとの力関係を左右するほど重要な役割を担った。ドゴール将軍は、自由フランス陣営にフランス領アフリカを引きつけるため、植民地政策の改革を迫られることになる。こうして一九四四年にフランス領赤道アフリカの首都ブラザヴィルで一〇日におよぶ会議が開催された。ブラザヴィル会議だ。この会議では、本国議会への代表権、普通選挙制の暫次的導入など、戦争終結後の植民地行政改革の方向性が示されるとともに、アフリカ人の地位向上が約束された。しかし、ブラザヴィル会議で前提とされるのは、あいかわらず「単一にして不可分の共和国」という考えに基づく本国と植民地との一体性であり「植民地帝国」の維持である。植民地体制の枠内でアフリカに自由と平等を一定程度認めるが、決して一挙には与えない。これがフランス国家の同化政策の基本だ。

戦後、ブラザヴィル会議で決定された植民地政策改革を背景に、「植民地帝国」は「フランス連合」として再編される。一九四六年四月には、アフリカの政治家たちの手により強制労働を廃止する法律(「ウフェ＝ボワニ法」)、フランス連合内の住民に市民権を認める法律(「ラミヌ・ゲイエ法」)がそれぞれ提出・可決された。後者の法律によって市民権は拡大したとはいえ、選挙権は実質上制限されていた。同年一〇月には、スーダンの首都バマコで「アフリカ民主連合」(ＲＤＡ)が結成される。ＲＤＡは、仏領西アフリカおよび仏領赤道アフリカにわたる植民地横断的な連合政党である。総裁はコートジボワールの政治家フェリックス・ウフェ＝ボワニ(一九〇五—一九九三)が務めた。ＲＤＡが掲げた要求はアフリカ人の選挙権のさらなる拡大、人種差別の撤廃や生活条件の改善などである。当初はフランス共産党(ＰＣＦ)と連携体制をとっていたが、一九四七年に本国政府からＰＣＦが排除されたあとに政府のＲＤＡに対する弾圧が強まり、一九五〇年、ＰＣＦとの関係を絶ち、政府への協力姿勢を強めた。以後もＲＤＡは独立を要求項目には掲げず、同化主義路線を取り、フランス本国と密接な関係を保ち続けることになる。

独立運動とフランス左派政党の対応

このように西アフリカ、赤道アフリカの〈戦後〉の政治路線は、フランス領カリブのそれと同じく、フランス連合の枠内での同化であった。しかし戦争終結直後、すぐさまフランスからの独立を求めた地域もある。ヴェトナムだ。第二次世界大戦中、ヴェトナムはフランス領でありながら日本に支配されるという二重支配下に置かれていた。日本軍による米の強制収奪、凶作による飢饉などで深刻な飢餓状態に陥っていた戦時中のヴェトナムにおいてフランス軍、日本軍双方と戦ってきたのが、ホーチミン（一八九〇―一九六九）を主席とするヴェトナム独立同盟会、通称ヴェトミンである。一九四五年八月日本降伏の知らせを受け、ハノイやフエといった主要都市で蜂起が起こり、臨時政府が樹立した（「八月革命」）。こうして翌月、臨時政府の代表としてホーチミンが独立を宣言し、ヴェトナム民主共和国が誕生する（以上、桜井由躬雄、石澤良昭『東南アジア現代史Ⅲ』山川出版社、一九七七年参照）。

ヴェトナム独立に対してフランスがとった行動は軍事制圧だった。一九四六年一一月、ヴェトナムとフランスのあいだでおこなわれたインドシナ戦争は、一九五四年のディエンビエンフー陥落によるヴェトナム軍の勝利まで長期におよんだ。歴史家グザヴィエ・ヤコノは『フランス植民地帝国の歴史』（平野千果子訳、白水社文庫クセジュ、一九九八年［原著一九六九年］）のなかでヴェトナムの独立をトゥサン・ルーヴェルチュールの蜂起に比している（一五四―一五五頁）。トゥサンの蜂起から始まるハイチ革命がサン＝ドマング喪失という重大な結果をフランスに引き起こしたように、ヴェトナムの独立宣言はフランス領インドシナの喪失、さらには「植民地帝国」の崩壊を導く決定的出来事であったのだ。

この間フランスがおこなってきた弾圧にも注意を向けたい。[2] アルジェリアでは一九四五年五月八日（ナチス・ドイツの降伏日）に北東部の都市セティフで、軟禁されていた独立運動の指導者メサーリー・ハーッジュ（一八九八—一九七四）の解放を求める抗議デモがおこなわれた。やがてデモは暴動と化し、ヨーロッパ人が百人以上殺された。これに対する報復としておこなわれたフランス軍の弾圧は凄惨を極めた。死者数は一五〇〇人（フランス側の発表）から四万五〇〇〇人（アルジェリア側の発表）まで諸説ある。このセティフの暴動と虐殺に居合わせた当時一五歳か一六歳の少年は、セネガル狙撃兵が鎮圧に当たったことを憶えている。その後憲兵に拘束され、投獄されるこの少年の名はカテブ・ヤシン（一九二九—一九八九）。フランス支配下のアルジェリアを舞台に、謎めいた女性ネジュマに思いを寄せる青年たちの視点をとおして、来るべき祖国を描こうとした、比類なきフランス語小説『ネジュマ』（島田尚一訳、現代企画室、一九九四年〔原著一九五六年〕）をやがて発表する詩人である。(3)

この惨劇の約二年後、マダガスカルも悲劇を経験する。一九四六年に結成された「マダガスカル改革民主運動」（MDRM）は、フランス連合の枠内で自治ないし独立を標榜していた。結成当時からMDRMはフランス当局から危険視されてきた。MDRMはあらゆる蜂起に反対していたが、この政党に合流するいくつかの地下組織は武装蜂起を準備しており、警察もその動きを察知していた。一九四七年三月二九日夜、蜂起が南部で始まると、この動きはすぐに他地域へ広まっていった。マダガスカル蜂起に対するフランス軍の弾圧は徹底的だった。ここでもセネガル狙撃兵が送り込まれ、マダガスカル住民の恐怖の対象となった。複雑な、暗い記憶である。この虐殺の死者数も依然不祥であるが（一説では八万人）、現在では三万人から四万人におよぶと推定されている。この弾圧のさいにＭＤＲＭの創設者のひとりであった詩人ジャック・ラベマナンジャラ（一九一三―二〇〇五）が蜂起煽動の容疑で逮捕され、およそ九年間の獄中生活を強いられたことも付け加えておこう。

このように、本国政府は、同化要求に対しては部分的に応えることで植民地を維持し、独立運動に対しては武力による徹底弾圧をおこなった。では独立運動に対する一連の武力弾圧に対して、フランスの左派政党はどのような立場を表明していたのだろうか(4)。

一九四五年、戦争終結直後のフランスでは、ナチズムに対する勝利に貢献したレジスタンス派政党への支持が非常に高まっていた。その前年に成立したドゴール将軍を元首とする共和国臨時政府をへて、一九四五年一〇月に総選挙がおこなわれる。これは女性の参政権を初めて認めた「普通選挙」でもある。この総選挙を受けてフランス共産党（ＰＣＦ）は議会内の最大勢力となった。第二党は「人民共和運動」（ＭＲＰ）である。ＭＲＰはドゴールへの忠誠を誓う、レジスタンス派の新興カトリック政党だ。第三党は「フランス社会党」（ＳＦＩＯ）である。

「フランス社会党」の当時の正式名称は「労働インターナショナル・フランス支部」である。社会党と共産党は、マルクス主義者の集まりでありその源流は変わらないが、政治路線で袂をわかつ。ＳＦＩＯは「労働インターナショナル」を党名に掲げるとおり、国内の議会政治をつうじて社会改良をおこなうとする、穏健的な路線の第二インターナショナル（一八八九―一九一四）を基盤にもつ。これに対して共産党の方針は、第二インターを否定し、世界革命を目ざす組織としてレーニンが創設した第三インターナショナル、通称コミンテルン（一九一九―一九四三）に基づいている。モデルとなるのは一九一七年のロシア革命であり、ロシア革命にならって、共産主義革命を各地で陸続と起こすことがめざされる。したがって、SFIOは議会主義路線であるのに対して、PCFは原則的には革命主義路線である。しかし、PCF書記長モーリス・トレーズ（一九〇〇―一九六四）は、一九四三年にモスクワでコミンテルンの解散が決定されたこと、PCFがフランス市民に圧倒的に支持されていることなどを受けて、政権に参入することを決める。

こうして、一九四五年一一月、ドゴールを首班とする連立内閣が成立した。議会政治では、左派勢力PCFとSFIOが多数を占めている。政党を中心とした議会主導の政治ではなく、大統領に権力を集中させ、政府主導の政治を理念としていたドゴールは一九四六年一月に突如辞任を表明し、政権から離脱した。同年一〇月に発足した第四共和政（一九四六―一九五八）では、PCF、SFIO、MRPの三党による政治体制が確立する。

しかし、三党政治は長く続かない。先に触れたとおり、PCFが一九四七年五月に政権を離脱するからだ。その背景にはアメリカ合衆国とソ連邦という二大陣営間による冷戦構造がある。アメリカはヨーロッパへの共産主義の拡大を恐れて、ソ連に対する封じ込め政策を宣言した（一九四七年三月）。この宣言に対応してヨーロッパ各国政府では共産党員の閣僚を排除する方針をとった。フランスも同様である。こののち、アメリカの資金によるヨーロッパ諸国の経済復興をめざす「マーシャル・プラン」の発表（一九四八年）、アメリカ・イギリス・フランスなどの安全保障をめざす軍事機構NATOの創設に見られるように（一九四九年）、フランスはアメリカを主導とする反共政策の一翼を担うことになる。一方、ソ連の側でもSFIOとの協調路線をとってきたPCFに対して

「自己批判」を求めるなど、資本主義諸国に対する敵対性を明確に打ち出すようになる。

以上、一九四五年から一九四七年までのフランスの政治状況をごく簡単に概観したが、ここで確認したいのは、ＰＣＦとＳＦＩＯがこの間政権与党の側にいたという事実である。言い換えるならば、ＰＣＦとＳＦＩＯは、政権与党として、インドシナ戦争も、セティフやマダガスカルの虐殺も結果的に「支持」したということである。植民地問題に対する見解に多少の差があるとはいえ、ＰＣＦとＳＦＩＯはともに植民地の独立には積極的でなかった。ただし、共産党は、社会党よりも明確に反植民地主義の路線を打ち出していたはずだった。パリ時代のホーチミンがＳＦＩＯを離党して、ＰＣＦの結成に参加したのも、レーニンの「民族・植民地問題にかんするテーゼ草案」を読んだからであり、共産主義の政治プログラムのうちに民族独立の方向性を認めたからにほかならない。にもかかわらず、フランス共産党は植民地の独立をただちに支持しなかった。「インターナショナル」よりも「ナショナル」の立場を重視したのである。(5)

『プレザンス・アフリケーヌ』

脱植民地化の視点から見る場合、フランス領カリブおよびアフリカは、一九四五年八月に独立を宣言したヴェトナムに比べて、はるかに立ち後れていた。両地域において独立運動が台頭するのはアルジェリアで独立戦争が始まった一九五四年以降だと言ってよい。

前章の後半部で確認したように、エメ・セゼールは、ネグリチュード詩人として反同化主義の態度を明確に示しつつも、政治家としては同化主義の立場をとった。このことは他のネグリチュード詩人にも基本的に当てはまる。一九四五年にセネガル選出フランス社会党議員となるレオポル・セダール・サンゴールは、ナチス降伏の直前に「ブラック・アフリカの擁護」という政治論文を書いている。『エスプリ』誌一九四五年七月号に発表されたこの論文は、合理主義的・進歩主義的な西洋近代文明をニグロ・アフリカ文明の観点から批判しつつ、セネガル狙撃兵に象徴される「血税」の代価として、フランス領西アフリカに対する不公正な扱いの是正と平等を求めるものだった。[6] レオン＝ゴントラン・ダマスも一九四八年に政界に入り、ギュイヤンヌ代表のフランス社会党議員に選出されるが、彼の政治的立場も、セゼール、サンゴールと大きく異なるものではなかった。ひと言でいえば、政治の同化、文化の異化という構図はネグリチュード世代のパラダイムなのである（ただしこの構図は、フランスへの同化要求が失敗するときに変容を迫られる）。

しかし、ネグリチュードの反同化主義的態度は後続の世代に引き継がれる。この反同化主義が政治的にも表明されるとき、独立主義の展望は開けるだろう。それとともに、ネグリチュードの世代も各地域の植民地解放運動に刺激を受けて政治の方向性を変えてゆくだろう。その意味で、この時代の知識人による文化的反植民地主義もやはり脱植民地化運動において欠かすことのできない重要な役割を担うのであり、そうした知識人の発言の拠点となってきたのが、一九四七年に創刊される『プレザンス・アフリケーヌ』誌にほかならない。

『プレザンス・アフリケーヌ』とは「アフリカはここにある」を意味する誌名だ。この雑誌が登場するまでには、前章で見たようなフランス本国における黒人文化に対する関心の高まりや、『黒人世界評論』から『正当防衛』をへて『黒人学生』にいたるカリブ・アフリカ系の知識人や学生による文化的営為があることはいうまでもない。とりわけネグリチュード運動の影響は決定的だ。ネグリチュード詩人のうち、これを思想へ高めようとしたのはサンゴールだったが、かれのネグリチュード論において欠かせないのが、ニグロ・アフリカ文明の視座である。レオ・フロベニウスに代表される当時のアフリカ民族学によるニグロ・アフリカ文明の発見は、唯一の普遍的文明と信じられてきた西洋文明を相対化する画期的な視点をもたらした。自分たちの基盤は西洋文明とは異なるかたちで発展してきた独自の文明にあると考えることは、長らく劣った人種と蔑まれてきた人びとの自己回復には欠かせない過程であることは容易に想像できるだろう。そればかりでない。ニグロ・アフリカ文明の視座は、植民地主義をもたらした西洋近代への批判をも可能にする。『プレザンス・アフリケーヌ』はこうしたネグリチュード思想を背景に誕生したのだ。

この雑誌を発刊したのは、サンゴールと同じくセネガル出身の知識人アリウン・ジョップ（一九一〇―一九八〇）である。アリウン・ジョップもネグリチュード世代の知識人であり、政治的には同化主義者である。一九四六年から数年間、フランス社会党選出の政治家を務めていた頃、かれは元老院でフランス領カリブにおける県制施行法成立に祝辞を送る演説をおこなうなどしている(7)。このことは、同化路線を歩むフランス領カリブとアフリカの連帯を印象づけることでもあるが、その一方で、黒人知識人にとって独立がいまだ遠い課題であることも仄めかしている。

『プレザンス・アフリケーヌ』が政治誌ではなくあくまで文化誌として刊行されたのも、ネグリチュード世代の政治的同化主義とおそらく無縁ではあるまい。アリウン・ジョップは記念すべき第一号（一九四七年一一月）で創刊の趣旨を次のように述べている。

この雑誌はいかなる哲学的・政治的イデオロギーにも縛られない。この雑誌は、アフリカの固有性を定義するためにわれわれに助力を与えうる、アフリカが近代世界へ適応するのを促進しうる、すべての善意の人びと（白人、黄人、黒人）の協同に開かれることを望んでいる。(8)

そのうえで、同誌が（1）アフリカ文化および文明のアフリカ主義者による研究、（2）アフリカ人の文学テクスト、（3）黒人世界全般の作品および思想の紹介という三つを主軸にすることを宣言している。この引用からうかがえるように、『プレザンス・アフリケーヌ』は当初黒人の書き手に限定されるものではなかった。

実際、創刊号には、長老格のアンドレ・ジッド（一八六九―一九五一）を筆頭に、本国の白人知識人が多数短い文章を寄せている。ジッドといえば、本書の文脈では、コンゴ滞在をとおしてフランスの植民地行政を批判した『コンゴ紀行』（河盛好蔵訳、岩波文庫、一九三八年〔原著一九二七年〕）の著者だ。また『エスプリ（精神）』誌の創刊者エマニュエル・ムーニエ（一九〇五―一九五〇）も「アフリカの友人への手紙」という一文を寄せている。ムーニエは、精神生活を生産と消費に従属させる資本主義、匿名的大衆社会において人間同士の紐帯を失わせる個人主義双方を批判し、人間的価値の回

図18　アリウン・ジョップ

復をめざす、「人格主義」の思想家としても知られ（高多彬臣『エマニュエル・ムーニエ、生涯と思想』青弓社、二〇〇五年）、その人格主義思想はジョップにも影響を与えたといわれる。二人のあいだには親しい交流があり、ムーニエのアフリカ旅行の際にはジョップが同行したほどだ（この見聞録は『ブラック・アフリカの目覚め』（一九四八年）と題されて出版された）。

図19 『プレザンス・アフリケーヌ』創刊号（復刻版）

ジャン＝ポール・サルトル（一九〇五—一九八〇）も創刊号の寄稿者のひとりだ。すでにサルトルは知識人の状況への「アンガジュマン（政治参加）」を表明する雑誌『レ・タン・モデルヌ（現代）』をシモーヌ・ド・ボーヴォワール（一九〇八—一九八六）と協力して創刊していた（一九四五年）。「プレザンス・ノワール（黒人の存在）」と題されたサルトルの文章は短いが、かの地へ思いを馳せつつ、アフリカへの熱い連帯を表明している。

ジッド、ムーニエ、サルトルは『プレザンス・アフリケーヌ』の後援会のメンバーでもある。この後援会には、セゼール、サンゴールの名前もあるが、その多くは植民地問題に関心を寄せる良識的な本国の知識人である。ダカールからジブチへのアフリカ大陸横断調査の記録『幻のアフリカ』（岡谷公二、田中淳一、高橋達明訳、平凡社ライブラリー、二〇一〇年［原著一九三四年］）を著した、作家兼民族学者ミシェル・レリス（一九〇一―一九九〇）もアルジェリア生まれの作家アルベール・カミュ（一九一三―一九六〇）も後援会のメンバーとして名を連ねている。レリスにしろカミュにしろ、アリウン・ジョップは雑誌刊行以前からかれらと交流をもっていた。そうした人脈のうえに『プレザンス・アフリケーヌ』は成り立っている。

しかしながら『プレザンス・アフリケーヌ』は、アリウン・ジョップが望んだように、「すべての善意の人びと（白人、黄人、黒人）の協同に開かれること」にはならない。むしろ、時が経つにつれ、黒人が書き手の多くを占め、白人の書き手はアフリカの専門家に限られるようになる。その変化とともに、文化誌として出発したはずの『プレザンス・アフリケーヌ』は次第に政治的色調を帯びるのである。言い換えれば、政治の同化、文化の反同化の構図に身を置くネグリチュード世代が、政治の反同化、文化の反同化を標榜する民族主義世代へと移行するのである。そのことは、民族主義世代の本国知識人に対する不寛容を示すものだが、この不寛容は故無きことではない。サルトルは「プレザンス・ノワール」をこう締めくくっていた。「アフリカの存在《プレザンス・アフリケーヌ》は、われわれのうちで、家族一同の子どものものようにではなく、後悔であり希望であるような存在であるべきなのだ」[9]。植民地状況を反映した従順な雑誌ではなく、反逆する雑誌であってほしいというサルトルの期待は、一九五〇年代の『プレザンス・アフリケーヌ』において図らずも実現するのである。

ネグリチュード宣言

『プレザンス・アフリケーヌ』が刊行された年の前後は、ネグリチュード詩人の出版が相次いだ。

一九四五年から一九四八年は、サルトルの文章の題名にならえば「黒人の存在」が出版をつうじて示された時期である。以下、年表形式でこの時期の出版物を記そう。[10]

一九四五年　サンゴール『影の歌』（スイユ社、詩集）
一九四六年　セゼール『奇蹟の武器』（ガリマール社、詩集）
一九四七年　セゼール『帰郷ノート』（ボルダス社、詩集）
　　　　　　ダマス編『フランス語表現詩人』（スイユ社、詩選集）
一九四八年　サンゴール『黒い生贄』（スイユ社、詩集）
　　　　　　セゼール『太陽、切られた首』（K出版、詩集）
　　　　　　サンゴール編『フランス語ニグロ・マダガスカル新詞華集』（フランス大学出版、詩選集）
　　　　　　ダマス『アフリカ民謡ニグロ詩』（GLM出版、民話集）
　　　　　　シェルシェール『奴隷制と植民地支配』（フランス大学出版、評論選集、序論セゼール）

このうち『影の歌』と『奇蹟の武器』はそれぞれサンゴールとセゼールの第一詩集にあたる。ダマスについては『色素』が一九三七年にGLM出版からいち早く出版されていた。単行本の詩集として出版されたセゼールの『帰郷ノート』は、一九三九年に雑誌に発表されたものに大幅な加筆が施された版だ。挿絵はキューバ人作家ヴィフレド・ラムが描き、アンドレ・ブルトンが「偉大なる黒人詩人」と題した序文を寄せている。とくにブルトンの序文はフランス本国の読者にセゼールの存在を知らしめるのに一役買った。

ダマスを編者とした『フランス語表現詩人』にも注目したい。このアンソロジーにはネグリチュード三人衆の詩は当然収められているが、その比重は案外大きくない。取りあげられている地域と詩人の数は以下のとおりだ。ブラック・アフリカ（一一人）、マルティニック（一三人）、グアドループ（四人）、レユニオン（六人）、マダガスカル（二人）、ギュイヤンヌ（三人）、インドシナ（五人）。特筆すべきは、ヴェトナム、ラオス、カンボジアの現代詩人の紹介をおこなっている点だろう。

図20　セゼール『太陽、切られた首』表紙

図21　サンゴール『黒い生贄』表紙

一九四八年刊のサンゴール編『フランス語ニグロ・マダガスカル新詞華集』は、ダマス編『フランス語表現詩人』とずいぶん趣が異なる。というのも、『フランス語ニグロ・マダガスカル新詞華集』はネグリチュードを喧伝するという明確な意図をもって編まれているからだ。この選集は、シェルシェールの『奴隷制と植民地支配』と同様、フランス二月革命と植民地の奴隷制廃止一〇〇周年を記念して出版された。政治的には共和政を支持し、文化的には黒人性を打ち出すという、ネグリチュードの戦略はここでも容易に見てとれる。

取りあげられている地域と詩人数は、ギュイヤンヌ（一人）、マルティニック（三人）、グアドループ（二人）、ハイチ（四人）、ブラック・アフリカ（三人）、マダガスカル（三人）。ダマスがなるべく多くの詩人を多様な切り口から取りあげようとしたのに対して、サンゴールはネグリチュードに関係する地域と詩人に厳選し、ネグリチュード三人衆の詩を中心に置いている。『正当防衛』の夭折した詩人エティエンヌ・レロの詩を収めるが、サンゴールは、セゼールの詩に比べればレロの詩は学校での練習の域を出ないと厳しい評価を下している。つまり、ネグリチュード以前・以後を意図的に線引きしている。

サンゴール編『フランス語ニグロ・マダガスカル新詞華集』はネグリチュード詩の「名著」としていまでも読み継がれている（ダマス編『フランス語表現詩人』は長らく顧みられていない）。このサンゴール編選集の名声を一躍高めたのは、ほかでもないサルトルの序文「黒いオルフェ」だ。「黒いオルフェ」には緊迫した雰囲気が文章全体に漂っているが、その緊張感はおそらくサルトルが白人知識人という自覚のもと黒人詩に対峙することに由来している。サルトルはこのように書き始めている。

これらの黒い口を閉ざす轡《くつわ》を外したとき、君たちはいったいなにを期待していたのか。その口が君たちをほめたたえるとでも思ったのか。われわれの祖先は、彼らの頭を力ずくで地に捩じ伏せていた。その頭が再びもたげられるとき、その眼の中に君たちに対する尊敬の心でも読みとるつもりだったのか。ところが今やここにいるのはすっくと立ってわれわれを見つめている人間たちだ。願わくば私同様、この見られているという戦《おのの》きを君たちも感じて欲しい。それというのも白人は、相手に見られずに見るという特権を三千年にわたって享受しつづけてきたからだ。(「黒いオルフェ」『植民地の問題』鈴木道彦、海老坂武訳、人文書院、二〇〇〇年、一四〇頁)。

「黒いオルフェ」は、〈戦後〉の冷戦構造と脱植民地化運動を背景に、ヨーロッパの時代は終わりを迎えつつあるという、そうした時代意識のもとに書かれている。サルトルはネグリチュードが、この文化的反同化の表明から、さらに進んで、政治的革命の道を切り開くことを予感ないし期待している。サルトルの考えでは、ネグリチュードは人種の問題であり、世界的に見れば、それは個別・具体的な問題である。一方、階級の問題は資本主義世界に見られる普遍的問題である。人種と階級の問題は交差するが、黒人詩人は人種問題を乗り越え、高次の次元にある階級問題にいたるべきだ、と考える。それゆえ「黒いオルフェ」は共産主義における民族・植民地問題のパラダイムのなかにある。植民地の文学に則して共産主義革命の可能性を展望する、というのが暗黙の構図だろう。

ただ、そうした革命文学論以上に興味深いのは、サルトルが詩によって表明されるネグリチュードの特質に迫ろうとしている点である。サルトルはネグリチュードの詩人がフランス語という強制された言語によって表現することの困難に着目する。今日流通している用語に置き換えれば、翻訳の問題だ。黒人詩人たちは、それぞれフランス語ではない母語を有している。だが母語は書字を持たない以上、学びとったフランス語で自分の言いたいことを表現せざるをえない。このため、「黒人が口を開いて自己を語り始めると、彼の言いたいことと実際に言うこととが、わずかに、だが絶えざるずれによって隔てられてしまう」(「黒いオルフェ」前掲書、一五五頁)のである。このような表現と言葉と「ずれ」の感覚は、あらゆる詩的経験の基礎をなす。それゆえネグリチュードは何よりもまず詩で表明されるのであり、黒人詩人はこの「ずれ」を意識することによってフランス語を非フランス語化するのだ。このような鋭い洞察をふくんだ「黒いオルフェ」は、ネグリチュードから出発するカリブ・アフリカの文学的営為を原理的に考えるうえでいまだ立ち返るべきテクストでありはしないだろうか。

2　共産主義か、自立か

「県化」の実態

フランス二月革命と奴隷制廃止一〇〇周年を記念する一九四八年は、サンゴール編詩選集に代表されるネグリチュード詩の出版のほかにも重要な出来事がある。同じく一九四八年に刊行されたブルトンの『マルティニック、蛇を魅了する島』については第二章で触れたので繰り返さない。この年の七月から一二月にかけて、マルティニック、グアドループ、ハイチでおこなわれたある民族学的調査に注目したい。調査に赴いたのはミシェル・レリス。資金はユネスコが援助した。

レリスによる調査報告は『レ・タン・モデルヌ』五二号（一九五〇年二月）に掲載されている。同号は『レ・タン・モデルヌ』誌上初のカリブ海特集として企画された。レリスの報告を中心に、かれが現地で接した、本国ではいまだ無名の詩人たちの詩を紹介するという企画である。本書でもすでに触れたルネ・メニルをはじめとして、マルティニック、グアドループ、ハイチの詩人が数名取りあげられている。ちなみにこの号では取りあげられていないエドゥアール・グリッサンの詩は同誌三六号（一九四八年九月）で早くも紹介されている。

レリスの調査報告「マルティニック、グアドループ、ハイチ」は、これらの島々に見られる言語と宗教について詳しく紹介している。記述は精緻で、いまでもフランス領カリブおよびハイチの文化・習俗を知るにあたって格好のテクストのように思えるが、それ以上に興味深いのは、レリスがこれらの島々の歴史的背景を十分に踏まえたところから先駆的な文明観を提示している点である。幸いこの貴重な文章は、レリスの民族学者としての仕事に着目して編まれた日本語オリジナル版の『日常生活の中の聖なるもの』（岡谷公二訳、思潮社、一九八六年［新装版］）に収められているので、同書から引用したい（本書の文脈に合わせて語句を若干変更した）。

ごらんの通り、西インド諸島の文明は、きわめて複合的なもののようにみえる。この文明は、熱帯地方への移植によって、ヨーロッパ大陸にみられるものとは当然いくらか違うものとなった、ヨーロッパのある種の生活を鋳型にして形作られており、また、マルティニックとグアドループでは、サトウキビ産業が生み出した産業文明との社会的共存（[……]）によって大きな影響をうけてもいるのだが、その一方でこの文明は、白人の植民者の定住以前に群島に住んでいたインディアンの残した痕跡——考古学上の遺物はのぞく——と並んで、アフリカ起源とみなされる多くの特徴をも示しているのである。（「マルティニック、グアドループ、ハイチ」『日常生活の中の聖なるもの』前掲、六七—六八頁）

カリブ海の文明の生成と様態を「複合的（composite）」と捉えるこの視点は、今日の言葉でいうところの「クレオール的」という形容が見事に当てはまる。[11] 先住民、アフリカ人、ヨーロッパ人の文化がカリブ海では混淆しているという見解がこの時期にすでに提示されているのは、改めて喚起しておくべき事実である。

さらにレリスは、一九四八年当時のフランス領カリブの人びとの生活条件を包み隠さず示している。それによれば、プランテーションに雇われている労働者は「アフリカの小家よりももっとたたずまいの汚らしい、貧困をむき出しにしたあばら家に暮らして」おり、病院と小学校は不衛生で最低限の設備と広さしかなく、サトウキビを刈る女たちは「炎天下にはだしで」働き、生活費はフランスよりはるかに高く、食料品店の従業員はフランスで定められた最低賃金以下の支払いしか受けておらず、家賃は「ますます法外なものになってゆく」(『日常生活の中の聖なるもの』前掲、七〇—七二頁)。フランス領カリブに見られるのは「このような恥と困窮の光景」(同書、七二頁)なのだ。カリブ海の貧困をめぐるレリスの記述は『帰郷ノート』の詩句をいかにも彷彿とさせる。詩人が幻視した、貧困と病気と酒が蔓延するあの島の姿である。そのセゼールは、島を貧困から救うために政界に参入し、一九四六年に同化法案を成立させたのだった。ところが、レリスの証言は、一九四八年の段階で生活条件の改善はいまだなされていないことを明らかにしている。

どういうことか。じつは県化法案は、実質上、法の適用を先延ばしにされていた。本来であれば法案成立の一九四六年三月一九日をもってマルティニックをはじめとする四つの植民地は県に昇格した以上、可決法案が定めるところの三ヶ月以内にすべてが本土の県と同等となるはずだった。しかし、実際のところ、フランス政府は県制法の施行を本気で考えておらず、しかも同年一一月にはインドシナ戦争を開始したことから、この問題はおざなりにされてきた。こうして施行に向けた具体的方策が何ひとつ示されないまま、まず一〇ヶ月が経過し、以後は県化法案適用の先延ばしのための法案が可決されるという事態が一九四八年まで続くのである。このような政府の対応にセゼールが憤ったことはいうまでもない。一九四七年七月、新たに法の実施を一九四八年一月まで延長する法案を議論する場面で、セゼールはこう発言している。

議員の皆さん、私が本日皆さんに報じているのは掛け値なしの警鐘の声なのです。現在まで取られてきたこの引き延ばし措置に対して、われわれの住民は造反感情に駆られている。地方議会は抗議している。深刻なトラブルがいつでも起こりうる状況なのです。[12]

このような状況であればこそストライキもあとを絶たない。[13]

一九四八年三月、マルティニック北西部のカルベ村ではサトウキビ労働者が賃上げを求めてストに入った。なおこの時期のストライキはすでに組合員の団結のもとにおこなわれることが多く、そうしたスト労働者のなかには共産党系労働組合「労働総連盟」（CGT）に属する人びともいた。一九二〇年代末にPCFが設立したことでフランス領カリブに誕生した共産党支部が、労働組合運動に力を入れてきたことを思い出しておこう。このためストライキの場面にはPCFとCGTが労働者を支援するという構図が基本的だった。さて、カルベでのストもまた、これまでのストと同じく惨劇が待っている。サトウキビ農園主の求めに応じて招集された憲兵がデモ行進中の人びとに発砲し、三人が死亡、三人が負傷したのだった。この出来事を受けて、セゼールはマルティニックの共産党機関紙『ジュスティス』四月一五日付に「殺されたスト労働者のために」という詩を発表する（『プレザンス・アフリケーヌ』誌にのちに掲載されたが詩集には未収録）[14]。指導者と合唱隊との朗唱で構成されるギリシア悲劇風のこの詩は、「一九四八年カルベ」で死んだ労働者の一人アンドレ・ジャックに捧げられているが、たんなる追悼ではない。この詩における「アンドレ・ジャック」とは、島の不正・不平等に抗議する労働者たちを代表し、象徴する名である。「アンドレ・ジャック」とは、スト行進で斃れた多くのマルティニック人労働者のことであるし、今後も戦い続ける島の労働者の名でもある。ひと言でいえば、この詩で目ざされているのはスト労働者の主体形成なのだ。

「殺されたスト労働者のために」は、県化の実施に正面から取り組まないフランス政府に対する、経済の実権を相変わらず握り続けるベケに対する、詩人の怒りを背景に書かれている。

一九四八年九月、カルベのストライキに続き、セゼールの生まれた村バス＝ポワントのサトウキビ農園で労働者の一部がストライキに入った。このストの最中に会計係の白人ギイ・ド・ファブリックが武装した憲兵をジープで引き連れ、スト労働者と接触した。その数時間後、ギイ・ド・ファブリックが死体で見つかり、殺人の嫌疑でスト労働者一六人が裁判のためにボルドーへ移送されることになった。「バス＝ポワント一六人事件」と呼ばれるこの一連の出来事は、マルティニックとボルドーの共産党員にフランス領カリブにおける植民地秩序への戦いと位置づけられ、有力な弁護団のもとに裁判が争われたのち、一六人は見事無罪を勝ちとることになった。

バス＝ポワント一六人事件の顛末で思い起こされるのは、アリケール事件である。共産党員アリケールは大資産家オベリーの不正を暴くことで闇に葬られたが、今回の事件では労働者の誰かが農園管理職の白人を殺しながらも、裁判では勝利した。この意味でアリケール事件が共産党と労働者の敗北であれば、バス＝ポワント一六人事件はその逆である。誰が白人会計係を殺したのかはいまだ明らかではない(15)。

『植民地主義論』

こうしたストライキが間接的に伝えているのは、一九四六年後も植民地の経済構造が依然として温存されているということだ。海外県の経済構造については、ミシェル・レリスの『マルティニックとグアドループにおける諸文明の接触』（一九五五年）が的確に伝えている。一九四八年の調査に加えて一九五二年に再度調査旅行に赴いた成果をまとめたこの書でレリスは「グアドループとマルティニック――法律上はフランスの県である領土――では、植民地型経済が社会構造の特徴を依然として規定している」と明言している。そのうえでフランス領カリブの経済的構造の特徴を二点挙げている。

第一点は、少数の白人による生産手段の独占であり、「生産手段（不動産、固定資本と通貨資本）の大部分を保持ないし運営するのは少数の白人であり、かれらは直接ないし間接に、賃労働者、小作人、零細農などの多数の有色人労働者を雇っている」。

第二点は、旧宗主国フランスをほぼ唯一の取引相手とした輸出入に依存した経済構造である。「生産物（砂糖、ラム酒、バナナ、パイナップル）の大多数は本土へ輸出される。その一方、製品（繊維、製鉄、化学、紙など）や肥料、石油、セメントなどの原料――生産活動に不可欠な資材――ばかりか、住民の暮らしと明らかに切り離しえない相当量の食品（小麦、米、二次穀物、食用品および食用油脂、塩鱈など）までもが輸入されており、これらの地域の食料生産物――飼育と漁業をふくむ――の発展はきわめて不十分である(16)」。

この二つに示される植民地型の経済は、本書のこれまでの章からも確認されるように、マルティニックおよびグアドループにおいて数世紀来、根本的には変わっていない。だとすれば「県化」とはいったい何なのか。「県」になることでいったい何が改良されたというのか。

マルティニック（象徴的には海外県全体）の政治的代表者であるセゼールが一九四六年以後に抱

えていた苦悩は大きいにちがいない。一九四八年五月四日、国民議会でのセゼールの演説は「県化」と「同化」の失敗を本土議員に怒りを込めて伝えるものだった。

議員の皆さん、マルティニック、グアドループ、レユニオンをフランスの県とすることを、同化と呼ばれるもの――私は間違った呼称だと思うが――を求めたのはわれわれだということを思い起こしていただきたい。

事態をこれまで寛容に受け入れてきたようにこの語を受け入れるとして、言わせていただきたいことがある。あなた方がわれわれに現在差し出している同化とは、われわれがあなた方に求めた同化の傷痕に過ぎない。われわれが求めたのは人間の権利と市民の権利です。あなた方が差し出すのは、棍棒の権利と機動憲兵隊の権利だ。棍棒も憲兵もフランス最良の使節でないのに。(17)

もはやこの演説には一九四六年当時のような本土政府に対する期待などない。代わりにセゼールが告発するのは、植民地秩序が一九四六年以降も維持されているという現状だ。ところで、この演説には「同化」の語に対して強い留保が加えられている。県化の法案を提出するさいの演説ではセゼールは「同化」の語をむしろ肯定的に用いていたにもかかわらず、である。この微妙な言葉遣いの変化は、本土政府への幻滅に由来する、本土との距離感が表わされているように思える。だがここではまだ「同化」以外の政治的選択については仄めかされていない。

少なくともこの時期のセゼールは共産党にいまだ期待をかけていた。『ジュスティス』をはじめとする共産党機関紙に多くの論説を書き、詩を発表した。そうした詩のうちには当時の共産主義詩人の御多分に漏れず、ソ連の指導者を賛歌するような詩もある。状況に応じて書かれたいくつかの詩は、詩人の判断で、どの詩集にも収録されないままになっている[18]。

一九五〇年に出版される、『帰郷ノート』に並ぶセゼールのもうひとつの主著『植民地主義論』もまたこの時代の産物であることは改めて着目しておくべき点だろう。同書はヨーロッパの植民地支配を考えるうえでの古典的著作として位置づけられ、フランスでいまでも版を重ね続けるロングセラーとなっている。植民地主義を糾弾するこの小冊子の成立背景には、「殺されたスト労働者のために」のように、「県化」に取り組まないフランス政府に対するセゼールの怒りがある。

細かい話だが、現在流通している『植民地主義論』は一九五五年にプレザンス・アフリケーヌ社から出版された版である。ところが、同書の原型にあたる文章は、一九四八年、右派系雑誌『世界の道《シュマン・デュ・モンド》』にすでに掲載されている[19]。二月革命と奴隷制廃止記念という時流に乗り、この雑誌でもやはり「植民地支配の終焉」という特集を組むことにしたのだが、その論調は、現在の植民地支配の終焉は「文明化」の「成功」だという、植民地主義肯定論だった。『世界の道』の編集委員は、セゼールを熱烈な同化主義者と見込んで寄稿を依頼したのである。

もちろんこれは大変な勘違いなのだが、故無きことでもない。たしかにセゼールは県制施行法をもってフランス領カリブの本国への「同化」を完成させたのだ。前述したシェルシェール『奴隷制と植民地支配』の序論でもまた、セゼールは共和主義者シェルシェールの偉業を讃えている[20]。しかし、セゼールにあっては、共和主義者とは平等の実現において急進的でなければならないはずである。それゆえ、シェルシェールを讃え、一八四八年の革命精神を讃えてきたのだ。セゼールにとって「県化」は、奴隷制の即時撤廃というような、急進的平等政策でなければならないはずだった。だがそうはならない。セゼールはこの執筆の機会に国民議会で到底口に出せない憤激を、植民地主義批判というかたちで言い表わしたのである。

『世界の道』に掲載時の論考の題名は「ありえない接触」（一九四八年）だった。ヨーロッパ文明とそれ以外の地域が植民地化をつうじて接触したことを含意するタイトルである。『世界の道』の編集委員が考えるように、植民地化が「未開」の文明化をもたらしたのではない。そうではなく、植民地化がもたらしたのは「野蛮」なのである。セゼールがはっきりと示したのは、ヨーロッパによる「文明化」とは「野蛮」にほかならないという問題提起だった。

図22 レクラム社版『植民地主義論』表紙

その後、この論考に大幅な加筆を加えたものが、『植民地主義論』（一九五〇年）として共産党系出版社レクラム社から出版される。同書を「自らの活動が生み出した諸問題を解決しえないことが明らかになった文明は衰退しつつある文明である」という一文から始めるセゼールは、ヨーロッパ文明をその冒頭で次のように診断する。

事実としてあるのは、二世紀にわたるブルジョワ体制が作り上げたいわゆるヨーロッパ文明——資本主義圏《ユロップ・キャピタリスト》ヨーロッパ、資本主義圏《ユロップ・キャピタル》ヨーロッパ首都ストラスブールのことだ——が、ようするに「ヨーロッパ」文明が、その存続が生み出したふたつの主要な問題を解決しえないということである。すなわちプロレタリアート問題と植民地問題である。(21)

ここには当時のセゼールの歴史観が端的に示されている。ヨーロッパ資本主義文明はブルジョワの産物であるということ。ヨーロッパ資本主義の発展のために、プロレタリアートと植民地は、搾取と犠牲の対象になってきたということ。したがって、この段階を超克するのはプロレタリア革命以外にはないということである（実際『植民地主義論』は共産主義革命の展望で終えられている）。

この歴史観は、当時のセゼールがいまだ忠実な共産党員であったことを示している。ただ、それ以上に重要であるのは、プロレタリアート問題に植民地問題を並列しているということだ。すでに見たとおり、PCFにあっても、脱植民地化よりも植民地の維持を政策のレベルでは支持していた。植民地問題はPCFに（おそらく西欧の共産党にも）希薄な視点だったのである。その意味で『植民地主義論』の最後の言葉は簡単に読み流せない。

したがって、もしも西ヨーロッパが、アフリカにおいて、オセアニアにいて、マダガスカルにおいて、つまり南アフリカの目の前で、またアンティル諸島において、つまりアメリカの目の前で、率先して諸民族についての政策、民族と文化の尊重にもとづく新しい政策に取り組まなければば……いや、ヨーロッパが瀕死の諸文化を活性化し、新しい文化を蘇らせない限り、つまり諸国と諸文明の覚醒者とならない限り――いまヴェトナムが、RDAのアフリカが輝かしく象徴している、植民地諸人民のめざましい抵抗運動を考慮に入れずにだ――ヨーロッパは自ら最後のチャンスを自身から奪い去り、死の闇をもたらす棺覆いを、自ら自身の上に掛けることになるだろう。(22)

ここで述べられているのは、植民地問題を解決する政策をヨーロッパ自身が提言して実施しなければ、ヨーロッパ文明は死を迎えるだろうとするヨーロッパへの最後通告である。もちろん海外県問題が火急の課題として念頭に置かれている。だが、ここで言外に仄めかされているのは脱植民地化、つまり、政治的独立を視野に入れた展望ではないだろうか。セゼールは周到にも「諸民族（nationalités）」についての政策、民族と文化の尊重にもとづく新しい政策」を「西ヨーロッパ」に求めている。この書き方は幾通りにも読めるが、「県化」が失敗するならば、独立もありうる、という暗示とも受け止められる。このヨーロッパが「資本主義圏ヨーロッパ」である限りで、共産党はいまだプロレタリア革命を主導する「前衛党」として扱われている。だが、一九五五年のプレザンス・アフリケーヌ社版では、共産党への忠誠を示す表現が微妙に修正され、なかでも冒頭に掲げられてたPCFの指導者のひとりジャック・デュクロ（一八九六―一九七五）の言葉（「植民地主義、二〇世紀のこの恥」）が削除されることになる。

『植民地主義論』がレクラム社から出版されたときにはそれほど注目されなかった（二五〇〇部の

限定出版だった）。しかしその五年後に新たに刊行されたプレザンス・アフリケーヌ社版は、一九五四年がディエンビエンフーでのフランス軍の敗北、アルジェリア戦争の開始という、フランス植民地帝国の崩壊を告げる年となったことが追い風となり、大きな反響を呼んだ（初版は二万部）。同社の刊行物としては、古代エジプト文明の黒人文化起源説を打ち出した異端のエジプト学者シェイク・アンタ・ジョップ（一九二三―一九八六）の研究書『ニグロ諸民族と文化』（一九五四年）とともに、アフリカ・カリブの黒人知識人の必読文献となる。植民地主義とヨーロッパ文明批判を正面からおこなったこの著作でもってセゼールは、ネグリチュード詩人のみならず、「黒人世界」における知識人の代表格になったのである。

セゼールの「転向」

しかし、セゼールのそうした揺るぎない名声に反して、マルティニックの政治の方は完全な行き詰まりを見せていた。一九五五年、無政府主義者ダニエル・ゲラン（一九〇四―一九八八）は、マルティニック、グアドループ両島をふくむカリブ海地域を周遊する。そのときの記録『脱植民地期のアンティル諸島』（一九五六年）のなかでゲランが描写する貧困と物価高の現状は、ミシェル・レリスの調査報告とさして変わらない。しかし、植民地解放運動が高まる時期を背景に書かれたゲランの著作は「県化」の実態をより明確に提示している。

実際のところ、一九四六年法はフランス領カリブを本土の県にしたのではなく、「海外県」に、つまりは二級の県に、継子のような存在にしたのである。この法律がもたらしたのは「県化」という私生児だ。[23] 植民地時代の古い法が部分的に残っている一方で、本土の法は完全には導入されなかったのだ。

「県化」の失敗をいかに克服するか。この点についてセゼールは、ゲランとの個人的なインタビューのなかで、「県化」がもたらした「同化」の側面を強く批判している。「同化神話をわれわれが超克しないのならば、この神話はフランス領カリブがフランス帝国主義によって相変わらず植民地として扱われ抑圧されているという事実を隠蔽するという深刻な支障をもたらすだろう」。しかし、セゼールによれば、「植民地の軛《くびき》」に対する批判はいまだに甘い。「県化」の真の問題は、本土の法が十全に導入されれば、フランス領カリブの問題はすべて解決するだろうと人びとが考えてしまうことだ。それこそが「同化」の問題であり、人びとの「疎外」や「人格の喪失」、本土の決定を待つという受動的心性をもたらすものである、とセゼールは考える。[24]

ここでのセゼールは、同化主義者として県制施行法可決を推進したかつてのセゼールとは明らかに違う。制度的同化の失敗を受けて、政治的な同化主義に対する批判者へと立場を変えているのである。

一九五六年一〇月、セゼールは反同化主義的な自身の政治態度を、ＰＣＦからの離党というかたちで示す。ＰＣＦ書記長に宛てた公開書簡「モーリス・トレーズへの手紙」（砂野幸稔訳『現代思想』一九九七年一月号）がそれだ。この年、ＰＣＦは、左派陣営を失望させるふたつの決定をおこなっている。ひとつは、スターリン主義の追認である。一九五六年二月、ソ連共産党第二〇回党大会で個人崇拝や粛清といったスターリンの独裁体制を批判するフルシチョフの秘密報告が明かされた。しかし、同年七月に開かれたフランス共産党第一四回党大会はこのフルシチョフのスターリン批判を黙殺した。それだけでない。いまひとつの問題は、同年三月、アルジェリア戦争の政策をめぐるものである。SFIO（フランス社会党）書記長ギイ・モレを首相とする内閣で、アルジェリア戦争を和平的解決から武力制圧へと路線変更する投票がおこなわれたのだが、PCFはこの政策に賛成票を投じたのだ。再びSFIOとの協調路線をとるという方針のもと、PCFは対植民地戦争を支持したのである。インドシナ戦争以来、PCFの反植民地主義とはたんなる建前でしかないこと、脱植民地化の視点から植民地問題を真に考えることができないことが図らずも明らかになったのである。

セゼールはこの書簡でPCFを徹底的に批判している。PCFは大文字の「進歩」や「文明」（スターリン主義）を信奉する党であり、その「進歩」や「文明」を植民地の共産党員に押しつけてきた。この関係は宗主国と植民地との関係そのものであり、PCFもまた植民地の支部に対して植民地主義的関係を再生産しているのではないか。PCFは、結局、人種や植民地の複雑な事柄を階級問題の定式に解消することで、人種や植民地の問題をまともに考えようとしない。「われわれの戦い、すなわち植民地人民の植民地主義に対する戦い、有色人種諸民族の人種主義に対する戦いは、はるかに複雑」であり、「フランス資本主義に対するフランス人労働者の闘いとはまったく性格を異にする」、「彼らの闘いの一部、一断片にすぎないものと見なすことなどけっしてできないもの」だ（砂野訳『現代思想』前掲、六二頁）。したがって自分が求めるのは「主体性の権利」である、と。

セゼールはこの書簡においてこうも指摘している。すなわち共産主義がマルティニックの同化を完成させ、マルティニックを他のアンティル諸島の島々から切り離して孤立化させ、海外県とは反対の道を歩むブラック・アフリカから切り離した、とも。とくに最後の点については、「私がアンティルの再生の期待を託す」のは「われわれの文化、わがアンティル文明の母胎」であるブラック・アフリカだと述べている。ヨーロッパが「われわれの疎外を完成させることしかできない」のに対して、アフリカこそが「アンティル諸島に人格を取り戻させることができる」という（同誌六六頁）。ゲランとの対話の時と同じく、セゼールはここでも海外県における制度的同化をつうじて「疎外」が深まり「人格の喪失」が進行しているという悲観的見解を示している。「県化」失敗の苦い認識から、セゼールは「今やわれわれとは反対の方向に向かって前進しつつある」ブラック・アフリカに期待をかけるのだ。

脱植民地期のフランス領アフリカ

ここでフランス領アフリカの動向に改めて目を転じたい。まず文化的水準だが、再度『プレザンス・アフリケーヌ』誌に着目しよう。同誌は第七号（一九四九年）まで発刊後、第一期の活動を終え、以降は特集号というかたちで一六号（一九五五年）まで出版した。その後、一九五五年に第二期を隔月誌として再開する。記念すべき一・二合併号（一九五五年四月）にはセゼールの未発表詩が数篇掲載されており、その一篇「ルネ・ドゥペストルへの返事——詩法の諸要素」（砂野幸稔訳『現代思想』一九九七年一月号）は、共産党員アラゴンの教条的な詩論を批判したもので、のちにカリブ・アフリカ詩人を巻き込んだ「民族詩《ポエジー・ナショナル》論争」へと興味深い展開を見せるのだが、紙幅の関係上いまは触れない。ここでまず指摘したいのは第二期『プレザンス・アフリケーヌ』にはもはやジッドやサルトルなど高名なフランス知識人が名を連ねた後援会の欄が消えているという点だ。つまり同誌は黒人の書き手を中心とした雑誌として再出発を果たした。この変化とともに指摘できるのは、当初同誌が避けてきた政治的論調が前景化している点だ。もちろん特定の政党の広報的役割を担うものではないという意味で文化誌というスタンスを維持するが、『プレザンス・アフリケーヌ』誌自体がその方針として反植民地主義の立場を明確に打ち出す。

一九五五年はインドネシアのバンドンでアジア・アフリカ会議（通称バンドン会議）が開催された年である。四月の国際会議にはアジア・アフリカから二九ヶ国が参加し、領土主権尊重、内政不干渉、平和共存などを定める平和一〇原則が採択された。反植民地主義、反帝国主義のもとにアジア・アフリカの連帯を強める契機となった、重要な会議である。このバンドン会議を受けて、『プレザンス・アフリケーヌ』第五号（一九五五年一二月）の巻頭言では、黒人世界の文化人による会議開催が予告されている。第一回黒人作家芸術家会議のことである。

第一回黒人作家芸術家会議は、一九五六年九月一九日から二三日にかけてパリ・ソルボンヌ大学デカルト講堂でおこなわれた。ポスターには、ピカソがセゼールの詩集のために書いた、「月桂冠のセゼール」や「戴冠した詩人」と呼ばれるデッサンが用いられた。

主催者はプレザンス・アフリケーヌ社の代表アリウン・ジョップだ。かれは開会の辞をこう始めている。「この日は長く記憶にとどめられることでしょう。戦争終結以来、バンドン会議が非ヨーロッパの意識にとって最重要の出来事であるとすれば、この黒人文化人たちの最初の世界会議はわれわれの民にとってこの一〇年で第二の出来事となることを私は確信できると思えるからです」(25)。
会議には「黒人世界」を代表する黒人知識人が一堂に会した。セゼール、サンゴールはいうまでもない。『ニグロ諸民族と文化』のシェイク・アンタ・ジョップ、マリの民族学者アマドゥ・アンパテ・バ（一九〇一―一九九一）、恩赦を受けて長い獄中生活を終えたばかりのマダガスカルの詩人ジャック・ラベマナンジャラといった、プレザンス・アフリケーヌと縁の深い知識人が参加するとともに、ハイチからは、黒人知識人の長老ジャン・プライス＝マルス、小説『太陽将軍』（里見三吉訳、新日本出版社、一九六五年〔原著一九五五年〕）を著した共産主義作家ジャック・ステファン・アレクシ（一九二二―一九六一）が招かれた。英語圏からは、バルバドスの作家ジョージ・ラミング（一九二七年生）、アメリカ合衆国の小説家リチャード・ライト（一九〇八―一九六〇）が参加している。

図23　第１回黒人作家芸術家会議の様子

　黒人作家芸術家会議は三日間にわたっておこなわれた。主な議題は人種差別とその問題、植民地支配の問題である。また個々の発表としては、ニグロ＝アフリカ文明の研究、カリブ海地域におけるアフリカ

文化の残存、ハイチのマジック・リアリズム、黒人霊歌など、黒人文化の統一性を探る報告がなされた。三日間の会期中、各晩には討議の時間がもうけられ、各議題について活発な議論が交わされた。

この会議をとおして確認されたことは以下の三点に集約される。(1)文化をもたない民は存在しない、(2)祖先をもたない文化は存在しない、(3)政治的解放がおこなわれてはじめて真の文化的解放がおこなわれるということである。また、この会議後にプレザンス・アフリケーヌに集う作家たちをメンバーとするアフリカ文化協会が設立した(以上、拙著『フランス語圏カリブ海文学小史』参照)。

文化の真の解放のために政治における解放が必要だとする一九五六年の会議の総意には、政治的自立の方向性が示唆されていると見てよいだろう。とはいえ、ここではまだ独立は明確な政治的課題ではないように思える。「政治的解放」という語の内実はやや不分明なのだ。

このことは、この会議の数ヶ月前に決定されたフランス政府の海外領土政策ともおそらく無縁ではない。一九五六年六月、ギイ・モレ内閣の海外領土担当大臣ガストン・ドゥフェール(一九一〇—一九八六)と国務大臣フェリックス・ウフェ゠ボワニが提出した「基本法」により、フランス領アフリカに一定の自治権を認めることが決められたのである。この制度改革は大きな「前進」に違いなく、結果的に脱植民地化を早めることになるとはいえ、フランス共同体の枠内での同化政策であった。基本法はアルジェリアには適用されなかった。

この基本法を推進したひとりがRDAの盟主ウフェ゠ボワニであるように、フランス領アフリカ最大の政党連合が目指したのは、独立ではなく、フランス連合における自治だった。もっとも、RDAは政党連合である以上完全な一枚岩でもなく、なかにはやがて独立を宣言するセク・トゥーレ（一九二二―一九八四）率いるギニア民主党（PDG）も所属していた。セク・トゥーレはギニアのゼネストを指揮するなど労働運動の指導者として活躍し、一九五七年には西アフリカ最大の労働組合連合「ブラック・アフリカ労働組合総連合」（UGTAN）の総書記長を務めている。

フランス領アフリカの議会政治が自治拡大へ向かう一方で、「在仏ブラック・アフリカ学生連盟」（FEANF）のような急進的な学生組織もこの時期に存在した。一九五〇年にフランス本国のアフリカ人留学生によって結成されたFEANFは、民族主義（ナショナリズム）を重視し、政治目標として独立を掲げる。FEANFのメンバーのひとりは『プレザンス・アフリケーヌ』に掲載された文章（一九五三年）でこう断言する。

同化に出口なし。同化に解決策なし。それ以上に人間性に対する罪だ。支配を被る各地域の民は独立のために闘わなければならないのだ。独立こそわれわれの第一目標でなければならない。(26)独立不可欠。

RDAの方針はアフリカの若い知識人世代を裏切るものだった。アルジェリア戦争に反対し、「植民地帝国」フランスを批判するFEANFは、一九五六年の基本法にも当然ながら異を唱えた。

FEANFのこのような急進的な独立主義は非現実的なものなのだろうか。海外県となったフランス領カリブと違い、フランス領アフリカはやがて独立を果たしてゆくが、その政治指導者の多くは宗主国フランスとの友好関係を保ったうえで独立の展望を描いた。ヴェトナムやアルジェリアのように戦争をおこなって独立を勝ちとるという危険な選択肢は回避するのである。しかしながら、むしろこの危険な選択肢のなかにしか真の脱植民地化はないと考える知識人もいた。次節ではその人物の視点からこの脱植民地化期をたどることにしよう。

3　ファノン、アルジェリア、革命

ラジカリズムと心の解放

その人物とはフランツ・ファノン。一九二五年にマルティニック島フォール＝ド＝フランスに生まれた黒人の精神科医である。一九六一年に病死するまでのかれの短い人生はアルジェリア戦争と切り離すことはできない[27]。

ところで、ファノンほど「ラジカル」という語が当てはまる人間は少ない。「ラジカル」は語源に「根」の意をもつが、いわゆる政治的急進主義だけでなく、社会に対して根本的な変容を迫る態度をこの語が広く指すならば、ファノンは徹底的にラジカルだった、と言える。セゼールが思想において反植民地主義を表明したとするなら、ファノンは思想のみならず行動においても植民地主義と戦い続けた。

ファノンがマルティニックにいたのは二〇歳の頃までである。シェルシェール高等中学校に通ったのは戦時中であり、第二章でも触れたように、ファノンもまた「反逆者」として自由フランスに合流するべくドミニカ島に渡っている。戦争終結後、一九四六年に大学に進学するため本土に「留学」し、リヨンの大学で精神医学を勉強した。卒業後、ファノンは南フランスの小村サンタルバンの精神病院で一年間勤務する。

　サンタルバン病院といえば、第二次世界大戦中にフランコ政権に追われてフランスに亡命したカタルーニャ出身の活動家にして精神科医のフランシスコ・トスケイェス（フランス語名はフランソワ・トスケル、一九一二―一九九四）が院長を務めていたところだ。トスケイェスは「制度論的精神療法」という、独自の精神療法をこの病院で実験的に試みていた。いったいどのようなものか。トスケイェスへのインタビューを収めた「制度論的精神療法」をめぐる書、フェリックス・ガタリほか著『精神の管理社会をどう超えるか？』（杉村昌昭ほか編訳・解説、松籟社、二〇〇〇年）によれば、この精神療法は、「既成の社会システムや制度のあり方を問いなおし、〝精神病の奥深い世界〟に偏見を排した目をむけながら医療スタッフと患者との関係を刷新することをめざす革新的な共同体主義的精神医療の実践」である（同書、二二頁の杉村の解説より）。

図24　フランツ・ファノン

　たとえば、精神病院は、社会に適合できない

「異常者」や「狂人」を収容する、社会からの隔離施設として一般に捉えられる。つまり精神病院が与えられている社会的役割は、「心の病」を癒して社会に「復帰」させることである。「心の病」が真に個人的なものであれば、この理屈は通るかもしれない。しかし、社会の仕組みと人間諸関係に何らかの病因があるとすれば、話は違ってくる。社会自体が病んでいるとすれば、社会に「復帰」させても「病」は再発するだろう。このように考えてみるとき、「制度」そのものを問いなおすという発想は生まれる。

この療法では病院は収容施設ではなく「患者」の生活の場として位置づけられる。サンタルバン病院では、「医師」と「患者」との関係も問い直され、「医師」と「患者」による共同作業や、「患者」に仕事を任せるといった作業療法など、さまざまな改革がトスケイェスによって試みられた。「患者」を「患者」としてでなく、ひとりの人間として捉える精神科医ファノンの姿勢はサンタルバンでの勤務をつうじて着実に養われたのだろう。

一九五三年一一月、ファノンはアルジェリアのブリダ精神病院に主任医師として赴任した（ファノンはこの年の七月に主任医師試験に合格している）。戦争が始まる前年のことだ。ブリダ精神病院でファノンは「制度論的精神療法」をモデルにした改革を次々とおこなう。ファノンはその療法を「社会療法」と言い直しているが、基本的発想は共有している。具体的には、作業療法を積極的に取り入れ、患者自身に「パーティー」を組織させたり、映画委員会、レコード委員会を運営させたり、週刊誌を発刊させるなど、さまざまな提案を実行した。

しかし「制度論的精神療法」あるいは「社会療法」は早くも行き詰まる。この改革はファノンが担当していたヨーロッパ人女性の病棟ではたしかに有効だった。ところが、ファノンの受けもつもうひとつの病棟ではことごとく失敗する。その病棟に収容されていたのはムスリム男性患者である。ムスリム男性患者に同じ療法を試みた結果、三ヶ月後にはこの病棟全体の雰囲気が険悪化してしまったのだ。

ファノンはブリダにおける「制度論的精神療法」の実施とその失敗について、ある医学論文（一九五四年）で報告している。[28] 海老坂武『フランツ・ファノン』におけるこの報告についての行き届いた要約を参照すれば、問題は次の四点に集約される。第一に、言語問題。医師たちはアラビア語もカビル語（アルジェリア北部で話される言語）も解さないため、通訳を介してムスリム男性患者と意思伝達をおこなわざるをえない。かれらにおいて通訳は行政や裁判所のイメージと結びつくため、そもそも意志疎通が困難となってしまったこと。第二に、アルジェリアの風俗や習慣に対する無知。ヨーロッパにおける「パーティー」という習慣はイスラーム文化圏には存在しないのである。第三に、生活の現実に対する無知。読み書きができる人は患者二二〇人のうち五人であるため、新聞の発刊は意味をなさない。第四に、心理的次元の無視。農民出身の男性は籠編みなどの作業を女性の労働と見なして嫌悪することや、上映する映画がヨーロッパ文化を背景としてい

図25　ブリダ精神病院

るために関心をもたないなどである。つまり、ファノンが直面したのはムスリム男性患者とのあいだの言語・文化的な障壁であり、その障壁が心理的な距離をも生み出しているのだ。

この医学論文のなかでファノンが触れていない点がある。それは植民地問題だ。ヨーロッパとイスラームの人間との関係は、アルジェリアの場合、支配する者と支配される者との関係である。この支配・被支配の関係が治療における言語・文化的な障壁をより堅固にしているだろうことは想像にかたくない。そして、マルティニック出身のファノン、人種差別と植民地支配に起因する、フランス領カリブの人間の心理的コンプレックスを分析した『黒い皮膚・白い仮面』（海老坂武、加藤晴久訳、みすず書房、一九九八年〔原著一九五二年〕）の著者であるファノンが、この点に気づかないはずはない。おそらくかれは、アルジェリアにおける精神治療が病院における努力だけでは完成しないことを早くから察知していたのではないか。言い直せば、植民地問題を解決しないかぎり、ムスリム患者の心の解放を達成することは困難であると考えていたのではないか。

一九五六年末、ファノンはブリダ精神病院を辞することを決意する。先に見たように、この年はギイ・モレ内閣の成立によってアルジェリアに対する軍事政策が積極的にとられ、この政策をPCFまでもが支持したことから、セゼールは共産党を離党したのだった。アルジェリアで独裁的な権限をもって武力政策を実施していたのは、社会党選出のアルジェリア駐在相ロベール・ラコスト（一八九八―一九八九）である。ラコストに宛てた辞任状にファノンはこのように書いた。

精神医学が、人間をしてその環境に異和を感じさせないようにすることを目的とする医術であるとすれば、自国においてたえず疎外されているアラブ人は、絶対的な人格喪失状態で生きているのだと断言せざるをえません。(「アルジェリア駐在相への手紙」『アフリカ革命に向けて』北山晴一訳、みすず書房、一九八四年、五三頁)

そのうえで、ファノンは、一九五六年七月五日、つまりフランスのアルジェリア占領記念日(一八三〇年七月五日)に打たれた大規模なゼネスト参加者に対するラコストの処置に抗議している。フランス人によるアルジェリア支配が、「アラブ人」を「絶対的な人格喪失状態」に置いていると考える精神科医にとって、「心の解放と社会の革命とは同一平面上の課題」であった。(29)

この辞任状をもってファノンはブリダの主任医師の職を辞するだけでなく、結果的に「フランス人」であることとも決別する。一九五七年一月、ラコストよりアルジェリアからの退去命令が下されたファノンは、パリに滞在後、独立したばかりのチュニジアに秘密裏に渡る。チュニジアの首都チュニス、そこはアルジェリア革命の「聖地」だった。

アルジェリア解放闘争

チュニスに渡ったファノンはそこでアルジェリアの民族運動を代表する政党「民族解放戦線」(FLN)の指導部に合流する。チュニスでは市立シャルル・ニコル総合病院の精神科病棟に勤務し、新たな精神療法として「昼間入院療法」を実施する。これは病棟を従来のように患者の収容施設と見なすのではなく、さらに「社会療法」(制度論的精神療法)のように病棟を「新たな社会」の組織化の場とするのでもなく、昼間に通院する施設に位置づけ直すことで、社会、病院、患者、医師との関係を新たに編み直すものだった。たしかにブリダ病院での「社会療法」は困難に直面したが、その困難は「社会療法の真の場所は具体的社会そのものであり、そうあり続ける」[30]からだった。社会それ自体の変革が求められていた。

また、FLNの衛生隊の医師として難民キャンプの医療活動にもファノンは加わる。ブリダの精神病院から難民キャンプにいたるまで、ファノンは何よりも精神科医として「戦場」を経験している。

『地に呪われたる者』（鈴木道彦、浦野衣子訳、みすず書房、一九六九年［原著一九六一年］）には、一九五四年から一九五九年までのあいだ（戦時中）に、かれが診察した患者の症例が四つの系列に分類されて報告されている。戦争中の個別の体験が原因となった「反応性精神障害」（系列A）、戦争の複合的な要因から発症し、反応性よりも重い障害とされる「植民地戦争性精神病」（系列B）、拷問を原因とするもの（系列C）、戦争によるストレスが原因で身体疾患に陥る心身症（系列D）がそれだ。その症例の記述は客観的だが、医師によって再構成される患者の証言の背後には筆舌しがたい戦争の経験がある。

フランス軍による妻の強姦によって性的衰弱に陥る夫（「これは強情な女に対する強姦だった、その女は、夫を売りわたすかわりにすべてを引き受けたのだ。そしてその夫とは、おれだった」）。フランス人の婦人を殺めたことで幻覚にうなされ自殺を試み、不眠症に苦しむ重度の精神障害に陥った青年（「それから、食後に食べたものをもどすようになり、眠れなくなりはじめた。次にあの女が、夜な夜なほくの血を要求しにやって来た」〉（以上、系列A）。

フランス軍に対する一種の報復としてフランス人の遊び仲間を殺害した二人のアルジェリア人少年（「ある日、ぼくたちはあいつを殺すことに決めたんだ。ヨーロッパ人がアラブ人をみんな殺そうと思っているからさ。ぼくたち、「大人」は殺せないよ。だけどあいつみたいに同じくらいの年齢《とし》のやつならやれるさ」）。戦争に積極的に参加しないことから罪責妄想に陥り、フランス軍司令部の建物入口で自殺を試みようとした青年（「警察でも、拷問のあとでやつらはぼくを殺すだろうと思っていたし、そう願っていた。ぼくは殴られることに満足だった。なぜって、それは、やつらがぼくのことも敵と見なしていることを証明していたからだ」）（以上、系列B）。

口を割らせるための数々の拷問。複数の警官が一人のアルジェリア人を拳固で殴り、煙草の火でかれの胸に焼き、棍棒でかれの足の裏を殴りつける。口から水の注入、瓶の肛門挿入。少しでも動けば殴打される「不動の姿勢」。電気拷問。自白を強要させる「自由注射」。こうした拷問による疾患――激越性鬱病、心因性不食症、局部的あるいは全身的体感異常症、電気恐怖症、言語常同症（系列C）。胃潰瘍、月経障害、不眠症、早発性白髪、発作性心悸症などの心身症（系列D）。

以上は『地に呪われたる者』の第五章「植民地戦争と精神障害」（前掲、一四三―一七〇頁）に記された症例と証言の一部でしかないのだが、十分に強烈な印象を残すのではないだろうか。これがファノンが直面した現場だった。ファノンの徹底した反植民地主義、独立主義、そしてかれの代名詞ともいえる「暴力論」は、こうした戦争体験のなかで鍛え上げられた思想であることも忘れてはならないだろう。

一九五八年の国民投票

ファノンはFLNの活動家として医療活動を継続する一方、情報宣伝活動、FLNの機関紙『エル・ムジャヒド（聖なる戦士）』の編集と執筆にも携わる。ファノンはこの機関紙に一九五七年九月から一九六〇年四月まで書いており、その記事は死後出版の政治論集『アフリカ革命に向けて』（北山晴一訳、みすず書房、一九八四年〔原著一九六四年〕）に収められている。FLNの側に立つ以上、フランスは敵である。ファノンは死後もフランス海外県マルティニックでは「祖国の裏切り者」と見なされ、かれの著作は発禁の扱いを受けることになる。しかし、そのようなラジカルな立場に自分の身をおき、文字通りの「非国民」となることで、視界を曇らせる霧をかき消し、より透徹した視座から政治情勢を分析することができた。『エル・ムジャヒド』に残したファノンの記事はフランスの植民地政策の実態を洞察し、その本質を鋭く見抜いていた。

たとえばファノンの炯眼は、アルジェリア戦争の泥沼化のなかでフランス軍の要請に応えるかたちで政界に復帰したドゴール将軍が第五共和政発足にさいしておこなった植民地政策の分析に示されている。ドゴールは新たな植民地政策として「フランス連合」に代わる「フランス共同体」構想を各植民地に提案した。これは、内政にかんしては各植民地に自治権を認めるが、軍事・外交・通貨などはフランスが実権を掌握するという内容で、いわば属国として自治権を与えるというものだった。フランス領アフリカでは一九五六年の「基本法」路線を発展させた構想である。この植民地体制を支持するか否かを盛り込んだ第五共和政の憲法草案が、一九五八年九月二七日、アルジェリアをのぞいた各植民地で国民投票として問われたのだった。否が多数を占めれば、フランスからの独立が承認されるわけだが、独立の選択はフランスを敵に回すということも意味した。一九五八年九月一七日付の『エル・ムジャヒド』第二九号でファノンはフランス領アフリカにこの投票をボイコットするよう呼びかけている。

投票に参加すること、それは共通の問題をかかえている同一家族、同一国家の構成員であることを暗黙裡に認めることである。他方、国民投票の際投票するアフリカ人は誰でも、現実には、その国民と国家をさらに少しばかりフランス植民地主義に縛りつけることになるのだ。(「アフリカ人への呼びかけ」『アフリカ革命に向けて』前掲、一二〇頁)

繰り返すが、ファノンの立場は妥協なき脱植民地化である。それゆえ「基本法」内の自治路線に反対した先述の学生組織「在仏ブラック・アフリカ学生連盟」(FEANF)の運動や、「ブラック・アフリカ労働組合総連合」(UGTAN)の闘いを支持し、「基本法」を準備したRDAのウフェ＝ボワニを「裏切り者」と仮借なく批判し続けてきた。そして九月二七日の国民投票の結果、セク・トゥーレのギニアをのぞいたすべての海外領土が「諾」に投じた。象徴的であるのは、セネガルのサンゴール、マルティニックのセゼールというネグリチュード運動の代表的指導者が「フランス共同体」に賛同したということだ。ファノンは一〇月一〇日付の『エル・ムジャヒド』第三〇号でこう書いた。

アンティルでは誰もが《諾》の率に驚いている。それはエメ・セゼール氏の地位のお陰で得られたものなのだ。フランス領アンティルの独立は今日可能だろうか。これがセゼールの前にある問題である。彼は肯定的に答え、アンティルの独立を選択し、カリブ連邦への加入を強く求めることができたはずだ。（「アフリカ人での信任投票の翌日」『アフリカ革命に向けて』前掲、一三六頁）

「カリブ連邦」は一九五八年一月に結成されたばかりの政治連合で一般には「西インド諸島連邦」として知られている。イギリスの植民地であるトリニダード・トバゴ、ジャマイカ、バルバドス、ドミニカ、グレナダなどの島々からなり、イギリス連邦の枠組みにとどまりつつも宗主国からの独立をめざして組織された。しかしながら、トリニダードやジャマイカなどの有力な島の覇権争いから一九六二年五月には解消してしまい連合は短命に終わる。

一九五八年五月、こうしたイギリス領の政治動向もおそらく意識しつつ、PCFを離党したセゼールは「マルティニック進歩党」（PPM）を結党する。PPMは、本国の政党から独立した「民族的・民主的・反植民地主義的政党」として、マルティニック人民の「民族意識の覚醒」をめざして結成された[31]。独立は標榜してはいないものの、反同化主義の立場である以上、PPMは論理的には「フランス共同体」を拒否してもよいはずだった。

伝えられているのはこういうことである。セゼールは当初この国民投票に「否」を投じるつもりだったが、ドゴールから密使として派遣された情報相にして作家のアンドレ・マルロー（一九〇一―一九七六）の説得に応じて賛成票支持に回り、結果として、住民の圧倒的多数の賛成を取りつけてマルティニックは他の海外県と同じく「フランス共同体」と第五共和政を支持したのだった。理由はどうであれ、この挿話はＰＰＭの政治的方針を端的に物語っている。すなわち、フランスとの政治的な妥協と折衝のうちでマルティニックの道を模索するというのがセゼールでありＰＰＭである。これに対し、フランツ・ファノンは「独立か、死か」という切迫した状況のなかで植民地主義と闘うことを選んだ。「植民地主義の死とは、被植民者の死であると同時に植民者の死である」（強調原文）とファノンは『アルジェリア革命第五年』（邦題は『革命の社会学』）』（宮ヶ谷徳三、花輪莞爾、海老坂武訳、みすず書房、一九八四年〔原著一九五九年〕、一四頁）で述べた。つまり脱植民地化のためには植民地支配の構造そのものを解体しなければならないのであり、ファノンは自身が巻き込まれ積極的にかかわるにいたったこのアルジェリア解放闘争を勝利に導き、そこを突破口にマルティニックをふくめた各地域の脱植民地化運動が続くことを願ったのだった。

4　カリブ海の社会運動

ファノンとセゼール

いまやファノンとセゼールの立場の違いは明白である。まずファノンにとって、ネグリチュードは必要な契機だが、乗り越えるべき一段階だった。この考えはフランス時代に書かれた最初の著作『黒い皮膚・白い仮面』ですでに明確に打ち出されている。肌の色に依拠して黒人としての連帯を語る、白人文明に対抗するニグロ＝アフリカ文明を探求する一部の知識人に対して、ファノンは批判的だった。ファノンがアルジェリア戦争への参画のなかではっきりと見出したのは民族主義（ナショナリズム）である。民族主義は、政治的独立を達成して独自の国家をもつことを内側から支える思想であり、国家（ナシオン）が外的な独立単位であるとすれば、民族（ナシオン）はその内実にあたる。ファノンはおおよそそのように捉えていた。[32]

セゼールは、ネグリチュードをつうじた文化的連帯を語る一方、「県化法」の失敗以降、尾崎文太の言葉を借りれば、「フランスの制度的枠組みの中での平等要求の態度から、マルチニックを固有の人格を持つひとつのナシオンとして認め、その特殊性を尊重する制度的改変を求める態度」をとるようになった。[33] つまり、内実としての民族（ナシオン）をマルティニックに認めようとするのである。しかし、ファノンのように独立をめざすわけではない。むしろＰＰＭ結党時からセゼールが理想としていたのは連邦化だった。フランス領内での自己決定権の獲得である。「自治」は、フランス領カリブのような資源が乏しい小地域の存続のための現実主義的な政治路線であるにはちがいない。問題はそれをどのように達成するかということだが、セゼールはドゴール新政権を支持することで新たな共和政へ信頼を寄せることになる。

つきつめれば、ファノンとセゼールの立場の違いは、「独立」か、「自治」かという政治路線の違いにあるといえそうだ。この違いは、おそらく「暴力論」と議会政治との違いでもある。セゼールのように最初からフランス共和国の議員として政界に入ったネグリチュード世代は、フランスに裏切られながらも、絶縁することを望まない。政治とはフランス国民議会における折衝なのだ。しかし、ファノンは政治家としてではなく、アルジェリア戦争のなかで、フランスから見れば非合法活動として政治に関与した。遺著『地に呪われたる者』で語る「暴力論」は議会主義の否定であり、武力革命の肯定である。「暴力論」はアルジェリア戦争においては「現実的」な思想だった。

したがってファノンとセゼールは同じ時代を共有しながらも異なる時空間に生きていた。その二人は一九五八年の国民投票以降一度だけ再会している。一九五九年三月二六日から四月一日にかけてローマで開催された第二回黒人作家芸術家会議の席である。このときファノンはFLNの広報担当として活躍し、アフリカ各地で開かれる国際会議に出席し、FLNの正統性を訴える立場にいた。

この会議は一九五六年の第一回会議に比べてより一層「政治化」している。主催者のアリウン・ジョップは開会の辞で「普遍化のための脱西洋化」を語り、一九五八年の国民投票で唯一独立を選択したギニアの大統領セク・トゥーレ、トリニダードの独立派の政党の党首で、独立後には首相となる、何よりも『資本主義と奴隷制』の著者として本書でも取り上げたエリック・ウィリアムズが招かれるなど、この会議の主要な政治的・文化的争点が脱植民地化にあることは明らかだった。

ところで、この会議にリリアン・ケステロートというベルギー出身の女性研究者が聴衆として参加している。のちに『フランス語黒人作家』(一九六三年)という博士論文を著し、フランス語表現の黒人文学研究という未踏の分野を切り開くことになる大家だが、当時は博士論文を準備している最中だった。ケステロートはこの機会に多くの作家に接触を試みており、ファノンにもインタビューを申し出ている(34)。

ケステロートの回想によれば、ファノンに出会ったのは会場の廊下だった。かれは、中背、やせ形で、美男のタイプではまったくなく、彫刻のような頭部、厚い唇、大きな額、射抜くような眼をしていた。インタビューの申し出に対してファノンは五分だけというが、二時間を希望し、翌朝九時にホテルに来るように告げられる。ファノンは他の発表者と違い、郊外に宿泊していた。FLNの地下組織に匿われて移動しているためである。ホテルでは単刀直入に「何を知りたいのか」と聞かれ、アフリカ文学をめぐる博士論文の研究計画を話し、アフリカ文学をどう読んでいるか、ネグリチュードをめぐる現在の立場はどうなのか、などと尋ねた。ファノンの第一声は「何の関心もない」という手厳しいものだった。食い下がる若い研究者に対してこう言い放った。「なぜならわれわれが導く闘争においては、アフリカ文学の歴史、ネグリチュードの歴史など、まったくとるに足らないように思えるからだ。何の関心もないのだ」。しかし、ケステロートはなおも食い下がった。するとこんな言葉が相手から返ってきた。「条件付きで関心を示してもいい。あなたがネグリチュードがどのように独立に向けた闘争のなかでアフリカ知識人の深い政治参加に貢献し得たのか、ということを証明するという条件だ」。「いいでしょう、それがあなたの条件ならばのみましょう」。

こうしてケステロートは自分の博士論文の副論文を「アフリカ文学は政治参加の文学である」に決めた。博士論文提出後、ケステロートはヨーロッパに居を定めるのを止め、独立後のアフリカの発展に寄与することを選ぶことになるが、その選択自体、ファノンの影響だった。

この対話のなかで、ファノンはネグリチュード運動よりもアルジェリア解放のための闘争に関心があること、ネグリチュードには意識を覚醒させるイデオロギー機能があるのは認めるが、この考えはあまりに偏狭であり、ネグリチュードは自分の生きてきた変遷のうちでの一段階でしかないと改めて語っている。セゼールについては、やはりかれがマルティニックを独立へ導くのを望んでいたようであり、とくに一九五八年の国民投票で独立を選択しなかったことにひどく落胆したという。

しかし「文化人とその責任」という題でおこなったセゼールの発表は、むしろ脱植民地化を積極的に語るものだった。もっとも、それは文化面を強調した脱植民地化の構想ではある。文化人は「良き脱植民地化」のために、人民の解放のために文化的な単位を作り出すことにあり、文化的単位を分裂させ解体してきた植民地化に対して闘う務めがあることを語った。セク・トゥーレが自分はフランスの侵略に抵抗したサモリ・トゥーレ（一八三〇―一九〇〇）の子孫であるというとき、植民地支配によって断絶した歴史を回復しようとしているのだとセゼールは述べる。セク・トゥーレへのこの言及が独立を選んだギニアに対するオマージュであることはいうまでもない(35)。

つまり、こういうことだ。セゼールはたしかにフランス領カリブの政治においては「自治」をありうる現実主義的な選択肢としつつも、「独立」という観念それ自体を否定したわけでなかった。「モーリス・トレーズへの手紙」で「今やわれわれとは反対の方向に向かって前進しつつある」ブラック・アフリカに期待をかけていたことを思い起こしたい。「独立」の可能性はフランス領カリブではきわめて困難だがアフリカではおそらく見出せる。これがセゼールの認識ではなかったか。

当時、会議に同行したファノンの兄ジョビ・ファノン（一九二三―二〇〇四）はセゼールとの邂逅をこう回想している。

そうこうしているうちにエメ・セゼールがやって来て私と抱擁の挨拶をかわすと、今度はファノンの方を向いて、心を込めて握手をしながらこう言った。「ファノン、きみは素晴らしい闘いの道を選んだ」。するとファノンは身を屈めながらこう答えた。「だが他の席はまだ空いてる」。一瞬の戦慄ののち、セゼールは立ち去った。[36]

おそらくファノンのラジカリズムはセゼールにとっては両義的だったのだろう。フランス領カリブの政治家には決して近づくことのできない場所にファノンはいた。だからセゼールはおそらく率直な気持ちで「きみは素晴らしい闘いの道を選んだ」と言ったのだった。しかしそれに対するファノンの返答はいかにもセゼールを突き放すものだ。セゼールが二の句を継げずに立ち去ったのも想像にかたくない。以後二人は言葉を交わすことはないだろう。

反植民地主義を象徴する二人のマルティニック人が別れを告げた数ヶ月後、セゼールが市長を務めるフォール＝ド＝フランスで「暴動」が起きる。「一九五九年一二月」と呼ばれる、マルティニック戦後史上最大の蜂起である。

「一九五九年一二月」

この蜂起は、のちに見るようにいくつかの偶然が重なって起こるが、舞台となった当時のフォール＝ド＝フランスには、「県化」以降、蜂起の背景となる諸問題が伏在していた。[37]

一九五〇年代末、農村部の砂糖生産は、もはや砂糖の世界市場ではまったく太刀打ちできない状況にあった。農園の主要作物がサトウキビからバナナへ変わるなか、職を失ったサトウキビ精製工場の労働者は、島の唯一の都市であるこの街へ移動するようになる。またこの頃、人口は急増の一途をたどっており、とくに二〇歳未満の若年層は全体の約五割を占めていた。フォール＝ド＝フランスは、農村からの人口流出と高出生率によって島全体のおよそ四分の一強にあたる六万人を擁していた。これらの住民の多くは貧困層である。

「県化」以降、県庁所在地であるフォール＝ド＝フランスには本土からフランス人やアルジェリアからの引揚者（ピエ＝ノワール）が新たに公務員として赴任してきていた。本土出身やピエ＝ノワールの公務員には、島の物価高を背景に、通常の公務員の給料に対する四割増しの特別手当が支給されていた。そもそも地元住民のなかで公務員のような定職に就ける者は限られたエリートだけであり、都市住民の多くはその日暮らしに近い生活だ。本土人と地元民には歴然とした経済格差があったのだ。(38)

さらに、一九四九年には共和国機動隊（CRS）がマルティニックに配属されている。フランス国家警察の管轄下で、暴動鎮圧を専門とする特殊部隊であるCRSは、島で横暴に振るまい、マルティニック人女性を強姦するなど悪名をとどろかせていた。

以上のような状況を背景に、一九五九年一二月、事件は起きる。

発端はごく些細なことだった。一二月二〇日（日曜）の一八時三〇分頃、フォール＝ド＝フランスの中心部にあるサヴァンナ公園付近の「中央ホテル」で地元のマルティニック人（フランツ・モファ、当時三一歳）が酒を飲んでいた。すると「中央ホテル」の前に置いていたかれのスクーターが横転しているという。家族連れの本土人の自動車が同じくホテルの前に駐車しようとして倒したのだった。これがきっかけでスクーターの賠償をめぐって両者のあいだで口論が始まった。

ちょうどこの頃、サヴァンナ公園ではコンサートがおこなわれており、五〇〇人ほどの観衆が集まっていた。一九時から一九時三〇分にかけて、通報を受けたCRSがサヴァンナ公園にやって来ると、催涙ガスを用いたり、威嚇射撃をするなどして聴衆を追い払いにかかった。人びとは反撃し、海外県の行政監察官が書き留めたところでは、三〇人のCRSのうち、隊長をふくめた二六人に重軽傷を負わせた。CRS撤退後も現場に駆けつけた憲兵隊、警察とのあいだで住民の激しい応酬が続くことになる。

ところで「中央ホテル」の向かいには「ヨーロッパ・ホテル」という高級ホテルがある（当時の話で現在は確認できない）。スクーターの持ち主フランツ・モファの証言では、かれは本土人とこのホテルに入り、賠償をめぐる示談の続きをおこなっていた。示談が成立して相手と酒を飲んでいた頃、かれは誰かのクレオール語での一声を聞くことになる。「おまえはそいつと飲んでいるが、外では戦闘が始まったぞ」。

当初、サヴァンナ公園の群衆はまだ何が原因でCRSが来たのかを知らなかったがやがてそれが明らかになると、今度は「白人」を標的とした。なぜか。きっかけは、スクーターと自動車の接触事故とその後の口論だったが、問題はスクーターを倒された方が「黒人」で、その賠償に応じないのが「白人」であったということだ。ベケと呼ばれる大地主層を頂点とするマルティニックの人種的ヒエラルキーのなかで、本土のフランス人は植民地秩序の支配層に位置する。スクーターを横転させたのも、CRSに出動要請をしたのも、CRSもすべてフランスの「白人」だ。CRSの介入によって一挙に高まった都市民衆の怒りは、スクーター横転事故を知ることで、「白人」への暴力として噴出することになる。こうして当時フランス人（とくにピエ＝ノワール）のたまり場として知られた「ヨーロッパ・ホテル」に対し、群衆は投石をはじめたのだった。二〇時過ぎになると、映画館の帰りの若者たちが合流し、ホテルに対する投石が引き続きおこなわれた。事態が収拾する午前一時まで、この近辺で当局と参加者たちとの闘いは続いたのだった。

しかし、これで終わりではなかった。月曜日の夜、昨晩同様、人びとがサヴァンナ公園に集結した。そしてフォール＝ド＝フランスの市街を舞台に当局と激しく衝突した結果、一九時から二〇時のあいだに住民側から二人の死者が出ることになる。マラジョとロジル、一五歳の少年と二〇歳の青年が警察の凶弾に斃れたのだった。

図26　投石にあったヨーロッパ・ホテル

図27　「騒擾」時のフォール＝ド＝フランス

この悲劇を受けて、火曜日の日中、政治家たちは事態の収拾に乗り出し、フォール＝ド＝フランスの住民に冷静になるよう呼びかけるが、この日の夜、暴動は頂点に達する。人びとはガソリンスタンド、税務署、裁判所を攻撃し、警察や個人の車を破壊した。動員された憲兵隊との交戦も激しさを増し、一九歳の青年ベッツィが銃弾を受けて死んだ。

本土政府は当然ながら「暴動」のさらなる過激化や島全体への伝播を恐れて軍艦をマルティニックに向けて派遣したが、その到着を待つまでもなく、二三日水曜日にはほぼ事態は沈静化する。こうして三人の死者を出した三日間の「騒擾」は幕を閉じた。

アンティーユ＝ギュイヤンヌ戦線

「一九五九年一二月」の出来事はフランス本土の新聞でも取り上げられ、本土に住むカリブ海出身者にもまもなく伝わった。その情報はチュニスを拠点に活動していたファノンの耳にも入っていた。『エル・ムジャヒド』第五八号（一九六〇年一月一五日）に発表した記事「フランス治下のアンティルで血は流れる」は、この「暴動」に対する知識人のもっとも早い反応であるとともに、「一九五九年一二月」に対するほとんど決定的といえる認識を示している。ファノンはこの出来事を、フランスの「従順な僕《しもべ》」である「古い植民地」の「叛乱」と捉えた。一九五八年の国民投票でドゴールへの賛成票を投じたセゼールはその理由を聞かれて「マルティニック人は第五共和政に賭けていたからだ」と答えたという。この発言を引き合いに出しながらファノンは次のように書いた。

果たせるかな、人民はこの賭けに抗議し、民族問題を提起しているようではないか。アンティル問題、カリブ連邦問題はもはや長くは隠蔽しておけないだろう。今日オランダやイギリスから独立した旧ギアナが、フランス領ギアナ「ギュイヤンヌ」を魅了している。イギリス領アンティルが独立しつつある。キューバのカストロがカリブ海に新たな相貌を与えている。然り、問題は提起されたのである。（『アフリカ革命に向けて』前掲、一五九頁）

この間、キューバ革命の成功（一九五九年一月）によってカリブ海地域の「独立」はいよいよ現実味を帯びてきていた。キューバ革命と「一九五九年一二月」には直接の因果関係はないけれども、たしかにファノンの描く「第三世界」の革命的展望のなかでは歴史的必然のように思えてくる。「アルジェリア戦争と、マルティニックを血に染めた最近の事件とが、無関係ではないことを今や人々は知っている。マルティニック民衆の反撃を招いたのは、北アフリカのフランス人旧官吏、チュニジア、モロッコからの追放者、そしてアルジェリアであまりにも手を汚した者たちなのだ」（同前）。

ファノンは「一九五九年一二月」のうちに「マルティニック民族精神の最初の表現」を見たが、これこそ「一九五九年一二月」をマルティニック戦後史の転換点と捉える史観を生み出す認識にほかならない。

ところでこの時代、パリやボルドーなどで学生生活を送るカリブ海出身者は、アフリカ出身の学生同様、政治にはきわめて鋭敏だった(39)。フランス領アフリカの在フランス学生組織に急進的なＦＥ

ＡＮＦがあったように、フランス領カリブでも各海外県ごとに学生団体が存在した。マルティニックの団体は「マルティニック人学生総協会」（ＡＧＥＭ）といい、一九五八年に結成された。ＡＧＥＭの政治的方針は、セゼール率いるＰＰＭに協調的であり、海外県化と同化を批判しながらマルティニック人の自己決定権の確立を求めるものだった。ＡＧＥＭは「グアドループ人学生総協会」（ＡＧＥＧ）、「ギュイヤンヌ人学生連合」（ＵＥＧ）と協力しながら、セゼールをはじめとするフランス領カリブの政治家に対して書面で海外県のステイタスを見直すよう働きかけていた。

一九五九年以降、ＡＧＥＭの政治路線は急進化する。直接の要因のひとつは同年五月にパリで起きたカリブ海の学生のリンチ事件である。フランス人女性を連れて歩いていた三人のマルティニック人と一人のグアドループ人がその犠牲になった。「汚いニグロ」と吐きかけられた罵倒がこの事件の人種差別的特徴を物語っていた。さらに、マルティニックで起きた三日間の暴動は、ＡＧＥＭにより明確な態度をとらせることになる。

一九六〇年二月一六日、複数の学生組織と活動家の呼びかけのもと、パリの共済組合会館で一大集会が開かれた。この集会にはＡＧＥＭ、ＡＧＥＧ、ＵＥＧの各団体が積極的に参加し、この三団体の総意として、このような発言をおこなった。「多くのアンティーユ人がマルロー氏の約束に欺かれるがままだった」。「マルロー氏の約束」を鵜呑みにしてドゴール新政権への「諾」を呼びかけたセゼールをこのように暗に批判しつつ、学生たちは次のように述べる。

フランス政府が一部の国々に国民主権を認めざるをえない時代であればこそ、われわれはわれわれの声を発することが可能だ。ともかく、フォール＝ド＝フランスの出来事と死者は、植民地主義と帝国主義と戦いながら行進するカリブ海地域の熱狂のなかに同じ水準で見出せる、約束に満ち満ちた新しい出発の合図を生み出している(40)。

ここに示される認識にはファノンのそれの反響が見出せる。ファノンのように明確に独立とは言わないが、独立の展望のなかに自分たちの闘争を位置づけていることは読みとれる。

図28　第２回黒人作家芸術家会議でのグリッサンとベヴィル（右）

この会合にはミシェル・レリスやアリウン・ジョップといった知識人にくわえて、アルベール・ベヴィル（一九一五―一九六二）、マルセル・マンヴィル（一九二二―一九九八）、そしてエドゥアール・グリッサンが参加していた。アルベール・ベヴィルはグアドループ出身の混血の作家だ。植民地行政官としてのフランス領アフリカ滞在をつうじてネグリチュードに開眼し、アフリカの植民地秩序に対する批判的認識をふくんだ詩集『通過儀礼』（一九五四年）をポール・ニジェールという筆名で発表した。サンゴールにその詩才を高く評価され『フランス語ニグロ・マダガスカル新詞華集』に掲載された「おれはアフリカを愛さない」などの数編の詩で知られている。事故で急逝するまでに同じ筆名で二作の小説を発表する一方、政治参加の態度を取り続けた。一方、マルセル・マンヴィルは弁護士で、ファノンのマルティニック時代からの古い親友である。フランス領カリブにおける闘争を弁護士として支援し続ける、マルティニック戦後史に欠かせない人物のひとりだ。グリッサンについては次章で詳しく記すことにするが、一九五八年に発表した最初の小説『レザルド川』でルノドー賞（ゴンクール賞と並んで有名な文学賞）を得ることで、この頃にはフランスでは名の知れた作家だった。当時の政治的行動としては一九六〇年九月の「アルジェリア戦争における不服従への権利をめぐる宣言」、通称「一二一人宣言」への署名が知られている。[41]

この会合後、グリッサン、ベヴィル、マンヴィルはAGEM、AGEG、UEGの各団体と合流し、一九六一年四月二二日および二三日に「アンティーユ」（「アンティル」のフランス語読み。ここではマルティニックとグアドループのこと）およびギュイヤンヌ出身のフランス居住者の会議をパリで開催する。この会議をつうじて結成されたのが、「アンティーユ＝ギュイヤンヌ戦線」（FAG）だ。[42] この会議での案内文は事実上FAGの声明文にあたる。ここにその全文を訳出しよう（強調は原文）。

フランスに居住するアンティーユ人およびギュイヤンヌ人への呼びかけ

アンティーユ人と**ギュイヤンヌ人**は、自らの団結と、植民地主義と貧困に対する闘争の渦中にある人民との活発な連帯を表明することを目的とした会議を、ここに初めて開催する。

参集の目的は以下のとおり明確である。
——**アンティーユとギュイヤンヌ**の自治の獲得
——そのために必要な連帯の**組織化**

われわれの人民が弾圧の重みを少しずつ過重に被っているいま、各人がこの作業に参画し、この行動のうちに身を投じるのは責務である。
——**われわれの国々の自治のために**
——**アンティーユとギュイヤンヌの連邦化のために**

一九六一年四月二二日土曜および**二三日日曜**を空けておき、在**フランス**の**アンティーユ人**および**ギュイヤンヌ人**の会議に出席されたし。**パリ**、共和国広場、現代ホテルの講演ホールにて九時から一八時まで。

アンティーユ人およびギュイヤンヌ人全員の団結は正義と尊厳のための闘争への最高の武器となろう。

—アルベール・**ベヴィル**
—エドゥアール・**グリッサン**
—マルセル・**マンヴィル**
—**マリ＝ジョゼフ**

―グアドループ人学生総協会
―マルティニック人学生総協会[43]
―ギュイヤンヌ人学生連合

明記されているとおり、このグループがめざすのは「自治（オートノミー）」である。しかし、ここでいう「自治」とははたしてPPMの掲げるそれと同じなのだろうか。その内実についての踏み込んだ記載は見られないが、ここからはむしろ「独立」のコノテーションが読みとれる。当然のこととして、あえて非合法的な政治組織を作るのには既成政党の路線とは異なる理由がある。むしろここで鍵となるのは連邦化の構想だろう。セゼールが当初掲げていたのはフランスにおける自治権拡大を目ざした連邦化だったが、ここで言われているのはフランス領カリブの連邦化である。フランス領カリブの連邦化構想は、一個の地域ブロックを形成するという意味で、フランスの影響力を相対化することが見込まれる。つまりここでいう「自治」とは「独立」に向けた一段階と読めるのである。

おそらくそれゆえにFAGは結成後に当局にすぐさま危険視され、第五共和政大統領の名のもとに解散の行政命令が下される。「「アンティーユ＝ギュイヤンヌ戦線」と呼ばれるグループの解散に関する一九六一年七月二二日の政令」がそれだ。政令には武装集団および私兵の解散を定めた法律が適用された。基本的には知識人層の集団であるFAGにそうした実力行使の手段があったとは考えにくいが、その思想性においてファノンに近いことはたしかだった。

かれらの実際の行動は思想的工作活動に限られていた。とはいえ、一九六二年に『エスプリ』誌上で実現したアンティーユ特集は、アルベール・ベヴィル、エドゥアール・グリッサン、マルセル・マンヴィルといったFAGの主要メンバーが書き手となり、フランス領カリブの楽観視できない現状を伝える重要な号となった。さらに同年に出版された『プレザンス・アフリケーヌ』の総特集号「アンティーユ、ギュイヤンヌ」もまたFAG、すなわちベヴィルやグリッサンといった知識人、AGEM、AGEG、UEGの共同作業の結果である。すべての記事には誰の署名もないことで思想はよりラジカルかつイデオロギー的に展開された。海外県の植民地状況を告発しつつ、民族意識の形成に向けた扇動的文章からなるこの総特集号は、各地域の民族意識の展開から統一的なカリブ海の政治的・文化的・社会的共同体をめざす内容となっている。そのさい、アンティーユの民族意識の覚醒は、ファノンの分析と同じく、「一九五九年一二月」に位置づけられるとともに、クレオール語を真の表現言語とする立場が打ち出された。こうした過激な内容を展開した「アンティーユ、ギュイヤンヌ」総特集号は、国家安全侵害罪の廉で押収された。この時期、当局による押収や印刷停止処分は頻繁におこなわれたが、そのことは言葉が文字どおり武器であったことをも示している。

図29　押収された『プレザンス・アフリケーヌ』誌フランス領カリブ特集号

フランス領カリブ海の独立運動の系譜のなかでＦＡＧが伝説的に語られる理由は、その思想のラジカリズムの一瞬の凝集に「独立」の潜勢力が秘められていたからにちがいない。

「独立」の時代

一九六一年五月、エドゥアール・グリッサン、アルベール・ベヴィルらがＦＡＧの結成を呼びかけたその一ヶ月後、アルジェリア戦争は最終局面を迎えることになる。ドゴールがＦＬＮとの正式交渉に踏み切ったのだ。ＦＬＮは一九五八年の国民投票のおよそ一週間前の九月一八日に「アルジェリアはフランスではない」としてアルジェリア共和国臨時政府の樹立を宣言していた。エジプト、リビア、パキスタンをはじめとするいくつかの国々がＦＬＮの臨時政府をただちに認めたが、アルジェリアをいまだフランスの一部と考える宗主国としては臨時政府は非合法組織にすぎなかった。一九五八年の国民投票による「フランス共同体」の是非には、フランスによるアルジェリア統治の正統性の是非も賭けられていた点も見逃してはならないだろう。

ところで、一九五八年の国民投票では唯一ギニアだけが宗主国からの独立を選んだと述べた。そのほかの地域は一九六〇年に独立を果たすことになる。いわゆるこの「アフリカの年」に独立したのは一七ヶ国におよぶ。そのうちフランスから独立したのは一四カ国だ。「アフリカの年」の内実は、フランス領アフリカの独立年なのである。こうしてセネガル、コートジボワール、マリ、ニジェール、フランス領カメルーン、マダガスカル、モーリタニア、チャド、トーゴ、中央アフリカ、フランス領コンゴ、ガボン、ダオメ（現ベナン）、オートヴォルタ（現ブルキナファソ）が新興独立国として誕生した。「フランス共同体」がこのようなかたちで解体するのには、もちろんアフリカ側からの働きかけがあったわけだが、それ以上に、「独立」の承認には宗主国の利害があったと考えるべきだろう。一挙にアフリカを手放すというフランスの植民地政策の転換にはドゴール政権の巧妙な計算があったはずである。この点については独立後の問題とからめてのちほど取り上げることにして、ここでは一点、ベルギー領コンゴで起こった悲劇について触れておきたい。そう、パトリス・ルムンバ（一九二五—一九六一）の死に象徴される独立コンゴの悲劇である。(44)

コンゴの独立要求は、隣国のフランス領コンゴが一九五八年に「フランス共同体」として自治領となったことで高まったといわれている。アフリカの民族主義を弱体化させるというドゴールの目論見は、逆説的にもベルギー領コンゴではかえって民族自決の要求を強めることになった。こうして翌五九年に中心都市レオポルドヴィルで大規模な暴動が起こり、ベルギー国王はコンゴに独立を認めることになる。しかし、独立までの準備期間はわずか五ヶ月あまりしかなかった。

一九六〇年六月三〇日、ベルギー領コンゴがコンゴ民主共和国として独立を宣言した。大統領にはジョゼフ・カサブブ（一九一五—一九六九）、首相にはパトリス・ルムンバが就任した。ベルギー国王がコンゴの植民地支配の正当性を強調する演説をおこなったのに対して、ルムンバの演説はコンゴ独立が植民地支配からの解放であり民衆によって導かれた闘争の帰結であることを臆することなくうたうものだった。こうしたルムンバの姿勢は当然ながらベルギー政府の警戒心を抱かせることになる。

さて、七月六日、独立から一週間も経たないうちにレオポルドヴィルでコンゴ軍の反乱が起き

図30　逮捕されたパトリス・ルムンバ

る。独立によって旧植民地軍が国軍に再編されたにもかかわらず、実質的な指導権は依然ベルギー人将校にあることに由来する反乱だった。この反乱に乗じてベルギーは軍事介入をおこない、さらに七月一一日にはコンゴのカタンガ州が分離独立を宣言するという異様な事態へと展開してゆく。

カタンガ州の離反には、国内での政治的統一が図られることなくコンゴが独立したことを背景としている。すなわち、中央集権的な国家を建設しようとするルムンバと、連邦制を主張する地方主義的勢力は対立関係にあった。連邦制を求める大統領のカサブブ、そしてカタンガ州のモイズ・チョンベ（一九一九―一九六九）はルムンバの政敵だった。それだけでない。チョンベによるカタンガ州の分離独立には、巨大な鉱山会社をつうじて巨額の利権を握るイギリス、フランス、ベルギーなどのヨーロッパ諸国の思惑があった。

ルムンバは事態収拾のために国連軍の派遣を要請するが、国連軍はカタンガ州と鉱山会社を保護する態度をとった。そして九月には国連とアメリカの支援を受けてモブツ大佐（一九三〇―一九七七）がクーデターを起こす。のちに再度クーデターを起こしてコンゴをザイールと改名して独裁者となるこの人物は、カサブブと結託して首相ルムンバを逮捕する。ルムンバはその後チョンベのもとに送られて惨殺された。一九六一年一月一七日のことである。こうしてコンゴ民主共和国はルムンバの死とともにわずか半年ほどで事実上崩壊するのである。

「コンゴ動乱」と呼ばれるこの悲劇は、アフリカの国家建設の困難が、資源の利権をめぐる植民地主義的構造や冷戦構造に規定される国際情勢を背景に一挙に露呈した政変であるだけでなく、ルムンバに象徴される民族主義的な政治指導者の理念の苦い挫折を示している。しかし、逆説的であるが、独立コンゴの建設が未完のまま、一個の純化した夢にとどまるということが、ファノンと同様、死後も語られ続ける未来の記憶へとルムンバを高めることになる。ファノンはルムンバの政治的判断の誤りを冷静に分析しつつも、この非運の政治指導者の体現するものをこう語った。

ルムンバは、共和国大統領の座への闘いに破れた。しかし、ルムンバは、コンゴ国民が彼に寄せていた信頼を体現していたがゆえに、また、彼ひとりが自国の威厳に関心を持っているとアフリカ人民は漠然と理解していたがゆえに、コンゴの愛国心とアフリカ民族主義とを、そのことばの最も厳密高貴な意味において表現し続けることができたのである。(「ルムンバの死」『アフリカ革命に向けて』前掲、一八一頁)

この文章が発表された頃(一九六一年二月二〇日)にはファノンにもすでに死期が近づいていた。白血病に蝕まれていたのである。フランス政府とFLNとの直接交渉が始まった頃にはかれは『地に呪われたる者』をほとんど書き上げ、その年の夏にサルトルに序文を依頼する。フランソワ・マスペロ社から刊行されたこの最後の著作を手にしたあと、一九六一年一二月六日、ワシントンの病院で亡くなる。三六歳だった。

アルジェリア戦争の停止と独立を承認するエヴィアン協定がフランス政府とアルジェリア臨時政府とのあいだで結ばれるのは一九六二年三月のことだ。翌月、エヴィアン協定の賛否を問う国民投票がフランスでおこなわれ、九〇％の賛成が集まった。そして七月一日、アルジェリアでの住民投票の結果、独立が確定した。

ファノンは、すでに見たとおり、カリブ海の社会運動に直接かかわることはなかった。しかし、フランス領カリブの若い世代は、アルジェリア戦争をつうじて示されるかれの思想と行動に感化されてきた。FAGの知識人もファノンに強い連帯意識を抱いていたにちがいない。ラファエル・コンフィアンはファノンの当時の影響についてこう語っている。

> 当時マルティニックの針路を象徴していたのはエメ・セゼールではなくフランツ・ファノンである。[……]かれの影響、もっと言えばかれのオーラは、パリとボルドーにいたアンティーユとギュイヤンヌの若い学生たちには著しいものがあり、かれらにとってみれば、ファノンは従うべき例でありモデルになっていた。このために、アンティーユ人と呼ばれる多くの人びとが、たとえばマルティニック人のダニエル・ブックマンやグアドループ人のロラン・テゾロのように、今度はフランス軍から離脱するか軍に編入されるのを拒否するかして（モロッコのウジダに配属された）FLNの国境軍に合流するほどだった。アンティーユは、ヴェトナム、カンボジア、ラオス、チュニジア、そしてフランス語圏ブラック・アフリカに続いてフランス帝国主義の庇護下か

らの解放を可能とした、あの広大な脱植民地化運動に浴さねばならないし、そうすることができるという想いを全員が抱いていたのだ。[45]

コンフィアンのこの言を引き継いであえていうならば、カリブ海の民族主義運動はファノンのアルジェリア戦争へのコミットメントを介して誕生したのであり、その種子をフランス領カリブ海に持ち込んだのは、ファノンの洗礼を受けたラジカルな学生たちだった。一九六二年九月、FAGの政治方針を受け継ぐ地下組織がマルティニックで結成される。「マルティニック反植民地主義青年同盟」、通称OJAMだ。かれらは「一九五九年一二月」を組織の誕生に位置づけ、「マルティニックをマルティニック人の手に」という有名な標語を掲げることになる。しかし、この頃からマルティニックはもはや抗うことのできない状況に追い込まれるようになる。一九六二年四月、FAGの主要メンバーが執筆した『エスプリ』のアンティーユ特集号にはこういう見出しがつけられていたのだった。

「アンティーユ、手遅れになる前に」。

注

(1) 本節における仏領西アフリカおよび仏領赤道アフリカの政治史をめぐる記述は主に以下に拠っている。小田英郎『アフリカ現代史Ⅲ』(山川出版社、一九八六年)、中村弘光『アフリカ現代史Ⅳ』(山川出版社、一九八二年）、宮本正興、松田素二編『新書アフリカ史』（講談社現代新書、一九九七年）。あわせて以下も参照。平野千果子『フランス植民地主義の歴史』（人文書院、二〇〇二年）、Yves Benot, *Les députés africains au Palais Bourbon : de 1914 à 1958*, Paris, Éditions Chaka, 1989 ; Claude Liauzu (ed.), *Dictionnaire de la colonisation française*, Paris, Larousse, 2007.

（2）シャルル＝ロベール・アージュロン『アルジェリア近現代史』私市正年、中島節子訳、白水社文庫クセジュ、二〇〇二年。マダガスカルの蜂起と弾圧（次段落）については以下を参照。Yves Benot, *Massacres coloniaux 1944-1950 : la IVe République et la mise au pas des colonies françaises*, Paris, La Découverte, 2001.

（3）カテブの証言については、Kateb Yacine, *Le Poète comme un boxeur : entretiens 1958-1989*, Paris, Seuil, 1994に収められた、冒頭の自伝的インタビューを参照。

（4）本節におけるフランスの政治状況をめぐる記述は以下を参照。河野健二『フランス現代史』（山川出版社、一九七七年）、海原峻『フランス共産党史』（現代の理論社、一九六七年）、同『フランス現代史』（平凡社、一九七四年）、同『フランス社会党小史』（新泉社、一九七九年）、服部春彦、谷川稔編著『フランス近代史』（ミネルヴァ書房、一九九三年）。

（5）フランス共産党が対ヴェトナム軍事予算案に反対するのは、政権離脱の二ヶ月前にあたる一九四七年三月のことである。

（6）Léopold Sédar Senghor, «Défense de l'Afrique noire», in *Esprit*, juillet 1945, pp. 237-248.『エスプリ』誌電子版参照。なお同論文で展開される西洋近代文明批判では、レオ・フロベニウスの『アフリカ文明史』のみならず、イタリアの社会主義者アルトゥーロ・ラブリオーラ（一八七三―一九五九）の『文明の黄昏――西洋と有色の民』（フランス語版一九三六年）が援用されている。

（7）Philippe Verdin, *Alioune Diop, le Socrate noir*, Paris, Lethielleux, 2010, p. 129.

（8）Alioune Diop, «*Niam n'goura* ou les raisons d'être de *Présence Africaine*», *Présence Africaine*, n°1, nov.-déc.1947, réédition, Paris, Présence Africaine, 1997, p. 7.

（9） Jean-Paul Sartre, «Présence noire», *Présence Africaine*, n°1, *op. cit.*, p. 29.

（10） 拙著『フランス語圏カリブ海文学小史』（風響社、二〇一一年）参照。

（11） この場合の「クレオール的」とは、日本の言説で流通している意味に限られる。日本では「クレオール」は文明論的、世界史的観点から捉えられるので、クレオール語の問題は捨象される傾向にある。なおミシェル・レリスは、クレオール語には両義的だった。民衆文化の表現手段としての、話しことばのクレオール語をカリブ海文化の基層をなす言語と捉えながらも、クレオール語で文学を書くことには否定的であり、「標準語」教育をつうじて消えてゆく「方言」のように見なしていた。このような見方をどう捉えるべきかは微妙なところだが、この時代のカリブ海の作家たちがフランス語で書き、ジルベール・グラシアンをのぞけば、クレオール語で書くことはまずなかったという経緯は軽視できない。レリスにとってカリブ海出身の最大の詩人はエメ・セゼールである。レリスはフランス語で書かれたセゼールの文学のうちに具体（歴史的状況に規定される文学のあり方）と普遍（歴史を超える文学）の双方を認めていた（「エメ・セゼールとは何者か？」『獣道』後藤辰男訳、思潮社、一九八六年［新装版］）。

（12） Ernest Moutoussamy, *Aimé Césaire : Député à l'Assemblée nationale 1945-1993*, Paris, L'Harmattan, 1993, p. 35.

（13） この時代のマルティニックの事件・出来事（「一九四八年カルベ」「バス＝ポワント一六人事件」等）については以下を参照。Armand Nicolas, *Histoire de la Martinique : De 1939 à 1971*, tome 3, Paris, L'Harmattan, 1998 ; *Les Cahiers du Patorimoine n°27*, numéro intitulé «Révoltes et luttes sociales en Martinique», Fort-de-France, Musée Régional d'Hsiotire et d'Ethnographie de Martinique, 2009 ; Edouard de Lépine, «Le parti communiste et le mouvement ouvrier à la Martinique de 1945 à nos jours», *Historial antillais*, tome 6, Pointe-à-Pitre, Éditions Dahani, 1981, pp. 181-295.

（14） Aimé Césaire, «Pour un gréviste assassiné», *Présence Africaine*, nouvelle série, n°1-2, avril-juillet 1955, pp. 120-121.

(15) この事件についてカミーユ・モデュシェ監督のきわめて充実したドキュメンタリー映画『バス＝ポワント一六人事件』(Les 16 de Basse-Pointe, 2008) がある。

(16) 以上、Michel Leiris, *Contacts de civilisations en Martinique et en Guadeloupe*, Paris, Unesco/Gallimard, 1955, pp. 31-32 より引用。

(17) Thomas Hale, «Les écrits d'Aimé Césaire : Bibliographie commentée», *Études françaises*, vol 14, n° 3-4, 1978, p. 301.

(18) 先述の「殺されたスト労働者のために」もそうした詩の一篇である。なおセゼールの死後、セゼール愛好家が共産主義時代のかれの詩七篇および散文一篇を収録した限定九四部の稀覯本を出版している（部数は詩人の享年に合わせている）。参考までに書誌情報を記そう。Aimé Césaire, *Sept poèmes reniés 1948-1950*, David Alliot & Succession Aimé Césaire, 2010.

(19) 以下の記述はセゼールの死後に出版されたロミュアルド・フォンクーアの評伝『エメ・セゼール』（二〇一〇年）に依拠している。Romuald Fonkoua, *Aimé Césaire*, Paris, Perrin, 2010. 著者フォンクーアはフランス語圏カリブ・アフリカ文学で近年活躍が著しい研究者であり、現在『プレザンス・アフリケーヌ』誌の編集責任を務める。

(20) Aimé Césaire, «Victor Schœlcher et l'abolition de l'esclavage», in Victor Schœlcher, *Esclavage et colonisation*, Paris, PUF, pp. 1-28. 同文は第二章で言及した「ヴィクトル・シェルシェール讃」(『トロピック』所収) に基づいている。

(21) Aimé Césaire, *Le discours sur le colonialisme*, Paris, Réclame, 1950 pp. 7-8. なお訳文はプレザンス・アフリケーヌ社版を定本とする砂野訳「植民地主義論」『帰郷ノート／植民地主義論』（平凡社ライブラリー、二〇〇四年）を借用しつつ、レクラム社版の原文に合わせて訳を補った。

(22) *Ibid.*, pp. 60-61. 同書一九八―一九九頁。この箇所はレクラム社版およびプレザンス・アフリケーヌ社版の異同はない。

(23) Daniel Gérin, *Les Antilles décolonisées*, avec une introduction d'Aimé Césaire, Paris, Présence Africaine, 1986, p. 157.

(24) *Ibid.*, pp. 161-162.

(25) Alioune Diop, «Discours d'ouverture», in *Présence Africaine*, numéro spécial intitulé «Le Premier Congrès International des Écrivains et Artistes Noirs», nouvelle série, n°8-9-19, juin-nov.1956, p. 9.

(26) cité par Charles Diané, *La FEANF et les grandes heures du mouvement syndical étudiant noir*, Paris, Éditions Chaka, p. 35.

(27) ファノンの伝記的記述については以下を参照。海老坂武『フランツ・ファノン』みすず書房、二〇〇六年；David Macey, *Frantz Fanon, une vie*, traduit de l'anglais par Christophe Jaquet et Marc Saint-Upéry, Paris, La Découverte, 2011.

(28) Frantz Fanon, «La Socialthérapie dans un service d'hommes muslmans», en collaboration avec J. Azoulay, *L'Information psychiatrique*, volume 51, n°10, décembre 1975, pp. 1095-1106.

(29) 本橋哲也『ポストコロニアリズム』岩波新書、二〇〇五年、六〇頁。ボーヴォワールは『或る戦後』下巻（朝吹登水子、二宮フサ訳、紀伊國屋書店、一九六五年）で「政治的指導者は、すべて同時に精神病医であるべきだ」（三二四頁）というファノンの言葉を証言している。

(30) Frantz Fanon, «L'Hospitalisation de jour en psychiatrie, valeur et limites», en collaboration avec C. Geronimi, *L'Information psychiatrique*, volume 51, n°10, *op. cit.*, pp. 1123.

(31) cité par Marie-Hélène Léotin, *Habiter le monde : Martinique 1946-2006*, Ibis Rouge Éditions, 2008, p. 38.

(32) ファノンの民族主義思想は、FLNのプロパガンダ的性格をもつ『アルジェリア革命第五年（邦題『革命の社会学』）』（前掲）の序によく示されている。なお本書の抜粋を掲載した『レ・タン・モデルヌ』一九五九年五月・六月合併号はFLN寄りの文章を掲載した廉で当局に押収された。

(33) 尾崎文太「エメ・セゼールの戯曲作品と政治思想——一九四〇年代から一九六〇年代まで」一橋大学大

学院言語社会研究科提出博士論文、二〇〇八年、一〇七頁。

（34）Ari Gounongbé et Lilyan Kesteloot, *Les grandes figures de la Négrtiude : Paroles Privées*, Paris, L'Harmattan, 2007.

（35）Aimé Césaire, «L'homme de culture et ses résponsabilités», in *Présence Africaine*, numéro spécial intitulé «Le Deuxième Congrès des Écrivains et Artistes Noirs», nouvelle série, n°24-25, fév-mai.1959, pp. 116-122. ところで一九五八年の国民投票に対して当初は「否」を呼びかけようとしていたセゼールとは異なり、ギニア民主党（ＰＤＧ）を率いるセク・トゥーレは当初は「諾」に呼びかけるつもりだった。一九五八年八月の段階では、「否」を求めるＦＥＡＮＦの代表団に対してトゥーレは「きみたちはマルクス主義者だ。私は、いまの状況では改良主義者であらねばならない、というのも、間違いなく大衆は武器をとることはないからだ」と言い、「ギニア人に対して「諾」に投じるよう呼びかけるつもりだ」と述べている。「独立」の選択によってどれほどまでに重い代償を支払うことになるのかをトゥーレは重々承知していたのである。cité par Charles Diané, *La FEANF et les grandes heures du mouvement syndical étudiant noir*, *op. cit.*, p. 128.

（36）cité par André Lucrèce, *Frantz Fanon et les Antilles : L'empreinte d'une pensée*, Fort-de-France, Le teneur, p. 92.

（37）「一九五九年一二月事件」についてはこの事件の五〇周年を機に出版された以下の研究書に拠っている。Louis-Georges Placide, *Les émeutes de décembre 1959 en Martinique : Un repère historique*, Paris, L'Harmattan, 2009. また次も参照。Richard Château-Degat et Louis-Georges Placide, «Les émeutes de décembre 1959 : un tournant historique», *Les Cahiers du patrimoine*, numéro intitulé «Révoltes et luttes sociales en Martinique», n°27, nov. 2009, pp. 104-119.

（38）ただしマルティニックの国家公務員は、このプラス四〇％の僻地手当の著しい格差に憤慨し、一九五三年に三週間のストライキを決行し、同じ手当を獲得した。

（39）マルティニックの学生運動については以下を参照。Julien Valère Loza, *Les étudiants martiniquais en France : Histoire de leur organisaton et de leurs luttes*, tome I, Fort-de-France, Éditions 2 M, 2004.

（40）cité par Julien Valère Loza, *Les étudiants martiniquais en France*, *op. cit.*, p. 82.

（41）「一二一人宣言」は対アルジェリア戦争に抗議する知識人の一連の行動のなかに位置づけられる。たとえば、サルトルはアルジェリアの民族主義を支持する立場を早くからとり、一九五六年の「アルジェリアの平和のために」集会の報告の記録「植民地主義はひとつの体制である」をはじめとして『レ・タン・モデルヌ』誌上にアルジェリア戦争をめぐる、とりわけフランス植民地主義を批判する文章を発表した（『シチュアシオンV』白井健三郎ほか訳、人文書院、一九六五年）。サルトルの盟友フランシス・ジャンソン（一九二二—二〇〇九）は、一九五七年以降、FLNを財政的に支援しフランスへの密入国のための偽造文書などを運ぶジャンソン網を組織し、地下工作をとおしてアルジェリア独立を支持した。一九六〇年九月五日、ジャンソンは逮捕され、裁判にかけられるのだが、その翌日に発表されたのが「一二一人宣言」だった。文芸批評家モーリス・ブランショ（一九〇七—二〇〇三）を中心に「匿名的」に作成されたこの宣言にはサルトル、ブルトン、レリスなど本書で言及してきた著名人のほか、フランス二〇世紀文学の代表的な作家（デュラス、ビュトール、ロブ＝グリエ、サガン、クロード・シモン）、芸術家（ピエール・ブーレーズ、ギイ・ドゥボール）、出版人（フランソワ・マスペロ、ジェローム・ランドン）といった多彩な面々が見出せる。「一二一人宣言」の翻訳は『ブランショ政治論集一九五八—一九九三』（安原伸一郎、西山雄二、郷原佳以訳、月曜社、二〇〇五年）に収められており、この宣言が発表された経緯や意義については訳者解説に詳しい。

（42）「自治のためのアンティーユ＝ギュイヤンヌ戦線」（FAGA）とも呼ばれる。

（43）cité par Julien Valère Loza, *Les étudiants martiniquais en France*, *op. cit.*, p. 111.

（44）コンゴ動乱については、前掲の小田英郎『アフリカ現代史Ⅲ』、宮本正興、松田素二編『新書アフリカ史』を参照。キャサリン・ホスキンズ『コンゴ独立史』（土屋哲訳、みすず書房、一九六六年）はおそらくいまもなお日本語で読めるもっとも詳しいドキュメントである。

（45）Raphaël Confiant, *Aimé Césaire : Une traversée paradoxale du siècle*, Paris, Écriture, 2006, p. 203.

第四章　「成功した植民地支配」

1　植民地主義の新たな段階

植民地政策としての植民地放棄

「独立」。それは植民地の民族主義者にとって勝ちとるべき希望だった。一九六〇年、フランス領のアフリカの多くの地域は「独立」を果たし、一九六二年、フランスはついに最大の植民地アルジェリアを放棄した。新しい国々は、宗主国の経済的・政治的支配から脱して「国民」とともに新しい共同体を自分たちの手で建設するはずだった。少なくとも、民族主義者は、闘争の最中に命を落とした者も生き残った者も、民族自決を夢見ていたはずだ。

一般に、脱植民地化運動は「独立」をもって完了とされる。しかし、植民地の問題は決して「独立」でもって完全に清算されたわけではないことを、「アフリカ独立運動の父」と呼ばれるガーナ初代大統領クワメ・ンクルマ（一九〇九―一九七二）は「新植民地主義」という用語でもって喝破した。

新植民地主義の本質とは、新植民地主義に従属する国家が理論的には独立しており、インターナショナルな次元では主権国家のバッジをひとつ残らずつけているということだ。ところが実際は、その国家の経済、したがってその政策は、外部から操られているのである。(1)

この有名な一文をふくむ『新植民地主義』の原書が出版されたのは一九六五年である。ンクルマの認識では、主権国家であるのはあくまで見かけに過ぎず、植民地支配はかたちを変えて継続していた。

独立国は、国家間のパワーポリティクスのなかに投げ込まれる以上、支配は旧宗主国によるとはかぎらない。冷戦構造を背景にした大国の政治支配も、資源を独占するかたちでの「先進諸国」の大企業や多国籍企業の経済支配もあるだろう。新植民地主義の支配は、その意味でより複雑化している。

ただし、旧フランス領アフリカの新たな植民地主義にかんしては、宗主国の関与が強いという印象を受ける。「独立」後のアフリカを「新植民地主義下の独立」と捉えてその諸問題を多角的に検討したイヴ・ベノ（一九二〇―二〇〇五）の『自立するアフリカ』（新評論、一九八一年〔原著一九七五年〕）のなかで訳者の片岡幸彦は、フランスの対アフリカ政策についてこう書いていた。

フランスは自国の経済を支え、自国に圧倒的に有利なアフリカ諸国との経済関係を維持するために、またあわよくばその利益を拡大するためにあらゆる方策をとっている。〔……〕「援助と協力」の名のもとに多数の官僚、技術者、教育者をアフリカに送り、フランスへの同化政策をすすめている。今日のアフリカとの関係にいささかでも亀裂が生じないように、アフリカのどんな変化も見逃さない。政情不安は禁物である。必要とあれば武力によってでもその芽をつみとらねばならない。フランスはごく一部を除いて旧フランス領アフリカ諸国と相互防衛協定を締結して、これらの国に軍事協定をもつほか、有事の際には優秀なパラシュート部隊を現地に派遣している。（同書一七頁）

このようにフランスのアフリカ諸国に対する政策に着目するとき、じつは、フランスにとって植民地に対する「独立」の承認もまた、対植民地政策の一環であったのではないかとさえ思えてくる。植民地が政治的にも経済的にも宗主国に従属する土地であることはすでに見てきたとおりだが、結局のところ、経済的実権を握ってさえいれば従属関係の維持は十分であると、フランスの権力機構の人間たちは判断したのではないか。そのように捉えるならば、フランス植民地帝国はアルジェリア独立をもって崩壊したわけではなく、今度はより巧妙に旧植民地の中枢を支配してきたという推測が成り立つ。つまり、アフリカの独立年と呼ばれる一九六〇年は、植民地主義の敗北ではなく、植民地主義の戦略転換を意味していたのではないか。

筆者はある機会に旧フランス領アフリカの独立の式典を撮影した記録映像を見た（アフリカ独立

五〇周年を記念して二〇一〇年秋にパリのケ・ブランリ美術館のアフリカ映画上映会の機だ)。ダオメ(現ベナン)、ニジェール、オートヴォルタ(現ブルキナファソ)、コートジボワールの独立式典にはフランス代表としてドゴール政権の国務大臣ルイ・ジャキノ(一八九七―一九九三)が後見人のように列席し、新興国家の各大統領は宗主国に対する敬意を表明する演説をおこなうのだった。植民地支配を批判して愛国心を鼓舞した独立コンゴの首相パトリス・ルムンバの演説とは対照的であり、まるでアフリカの新たな指導者たちは宗主国フランスとの関係を断ち切ることなく維持できると思っていたかのようだ。

コートジボワールの大統領フェリックス・ウフェ=ボワニはその代表格である。かれは「独立」よりもフランス領西アフリカ(AOF)の一部としてコートジボワールが自治領に留まることを望んでいた。フランスとアフリカとの緊密な関係を望んだウフェ=ボワニは「フランス=アフリカ」(France-Afrique)という表現を用いたことでも知られるが、ウフェ=ボワニの希望は、新植民地主義を基盤にした「フランサフリック」(Francafirique)として「独立」後に実現することになる。

「フランサフリック」とは飢餓の撲滅を目指したNGO組織「シュルヴィ(生存)」の代表を務めたフランソワ・グサヴィエ=ヴェルシャヴ(一九四五―二〇〇五)の造語である。この語はフランスとアフリカの不即不離の関係のみならず、アフリカがフランスに富をもたらすという意味で「金持ちアフリカ《フランサフリック》」(France à fric)とかけている。グサヴィエ=ヴェルシャヴは同名の書(『フランサフリック』大野英士、高橋武智訳、緑風出版、二〇〇三年〔原著一九九八年〕)において、先ほど引用した片岡幸彦の説明にあるような、アフリカ新生国家に対するフランスの経済支配が、第二次世界大戦後、圧倒的な影響力を誇ったドゴールの国家戦略と人脈に由来することを明らかにするとともに、その戦略と人脈が作り出す組織網がアフリカに対する影の支配をいかに確立してきたかを暴き出した。この組織網を実質的に作ったドゴール派の政治家ジャック・フォカール（一九一三―一九九七）は、アフリカ問題の影のフィクサーとして、「独立」後のフランス領アフリカの実権を握り、フランスの権益に反する人間たちを次々と闇に葬っていったのだった。しかもフォカールの組織網はフランソワ・ミッテランに引き継がれ、その後も、少なくともジャック・シラクやニコラ・サルコジという近年の歴代フランス大統領まで脈々と続いてきた。

二〇一〇年に製作されたドキュメンタリー『フランサフリック』（パトリック・バンケ監督作品、日本未公開）が明かすところでは、経済面では、とりわけ石油利権の確保がドゴール政権下フランスにとって重要だった。一九六二年に石油産出地アルジェリアを失う一方、フランスへの新たな石油供給地として注目されたのが大量の資源を埋蔵するガボンなどのフランス領アフリカである。こうしてフランス資本の石油会社エルフが中心となって油田が開発され、その利益が「フランサフリック」の組織網をつうじてフランスの政界に流れ込む闇の制度が確立したという。

図31　ドキュメンタリー『フランサフリック』

　フランス新植民地主義を考えるさい、原理的に考えるべきは資本主義と植民地支配との関係だろう。レーニンの古典『帝国主義論』(角田安正訳、光文社古典新訳文庫、二〇〇六年〔原著一九一七年〕)は、帝国主義を資本主義の最高段階として、すなわち経済を支配する巨大企業による独占団体が原材料をもとめて植民地獲得に乗り出す段階と位置づけた。ンクルマの『新植民地主義』もレーニンの帝国主義論を踏まえて新植民地主義という現象こそ資本主義の最高段階だと捉えている。

ただし、フランス帝国主義の展開を考える場合には少なくとも事情は異なってくる。フランスの経済史家ジャック・マルセイユは主著『植民地帝国とフランス資本主義』(一九八四年)において帝国主義のレーニン的理解に反駁している(2)。マルセイユによれば、たしかに第三共和政期、すなわちフランスが帝国主義的拡張をおこないはじめた一九世紀以降、右派も左派も「文明化の使命」や経済的功利主義の発想のもとに植民地経営を肯定してきた。しかし、当初はフランスに富をもたらしてきた植民地経営も、一九三〇年代以降、フランス資本主義を発展させるどころか、かえって重荷になっていった。それはとくに一九五〇年代の脱植民地化運動期に疑問視されるようになる。フランスの官僚でのちに銀行家として知られるピエール・ムゥサ(一九二二年生)は、一九五六年、オランダがインドシナ植民地を失ったことでかえって経済的に発展した事態を「オランダ・コンプレックス」と名づけた。同年、雑誌記者のレイモン・カルティエ(一九〇四―一九七五)もまた、のちに「カルティエ主義」と呼ばれる、植民地市場の維持がフランスの財政を逼迫しているという考えを『パリ・マッチ』誌上で展開した。フランス実業界が脱植民地化を支持するなかで「アルジェリアはわれわれに高くついている」、「脱植民地化はわれわれの利害であり、したがって、われわれの政策である」と述べたのはドゴールにほかならない（一九六一年四月一一日の記者会見）(3)。すなわち、一九五〇年代後半、フランスの植民地経営の破綻と民族主義の勃興とのあいだには、奇妙な言い方になるが、「利害の一致」のようなものがあった。フランスの経済的功利主義の精神は植民地の維持ではなく脱植民地化の推進を求めたのだった。奴隷制が資本主義の要請で生まれ、やがて経済的不合理性から廃止されたように、植民地もまた、資本主義の発展のために必要とされ、同じく資本主義の発展を阻害するようになると放棄されるのだ。

ところで、言うまでもないかもしれないが、こうした国家の植民地放棄の政策と、アルジェリア戦争下の軍隊・警察組織によるアルジェリア系住民への拷問や弾圧とは、別に矛盾することではない。ドゴールが脱植民地化推進の方針を述べた一九六一年には、前章の終わりでも触れたとおり、ドゴール政権はＦＬＮと和平交渉を始めていた。しかし、政権内には和平交渉に反対する勢力もいた。そのなかの一人であるパリのセーヌ警察署長モーリス・パポン（一九一〇―二〇〇七）は、一九六一年一〇月五日、パリおよび郊外のアルジェリア系住民に対して夜間外出禁止令を発令した。パリのアルジェリア系住民の大半はＦＬＮを支持し、なかにはＦＬＮに資金提供をする人びともいたことを知っていたからである。戦争継続派にとっては、フランス国内でもアルジェリア戦争を遂行しなければならなかった。こうして一〇月一七日、ＦＬＮの呼びかけのもとでおこなわれたデモ行進に対して、当局は激しい弾圧を加えた。結果、セーヌ河に数十人もの人が投げ込まれ、溺死したという。「一九六一年一〇月一七日」の死者数は軍事機密となっており正確には把握されていない。この事件についてカテブ・ヤシンはこの弾圧を黙認する「フランス人民」を批判する次の詩を書いた。

フランス人民よ　きみはぜんぶ見た
その目でぜんぶ見たんだ
きみは見た　われわれの血が流れるのを
きみは見た　警察が
行進する者たちを殴り倒し
セーヌ河に投げ込むのを
赤く染まったセーヌ河は
何日も何日も
吐きつづけた
コミューンの人民の顔に
この殉教した肢体たちを
パリ市民は想起しないのか
自分たちの革命を
自分たちの抵抗を
フランス人民よ　きみはぜんぶ見た
その目でぜんぶ見たんだ、

さあ話すのか？
さあ黙るのか？(4)

フランスの軍隊・警察が民族主義運動に対する弾圧を強める一方で、植民地の放棄という政策もまた推し進められていたことにあらためて注意を喚起したい。植民地放棄は植民地政策の転換にすぎない。植民地支配の終焉は新植民地主義の始まりを告げていたのである。

弾圧のクロニクル一九五九―一九六二

フランスのこのような植民地政策の劇的転換のなかで、フランス領カリブはしかしながら海外県として維持されることになる。なぜか。考えられる理由がいくつかある。ひとつは、カリブ海地域が地政学的に重要な軍事拠点であるということである。つぎに、金鉱があるギュイヤンヌを別にすれば、これらの島々には天然資源はないものの、島を領有することで、フランスは排他的経済水域をより広く獲得することができる（繰り返しになるが、海外県や海外領土を有するフランスは、排他的経済水域においてアメリカに次ぐ世界第二位である）。加えて、増加の一途をたどる島の人口は、フランス本土の新たな労働力になるとも見込まれていたとも考えられる。このことと関連して、フランス領カリブではアフリカに比べて住民の同化の度合いが進んでいるという点も重要だろう。「古い植民地」であるマルティニックやグアドループは「文明化の使命」によって啓蒙された「優等生」である。その意味で海外県とは、植民地帝国を築いたフランスの歴史の勲章であるのかもしれない。一見ありえないような理由だが、フランスの国家心性のうちには、案外このような非合理的な欲望が働いているとも思えなくもない。

いずれにしても、マルティニックとグアドループの脱植民地化運動はアフリカに遅れをとりながら一九五九年以降に本格化していった。前章で見たように、学生をふくむ当時の知識人層は、アルジェリア戦争をつうじて暴力革命の理論家となったファノンに続くかたちで、フランス領カリブの民族主義運動に参画した。しかしＦＡＧ（アンティーユ＝ギュイヤンヌ戦線）の強制解散に見られるように、民族主義を高揚させる運動は次々と弾圧を被ることになる。

事実「一九五九年一二月」から後述する「ＯＪＡＭ事件」まで当局の弾圧の事例は枚挙にいとまがない。ここではその「弾圧のクロニクル」（マルセル・マンヴィル）のうち、主だったものをいくつか挙げたい(5)。

一九六〇年一〇月一五日の行政命令《オルドナンス》。これはアルジェリア戦争継続派だった当時の首相ミシェル・ドゥブレ（一九一二―一九六六）が発布したもので、「公序を乱す」振る舞いをおこなった海外県の公務員（とりわけ現地出身の公務員）をフランス本土へ強制的に送ることを定めた命令である。これによりマルティニックでは三人、グアドループでは九人の現地公務員がフランス本土に追放された。また、この行令命令と前後するが、一九五六年からマルティニックの教育行政の責任者としてこの島に赴任していたフランス人アラン・プレネルも、「一九五九年一二月」におけるマラジョの死に対して植民地秩序を批判する発言をおこなったことから、一九六〇年一月にフランス本土に呼び戻され、マルティニック渡航を禁じられることになった。

一九六一年三月、ラマンタン住民三人の射殺。事件の発端はストライキだった。三月二四日、デモ行進の最中に二人が捕まり、その解放を求めてラマンタンのスト中の労働者たちが一斉に中心街に集まった。同日の夕方、ジープに乗った島の有力ベケであるロジェ・オベリーが労働者たちを挑発した。かれらの怒りを買ったオベリーは身の危険を感じて近くの本土人の屋敷に避難した。その後、ラマンタン市長ジョルジュ・グラシアン（一九〇七―一九九二）により二人の解放が告げられるものの、かれらはいっこうに戻ってこない。仲間の解放を待つ労働者たちの前に現われたのは、オベリー救出に向かう六〇人の憲兵隊だった。一二〇〇人以上におよぶ群衆にめがけて憲兵隊が発砲し、三人が死亡（一人はお針子、二人はラマンタンの「ロッシュ・カレ（四角岩）」で働くサトウキビ労働者）、二五人が負傷した。

覚えておられる方もいると思うが、ジョルジュ・グラシアンはエメ・セゼールらとともに『トロピック』の同人として活躍した人物である（第二章第三節参照）。グラシアンはこの三人の葬儀にさいし「三つの墓石に」という詩的な追悼演説をおこなった。以下に引用する箇所で、この詩人兼政治家は、二四歳で死んだ敬虔なお針子シュザンヌが天国で神様に報告するという形式でラマンタンの惨劇をかの女に語らせている。

きみは神様にいうだろう、フランス人はここではゲシュタポを組織して、法の名のもとで、公安の名のもとで、治安の名のもとで、フランスの名のもとで、フランスからやって来る秩序の名のもとで、背後から撃つことを［……］

それから、このように続ける。

いつの日かきみたちの殉死を平和と理性と自由のうちに讃えるのを知る、無数の腕が芽生えるよう、きみたちの血はこの街の土を肥沃にしたのだと、知っておくれ。

きみたちの名前は一九〇〇年のフランソワ、四八年のカルベの犠牲者の名前と輝かしく合流する［……］[6]

最初の文章では、かれら・かの女たちの犠牲が未来を耕すことを、次の文章では先行するマルティニックのストライキの犠牲者に一九六一年ラマンタンの犠牲者を結びつけている。つまり、犠牲者に代表されるこの現在の出来事を、線的な時間意識のなかに置くことで、弾圧に抗する異議申し立ての歴史意識が、これらの言葉のなかから立ち現われるような狙いをもった演説であると言えるだろう。グラシアンにはその後この演説でもってフランス軍を侮辱した廉で執行猶予付きで懲役三ヶ月と罰金が言い渡されることになる。

一九六一年九月、エドゥアール・グリッサンのグアドループからの強制退去。内相の指示を受けたグアドループの副知事によってグリッサンは島から追放された。解散後もFAGに対する監視と弾圧は続けられた。グリッサンにかんしては、一九六二年一月、アフリカ文化協会の集会に参加するためにラゴス（ナイジェリア）へ渡航しようとしていたところをアフリカへの入口であるマルセイユの港で捕まり、パリに強制送還されている。弁護士のマルセル・マンヴィルも同月に同じくアフリカへの出港を禁じられパリに強制送還された。ＦＡＧの中心人物のひとりアルベール・ベヴィルにいたっては、かれが上級国家公務員であったことから、セネガル政府の周辺へ派遣されて思想教育を強制的に受けさせられたという。

ポワン＝タ＝ピトル（グアドループ）では、一九六一年八月にバスケットボールの試合が知事の手で中止された。フランスに留学中で夏休みに帰省していたある選手が、ＦＡＧの元メンバーだったからというのがその口実である。

このように、ＦＡＧの関係者はこの当時、カリブ海の脱植民地化運動の工作者として当局から危険視されていた。グリッサン、ベヴィル、マンヴィルといった知識人はもちろんのこと、バスケットボールの試合中止のように当局の監視は学生にまでおよんでいた。いや、真に危険視されていたのはむしろ運動の主体となりうる学生たちの方だったかもしれない。一九六二年一月、グアドループとマルティニックの学生が発刊していた月刊機関誌『マトゥーバ』が国家安全浸害罪で発禁処分を受けた。ＡＧＥＧ（グアドループ人学生総

図32　グラシアン『３つの墓石に』。表紙には「本冊子の売上金はすべて1961年３月24日の犠牲者遺族に支払われる」と記されている。

協会）とAGEM（マルティニック人学生総協会）という、ともにFAGの母体となった学生グループによるこの雑誌の表紙には、同じく国家安全浸害罪に問われていたファノンの『地に呪われたる者』（鈴木道彦、浦野衣子訳、みすず書房、一九六九年［原書一九六一年］）の印象的な言葉が引かれている（本書の文脈に合わせて語句を若干変更した）。

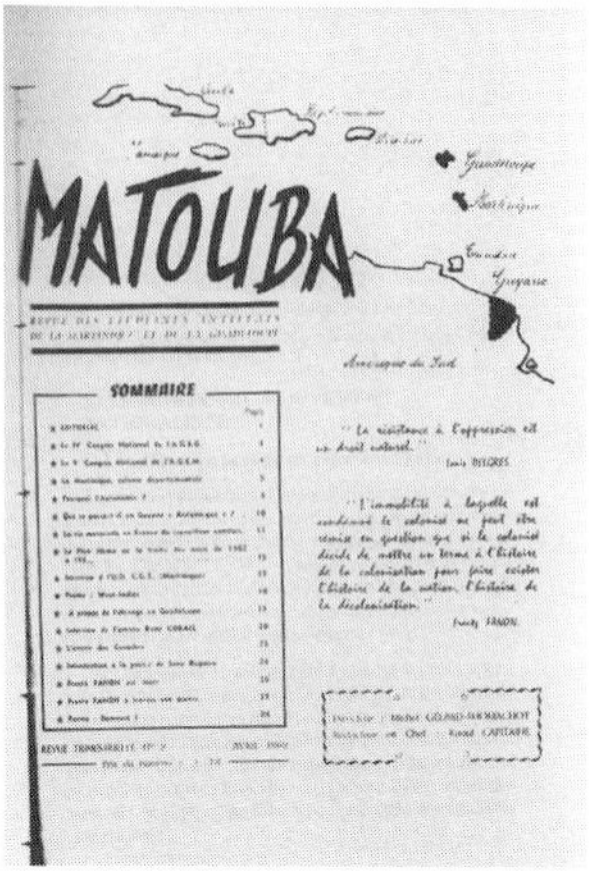

図33 『マトゥーバ』誌表紙

植民地住民はまったく動かないものと決めつけられており、それが疑問視されるためには、植民地住民が植民地支配の歴史に終止符をうち、国民の歴史、脱植民地化の歴史を出現させるべく決意を固めるときを待たねばならない。（『地に呪われたる者』三二一—三二二頁）[7]

この文章とあわせて引かれているのが、「抑圧に対する抵抗は生得の権利だ」という、一八〇二年、奴隷制復活に抗してグアドループでナポレオン軍と闘った混血の軍人ルイ・デルグレスの言葉である。雑誌名「マトゥーバ」はフランス軍に追いつめられたデルグレスが最後に立て篭もり爆死を遂げた要塞の名からとられている。忘れ去られたデルグレスを、トゥサン・ルーヴェルチュールとともに「闇の英雄」として詩において讃えたのはグリッサンだったが、AGEGおよびAGEM

の学生によるデルグレスへの参照は、フランス領カリブの民族主義的な歴史意識の形成の意思を表わしていた。

「アンティーユ、手遅れになる前に」

一九五九年以降、当局の弾圧・抑圧がこのように強まるなかで、グリッサン、ベヴィル、マンヴィルら旧FAGメンバーは『エスプリ』誌一九六二年四月号で「アンティーユ、手遅れになる前に」という特集号を組んだ。

何が手遅れになるのか。グリッサンやベヴィルには、アンティーユ（マルティニックとグアドループ）が政治、経済、文化、社会といったあらゆる面でフランスに全的に依存・従属するのではないかという強い危機感があった。そのことを端的に表わしているのが、ベヴィルがポール・ニジェール名義で書いた論考の題名「同化、植民地主義の最高形態」である。

改めて繰り返せば、「共和主義」とは「同化」の論理であり、政治的な同化主義は、たんに宗主国の共和主義者からだけでなく、植民地の政治家の側から求められるようになる、ある種必然的な歴史的経緯があったことは第二章で詳しく見たとおりである。しかし、政治的な同化主義がフランスの県となることで達成されたものの、結局は、宗主国と植民地との従属関係のなかでは、「同化」それ自体が経済的・政治的平等としては決して達成されない巧妙な政策であったことも第三章で確認した。

この問題の根は深い。FAGの時代、かれらが政治的に標榜していたのは「独立」ではなく「自治」だった。だが、その内実がかぎりなく「独立」に近いという意味で、ＦＡＧをフランス領カリブの最初の独立派と捉えるならば、そのＦＡＧにとって、最大の問題は「同化」をいかに克服するかということだった。

「文化と植民地支配」と題された論考で、グリッサンは「同化」の政治をきわめて辛辣に批判する。

> 一八四八年の奴隷制廃止後、解放闘争は**市民権**あるいは権利の平等を求める闘争に代わった。[……]これ以後、この点ではある種のフィナーレをなしている一九四六年の法にいたるまで、アンティーユの人間は、まやかしの平等を手に入れようと、集団としての自己を否認するようにさせられてきた。(8)（強調原文）

ではこのような状況を生み出したのは誰か。それは政治の場を白人支配層（ベケ）から与えられた中流層の現地エリートだった。グリッサンにとって、そのエリートの同化主義政策こそ集団意識を脆弱にしてきた元凶である。

フランス領カリブで恐るべきことに観察されるのは、この期間全体をつうじて、いうなれば、精神生活が完全に欠如してきたということだ。**模倣**はルールであり、このルールから遠ざかるものはすべて犯罪だと見なされた。植民地的行動のニーズから求められ生み出されたフランス領カリ

ブのエリートにとって、関心はただひとつ、**フランス人**のコピーを完成することだった。[9]（強調原文）

同様に、アルベール・ベヴィルはフランス領カリブにおいて「特権」システムと名づけられるような狡猾な植民地支配がおこなわれてきたことをこう指摘する。

いわゆる「特権」システムが巧妙に布かれている。それは、本土が経済的ないし政治的支配を強める一方で、古い植民地を同化政策の完全な成功例として示す、つまり歴史的に忠実だったことから当然受けるべき補償が同化政策なのだとすることで植民地支配を助長して正当化してきた、そういうシステムである。[10]

この「特権」システムがもたらす帰結のひとつは、心理面でのフランスに対する依存である。その結果、「アンティーユとギュイヤンヌの人間は、自分たちが政治的権利や経済支援に浴している「特権」のために、自分たちが植民地支配に愛された子どもであり、フランス抜きには絶対に生きられないだろうという気持ちをだんだんと強める[11]」。まさにこれこそが「同化」の何よりも恐ろしい作用だろう。

もっとも、ベヴィルもグリッサンも県化のもとでの植民地支配が完成する手前で、フランス領カリブが「手遅れになる前に」、「自治」あるいは「独立」を模索しなければならないと考えた。この点で、グリッサンは一九四六年以降、弾圧に屈することなく定期的に農村部から生じるストライキのうちに可能性を見ていた。集団意識は、「毎回間欠的に起こっては血を流して鎮圧される反乱に結びついた、抑圧される農民大衆の苦しみのうちで」少しずつ形成され、「県化の体制が布かれた一六年間をつうじて、フランス領カリブの人間は自分たちの国の真実についに開眼した」と捉えていた[12]。

すでに見たように、ＦＡＧの理念のうちにはフランス領カリブの連邦化構想があった。グリッサンはこの論考でこの点を明確に語っている。すなわち、マルティニック、グアドループ、ギュイヤンヌが連合することによって初めて脱植民地化は達成されるのであり、「フランス領カリブの脱植民地化は他の島々への**開放**を求める」という。それゆえ、このヴィジョンにおいては、「私はマルティニック人であり、第一にマルティニック人である。われわれが隣の島の人間と意思疎通をはかるのはもちろんだ、だが何よりもまずマルティニックの自治を構築しよう」という狭義の民族主義的視点は、斥けられるべきだった。ここには、のちにグリッサンが「カリブ海性（アンティヤニテ）」と呼ぶ群島的政治・文化構想の骨格がすでに見てとれる。

興味深いのは、ＦＡＧの理念を体現するグリッサンの思想とは別のかたちで、この時期にマルティニック出身の学生を中心に新たな地下組織が誕生したということである。しかも、そのメンバーにはＦＡＧの元学生メンバーもふくまれている。次節ではこの組織の誕生とその解体をめぐる事件について取り上げることから始めよう。

２　支配に抗して……

ＯＪＡＭ事件

ＯＪＡＭと呼ばれるそのグループは、一九六二年の夏休みの時期にマルティニックに帰省したＦＡＧの元メンバーをふくむＡＧＥＭの学生たちが、島の若者や教師たちと接触して組織された。ＯＪＡＭは「マルティニック反植民地主義青年同盟」の略称である。ただし、元メンバーであるジェスネ・マンセの著した『ＯＪＡＭ事件』によれば、この組織結成を告げる九月三〇日、もうひとつの名称も候補に挙がっていた[13]。「マルティニック青年民族同盟」（強調は筆者）である。結果的に後者の名称は選ばれなかったが、いずれにしてもこの組織は、マルティニック島の解放を第一に目指していた。この点で、ＦＡＧの経験を踏まえつつも、フランス領カリブの自治と連帯を標榜したＦＡＧとはまた異なる方針をもってＯＪＡＭは誕生したのだった。

その方針は、「マルティニック青年基本綱領」と題された四六頁ほどの冊子に示された。ＯＪＡＭメンバーはこれを印刷・販売しながら、その活動を広げる一方、さらなるプロパガンダとして、声明文を作成することにした。こうして、この年の一二月二三日と二四日の夜、「マルティニック青年の声明」と題されたビラがマルティニック各地の壁に貼られることになる。ビラは次のように始まる。

一九五九年一二月、マルティニックの三人の息子、ベッツィ、マラジョ、ロジルがフランス植民地主義の凶弾に斃れた。この犠牲《サクリフィス》はわが国の若者に、解放と誇りと尊厳の道を示した。この日以来、〈歴史〉の闇にあまりに長く沈んできたわれらの民は、植民地的抑圧に対してますます強い抵抗をおこなっている。ところが、〈フランス植民地主義〉は、己の利益を追い求め、潜在的弾圧を日々強めることで、われらの民を植民地の軛のもとに束縛し続けることを望んでいる。

この言葉に引き続き、OJAMは次のように宣言する。

マルティニック反植民地主義青年同盟は今日宣言する、

マルティニックは、経済的、社会的、文化的、政治的にフランスによって支配されているゆえ、アルジェリアがそうだったように、フランスの県という偽善の仮面を被った〈植民地〉である。[14]（強調原文）

そして、経済から政治にいたるまで、島がいかにフランスに支配されているかを箇条書きに列挙したのち、OJAMはマルティニックの脱植民地化にとって必要な事柄を数え上げ、とりわけ「マルティニック人が自分自身の事柄を統べる権利を宣言する」という一文を大文字で強調した。壁に貼られたこのビラがいかに過激な声明文であったかは想像にかたくない。少なくとも、当局がOJAM解体を目論むのに十分な口実を与えたはずである。

この声明文を公表してまもない一九六三年一月、沿岸の村カズ゠ピロットの憲兵隊がOJAMのメンバーの書類鞄を路上で発見したという。これは当局の作り話であることがのちにわかるのだが、引き続き当時の事件のあらましを伝えれば、この鞄に入っていた書類から二月のカーニヴァルの日（謝肉の火曜日であるマルディ゠グラ）に群衆に爆弾を投げて国家転覆を計ろうとする陰謀が判明したのだという。「マルディ゠グラの陰謀」と呼ばれるこのでっちあげ事件の「発覚」後、この書類鞄の持ち主である人物の検挙を皮切りに、二月から四月のあいだにOJAMのメンバーは次々と逮捕された。逮捕者は一八人におよんだ。このなかには、のちにマルティニックの戦闘的な現代芸術家として知られることになる、ジョゼフ・ルネ゠コライユ（一九三二―一九九八）もふくまれていた。

投獄された青年たちは、その後、パリのフレンヌ刑務所に移送され、うち五名がセーヌ軽罪裁判所で執行猶予付きの禁錮刑（二年から四年）を言い渡された。上述の「マルティニック青年基本綱領」および「マルティニック青年の声明」をつうじてプロパガンダをおこなったことで、フランス領土の保全を侵犯したというのが罪状だった。

GONG

OJAMが学生を主体としたマルティニック民族主義運動であるとすれば、GONGはそのグアドループ版だと言える。

GONGのメンバーを父にもつ歴史家ジャン゠ピエール・サントンによれば、このグループは一九六三年六月二三日、ＦＥＡＮＦ（在仏ブラック・アフリカ学生連盟）が借りていたパリの集会室で開いた会合をとおして誕生した。メンバーは旧ＡＧＥＧのおよそ六〇人の「反植民地主義の活動家」である。[15]

ＧＯＮＧの正式名称は「グアドループ民族連合グループ」であり、カリブ海の政治組織のなかではおそらく最初に「民族的《ナショナル》」の語を使用したと思われる。実際、ＯＪＡＭのメンバーは、当局と住民の反応をおそらく恐れて、組織名称だけでなく、自分たちの綱領のうちにも「完全独立」や「分離」という語を用いなかった。[16]しかし、ＧＯＮＧの場合には、はっきりと主権の獲得を目標にした。どのようにか。もちろん、議会主義的にではなく「革命的暴力」をつうじてである。この意味でＧＯＮＧはカリブ海の民族主義運動のなかでファノン主義を自らの綱領とした、もっともラジカルなグループだったと言ってよい。次の宣言はＧＯＮＧの方針を端的に示している。

> 革命的闘争はグアドループを植民地的後見からもあらゆる外国の後見からも守ることを目指す。グアドループ人は他のすべての民にならって自らの運命を築くことを望んでおり、自分たちに押しつけられる運命を甘受することを望んではいない。このなかには、**一個の主権国家としてグアドループを建設すること**がふくまれる。その国家は
> （１）民衆によって選ばれる立法議会
> （２）民によって支えられ、また民によって統制される革命的政府
> すなわち国民主権の属性を有するこの二つの権力によって率いられる。（強調原文）

地下組織ＧＯＮＧは当初、グアドループ共産党（ＰＣＧ）との連携を図ろうとした。ＰＣＧは、セゼールの共産党離党を契機に、マルティニック共産党（ＰＣＭ）とともにＰＣＦの支部であることをやめて再出発を果たしていた。しかし、ＧＯＮＧの掲げる「独立」を「純粋ユートピア」として斥け、あくまで議会主義で「自治」を獲得しようとするＰＣＧとは、すぐに決裂した。ＧＯＮＧはグアドループ各地で独自の工作活動をおこなう意思を固め、中心メンバーは主にバス＝テール島のいくつかの集落（カペステール、トロワ＝リヴィエール、バス＝テール、サント＝ローズ）に入り、組織化の活動をおこなった。具体的には、グラフィティ（壁の落書き）、個人間の討論、活動誌『ＧＯＮＧインフォメーション』の配布、集会や講演会の実施などをおこなっていった。グランド＝テール島ではそれほど活動を展開できないものの、中心都市ポワン＝タ＝ピトルの周辺地区では指導者のひとりジャック・ネストール（一九四一―一九六七）の庶民的人気によってＧＯＮＧの名は知れ渡るようになっていた。

こうした行動をつうじてＧＯＮＧは、反植民地主義の急先鋒かつ「独立」を主張する運動体として、一部ではＰＣＧよりも人気を博すようになる。また、党内部でも革命路線を支持する活動家が離党するなど、ＧＯＮＧの出現は、グアドループ民族主義運動を活性化していったのだった。

ＧＯＮＧの活動がこのように表面化するなかで当局がこの公然の地下組織に目を光らせるのは当然だった。しかし、ＯＪＡＭのように結成後にすぐに解体させられることもなく、ＧＯＮＧはグアドループのバス＝テール島を足場に着実に活動を展開していた。

そのようなか、一九六七年に事件は起きる。

「六七年五月」

いまから語るのはグアドループでは「六七年五月」という日付で記憶される出来事である。フランス領カリブの戦後史上最大の蜂起と弾圧となったこの出来事は、二〇〇九年の海外県ゼネストに連なる運動のなかでももっとも重要だと考えて差し支えない[17]。

事件のあらましを語る前に、当時のグアドループの状況について簡単な説明を試みたい。

まず一九六七年のグアドループは爆発的な人口増加を経験していた。一九六一年に二八万三〇〇〇人ほどだった人口は六七年にはおよそ三一万二〇〇〇人にふくれあがっていた。これは約一〇%

図34　ポワン=タ=ピトルのロリシスク地区におけるGONGのグラフィティ

図35　『GONGインフォメーション』特別号

の人口増加率であり、当然ながら若年人口が高かった。

経済面では、農業の工業化が進んだことから、数字のうえではサトウキビ生産量は一九五〇年代から毎年向上していた。しかしながら、労働者たちがこの生産高の向上とともに賃金も上昇していたかというそうではなかった。サトウキビ畑で働く人びとは、仕事の出来高制だった。たとえば伐採は一仕事につき一五フラン、束ね仕事は一三フラン七〇サンチームといった具合である。

一方、都市部では本土資本およびマルティニックのベケ資本の大手企業で従業員として働く者たちの給料は総じて安く、一日一〇時間以上の労働となっても残業代がつくこともなかった。給料は、八時間労働換算で一日につき一六フランから二二フラン程度である。

さらに物価は相変わらず高く、毎日の食料品を買うのも大変なほどだった。一例をあげよう。以下は一九六七年当時の価格であり、単位はすべてキロである。パン〇・八三フラン、小麦粉一・一三フラン、鮮魚五フラン、牛肉八・五二フラン、塩鱈五・二七フラン、トマト三・三二フラン、長芋一・九六フラン……。この価格からすると、一日につき一六フラン程度の労働者は、家族の一日の食事のために、長芋と塩鱈とトマトを買っただけで一日の賃金の三分の二を消費してしまうことになる。このような劣悪な労働条件に追い討ちをかけるかのように、前年の一九六六年九月二七日には巨大サイクロン「イネス」が上陸し、グアドループの街や土地を荒廃させたのだった。

以上を背景に、まず三月二〇日、グアドループの県庁所在地のあるバス＝テールの街で、ある事件が起きる。

この日の朝、靴屋の前で男が傷つき倒れていた。この男は片足が不自由で背中には瘤があったことから、バス＝テール住民で知らない者はいなかった。かれは靴の金具をとりつける仕事を生業としており、いつもその店の近くで仕事をしていたのだが、靴屋の主人である白人サンスキーは、ショーウインドーの前に居座るこの男を追い払いたがっていた。

何が起きたのか。かれのまわりに人だかりが出来る。男の話では、サンスキーが「ニグロにあいさつしろ」と言って巨大な飼い犬をけしかけてきたのだ。

サンスキーという男は住民から憎まれていた。反共産主義者であるサンスキーは、白人支配層と結託し、ドゴールの政党、新共和国連合（ＵＮＲ）を勝たせるために選挙のさいには買収工作をしていたことも住民には周知の事実だった。

サンスキーが「ニグロ」に放った暴力は、反暴力としてサンスキーへ返されることになる。二階のバルコニーで住民を挑発するサンスキーに対して、怒りに燃えた一部の住民がかれをリンチにしようと、扉をたたき壊し、店内に入った。そのあいだにサンスキーは逃げ出すが、店内は当然ながら破壊と略奪の場と化した。警察はもはや何もできず、副知事も現場に行くが、これ以上「暴動」が激化しないよう運動を静めることしかできなかった。サンスキーの所有する高級車メルセデスはひっくり返され、放火され、海に投げ捨てられた。「暴動」は夜まで続き、サンスキーの店は最終的に焼かれた。

バス＝テールの「六七年三月」の約二ヶ月後、ポワン＝タ＝ピトルで惨劇が起きる。

きっかけは、建設作業員による賃上げのストライキだった。前年のサイクロンの被害で仕事が増えたにもかかわらず、一向に賃金をあげない雇用主に対して作業員およそ四五〇人が五月二三日からストに入った。

その後、ポワン＝タ＝ピトルの商工会議所（図36の地図上中央下の①の場所、現在は観光案内所）で、五月二六日金曜日、組合の代表と経営者が交渉をおこなうことが取り決められた。労働者たちはこの商工会議所の前の通り（レオナール通り／Rue Léonard）を占拠していた。一三時頃、建物から組合の責任者が出てきて、スト参加者に、経営者が二％の賃上げにさえも応じないこと、それどころか経営者は「ニグロの連中は腹が減れば仕事に戻るさ」と言ったと伝えた。

図36　67年３月、ひっくり返されたサンスキーの車、中央の人物は副知事マイヤール。

図37　ポワン＝タ＝ピトル地図

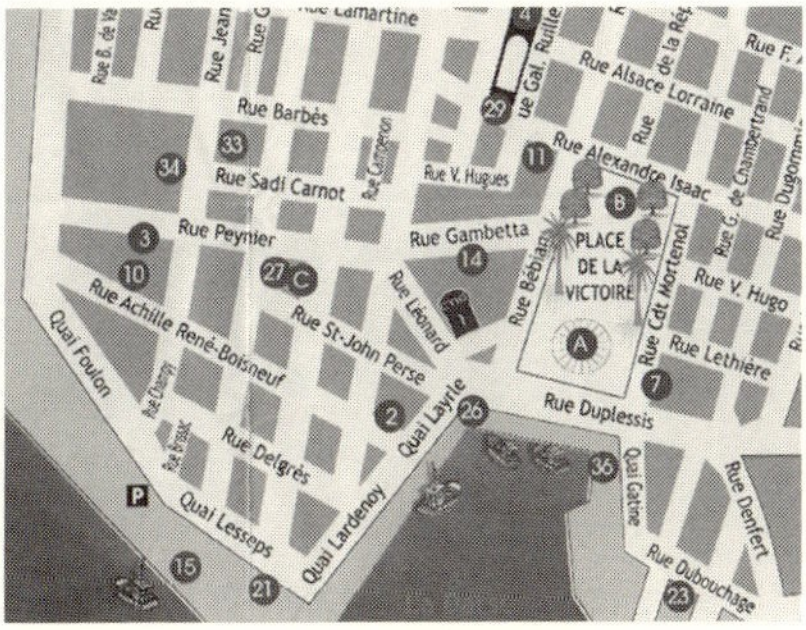

スト参加者の怒りの抗議に恐れをなした経営者は、ＣＲＳ（共和国機動隊）と憲兵隊を要請した。一五時頃、ＣＲＳと憲兵隊は商工会議所の周辺を固め、経営者を脱出させると、群衆に向かって催涙ガスを投げた。これに対して、スト参加者、とりわけ若い労働者たちが応戦をはじめるものの、このときはまだＣＲＳ、憲兵隊に攻撃命令は出ておらず、負傷者も出ていなかった。

攻撃命令は知事の権限で出すことはできなかった。知事は攻撃命令の許可を待っていたのである。郡庁（地図上にPLACE DE LA VICTOIREとある広場横⑦の建物）で知事は攻撃命令の許可を待っていたのである。誰が攻撃命令を出したのか。今日知られるところでは「フランサフリック」のジャック・フォカールだった可能性が高い。フォカールの回想録によれば、知事の要請を受けてドゴールの決定を待たずにかれが独断で許可を出したようである。[18] なぜフォカールなのか。かれは大統領府のアフリカ問題を担当していたが、海外県・海外領土担当相ではなかった。とすると、この人物の出自、すなわちグアドループ出身の白人クレオールであることと、フォカールの攻撃命令許可は何かしら関係していると思うのが自然だろう。かれがグアドループにいたのは三歳までだが、裕福な白人富裕層としての出自は、黒い肌の人間をつねに支配下に置こうとするかれの生き方と無縁ではないように思えてならない。

一五時三〇分過ぎ、この攻撃命令によって、緊張感が一挙に高まる。ＣＲＳおよび憲兵隊の銃撃により死者、負傷者が出始める。かれらが最初に狙ったのはＧＯＮＧのメンバーだった。「六七年三月」でもバス＝テール住民と一緒に行動したＧＯＮＧは当然ながら当局の標的だった。こうしてポワン＝タ＝ピトルを活動拠点にしていた主要メンバー、ジャック・ネストールが最初の凶弾に斃れた。

人びとは当局に対して何で応戦したのか。石、瓶、そして、ダルス湾（地図上の湾）の漁船から仕入れただろうランビ貝である。ランビ貝は、カリブ海で獲れる大型の法螺貝であり、昔は逃亡奴隷が仲間への合図のために用いていた。カリブ海では食用として親しまれてきたが、武器として用いれば十分な凶器になる。

ポワン＝タ＝ピトルを舞台にした戦闘は翌日まで続いた。この間、何人の死者と負傷者が出たのかはフランスの国家機密となっており現在も不明である。事件直後の公的報道では、死者数は七人、負傷者は六〇人ほどとされたが、実際はそれ以上であると早くから考えられていた。グアドループの政治新聞『プログレ・ソシアル（社会の進歩）』は「六七年五月」を報道した一九六七年六月三日（土）付の記事をこう締めくくっている。

図38　「67年５月」のフレスコ壁画

権力は真実を言おうとせず、五月二六日および二七日の真の被害者数を隠そうとすることが徐々に露になってきた。金曜［二六日］に五人、土曜［二七日］に三人、さらに推定二人が死亡したという。このことは、実際の数字がもっと深刻であることを十分にうかがわせている。ある郊外の郵便局からは一〇〇人の負傷者数がすでに数えられており、このことから実際の数字はそれ以上だと十分考えられるのである。(19)

一九八五年、海外県・海外領土担当相の声明として報道されたところによれば、死者数は八七人におよぶとされる。

グアドループ一八人裁判

「六七年五月」における当局の狙いのひとつはＧＯＮＧの解体にあった。五月二六日から六月中旬にかけてＧＯＮＧのメンバーをふくむ七〇人以上のグアドループの人間が逮捕・投獄された。逮捕者は当時は郡庁の裏手にあった監獄に収容されたという。ＧＯＮＧのメンバーはとりわけこの「暴動」を扇動した容疑で、パリの国家公安裁判所で裁かれることになった。最終的に法廷に立ったのは一八人である。扇動の嫌疑はいうまでもなくＧＯＮＧ解体の口実にすぎず、実際にはストライキを発端にしていたことはすでに見たとおりである。

裁判は一九六八年二月一九日からおこなわれた。その記録の抜粋は一九六九年に『グアドループ人裁判』として出版されたが、本土で発売されたこの書籍は、グアドループでは事実上の発禁本となった。ポワン＝タ＝ピトル唯一の書店ジャゾールが注文した三〇〇〇冊は税関で差し押さえられてしまったのである。[20]

以下『グアドループ人裁判』に主に依拠しつつこの裁判を紹介することにする。[21]「ＧＯＮＧ裁判」とも呼ばれるこの裁判は、二月一九日から三月一日までおこなわれた。弁護団は一七人によって結成された。そのうちのひとりはＦＡＧの弁護士マルセル・マンヴィルである。証人として出廷したのは全二二人。法廷に立ったのは、ロザン・ジラール（一九一三―二〇〇一）のようなグアドループの左派系政治家にとどまらず、エメ・セゼール、ダニエル・ゲラン、ミシェル・レリス、ジャン＝ポール・サルトルといったフランス領カリブにかかわりのある著名な知識人にまでおよんだ（このほか、ルノドー賞受賞作のマルティニックを舞台とした小説『ありのままの世界』で知られるフランス・バスク地方出身の作家サルヴァ・エチャール（一九二四あるいは二七―一九八五）をはじめとする三人が被告に有利な証言を書面で寄せた）。このため「GONG裁判」はグアドループの植民地問題をかえって印象づける事件として本土のメディアに取り上げられることになる。裁判の模様は『ル・モンド』、『ユマニテ』、『フィガロ』といった大手各紙で継続的に報道された(22)。

さらにこの裁判は地下組織だったGONGが公衆に姿を見せ、逆説的にも自己主張をおこなう場ともなった。主要メンバーである医師ピエール＝マチュー・サントンは毅然とした態度でこう述べる。

GONGに対しておこなわれる裁判は明らかに言論裁判であり、私は被疑者である仲間たちとの連帯を改めて表明します。ここに私がいることはうまく適応させられた県という同化主義的な植民地体制に対する異議申し立てそのものであり、グアドループに強要されているこの体制のもとではグアドループは自らの態度を表明するようにはまだ求められてこなかった。

「自らの態度を表明する」グアドループとは、主権を有する権利のある存在、すなわち来るべき独立国家としてのグアドループのことである。この裁判で問われていたのは、OJAMと同様、G

ＯＮＧが国土保全を脅かした、すなわち、フランス国家からの分離主義を標榜したということだった。しかし、この点にかんして、ＧＯＮＧはＧＯＮＧであり続けた。一八人は決して怯むことなく自らに誇りをもつ民族主義者であり続けた。

二二人の証言はＧＯＮＧを擁護しようとするものだった。擁護にあたっては、植民地秩序を批判しながら、分離主義による有罪を問われないように弁論を展開する必要があった。

そのような事情からも、セゼールは、ＧＯＮＧが分離主義を目指したのではないと述べた。セゼールの考えでは「民族《ナシオン》」は自分たちが特殊な集団であり特殊な領土に住んでいるということであり、国家《エタ》を得るということとは別であるという。その意味でグアドループはナシオンであり、ＧＯＮＧはその意識の表われである。もちろんこの証言は自治主義者としてのセゼールの政治的主張と一貫している。

また、マルティニックがフランスの他の県とは異なる特殊な扱いを受けているかという弁護人の質問に対して、セゼールはこう答えた。

確実にそうです。［国民議会ではマルティニックは］別のセクションにわかれています。そんなことには慣れっこです。われわれが完全な権利を有するフランス人であるのかは私にはわかりませんが、われわれは完全にのけ者なのです。

これは、マルティニックが「海外県」としてフランス本土の県とは差別されていることを端的に言い表わした言葉として引用されることの多い、セゼールの名言のひとつである。[23] 弁護団はまさにこの状況こそがGONGの主張を生み出したと擁護しようとしたのだった。
サルトルの証言は、ある意味でセゼールのそれよりも一層急進的である。

それが自治と呼ばれようが独立と呼ばれようが大したことではない。いずれにせよこの問いはかれら［GONG］が発明したものではなく、かれらに投げかけられている問いである。なぜならフランスの行政はこの問いを解決することができないのだから。かれらが示したように同化が完全な破綻を起こさなければ、グアドループ問題などはなかっただろう。

Jean-Paul Sartre témoin vedette au procès des Guadeloupéens

« Si j'avais leur âge »

Sartre plaide pour les Guadeloupéens

図39 グアドループ人を法廷で擁護するサルトルを報じる記事

さらには「独立」にしろ「自治」にしろ「主権」にしろそれらの語は発せられる必要があるとサルトルはいう。つまりグアドループ人とフランス本土人との「開かれた対話」が重要であり、もし有罪判決を下すとするならば、この対話を不可能にしてしまうという意味でフランスの行政はその責任を負うことになる。また、グアドループのこの特殊な問題は第三世界にかかわる全般的問題なのかという弁護士の問いに対しては、政治主権から新植民地主義まで、第三世界をめぐる諸問題に深くかかわっているとサルトルは述べている。マルセル・マンヴィルのサルトルへの質問が興味深い。マンヴィルは「黒いオルフェ」（鈴木道彦、海老坂武訳）から次の文章を引く。前章ですでに見た箇所でもあるが、再び引用しておきたい。

これらの黒い口を閉ざす轡《くつわ》を外したとき、君たちはいったいなにを期待していたのか。その口が君たちをほめたたえるとでも思ったのか。われわれの祖先は、彼らの頭を力ずくで地に捩じ伏せていた。その頭が再びもたげられるとき、その眼の中に君たちに対する尊敬の心でも読みとるつもりだったのか。ところが今やここにいるのはすっくと立ってわれわれを見つめている人間たちだ。願わくば私同様、この見られているという戦《おのの》きを君たちも感じて欲しい。（「黒いオルフェ」『植民地の問題』人文書院、二〇〇〇年、一四〇頁）

二〇年前に書かれたこの文章を読み上げると、マンヴィルはサルトルに「この人間たちは最終的に頭をもたげたのか否か、あなたは現在どうお考えか」と問うた。サルトルの答えはこうである。

かれらは頭をもたげた。かれらはわれわれを見つめている、まさにかれらがわれわれを見つめているからかれらは牢屋に入れられたのだ。

この人間たちはたいへん辛い闘争の代価を払って自分が何者であるかを自覚した。そしてまさしく、かれらは尊厳と平等を求めている。かれらはありもしない同化に対しては拒否し、平等における相互関係を、つまりは植民地支配の終焉を求めているのだ。かれらは、われわれが自らに与えてきた役割にわれわれが値している以上にずっと自分自身の役割に値している。

およそ二週間の裁判の末、最終的な判決は、GONGのメンバーのうち一二名が無罪、そしてピエール＝マチュー・サントンをはじめとする六名を有罪とするものだった。しかし、OJAMのときと同様、言い渡された禁錮刑四年（四人）および禁錮刑三年（二人）には執行猶予がついており、見方によれば、形式的な判決とも捉えられる。事実、判決後の『ル・モンド』の記事（一九六八年三月三–四日付）の見出しは「国家公安裁判所の判決、グアドループ人を優遇」とあった。

しかし、それ以上に、この裁判をもふくめた「六七年五月」の事件は、グアドループ人としての、セゼールがいう意味での「民族《ナシオン》」の意識をより強めていったと言えるだろう。

この節の最初で述べたように、「六七年五月」を契機にポワン＝タ＝ピトルの牢獄に投獄されたグアドループ人は七〇人以上におよんだ。当時カルノ高校の教員だったエクトル・デグラ（一九三八年生まれ、現在グランド＝テール島ムール在住）もそのひとりである。「六七年五月」に居合わせたところを逮捕されたデグラは、そもそも自治主義者であり、GONGのような独立主義は過激と見ていた。しかし、四ヶ月の獄中生活をとおして独立主義者となり、獄中の仲間たちとともに出獄後は「ドゥブ・ラ・グアドループ（グアドループ決起せよ）」という組織を結成し、退職後も集会や島の若者との勉強会をつうじて、独立への信念を現在まで抱き続けている人物である。

つまり、こういうことだ。たしかに「六七年五月」はフランス領カリブの現代史上最大の弾圧だった。しかし、国家暴力の記憶は人びとの抵抗の基盤となる。たしかに「GONG裁判」は言論の弾圧であり、GONGが被ったダメージは大きい。しかし、たとえGONGが解体されようとも、第二、第三のGONGは現われる。エクトル・デグラのように、人はGONGになるのだ。そして、このことはマルティニックにも同じように言える。OJAMが絶えようとも、同じ情動で突き動かされる新たな人間は生まれ続ける。植民地体制が完全に解体されないかぎりは。

筆者は植民地主義下の人びとの情動を〈マグマ〉に喩えてみたいと思う。「六七年五月」以降、グアドループの〈マグマ〉は新たに熱し始めた（マルティニックでは「一九五九年一二月」以降だと言える）。グアドループにおける植民地主義の歴史の地下に流れ続ける〈マグマ〉は、グアドループの隠されたもうひとつの歴史であり、それはさまざまな抵抗のかたちをとって間欠的に湧出するだろう。しかし、それが植民地主義そのものを撃とうとするほどの潜勢力となるまでにはまだ時間がかかる。

だから堪え忍ばなければならない、その機が新たに熟すまで。

3　内植民地化の論理

内植民地

一九七〇年、在仏アフリカ人労働者の状況をめぐる本がパリのマスペロ社から刊行された。この本を編んだ「在仏セネガル人労働者総連合」（UGTSF）にかかわる団体主催の討議にサルトルは参加し、発言をおこなった。その発言にもとづいた文章は、現在「第三世界は郊外に始まる」（鈴木道彦訳）の題名で知られている。フランスの移民問題を考えるさいにしばしば言及されるその文章は、次のように始まる。

本書〔『在仏アフリカ人労働者の書』〕から理解されるのは、アフリカ人労働者の陥っている状況が──また多くの他の移民労働者もそうであるが──怠惰さのせいではなく、また単に人種差別のためでもない、ということである。アフリカ人労働者に対する過剰搾取は、フランスの資本主義経済にとって必要なものなのだ。（サルトル「第三世界は郊外に始まる」『植民地の問題』前掲、二二八頁）

サルトルは続ける。フランスの資本主義経済は、読み書きを知らない「未熟練労働者」としてのアフリカ人労働者を必要としているのだ、と。かれ・かの女はフランス人労働者がおこなおうとしない仕事をあてがわれ、低賃金でこきつかわれ、不衛生な住環境を強いられる。この「過剰搾取」の揚げ句に用済みとなれば自分の国に送り返される。これが、サルトルが『在仏アフリカ人労働者の書』から読みとった一九七〇年頃の移民労働者の現状だった。

興味深いのは、サルトルがこの文章のなかでこのアフリカ人労働者を「まさに植民地労働力」と形容し、「われわれは実際内部に植民地をもっているのだ」とさえ述べていることである。アフリカ人労働者が移民としてフランス国内で劣悪な条件で働くという事態のうちに植民地主義の再生産を見るサルトルの洞察は鋭い。

本章の冒頭で見てきたように、フランス資本主義は植民地経営の破綻を受けて植民地を放棄する政策へと転換していった。そして、アフリカの新興国家に対しては新植民地主義と名づけられるような経済支配を確立するにいたるわけだが、その一方で、今度はフランス国内のうちに新たな植民地労働力を導入してゆくように見える。本節で考えたいことのひとつはこの点である。すなわち、サルトルの先の文章と関わらせて言えば、「第三世界は郊外に始まる」と改題される前のオリジナル・タイトル「資本主義諸国とその内植民地」に示される問題を考えてみたい。

あらかじめ見取図を提出しておけばこのようになる。フランスは一九四五年から戦後の経済復興に取り組み、以後、一九七五年にかけて高度経済成長を遂げたといわれる。[24]経済学者ジャン・フラスティエが「栄光の三〇年」と呼んだこの期間、フランスは深刻な労働力不足に見舞われ、一九五〇年代にはイタリア、スペインから、一九六〇年代にはポルトガル、独立アルジェリアをはじめとするマグレブ諸国から移民労働者を大量に受け入れるようになる。[25]注目したいのはこの移民受入れの時期が脱植民地化期と重なっているということである。ここにはおそらく相関関係があるだろう。フランスの高度経済成長を下支えする労働力が植民地あるいは旧植民地出身者によって担われてきたとすれば、植民地放棄という植民地政策の転換は、国外における新植民地主義だけでなく、「内植民地（＝国内植民地）」の獲得のうちにも見られるのではないか。さらに内植民地化は、消費社会の到来とも結びつきながら展開していったのではないか。

このような見取図のもとに、一九六〇年代以降のフランス領カリブの社会変化を見ようと思っている。先んじていえば、それはグリッサンが「成功した植民地支配」と形容するような社会変化である。ただその変容の過程をたどる前に、まずはフランス社会の変化について語る必要があるだろう。内植民地化と消費社会化との関係、これが問題である。

日常生活の植民地化

この問題を考えるにあたって、クリスティン・ロスのフランス文化研究の書『速い車、きれいな体』（一九九六年）が参考になる。副題には「脱植民地化とフランス文化の再編成」とある。(26)

フランスは戦後の経済復興をつうじてアメリカ合衆国をモデルにした「近代化」をおこなってきた。自動車会社フォード社の名を冠して呼ばれる「フォーディズム」は、アメリカで生まれた大量生産・大量消費のシステムを示す語として知られるが、その「フォーディズム」がヨーロッパに導入されるのは基本的には戦後である。アメリカは一九二〇年代、すなわち一九二九年の大恐慌の前までに、「フォーディズム」とのちに命名される新たな生産様式を背景にした大量消費社会へと移行していた。合衆国は、電動の掃除機、洗濯機、アイロン、そして自動車を所有するような社会へ変貌を遂げたのである。(27)

フランスでは合衆国の経済援助（マーシャル・プラン）をつうじて合衆国型の大量生産・大量消費社会が形成されるようになる。一九四六年、パリ郊外から高速自動車道路の建設は始まり、戦後復興をつうじて建設ラッシュが続いた。それとともに自動車台数も増え、一九四四年には商用車もふくめて七〇万台ほどの保有台数だったのが、一九六〇年には約五〇〇万台と急増する。同じように、航空路の本格的な開設、鉄道網の発展もやはり戦後が転機となり、交通は以後急激に高速化・動力化してゆく。冷蔵庫や洗濯機といった電化製品も一九六〇年代以降に家庭に普及していったという。[28]

クリスティン・ロスの著作の題名にある「速い車（ファースト・カーズ）」と「きれいな体（クリーン・ボディーズ）」はともにフランスにおけるこうした消費社会化の局面を風刺的に示している。より利便的な生活を求め、より清潔できれいであろうとする身体を求める消費者の心性がいかに形成されてゆくのかを、著者は、当時のフランスの映画や広告などのイメージをつうじて分析する。そして、このようなフランス社会の変化がじつは一九五〇年代から一九六〇年代前半にかけての脱植民地化と相関関係にあるというのが、この本の提示する視座である。

鍵となるのは内植民地化である。内植民地化とは、これまで外に拡張していった植民地主義が、文字通り、内側（国内）を植民地のように開発するということである。たとえば、これまで植民地経営をおこなってきた巨大企業が今度は本国に移転するということであり、さらには合衆国型の生産システムをモデルに、大量に雇用し、労働者に大量の生産のみならず大量の消費をおこなわせるということである。そして（旧）植民地出者の移民労働力は、こうしたシステムの末端で、消費の「恩恵」にはさほど与かれず、過剰搾取の対象として、支配状況におかれ続けることになる。

ところが、支配されているのは必ずしもアフリカ人労働者のような（旧）植民地出身者だけではない。フランス人労働者もまたじつはこの大量生産・大量消費のシステムのなかで巧妙に支配されている、と考えられる。人びとは内植民地化によってその日常生活までをも支配されているのではないか。

クリスティン・ロスが、一九六〇年代のフランス文化を考えるさいに注目するのはこの「日常生活の植民地化」とでも呼べる事態である。

フランスの場合、「日常生活の植民地化」は、言い換えるならば、植民地主義の実践がその歴史に抗して生き残ることになったさまざまな方法を考えることを意味している。フランスは、植民地帝国の崩壊とともに内植民地主義というかたちを取り始めた。つまり、植民地で発展した合理的な行政技術は本土にもたらされ、本土あるいは国内社会、まさに市民の「日常生活」の再編成の過程でおこなわれる広告宣伝のように、新しい技術刷新と平行して用いられたのだ。(29)

ところで「日常生活の植民地化」とはロスの発明ではなく、ロスの依拠するアンリ・ルフェーヴル(一九〇一―一九九一)の「日常生活」批判の仕事に負っている。ルフェーヴルのこの方面での仕事は一九四七年の『日常生活批判序説』(田中仁彦訳、現代思潮社、一九七八年〔原著一九四七年〕)をはじめとする日常生活批判三部作によって知られる。

ルフェーヴルが「日常生活」を「植民地化」という視点で捉えるようになったのは、一九六〇年代初めである。(30)その頃、シチュアシオニストと呼ばれる一群の集団がルフェーヴルの「日常生活」批判に関心を寄せていた。『スペクタクルの社会』(木下誠訳、ちくま学芸文庫、二〇〇三年)でのちに知られるギー・ドゥボール(一九三一―一九九四)はシチュアシオニストのグループの中心にいた人物である。そのドゥボールが、ルフェーヴルの主宰する「日常生活」を研究するセミナーで、テープレコーダーによる発表をおこなったことがあった。一九六一年五月のことである。発表の場を「日常」に見立てて、あたかも聴衆がラジオを聴くかのような演出をとおして、資本主義社会のなかで人工的に構成された「日常生活」を批判するその講演には、「日常生活の意識的変更のパースペクティヴ」という題目がつけられていた。

ドゥボールはそのなかで、かつてルフェーヴルが指摘した「日常生活」の「不均等発展」に改めて着目した。すなわち、技術の進歩に比べて不均等に遅れた仕方で発展しているのが日常生活だというルフェーヴルの見解を受けて、ドゥボールはこの「遅れた部門」としての日常生活を「植民地化された部門」と捉え直したのだった。

> わたしは、このレヴェルの日常生活を植民地化された部門と形容することさえできると思う。すでに見たように、世界経済の規模においては、低開発と植民地化とは相互に作用し合っているファクターである。あらゆる点からして、経済 - 社会的編成の規模における、実践《プラクシス》についてもそれは同様だと考えられる。(ドゥボール「日常生活の意識的変更のパースペクティヴ」木下誠訳、電子版「シチュアシオニスト・オンライン文庫」)

資本主義近代社会の日常生活が貧しくなっている。大量生産・大量消費の構造に人びとは自足し、社会の支配体制に対する抵抗の意識が乏しくなっている。そう捉えるドゥボールは、日常生活における「この意識の立ち後れを「植民地化」と先鋭的に言い直したのだった。

そして、ルフェーヴルもまたこの先鋭的な表現を踏襲して、こう述べた。「日常生活は、ギー・ドゥボールの思い切った表現に従えば、文字通り「植民地化」されている。それは、最新の諸技術とか「消費社会」の名において、極端な疎外すなわち根深い不満に通じている」(『日常生活批判2』奥山秀美訳、現代思潮社、一九七〇年〔原著一九六一年〕、一六六頁)と。

改めてまとめるならば、「日常生活の植民地化」とは、植民地主義が内部(国内)に向けられることで、人びとの日常それ自体が、資本主義体制によって支配されることである。たとえばサラリーマン家庭であれば、夫は会社で働き、妻はスーパーで買い物をし、余暇はテレビを観て過ごし、週末は子どもを連れてドライブする等、画一化した生活スタイルのなかで生を営むということである。このような大量消費社会における数量的な豊かさと質的な貧しさが「日常生活の植民地化」と呼ばれる状況なのだ。

では、このような内植民地化の論理のうちにフランス領カリブはどのように組み込まれてゆくのだろうか。

海外県移民局(BUMIDOM)

フランス領カリブ、すなわち「海外県」はフランスの内植民地化に「貢献」した地域であると言っていいだろう。(31)

マルティニックとグアドループをふくむ海外県は何よりも本土への労働力の供給地として重宝さ

表2　フランス領カリブの人口推移（1954年—1990年）

	マルティニック	グアドループ
1954年	239,130	229,120
1961年	280,500	283,223
1967年	320,030	312,724
1974年	324,832	324,530
1982年	328,566	329,400
1990年	359,572	386,937

出典：Francis Rifaux, «démographie» in *Dictionnaire encyclopédique Désormeaux*, tome 3, Éditions Désormeaux, 1992, p. 867.

れた。国家が海外県を対象にした移民政策に乗りだすのは第五共和政期である。第二次世界大戦後、フランス領カリブは人口の増加の一途をたどっていた。ここで一九五四年以降の人口統計を引用したい。上の表にあるように、一九五四年から一九六七年にかけて、両島の人口は爆発的に増加している。

一九六〇年頃のフランス領カリブはまだまだ貧しかった。サトウキビ産業も危機に瀕しており、多くの若者には働き口がなかった。人口は都市部に集中するものの、いわゆる「近代化」の途上にある島々では、電気、水道といったインフラも整っておらず、衛生状態も悪かった（このため出生率だけでなく死亡率も高かった）。マルティニックにおける「一九五九年一二月」の都市暴動の背後には、このような問題があったことも改めて喚起しておきたい。

それゆえ、一九六〇年代初め、フランス政府が設置した「海外県移民局」通称BUMIDOM《ビュミドム》は、島民に高い関心をもって迎えられた。BUMIDOMは、海外県の人口増加問題の解消を名目に設置され、希望者を募り、片道切符を支給してフランス本土へ海外県民を集団的に移住させる機関だった。島には働き口を失った農民や、もともと職のない若者たちで溢れていた。しかも同化主義政策が成功したこれらの島々では、フランスを「母なる祖国」だと思う人びとは多かった。親には自分たちの子どもをフランスに送るのに反対する理由などなかった。

フランス行きに夢と希望を抱いた若者たちは、しかし、厳しい現実に直面する。たしかに仕事はすぐに見つかることが多かった。男であれば、建設現場、鉄鋼工場、自動車工場などが主な働き口であり、女であれば、病院、公共施設などで働いたり、家事手伝いの仕事が見つかることがあった。しかし、共和主義の理念を素朴に信じる若者たちは、権利上は「フランス人」であっても、その肌の色ゆえに実質的には「フランス人」と見なされないことにただちに気づくことになる。ファノンが一九五〇年前後のフランスで経験した人種差別は、けっして過去のものとはなっていなかった。このため、フランスで暮らし始めるカリブ海出身者は、たとえば、住む場所を探すのが大変だった。もちろん、本土に幻滅して帰るという道も残されていたが、カリブ海に戻る旅費は自分で工面しなければならなかった。

一九六〇年代以降、BUMIDOMをつうじてフランス領カリブの多くの若者が本土に旅立っていった。一九六五年から一九七四年にかけては、各島からおよそ二五〇〇人（計五〇〇〇人）が毎年出発した。他の海外県（ギュイヤンヌ、レユニオン）をあわせると、一九六一年から一九八一年にかけて約一六万もの人びとがBUMIDOMを利用して本土へ移住したという。この結果、当然ながら本土に住む海外県出身者は急激に増加する反面、海外県の人口は一挙に

表3　フランス領カリブ出身の本土在住者の人口推移（1954年—1990年）

	マルティニック	グアドループ
1954年	9,200	6,400
1968年	34,800	26,300
1975年	62,300	53,200
1982年	95,700	87,000
1990年	109,600	101,900

出典：Guy Stehlé, «recensement» in *Dictionnaire encyclopédique Désormeaux*, tome 7, Éditions Désormeaux, 1992, p.1996.

表4　マルティニックにおける砂糖輸出量と本土への移民者数との比較表（1962年―1974年）

	砂糖輸出量（トン）	BUMIDOMによる本土への移住者数
1962	80,000	492
1963	89,000	721
1964	59,000	1635
1965	62,000	2398
1966	44,500	2439
1967	38,000	2433
1968	37,000	2210
1969	24,000	2510
1970	16,000	2470
1971	19,000	2457
1972	23,000	2667
1973	14,000	2684
1974	2000	2514

出典: Alain Anselin, «L'émigration antillaise en France», in *Dictionnaire encyclopédique Désormeaux*, tome 4, Éditions Désormeaux, 1992, p. 1014の表に基づいて作成

伸び悩むことになる。先ほどの表をいま一度確認してみよう。マルティニック、グアドループ両島において一九六七年から一九八二年までの人口増加率が一挙に落ち込んでいるのは一目瞭然である。一方、本土在住のフランス領カリブ出身は**表3**のように急増し、一九九〇年にはフランス領カリブ出身者の四人から五人に一人は本土での生活者（本土生まれの移民第二世代をふくめる）となった。

　BUMIDOMの移民政策が功を奏する間、フランス領カリブでは重大な変化が起り始めた。すなわち、一九六〇年代は、農村に代表される「旧世界」の消失とともに、大量消費を基本とした本土型の生活様式が島にも定着してゆく時期だった。たとえば、一九五五年、マルティニックには一三の砂糖精製工場が存在した。これが一九七〇年には九つとなり、一九八二年にはついにひとつの工場しか残らなくなる。グアドループでも一九五五年から一九八二年にかけて一四から四へ工場数は激減した。(32) **表4**はマルティニックにおける本土への移民と経済活動との相関を表したものである。

見てのとおり、一九六〇年代から七〇年代にかけてマルティニックから若者がコンスタントに出てゆくのに比して、砂糖輸出量は降下の一途を劇的にたどっていった。さらには、大量消費社会の象徴としての自動車が、一九六〇年代中盤以降、一挙にフランス領カリブに輸入される。一九六五年から一九七五年にかけて、マルティニックへの自動車の輸入台数は五万五〇〇〇台を超えたという。平均すれば、一年におよそ二五〇〇人の移住に対して、自動車は五五〇〇台ほど輸入されていた計算になる。

このようにフランスにおける内植民地化の影響をフランス領カリブは二重の意味で被っていった。一方では植民地労働力の供給源として。もう一方では「日常生活の植民地化」の舞台としてである。

図40 「国を去るな、BUMIDOM 反対」

マルティニック生まれで、アルジェリア戦争末期にフランス軍に従軍するものの戦線を離脱して独立後のアルジェリアで数年間教鞭をとった作家にダニエル・ブックマン（一九三六年生まれ）がいる。ファノンを模範とし、徹底的に反植民地主義者であり続けるダニエル・ブックマンは、一九六八年から六九年にかけて、ＢＵＭＩＤＯＭの移民政策を題材にした政治劇をアルジェで書いた[33]。『奴隷船』という題名がこの戯曲の内実を端的に示している。フランス国家の海外県に対する移民政策は二〇世紀の「奴隷貿易」である。本土に夢を抱いて旅立つ若者たちの乗る船は、じつは「奴隷船」であり、本土到着後

は、かつて自分たちの祖先がそうさせられたように、「奴隷労働」に従事させられる、そうブックマンは捉えた。

この戯曲のなかで、ブックマンはまた、「奴隷貿易」の結果、海外県住民が本土住民に同化吸収され、島には海外県住民がいなくなってしまう状況を戯画的に示している。ブックマンの予見的な危惧は、一九七〇年代末、エメ・セゼールによって別のかたちで表明されることになる。カリブ海の若者の本土への移住とともに、今度は本土の公務員を島に移住させる政策を国家はとったのである。セゼールはこの現象をこう呼んだのだった、「住民置き換えによるジェノサイド」と。

4　支配なき植民地支配

「悪夢」のなかのカリブ海

一九六五年、マスペロ社から『アンティル諸島の悪夢』と題された著作が出版された。これは著者エヴ・デサールの三ヶ月以上におよぶカリブ海地域滞在の記録である。ダニエル・ゲラン『脱植民地期のアンティル諸島』（一九五六年）に次ぐ、本土の作家によるカリブ海見聞録だ[34]。

エヴ・デサールが訪問した島は、トリニダード・トバゴ、ジャマイカ、ハイチ、そしてマルティニックとグアドループである。ゲランの著作刊行からおよそ九年のあいだにカリブ海は大きな政治的変動を経験していた。まずキューバが革命に成功した。西インド連邦解消後、ジャマイカ、トリニダード・トバゴがともに一九六二年に独立を果たした。トリニダード・トバゴ共和国の初代首相はエリック・ウィリアムズである（本書第一章参照）。

しかし、このような政治的変化があるにもかかわらず、デサールが五つの島の共通点に挙げるのはふたつの「悪夢」だ。ひとつは、経済の「悪夢」である。砂糖、コーヒーなどのプランテーション以来の単一栽培、大規模工業の不在、失業、人口過剰などがカリブ海の島には共通して見られるという。すでに見てきたように、マルティニック・グアドループは、多くの産物を輸入に頼ってきた。そのうち、マルティニックでは一九五九年の時点で、本土からの輸入の割合は七八・三％を占め、二一・七％が残りの国々である。デサールによれば、この状況は一九五九年以降変っていない。フランス領カリブの場合、その土地所有と経済の大半をべケなどの白人富裕層が独占していることも事態を一層深刻にしてきた。

もうひとつの「悪夢」は、人びとの心性の次元で作用している。「悪夢」の源は、植民地支配、とりわけ奴隷制である。これらが人びとの心のうちにおそらくあることから、責任感や指導力の欠如、好ましくない現実からの逃避といった心理的傾向が認められるという。

このルポルタージュは、同時期のＢＵＭＩＤＯＭについては述べていないが、県制施行法以降のフランス領カリブが、二〇年後も、植民地期と同じ構造的問題を抱えていることを改めて伝えている。カリブ海の人間の心性にまで踏み込んで語ったのには、著者デサールがＦＡＧの関係者と知り合いであり、例の『エスプリ』特集号「アンティーユ、手遅れになる前に」を事前に読んでいたことと深く関係しているにちがいない。実際、『アンティル諸島の悪夢』には、グリッサンとベヴィルの名前が何度か引かれている。

ベヴィルは、じつはこのとき、すでに他界していた。一九六二年六月、かれはギュイヤンヌの政治家ジュスタン・カタイエ（一九一六―一九六二）と一緒にグアドループに渡ろうとした。警備をすり抜けて無事に乗ったものの、パリのオルリー空港を出発したボーイング機は着陸寸前に墜落したのだった。まだ四六歳だった。

悲劇の報を受け、グリッサンはかれの二作目にして代表作となる小説『第四世紀』（一九六四年）を「アルベール・ベヴィルの想い出に」捧げた。そして一九六五年、長期の本土滞在に区切りをつけてマルティニックへ帰郷する決意をする。

帰郷後、グリッサンが目の当たりにしたのは、まさに「悪夢」だった。しかし、グリッサンの場合、「悪夢」を確認しただけでは終わらない。本土の作家ならば、フランス領カリブの現状を外から「悪夢」として診断してそれを本土の読者に伝えればおそらく十分だろう。しかし、グリッサンはそのなかを生きなくてはならない。カリブ海の知識人としてその「悪夢」と闘わなければならないのである。

グリッサンの闘い

これまで度々言及してきたが、ここでようやくエドゥアール・グリッサンについて詳しく語るときが来たようだ(35)。

グリッサンは一九二八年にマルティニック島北東部の丘陵に生まれ、幼年期から高校時代までをラマンタン市で過ごした。ラマンタンから隣町のフォール＝ド＝フランスにあるシェルシェール高等中学校（中高一貫校）に通った。ちょうど島がヴィシー政権ロベール提督の支配下にあり、セゼールが同校で教鞭をとっていた頃だ。この頃から詩作を始める一方、サトウキビ労働者のストライキを率いるなど政治活動にも積極的に関与した。

一九四六年、グリッサンはフランス本土に渡る。登録したソルボンヌ大学で哲学と民族学の学位を取得するかたわらで詩作に専心した。最初の詩は、すでに触れたが、『レ・タン・モデルヌ』三六号（一九四八年九月）に掲載された。若干二〇歳で本土の有力誌に詩人としてのデビューを果たし、二冊の詩集を出版したのち、一九五六年、最初の代表作『インド』（恒川邦夫『《クレオール》な詩人たちI』思潮社、二〇一二年に解説とともに所収）を発表した。『インド』は、カリブ海の歴史を題材にした長編叙事詩だ。カリブ海の歴史は、これまで植民者の側からのみ描かれてきたが、植民者の征服により始まる数世紀を、奴隷の子孫の視点から書き直そうとする壮大な試みが『インド』である。その二年後、つまり一九五八年に小説の第一作目にあたる『レザルド川』（恒川邦夫訳、現代企画室、二〇〇三年）を出版した。フランス有数の文学賞ルノドー賞を受賞したこの小説は、マルティニックと目される土地を一個の集合的人格として捉え、その土地の覚醒を、島の若者たちの恋愛と政治行動をつうじて描こうとした傑作である。フランス領カリブにおいてセゼールに比肩する書き手が

図41　エドゥアール・グリッサン

いるとすれば、それはグリッサンをおいてほかにいないと断言したい。

そのグリッサンが、文学活動の一方で、政治活動にも積極的にコミットメントしてきたのはこれまで述べてきたとおりだ。ＦＡＧの解体後、島に戻ったグリッサンは何をしたのか。

もちろん作家である以上、文学作品を書き続けた。しかも、それらはマルティニックの現状と関わるものばかりだ。だが、それだけでない。島では新たな試みとして一九六七年一一月から「マルティニック学院」（ＩＭＥ）という私営学校を始めた。グリッサンは若い頃からフランス式の植民地教育に疑問を抱いてきた。「われらの祖先はガリア人」で始まる歴史の教科書を相変わらず使用し、クレオール語を学校内で話すのを禁じ、共和国フランスを理想化する一方でカリブ海の文化、歴史については何も教えない、そうした教育のあり方を根本的に見直すために、グリッサンは私営学校の運営をはじめたのだった。かれは白人富裕層が住むディディエ地区に大邸宅を買ってそこをＩＭＥの施設とした。ラファエル・コンフィアンによれば、グリッサンはルノドー賞の賞金を喜んで学校建設に使ったという(36)。

マルティニック学院には「落ちこぼれ」を受入れた。普通の学校では手に負えない不良や、勉強不振の子などを集めて、仲間と一緒にかれらの教育にあたった。自ら資金を調達しておこなったＩＭＥはわずか数年で閉校となるが、この学院はさまざまな文化的・知的交流の場となった（なおＩＭＥは一九八一年から公立高校として再開し、現在まで続いている）。さらにグリッサンはこの経験をもとに一九七一年から一九七三年にかけて文化誌『アコマ』をＩＭＥの同僚とともに発刊した。

このような文化活動のある種の集大成が、一九八一年に刊行される大著『カリブ海序説』である。この書物は、一九六二年から一九七九年頃までにグリッサンが書いた政治・社会的評論、書評、文学論から、さまざまな機会におこなった口頭発表まで、およそ九六におよぶテクストを収めている。収録されているもっとも早いものは『エスプリ』特集号の「文化と植民地支配」に基づいた原稿である。この著作のなかでグリッサンは、歴史学、文学、人類学、心理学、社会学、経済学など、人文・社会科学の知見を縦横無尽に駆使しつつ、マルティニックを事例にしたカリブ海論を展開し、とりわけカリブ海社会の諸問題(「悪夢」)を分析した。そして、そのなかで一九六〇年代以降のマルティニックを「成功した植民地支配」と捉えたのだった。

消費社会の定着

『カリブ海序説』の(数ある)序論のうちでグリッサンはこの本が「われわれの集団的摩耗のいくつかの側面を捉えることを試み」、またそれによって「その摩耗の速度を遅めて、諦観に対する異議申し立てに貢献することをもおそらく試みようとした」と述べている(37)。グリッサンのいう「集団的摩耗」とは、マルティニック・グアドループの人間が集団として消滅しつつある事態を指している。「アンティーユ、手遅れになる前に」という『エスプリ』の特集名は、グリッサンの認識では、その十数年後にはすでに通用しなくなっている。もはや完全に手遅れであるのだ。

一九七〇年代のグリッサンにはこの「摩耗」を止められる輝かしい希望はない。かれがささやかに期待するのは「摩耗」を遅らせることだけだ。マルティニック人はいまや消滅の途上にある。消去の回転は、われわれマルティニック人に対して日々早まっている。われわれは、諸世界の軋轢の犠牲として、延々と消えつつある。火口の端に折り重なって。成功した植民地支配の恐怖も感じないという恐怖のなかで、不条理による清算の凡庸な例。[38]

「成功した植民地支配」とは、まさに自分たちが植民地化されていることにすら気づかない究極的段階のことである。グリッサンが問題とするのは、端的には同化主義である。だが批判の対象は、政治的にはフランスの与党を支持し、フランスへの同化を求め続ける白人支配階級とこれに追従する保守層ばかりではない。「県化」の失敗後、政治的同化の道を退け、自治路線を歩むセゼールのＰＰＭやＰＣＭとその支持層に対しても、批判的姿勢を崩さない。なぜならマルティニック独自の左派政党もまたフランスが布いた既存のシステムそのものを問題視することがないからだ。どういうことか。

グリッサンが闘いを挑んだ教育システムを例にとってみよう。このシステムのなかではフランス式の教育方針のもとに生徒が育てられる。大学までの階梯は、フランスの知的伝統に基づいた教育がなされる。読み書き能力を身につけ、一定の知識を得られることは学校教育の効用だ。しかし、その反面で、勉強についてゆけず、取り残される生徒たちもいる。それだけでない。エリートのうち、セゼールのように学校教育に対して違和感を抱く人間は稀である。カリブ海の歴史や文化を学ぶ場の欠如は、同化主義的傾向を強化するだろう。さらに競争は個人化をもたらす。学歴による成功は個人の成功の指標となり、共同体に還元されることもなくなる。

政治システムも同様である。議会制民主主義の名のもとに、カリブ海代表の政治家がフランス本土で何を言っても結局は少数派である。そのシステムのなかでマルティニックの生活改善を求めることが、逆説的に、システムを維持させるだけでなく、その強化をもたらすことになる。

その典型的な例は、社会保障制度である。フランス領カリブは失業や貧困が深刻であるにもかかわらず、家族手当、失業手当といった各種手当において、県化後のマルティニック・グアドループは、本土の県と比べて明らかに「差別」されていた。したがって社会保障を「本土並み」にすることは、左派政党にとって主要な政治的課題だった。

しかし、グリッサンは社会保障を「物乞いの一種の公的形態」と捉えた。手当という「贈与」に

図42　ラマンタンとフォール＝ド＝フランス間の高速道路、左手奥にハイパーマーケットが見える。

図43　マルティニック、フォール＝ド＝フランス郊外のハイパーマーケット

よってフランス政府に依存する心性がますます強まることはかれには明らかだった。システムは「人を痴呆にする意志」を有している。システムの「痴呆化の意志」に抗い創造することこそ、この孤独な知識人の希求だったが、その望みは一九六〇年代から七〇年代にかけての社会変化のなかで砕けるばかりだった。

その最たる変化は消費社会の顕在化である。自動車がフランス領カリブに大量に輸入され始めた一九六〇年代中盤から変化は如実に現われてきた。ラマンタン市の急速な工業化がこの時代に始まり、工業地帯の開発（一九六三年）、フォール＝ド＝フランス市とラマンタン市を結ぶ自動車道の開通（一九六四年）、「アンティーユ石油精製株式会社」（SARA）の建設（一九六九年）がおこなわれた。

一九六四年には日刊紙『フランス＝アンティーユ』が創刊される。創刊者は、フランスの政治家で出版企業グループの経営者ロベール・エルサン（一九二〇―一九九六）である。ミシェル・ドゥブレを後ろ盾に、ドゴールのマルティニック訪問の機に発刊された『フランス＝アンティーユ』は、その新聞名が示すように、アンティーユはフランス領であるという政府の立場を反映する媒体だった。テレビがマルティニック・グアドループに導入されるのもこの頃である。フランス本土のニュースを流すという意味で、テレビもまた同化主義の手段として政府には有益だった。それとともに、テレビをはじめとする媒体は、広告や記事やテレビドラマなどをつうじて、人びとに消費への欲望を植えつける役割を担うことになる。

こうした社会の変貌は風景を変質させる。フランス領カリブの場合、砂糖生産の停滞に伴ってサトウキビ畑が消失していった。一九五一年にマルティニックの農村地帯で生まれ、農民の生活世界に愛着を抱くラファエル・コンフィアンは、一九六〇年代以降の変化を自分の創作と関わらせてこう述べる。

私の想像世界は一九六〇年代中盤で止まっています。甜菜との競争に敗れて工場がひとつまたひとつと閉鎖していった頃、サトウキビを畑から引き抜き始めた頃です。自分の小説で「高速道路」や「テレビジョン」などを書くことなど無理です。私が関心を寄せるのはサトウキビ社会なのであって、マルティニック民衆とその文化はこの社会からこそ生まれたのです。(41)

しかし、時代を席巻するのは「高速道路」と「テレビジョン」だった。自動車と並んで消費社会を象徴するものといえば、やはりスーパーマーケットのような大規模小売店だろう。フランス領カリブにおけるスーパーは一九五九年にフォール＝ド＝フランスで開店した。ハイパーマーケットは同市で一九六九年に開店。スーパーに陳列する商品を購入するという生活様式、すなわちスーパーに行けば生活必需品は何でも買えるという日常感覚はこうしてフランス領カリブの人びとのうちにも定着してゆくのである。

一九五三年に生まれたパトリック・シャモワゾーもまた、コンフィアンの感覚を共有しつつ、スーパーの風景のなかで育ったフランス領カリブの若い世代の日常感覚をこう批判的に捉えた。

消費は私の精神の過敏な領域となった。スーパーをとおして、われわれは世界に出現した。より正確には、われわれは〈中央〉がもたらす驚異に達した。加速する近代化、生活水準の向上、われわれのなかに突如大量に投げ込まれた「容量」なるもの、これらは次の主要な結果しかもたらさなかった。われわれが消費者として成長するということである。スーパーは、新しい好み、新しい欲望、新しい色といった、われわれを〈中央〉の支配に縛り付ける大量の機械を放射する場所となった。こうしてわれわれの世代はメイド・イン・フランスの製品の大渦巻きのなかで成長してきたことを知ったのである[42]。

「日常生活の植民地化」と呼べる事態はこのようにフランス領カリブにおいても進行していった。しかし、その知覚のあり方は、本土におけるそれとはやや異なることに注意しなければならない。本土の場合、ルフェーヴルとドゥボールの指摘にあったように、「日常生活の植民地化」の過程は資本主義による生活の支配として現われていた。この場合、資本主義はグローバルな運動として捉えられる。しかし、カリブ海フランス領の場合、「日常生活の植民地化」は、フランス本土と海外県という、固定した中心＝周辺構造をつうじて現われてくる。植民地化をつうじて生活それ自体を支配する主体は相変わらずフランス（フランスの資本主義）として認識されるのである。

支配者は誰か？

問題であるのは、この「日常生活の植民地化」が気づかれにくいということだ。シャモワゾーや

表5　島内総生産の構造変化（1961―1979）単位：％

グアドループ	1961	1975	1979	マルティニック	1961	1975	1979
第１次産業	33	16.4	7.6	第１次産業	28	8.6	7.9
第２次産業	11	20.1	11.9	第２次産業	14	22.4	11.2
第３次産業	56	63.4	80.5	第３次産業	58	68.9	80.9

出典：Alain-Philippe Blérald, *Histoire économique de la Guadeloupe et de la Martinique : du XVII^esiècle à nos jours*, Karthala, 1986, pp. 185-186をもとに作成。

コンフィアンのような鋭敏な感性をもった人間には消費社会化は一種の恐怖として感受されるわけだが、多数の人びとはこれを近代化の「恩恵」として享受することになるだろう。たしかに戦後、貧困問題が深刻だったフランス領カリブにおいて、近代化は進歩をもたらしてきた。衛生面は改善され死亡率が減少し、輸送手段の発達で食料も供給されやすくなり、水道や電気が敷設されることで生活は格段に便利になっていった。その意味でセゼールが「県化」に期待したものは、近代化だったと言ってよい。しかし、近代化の論理は無限の進歩である。その進歩が映し出す近未来が消費社会だった。あたかも成熟した社会であるように捉えられるこの社会のあり方は、しかしながら、人びとの生活様式を画一化してしまうものだ。フランス領カリブでは、奴隷制によって二〇〇年以上にわたって苦しめられてきた過去は徐々に忘れ去られ、人びとは進歩の名のもとにフランスへの同化の度合いをより一層深めてゆく。いうなれば、これが「成功した植民地支配の恐怖も感じないという恐怖のなかで、不条理による清算の凡庸な例」とグリッサンが述べた状況である。

「成功した植民地支配」の状況にあっては、一見すると支配者はいない。なぜなら支配されていることに人は気づかないからである。しかし、グリッサンにはその姿ははっきり見えていた。

まず、白人支配層がいる。一九六五年の段階でマルティニックの現地生まれの白人は二三三九人である。同時期の島の全人口をおよそ三〇万人と見積もると比率としては一%にも満たない。そのうち、一〇のベケ・ファミリーが砂糖産業を中心に島の権益を牛耳ってきた。ベケは、砂糖生産の凋落を受けて、サトウキビからバナナへ栽培作物を変えることで経営を続けていった。ところが、一九六〇年前後には、かつてのように大農園主として農業部門に特化していればよい時代でもなくなってきた。そこでベケは、輸入業、小売業、不動産業、ホテル経営などの、いわゆる第三次産業へ新たに乗り出してゆくことになる。[43]

これに伴い、フランス領カリブにおいて農業生産の占める割合は減じる一方、前頁の表のように、第三次産業の割合は一九六〇年代初頭から七〇年代後半にかけて急激に増加していった。

生産構造のこのような急激な変化にもかかわらず、頂点には白人がおり、下層には黒人がいるという、人種的なヒエラルキーはほぼ温存されることになる。その意味で地元での経済的支配者は何よりベケであるわけだ。しかし、大規模小売業を経営するのがベケ・ファミリーであるとしても、商品を生産するのはフランス本土の企業である。たとえば、ある農業労働者がバナナ園で働いているとする。かれが育てたバナナは、ベケの企業をつうじて、本国に輸出される。かれは労働の対価に得た賃金で、スーパーで「メイド・イン・フランス」製の生活必需品を買う。この構造で儲かるのは、もちろん島の支配階級である。本土にバナナを売る一方で、労働者にスーパーの商品を買わせるのだから。だが同時に、商品を製造する本土企業にも利潤がある。しかも、フランス領カリブにおける生産の八割を第三次産業が占めるということは、つまり、物質的な生産は実質上ほとんどないということだ。とりわけ農業の低下は、自給自足の体制が島内では築けていないことを意味している。先に述べたように、すでに一九五九年の段階で本土からの輸入の割合は八割近くに達していた。ようするに、生産の基盤がないままに本土の商品を消費するという構造が、消費社会化をつうじてより深まっていったのである。

グリッサンにとって、奴隷制時代から現在まで島の頂点に君臨する白人支配層だけが唯一の支配者でない。プランテーション・システムそれ自体が本国の利益に従属していたように、フランス領カリブに定着し始めた消費社会もまた本国の利益に従属しているのだ。しかも、今度はより見えない、狡猾な仕方で。グリッサンはそうしたフランス領カリブの状況を「剝奪」と呼ぶ。何が、どのように剝奪されてきたのか。次章ではグリッサンの視点からフランス領カリブの経済構造の変容をたどり直すことから始めよう。

注

(1) Kwame Nkruma, *Le néo-colonialisme: dernier stade de l'impérialisme*, traduit de l'anglais, Paris, Présence Africaine, 2009, p. 9.

(2) Jacques Marseille, *Empire colonial et capitalisme français: Histoire d'une divorce*, Paris, Albin Michel, 2005. ここで参照したのは同書刊行後にこの主題について著者が書いた論考数編を収めた増補版である。本論では「一八八〇年代から一九六〇年代にかけてのフランスの左派、右派、そして植民地問題」(同書六〇九—六二九頁)に主に依拠している。また、グサヴィエ・ヤコノ『フランス植民地帝国の歴史』(平野千果子訳、白水社、一九九七年）の一七〇頁も参照。

（3）cité par Jacques Marseille, *Empire colonial et capitalisme français*, *op. cit.*, p. 612.

（4）cité par «Un mardi pluvieux d'octobre» de Gilles Manceron, in *Le 17 octobre 1961 par les textes de l'époque*, Paris, Les Petits Matins, 2011, pp. 7-8.

（5）マルセル・マンヴィルの論考「弾圧のクロニクル」（『エスプリ』一九六二年四月号）および付録の年譜資料を参照。「一九五九年一二月」以降、年譜が挙げている弾圧の事例は一九におよぶ。Marcel Manville, «Chronique de la répression», *Esprit*, n°305, avril 1964, pp. 551-557. あわせて以下も参照。Armand Nicolas, *Histoire de la Martinique : De 1939 à 1971*, tome 3, Paris, L'Harmattan, 1998 ; Julien Valère Loza, *Les étudiants martiniquais en France : Histoire de leur organisation et de leurs luttes*, tome 1, Fort-de-France, Éditions 2M, 2004.

（6）Georges Gratiant, «Sur trois tombes», *Les Cahiers du patrimoine*, numéro intitulé «Révoltes et luttes sociales en Martinique», n°27, nov. 2009, p. 123.

（7）『地に呪われたる者』の原文および翻訳には「略奪の歴史に（à l'histoire du pillage）」という言葉が「植民地支配の歴史に」の直後に記されているが、ここでは『マトゥーバ』誌における引用を尊重した。

（8）Édouard Glissant, «Culture et colonisation», *Esprit*, n°305, avr.1962, p. 591.

（9）*Ibid.*.

（10）Paul Niger, «L'assimilation, forme suprême du colonialisme», *op. cit.*, p. 527.

（11）*Ibid.*, p. 528.

（12）Glissant, «Culture et colonisation», *op. cit.*, p. 591. 以下に続くグリッサンからの引用は *Ibid.*, p. 593, 592.

（13）以下ＯＪＡＭにかんしては次を参照。Gesner Mencé, *L'Affaire de L'O.J.A.M ou le «Complot du Mardi-Gras»*, Fort-de-France, Éditions Désormeaux, 2001 ; Julien Valère Loza, *Les étudiants martiniquais en France*, *op. cit.* ; Armand Nicolas, *Histoire de la Martinique*, tome 3, *op. cit.*.

（14）Gesner Mencé, *L'Affaire de L'O.J.A.M, op. cit.*, p. 49.

（15）以下、ＧＯＮＧの活動については次の著作に依拠する。Raymond Gama et Jean-Pierre Sainton, *Mé 67*, seconde édition, Port-Louis（Gaudeloupe）, 2011.

（16）マンセの『ＯＪＡＭ事件』に付されたセーヌ軽罪裁判所の判決文に拠る。Gesner Mencé, *L'Affaire de L'O.J.A.M, op. cit.*, p. 236.

（17）「六七年五月」については以下を参照。Gama et Sainton, *Mé 67, op. cit.*; *Historial antillais*, tome 6, Pointe-à-Pitre, Editions Dahani, 1981; CO.PA.GUA, *Mai 1967*, Saint-Anne（Guadeloupe）, 2008.

（18）Cf. Jacques Foccart, *Tous les soirs avec de Gaulle*, Paris, Fayard, 1997. 本書ではＣＯ・ＰＡ・ＧＵＡ（グアドループ愛国コレクティヴ）による「六七年五月」資料集の引用を参照した。CO.PA.GUA, *Mai 1967, op. cit.*, pp. 100-101.

（19）CO.PA.GUA, *Mai 1967, op. cit.*, p. 22.

（20）週刊誌『テモワニャージュ・クレティアン（キリスト教徒の目撃）』の記事「グアドループ、植民地主義死なず」より。なおこの記事は筆者の入手した『グアドループ人裁判』（P.Lucasと元所有者の記名がある）に挟まれていたもので、刊行年月日までは残念ながら特定できない。

（21）*Le procès des Guadeloupéens: 18 patriotes devant la Cour de Sureté de l'État français*, sans lieu, CO.GA.SO.D., 1969. 以下、本文における裁判記録の引用は同書に拠る。翻訳引用する各発言のページ数を記す。118（サントン）、299（セゼール）、352, 355（サルトル）。

（22）これらの新聞記事もCO.PA.GUA, *Mai 1967*, op. cit. で読むことができる。

（23）翻訳ではニュアンスを出しづらいが、元の言葉では「完全な権利を有するフランス人（Français à part entière）」と「完全にのけ者（entièrement à part）」をかけている。この台詞がしばしば引用される理由でもある。

（24）Jean Fourastié, *Les Trentes Glorieuses*, Paris, Fayard, coll. «Pluriel», 2011.

（25）梶田孝道「戦後フランスの国家と社会変動」柴田三千雄、樺山紘一、福井憲彦編『フランス史3』山川出版社、一九九五年、三八七―四五七頁。とくに四四五―四四六頁を参照。

（26）Kristin Ross, *Fast Cars, Clean Bodies: Decolonization and the Reordering of French Culture*, Cambridge, The MIT Press, 1996. なおロスの著作をはじめ、内植民地化と消費社会との関連については、太田悠介氏、平田周氏との議論に負うところが大きい。以下の論文も参照。太田悠介「エティエンヌ・バリバールの脱植民地化論――「国民社会国家」批判の一理路」『言語・地域文化研究』一五号（二〇〇九年三月）、東京外国語大学大学院、一一一―一三四頁、平田周「第二次世界大戦後フランスにおける資本蓄積のプロセスの変化――アンリ・ルフェーヴルにおける日常生活と都市の主題の交錯点」『言語・地域文化研究』一六号（二〇一〇年三月）、東京外国語大学大学院、一五一―三六頁。

（27）紀平英作「戦間期と第二次世界大戦」有賀貞、大下尚一、志邨晃佑、平野孝編『アメリカ史2』山川出版社、一九九三年、一九七―三一八頁。とくに二二五―二二八頁を参照。

（28）福井憲彦「二十世紀の文化と社会」『フランス史3』前掲、四五九―五〇三頁。とくに四七一―四七七頁を参照。

（29）Kristin Ross, *Fast Cars, Clean Bodies*, *op. cit.*, p. 7.

（30）平田周「第二次世界大戦後フランスにおける資本蓄積のプロセスの変化」前掲、二二一―二三頁参照。

（31）以下「海外県移民局」については主に以下を参照。Alain Anselin, «L'émigration antillaise en France», in *Dictionnaire encyclopédique Désormeaux*, sous la direction de Jack Corzani, tome 4, Fort-de-France, Éditions Désormeaux, 1992, pp. 1013-1018 ; Alain Anselin, *L'émigration antillaise en France: La troisième île*, Paris, Karthala, 1990 ; *L'Avenir est ailleurs*（film）, réalisé par Antoine Leonard-Maestrati, Doriane Films, 2006.

（32）Alain-Philippe Blérald, *Histoire économique de la Guadeloupe et de la Martinique: du XVI*e *siècle à nos jours*, Paris, Karthala, 1986, p. 214, Tableau 60 を参照。

(33) Daniel Boukman, *Les négriers*, Paris, L'Harmattan, 1978.
(34) Ève Dessarre, *Cauchemar antillais*, Paris, François Maspero, 1965.
(35) グリッサンの作品と生涯については別稿で詳しく論じる（『思想』二〇一三年五月号より連載の拙稿「グリッサンの〈全-世界〉」参照）。
(36) ラファエル・コンフィアン「全-世界《トゥ・モンド》の記憶」大辻都訳『現代詩手帖』二〇一一年四月号、六四頁参照。
(37) Édouard Glissant, *Le discours antillais*, Paris, Seuil, 1981, pp. 14-15.
(38) *Ibid.*, p. 15.
(39) *Ibid.*, p. 117.
(40) 拙稿「フランス海外県ゼネストの史的背景と「高度必需」の思想」『思想』二〇一〇年九月、二四―二五頁。
(41) cité par Delphine Perret, *La Créolité : Espace de création*, Ibis Rouge Éditions, 2001, p. 56.
(42) Patrick Chamoiseau, *Écrire en pays dominé*, Paris, Gallimard, 1997, p. 73.
(43) Édith Kováts Beaudoux, *Les Blancs créoles de la Martinique : Une minorité dominante*, Paris, L'Harmattan, 2009, p. 43；拙稿「フランス海外県ゼネストの史的背景と「高度必需」の思想」前掲、二五頁。

第五章　見出された希望

1　疎外か、独立か

「剝奪」の諸相

フランス領カリブ社会を分析した大著『カリブ海序説』に収められたエドゥアール・グリッサンの重要な文章のひとつに「剝奪」（星埜守之訳『思想』一〇三七号・二〇一〇年九月、六二―七六頁）がある。前章で確認したように、グリッサンは一九六〇年代のマルティニック、とりわけ消費社会の定着化後の島のあり方を「成功した植民地支配」と捉えた。なぜフランス領カリブで植民地支配は成功してしまったのか。なぜ人びとの抵抗は脱植民地化にまで発展せずにきたのか。これがグリッサンの『カリブ海序説』の主題のひとつであり、その骨格をなすのが「剝奪」におけるマルティニックの経済構造の分析だ。グリッサンはいう。

いかなる集団もある「剝奪」を認めることには耐えられないかもしれないし、そこから現実の検証を始めるのは気の進まないことではある。しかし、カモフラージュされた剝奪が穴を穿っているときに、その検証をせずに済ませることは致命的になる。（『剝奪』星埜訳、前掲、六七頁）

このような宣言のもと、グリッサンはマルティニック（フランス領カリブ）の「剝奪」の素描を始める。そもそもカリブ海における「剝奪」を考えた場合、最初に思い浮かぶのは奴隷貿易によるアフリカからの根こぎである。売り買いされたアフリカ人はカリブ海で何も所有せずに「奴隷」として生きた。その意味ではアフリカから来た人びとは、奴隷制が廃止されるまで「剝奪」状態にあったと言える。しかし、グリッサンがここで分析するのは、白人農園主をもふくめた島の経済構造の展開であるため、まず重要になるのは、この島にやって来た初期の植民者とフランス本国との関係だ。

グリッサンによれば、マルティニックの植民者は本国の経済システムのなかに最初から組み込まれ、独立した経済体制を築くことができなかった。「彼［植民者］は黒檀の調達のために奴隷商人に従属している。値段や供給量を決めるのは彼ではない。通貨ももたないし［…］、商船を規制することもないし、植民地産品市場の、それが頒布される地域における変動を操作することもない」（同）。すなわちマルティニックの「通貨や船団や市場」の支配権は最初から本国の側にあった。

この支配関係のなかでおこなわれてきた経済活動の原則をグリッサンは「物々交換」に見てとる。植民者（農園主）は、砂糖一リーヴルあたりの価値に基づいて、ヨーロッパ・アフリカから運ばれてくる商品と交換をおこなっていた。しかし、価格の決定権は植民者にはない以上、商人や国家に都合の良い取引となってしまう。さらに、フランス国家が本格的な植民地経営に乗り出した絶対王政期、とりわけコルベールの経済政策によって独占体制が確立すると、マルティニック経済はフランス経済の一部として完全に組み込まれた（本書第一章三節参照）。こうして資本の蓄積も技術の進展も植民地では食い止められてしまったとグリッサンは捉える。

その結果、白人支配層であるベケは、フランス経済支配の代行人の地位に甘んじるだけであり、支配者としての実質的な決定権を握ることができなかった。このため、ベケは「奴隷」（後の農業労働者）にとって「決定的な敵」として現われることがなかったという。これまでに多くのストライキや社会闘争がおこなわれてきたことはいうまでもない。しかし、それらの抵抗はいずれも局所的・断片的であり、全住民を巻き込む仕方で展開してこなかった。たとえば「ロランのバナナが危機に瀕しているとか、砂糖黍の小規模農園が破綻しているとかいった事柄に対して、フォール＝ド＝フランスの役人やサント＝リュースの漁民は無関心になっている」のであり「このレベルでは連帯は機能しない」（「剝奪」六九頁）のだ。図式的に言えば、階級闘争の弁証法はマルティニックとグアドループでは作動してこなかったのである。

奴隷制廃止後に登場する中産階級的な現地エリートは、ベケの経済支配と対抗しようとしてきた。こうしてかれらが信奉してきたのが、フランス本国の共和主義的価値である。一九四六年の県制施行法の原則は「フランス国民への組み込みがベケによる搾取に抗うための保証となるだろう、という点」（同六八頁）にあった。ところが、この政治的行動は真の支配の姿をすっかり曇らせる行為として作用してきた。

植民地的狡知は、真の全体的支配《グローバル》（これは目に見えない）を、これとても現実ではある（が目に見える）ベケたちの支配の下に覆い隠して判読不能にしてしまうことにある。（同）

グリッサンにとってすべてははっきりしている。フランス領カリブはフランス資本主義に最初から最後まで従属している土地なのだ。一九六〇年代から七〇年代にかけて「物々交換」の原則はグリッサンのいうところの「両替」の原則に取って代わられた。いうまでもなく、それはフランス経済による剝奪の別形態である。この段階においては、第三次産業が肥大化する。公的援助は「商業的なインフラと施設（街道、住宅、港湾、飛行場、消費施設、物流、金融機関、等々）」と「安全にかかわるインフラ（軍、警察力）」（同七一頁）につぎ込まれ、縮小・衰退する第一次産業（バナナ、サトウキビ）には歯止めがかからない。その結果、消費は生産を凌駕し、マルティニック経済は無化する。生産なき経済のなかで金銭だけが行き来するような事態。それが「両替」の原則だ。

包括的な滅消のプロセス（あらゆる生産の無化）は模倣の欲動を掻き立て、差し出されている存在や反省のモデル（フランス的モデル）への自己同一化を抗いがたいかたちで課し、その「継承」が「社会的地位」の唯一の保証であるように見えるこのモデルを問題化することに対するパニック的な拒否を惹起する。（同七二頁）

このようにグリッサンの視点ではもはや出口がないように見える状況に、一九七〇年代のマルティニックは追い込まれていた。そのようななか、再びマルティニック農村部でストライキが起きた。場所はマルティニック北東部の村ロランである。

「一九七四年二月」

一九七四年一月一七日、ロラン村のバナナ農園で、労働者の解雇をきっかけにストライキが始まった[1]。ストは近隣の農園へと広まり、やがて南部の農村のバナナ労働者にまで波及していった。同年二月一二日、今度はフォール゠ド゠フランスで別のストライキが起きた。建築業、企業の労働者や公務員（役人や教師）が五〇〇〇人ほど集まり、物価高への反対、各種社会保障の拡充、不完全雇用の解消などを求めてゼネストを打った。ゼネストには農村部のバナナ労働者も参加したが、かれらの窮状が都市部の労働組合に届くことはなかった。

翌日、農村部ではバナナ労働者たちと農園主たちとの交渉がおこなわれた。生産量拡大のために労働者の仕事は増したにもかかわらず、日当は変わらなかった。労働者の要求は日当の賃上げだった。

二月一四日、バナナ労働者のデモ隊が北東部のサント゠マリ村を出発して北進した。そして、バス゠ポワント村のシャルヴェ農園に到着したとき、労働者たちは武装した憲兵隊に取り囲まれた。憲兵隊の一斉射撃により一人が死亡、四人が負傷した。さらに翌日、ストに参加した若者の撲殺された死体がシェルヴェ近郊の浜辺で発見された。この二名の死者を出したバナナ労働者への弾圧は

「一九七四年二月」として記憶されている。

この事件は「一九五九年一二月」（本書第三章第四節）や一九六一年のラマンタンのストライキ（本書第四章第一節）と並んで語られるマルティニック戦後史の重要な出来事である。しかし、グリッサンの視点では、この農業労働者のストライキが各部門と意識において分断されている点が問題だった。「ロランのバナナが危機に瀕しているとか、砂糖黍の小規模農園が破綻しているとかいった事柄に対して、フォール＝ド＝フランスの役人やサント＝リュースの漁民は無関心になっている」という先ほどのグリッサンの引用を改めて引こう。グリッサンがこのときに念頭に置いていたのはおそらく「一九七四年二月」だった。「剝奪」に対する農村部の闘いは、連帯の困難と抵抗の基盤の脆弱さのために敗北に追い込まれるほかないように見えた。

マルティニック独立運動の台頭

一九七〇年代のグリッサンのフランス領カリブに対する深刻な危機感は、独立派の知識人・作家・学生に広く共有される感覚だった。一九八一年に刊行された、マルティニック・グアドループの独立主義者の知識人へのインタビューを集めた状況論集『袋小路のアンティル諸島？』で、編者のひとりダニエル・マラニェス（グアドループの高校の哲学教師）は「緩慢な死に抗して」という序論を寄せている。[2] その序文でマラニェスは植民地主義が終わったとヨーロッパでは言われ、この問題がかの地では忘れられているにもかかわらず、フランス領カリブでは以前として植民地支配と呼べる状況が続いていると述べていた。マラニェスの見解はこの状況論集に応じた知識人の基本的認識を示している。

マルティニック地域研究者の石塚道子は、この時代の独立派知識人の考えを「疎外論的な地域認識」と規定した。それは「植民地支配のもとで住民が土地に関する自己管理能力を奪われてきた空間、歴史に対する自己決定をしえなかったという時空認識」である。「とりわけ「国家独立」を選択しなかったマルティニクでは地域・政治・文化のあらゆる局面に住民が主体的に関わってこなかったという否定的なイメージが強調されてきた」という（「地に呪われた者は立ち上がったのか」石塚ほか編『ポスト・ユートピアの人類学』人文書院、二〇〇八年、九七頁）。

この見解を踏まえれば、「剥奪」に見られるグリッサンの論調は「疎外論的な地域認識」に基づいていると言いうるだろう。独立派の知識人には個々の立場の違いは当然あるものの、大局的には疎外からの脱却、すなわち「民族《ナシオン》」としての主体を確立しつつ、植民地支配からの脱却を図ることが共通の課題だった。

このような認識を共有しながら、マルティニックとグアドループでは一九七〇年代以降、独立運動が新たに展開してゆく。その系譜には、アラン・ブレラルドによれば、大別して次の四つの思考大系がある。(3)
（1）毛沢東主義系「マルクス＝レーニン主義者」
（2）民族主義者（ナショナリスト）
（3）トロツキー主義を標榜する「革命的マルクス主義者」ないし「革命的共産主義者」
（4）武装闘争を支持するゲリラ主義者

この四つの潮流は、フランス政府を頂点とする議会政治に批判的である点でも共通している。選挙への関わり方はそれぞれ異なるものの、選挙それ自体をボイコットする場合もある。その「過激」な主張も相まって独立派は大衆的な影響力をもつことはない。したがって、議会政治における左派を代表するのは、基本的には自治派の政党ということになる。そこで、独立派について語る前に、まず自治派の動向から見てゆこう（以下はマルティニックについてである。グアドループは次節で取り上げる）。

マルティニックでは一九六〇年代・七〇年代をつうじて、親フランス路線の右派政党と自治路線の左派政党との争いが続いていた[4]。左派政党には、セゼール率いるPPM（マルティニック進歩党）を筆頭に、PCM（マルティニック共産党）、ジョゼフ・ラグロジリエールの創始したFSM（マルティニック社会主義者連盟）（本書第二章一節参照）が存在した。PPMとPCMは自治路線を掲げていたのに対し、FSMは左派政党では唯一海外県としての現状維持を掲げていた。

一九七一年八月一六日から一八日にかけて、各海外県の自治派の団体がマルティニックの山間の村モルヌ・ルージュ（共産党系の村）に一堂に会した。PPM、PCM、CGTM（マルティニック労働総連盟）、PCG（グアドループ共産党）、CGTG（グアドループ労働総連盟）、グアドループ女性連合、ギュイヤンヌのマルクス主義サークル、レユニオン共産党などである。これらの自治派グループが三日間の協議をつうじて自治をめぐる協定を結んだ。この「モルヌ・ルージュ協定」が目指すのは、フランス本土から政治面・経済面での一定の自己決定権を有する「自治」の獲得だった。

ではどのように「自治」を獲得するのか。この段階ではまだ基本方針しかなく、具体的な計画については、海外県民を有権者とした選挙をつうじて開かれる制度改革の特別議会で検討されることになっていた[5]。この協定はその後実現には至らなかったが、「自治」の動向においては画期的と言ってよく、海外県のステイタスが問題となるときに、しばしば引き合いに出される出来事となる。

このように、自治派は、フランス共和国に属しつつ自己決定権の拡張を目指した。これに対し、独立派は、自己決定権の獲得は国家主権の獲得しかないとする立場を取った。この政治方針の違いが明確に現われてくるのが一九七〇年代である。言い換えれば、マルティニックの左派は、独立派の台頭とともに完全に二分するのだ。

図44　「モルヌ・ルージュ協定」パンフレット表紙

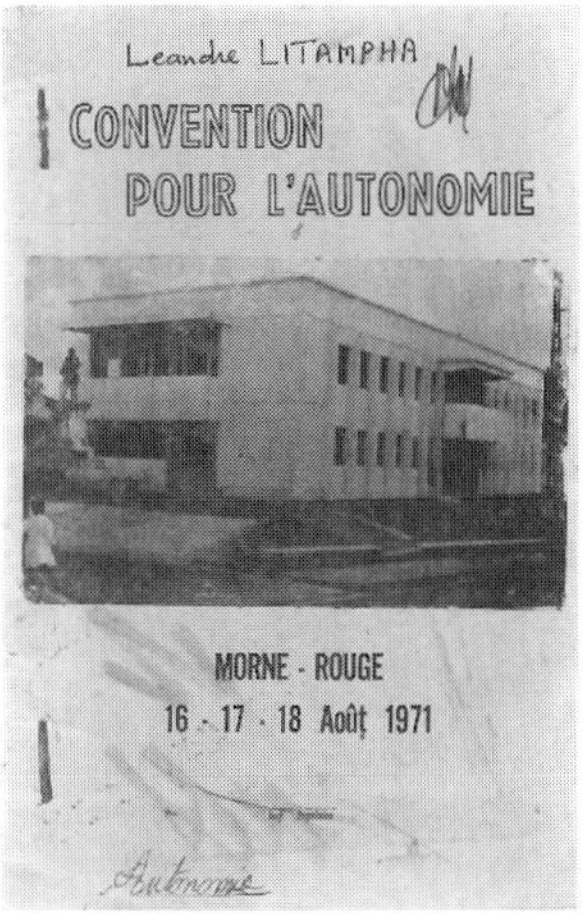

マルティニックでは一九七二年、ＰＣＭから分派して「社会主義革命グループ」（ＧＲＳ）という新たな政治組織が誕生した。ＧＲＳはトロツキー主義系グループである。世界革命をめざす「第四インターナショナル」の流れをくむ団体として設立し、カリブ海全域での社会主義革命を理念とした。ＧＲＳは「自治を「単純に」要求することはフランス植民地支配を暗黙のうちに容認することに帰結する」とＰＰＭと

ＰＣＭを批判する立場をとり、大統領選にはボイコットを貫いた。[6]

ＧＲＳの中心人物には、歴史家エドゥアール・ド・レピーヌ（一九三二年生）がいた。ド・レピーヌは『アンティーユ史をめぐる疑問』（一九七八）という挑戦的な問題提起の書を著し、奴隷制廃止、同化、自治という三つのテーマについて批判的に論じた。[7]とりわけ自治をめぐっては、セゼールとＰＰＭを槍玉に挙げ、徹底的に糾弾した。やがてＰＰＭに入党し自治主義者となるド・レピーヌだが、「転向」以前は独立派の急先鋒だった。

ＧＲＳとの関わりで、ここでもうひとり、小説家にして劇作家のヴァンサン・プラコリ（一九四六―一九九二）について述べておきたい。一九九二年に惜しくも急逝するため、シャモワゾーやコンフィアンといったクレオールの作家のように注目されることがないが、マルティニックの実力派として知られ、ＧＲＳの創設メンバーとして政治活動にも積極的にコミットした作家だった。[8]

一九四六年に生まれたプラコリは、セゼールの共産党離党や「一九五九年一二月」を少年時代に知った。シェルシェール高校時代、当時は発禁書だったファノンの『地に呪われたる者』を読み、セゼール、ダマスといったネグリチュード世代の文学を発見した。プエルトリコで絶大な人気を誇った音楽グループ「コルティーホ・イ・ス・コンボ」（コルティーホと歌手イスマエル・リヴェラを中心にしたサルサ・バンド）のマルティニック公演にもこの頃に触れている。プラコリは高校の学友たちを「四六年世代」と呼んでいたというが、「四六年世代」の知性と感性を育んできたものの中心にはいつでも政治があった。

秀才のプラコリはパリに留学し、ＡＧＥＭ（マルティニック人学生総協会）の活動に参加した。先述のダニエル・マラニェスをはじめとするグアドループの若い知識人とパリで出会い、友情を結んだ。「六八年五月」や「プラハの春」が起きたのはパリ留学時代である。プラコリのGRS創設の背景にはこのような時代背景があった。

プラコリが作家としてデビューしたのはちょうどこの頃である。老齢の黒人労働者が死の床で人生を振りかえる小説『マルセル・ゴントランの生涯』（一九七一）でデビューし、その詩的な文体が高く評価された。次作『死酒タフィア』（一九七三）では「一九五九年一二月」を題材にし、戯曲『デサリーヌ』（一九八三）ではハイチの初代皇帝ジャン＝ジャック・デサリーヌ（一七五八―一八〇六）の数奇な運命を描いた。『デサリーヌ』は革命後のキューバで誕生した文学賞「カサ・デ・ラス・アメリカス賞」を受賞している。プラコリの作品の題材は政治的なものが多いが、それはかれが文学をつうじた教育ということを考えていたからだろう。一九八〇年代後半のかれの文学作品の中心が戯曲になることは、舞台をつうじた聴衆への直接的な働きかけを期待してのことではないか。いずれにしても、プラコリの本格的な再評価が待ち望まれるところだ。

独立派の話に戻ろう。マルティニックの独立派系政治組織はGRSだけでない。GRSと同様、トロツキー主義系グループ「労働者闘争」（CO）の存在にも触れないわけにはいかない。このグループはその名のとおり労働者を支持基盤にした組織であり、グアドループとマルティニックで展開した。組織の基盤は一九六五年に遡るが、一九七一年に「革命的共産主義機関誌」として「労働者闘争」の発刊をもって誕生した。COの主張は、貧しい黒人労働者の生活状況を改善するため、白人支配層による富の独占を解体せよ、というものだ。人種と階級の関係が固定しがちなフランス

図45 GRS機関誌『トランシェ』のヴァンサン・プラコリ追悼号（1993）表紙

領カリブにおいてははっきり見えやすい人種的敵対関係に立脚した闘争を展開した。

ＧＲＳとＣＯはトロツキー主義系であるが、これとは別系統の組織に「アセ・プレレ・アン・ヌ・リテ」（ＡＰＡＬ）がある。クレオール語で「涙はごめんだ、闘おう」を意味するＡＰＡＬは、マルティニックの毛沢東主義系グループだ（創立年は不詳）。毛沢東主義派は、毛沢東の述べる二段階革命論を信奉し、まずは反帝国主義・反封建制のための民主主義革命をおこない、そのうえで、社会主義へ移行するという考えに立った。革命の前衛に立つ一個の党のなかで知識人と農民が一丸となることを求め、民族解放のプロセスにおける階級闘争の役割を重視した。後述するように、グアドループではこの毛派グループが独立派の最大組織である。

マルティニックには、さらに特殊な独立派がいる。それは、一九七八年に創設された「マルティニック独立運動」（ＭＩＭ）である。ＭＩＭは民族主義（ナショナリズム）を思想基盤にする。他の独立派と違い、ＭＩＭは民族解放にいたるマルクス主義的分析を斥け、マルティニック民族の主権獲得を求める、硬直な独立主義者グループだ。

ＭＩＭの指導者はアルフレド・マリ＝ジャンヌ（一九三六年生）という。大学の数学講師まで務めたマリ＝ジャンヌは一九七一年に出身地区「リヴィエール＝ピロット（実験川）」（マルティニック南部）の市長を務め、以後、この地区を中心に独立運動を展開した。大統領選や、フランス議会に代表を送り出す選挙では棄権主義をとってきた。ＭＩＭはこの政策をやがて転換し、国政に打って出ることで、マルティニックの独立派のなかで有力になる。

ソニ・リペとグアドループ民族主義運動

このようにマルティニックではいくつもの独立派組織が乱立する印象がある。グアドループにもやはりマルティニックと共通する組織などいくつかの潮流があるものの、ここでは最大の独立派組織「グアドループ解放民衆同盟」（ＵＰＬＧ）をめぐって記述したい。そもそもＵＰＬＧはどのような経緯をもって誕生したのか。(9)

グアドループの場合、新たな独立運動の出発点には「六七年五月」（本書第四章第二節）とＧＯＮＧの事件があることはいうまでもない。グアドループの知識人は、ＧＯＮＧ弾圧の経験を踏まえ、独立運動を都会の知識人から農村部の労働者へ展開する必要を感じた。先述した四つの潮流のなかでは、毛沢東主義系「マルクス＝レーニン主義者」にあたる知識人が農村部へ工作活動を始めたのである。その結果、一九七〇年一二月に「農業労働者同盟」（ＵＴＡ）という労働組合が誕生した。ＵＴＡはフランスの労働組合の支部というかたちをとらないグアドループ独自の最初の労働組合である。その後、一九七二年に「グアドループ貧農同盟」（ＵＰＧ）が組織された。このふたつの労働組合が中心となり、一九七一年のサトウキビ畑のストライキ、一九七二年のバナナ畑の最初のストライキが決行された。

ＵＴＡとＵＰＧによる闘争は間もなく砂糖工場の労働者や、サービス部門の賃労働者へと波及し、一九七三年一二月二日にグアドループ最大の労働組合ＵＧＴＧ（グアドループ労働者総同盟）が結成された。一九七五年、砂糖工場とサトウキビ畑の労働者による一ヶ月半以上におよぶ大規模なストライキのさいには、ＵＴＡ＝ＵＰＧおよびＵＧＴＧが大きな役割を果たすとともに、ある神父（シェリュバン・セレスト）の無期限ハンガーストライキが労働者の最終的な勝利を導いた。こののち、グアドループではキリスト教団体を基盤にした労働組合がいくつも誕生している。

このような経緯をつうじて、「一九七五年以降、組合面での〈民族運動〉の展開に伴い、大衆的で、民主主義的で、民族的な〈革命〉をめざすいくつもの目標を受入れ、グアドループ愛国主義者を、一個の明確な基盤のもとに統一できる、広範な政治組織が必要となった」[10]。こうして一九七八年、これらの労働組合を支持基盤にした政治組織が生まれる。それが「グアドループ解放民衆同盟」、通称ＵＰＬＧだ。

ＵＰＬＧ創設には、ある詩人がかかわっていた。その人物の名はソニ・リペ（一九四〇―一九九一）。フランス語の綴りに則して発音すれば「ソニー・リュペール（Sonny Rupaire）」だが、話し言葉のクレオール語では「ソニ・リペ（Soni Ripé）」と発音したようだ。後述する理由から本書ではかれのことをソニ・リペと呼びたい[11]。

リペは、マルティニックのダニエル・ブックマン同様、ファノンに圧倒的影響を受けた世代の人間だと言える。一九六一年にグアドループのサン＝クロード（バス＝テール市から北東に上ったところにある）の小学校教師になるものの、アルジェリア戦争に対する不服従の精神からこのポストを拒否し、秘密裏に北アフリカに渡ると、モロッコ国境地帯でFLNの軍事部門「アルジェリア国民解放軍」（ALN）に合流した。以後、リペは独立アルジェリアに留まり、アルジェ大学で文学研究を続けたあと、ドゥエラ高校（首都アルジェ近郊の町）の教師を務めた。

詩人としても早くから注目を浴び、FAGが中心となった『エスプリ』一九六二年四月号、および押収された『プレザンス・アフリケーヌ』のフランス領カリブ特集号には、かれのフランス語詩が数編掲載されている。

FAGが「一九五九年一二月」に衝撃を受けたように、リペもまた、一九六七年の三月と五月の事件に強く心を揺さぶられ、帰郷を決意する。同年一一月、かれはGONGに加入すると、AGEG（グアドループ人学生総協会）の代表も兼ねて、キューバを訪問する任務を託された。これは革命後キューバで創設された「ラテンアメリカ大陸学生連合」（OCLAE）にグアドループの愛国主義運動を伝えることが目的だった。

一九六九年、リペは「同志《カマラード》マックス」という変名を用いてキューバからグアドループに密航した。帰郷を果たした詩人は、一九七一年、先述の労働組合UTAの創設に尽力するかたわら、AGEGの強力な支持のもと、詩集『…この砕けたヤムイモがわが生地』を出版した。

『…この砕けたヤムイモがわが生地』には、一九五七年から一九七〇年までにかれが書いた詩が収められている。この詩集に収められたもっとも早い日付の詩では、支配者に酷使されるニグロの苦悩と怒りを語り（「土を突く者たち（レ・ダムゥール）」）、また別の詩ではデルグレスが爆死したマトゥーバの風景を「緑の歯肉」と描き（「マトゥーバ」に）、全国学力コンクールの入賞に向けた勉強を強いられて自殺してしまう一七歳の民族主義青年マックスに詩を捧げ（「マックス・ランクルロに」）、「ストライキ」と題した詩などを書いたリペは、サルトルの「アンガジュマン（社会参加）」の文学観を文字通り共有していた。サルトルは「アンガジュマン」と詩の表現とを矛盾するものと捉えたが、だとすればこの矛盾を超克することをリペは目指した。詩集の序文にはこうある。

これらのテクストが闘争中のグアドループ人労働者に勇気と決意をいま以上に鼓舞することに成功するならば、テクストは目的に達したことになる。

この数口分の苦いヤムイモが、われらの民の知識と希望への飢えを多少なりとも和らげられる

図46　ソニ・リペ『…この砕けたヤマイモがわが生地』（1971）

図47　デモを先導するソニ・リペ

とすれば、ヤムイモはその使命を果たしたことになる[12]。

この詩集は二つのパートからなっている。いましがた触れた詩はすべて第一部に収録された、フランス語の詩だった。第二部には、じつはクレオール語の詩だけが収められている。グアドループ帰郷のときにはフランス語での詩作と決別することを決意していたようだ。ある研究者に宛てた手紙でリペは自分がクレオール語で書く理由をこう述べた。

クレオール語はグアドループの労働者と農民が理解するただひとつの言語だ。言葉の宛先がかれら労働者・農民であるなら、かれらが話す言語でかれらに向かって話す必要がある[13]。

これが「ソニー・リュペール」をここで「ソニ・リペ」とあえて呼びたかった理由である。リペはクレオール語で最初に書いた詩人ではない。けれども、民族主義思想を背景にクレオール語で書くことを決意した最初の世代の詩人だということはできる。グアドループでクレオール語での創作の潮流を生み出したのは、このソニ・リペだ。グアドループの民衆詩人になろうとしたリペは『…この砕けたヤムイモがわが生地』以外の詩集を遺さなかった。詩集出版後、かれはUPLG創設メンバーとなり、そのスポークスマンを務めた。そして、ちょうどFLNにおけるファノンがそうだったように、機関誌『ランデパンダンス（独立）』の編集に携わった。

クレオール語とグオ=カ

文化面で見た場合、UPLGは「黒人性」や「アフリカ性」を民族主義運動の重要な構成要素としたと言われる[14]。これはグアドループの民族主義運動の傾向であり、ネグリチュード批判を基調にしたマルティニック独立運動とはその点で異なっている。そして「アフリカ」をルーツとする「グアドループ性」にはふたつの特徴的な表現手段があるという。

そのひとつはリペに見られたクレオール語表現である。こうしたクレオール語による表現を理論面で擁護したのはしばしば言語学者だった。グアドループには社会言語学者ダニ・ベベル=ジズレ(一九三五―二〇〇三)がいた(名前から判断しづらいが女性である)。かの女の有名な著作『クレオール語、押し殺された力』(一九七六)は、クレオール語が社会・歴史的プロセスをつうじていかに貶められてきたのか、フランス語を優位とする二言語関係がいかに構造化されてきたのかを解き明かしたものである[15]。このような言語擁護を背景にクレオール語は「抵抗の言語、グアドループの民の抑圧された文化的アイデンティティの核」として積極的に評価されてきたのだ[16]。

「グアドループ性」のもうひとつの表現は農村部の太鼓を主体にした音楽である。グアドループでは太鼓とその演奏法を「グオ=カ」(あるいはグロ=カ)という。フランス領カリブには、いろいろな太鼓があるが、グオ=カもふくめ、ポピュラーであるのは樽を太鼓にしたものだ。

なぜ樽なのか。樽は、植民地交易のさいに砂糖やラム酒などの商品の保存・運搬に用いられた、カリブ海ではありふれたものだった。島には樽を作る黒人の職人もいた。そのような樽職人など技術をもつ人間が樽で太鼓を作ってきた。実際の太鼓の作り方については、マルティニック人の太鼓奏者であるシュリ・カリ（一九五五年生）の『カリブの音楽とダンス』（大串久美子訳、勁草書房、一九九六年〔原著一九九〇年〕）に詳しい。

グオ＝カは、民族主義者のあいだでは「ビギン」の対極にある音楽だった。ビギンはマルティニックの当時の都会サン＝ピエールで開花し、第一次世界大戦後、フランス本土でジャズと並んで人気を博した、ダンス音楽である。ビギンを伝えたのはフランス領カリブの演奏家で、とくにクラリネット奏者アレクサンドル・ステリオ（一八八五―一九三九）の楽団が有名だ。ステリオの楽団は、一九三一年のパリ国際植民地博覧会（本書第二章二節）のさい、グアドループのパビリオンで一躍人気を博したことで知られている。ジャズの要素も取り入れたビギンは、クラリネット、ヴァイオリン、ドラム、コントラバス、トランペットなどからなる、優雅にしてノスタルジック、都会的にして異国情緒を漂わせる音楽だ。

図48　ダニ・ベベル＝ジズレ『クレオール語、押し殺された力』(1976) 表紙。表紙はフランス語の強制の寓意である。黒人は首を締めつけられ、口輪を嵌められている。その口輪にはフランスの地図が描かれている。

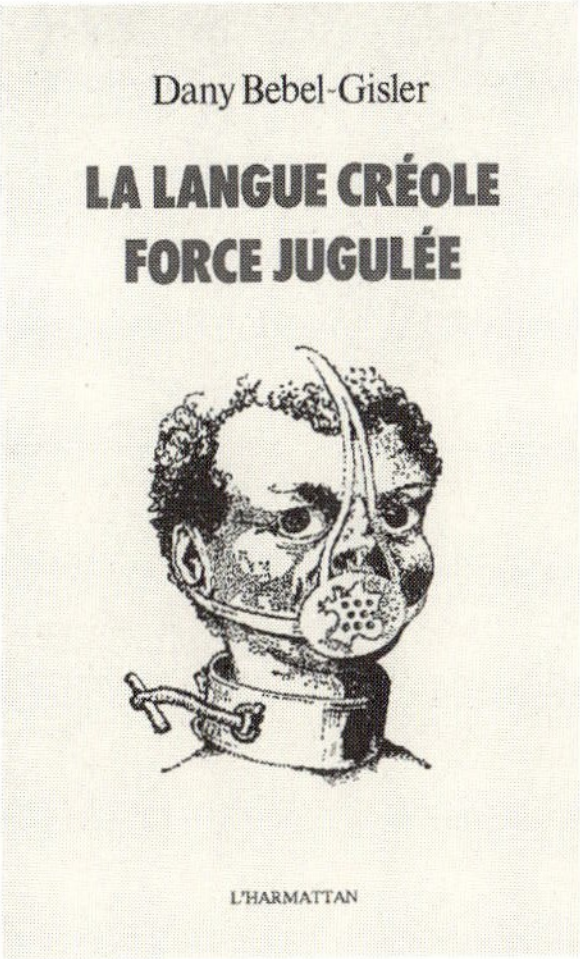

これに対して、グオ＝カは複数の太鼓からなるシンプルな編成で、語り部が太鼓のリズムに合わせてうたう農村のダンス音楽だ。リズムは激しく、ビギンのように洗練されていない荒々しさが魅力だ。グアドループ民

族主義者にとって、ビギンは「フランス的」、「同化主義的」、「異国趣味的《ドゥドゥイスト》」だということになる。

グアドループ民族主義運動は、「アフリカ的グオ＝カ」VS「フランス的ビギン」というわかりやすい対立軸を持ち込みながら、グオ＝カの再評価をおこなっていった。一九八〇年代、UPLGのラジオ番組「ラジオ・タンブー（太鼓ラジオ）」はグオ＝カのプロモーションに重要な役割を果たしたと言われる。

グオ＝カの名手は多いが、なかでもマルセル・ロリア、通称ヴェロ（一九三一―一九八四）は象徴的存在だ。その類稀なる才能からヴェロは、一九七〇年代の民族主義運動のなかで民衆が生んだ天才と評された。ヴェロは路上で生活し、食堂やカフェなどで演奏をしては日銭を稼いでいた。五〇代で病死するこのグオ＝カの達人に対する教会での葬儀には大勢の人びとが詰めかけた。現在、ヴェロは石像として、彼の生まれた町ポワン＝タ＝ピトルのサン＝ジョン・ペルス通りとノジエール通りの十字路に鎮座している（第四章のポワン＝タ＝ピトルの地図参照）。

図49　グオ＝カの達人ヴェロの石像。この石像を建てたのはグオ＝カ・グループ「アキヨ」である。毎週土曜日、この通り沿いでアキヨは演奏する。

2　クレオール語復権運動と一九八〇年代の政治動向

クレオール語ナショナリズムの精神

「言語ナショナリズム」という言葉がある。独立運動を展開するにあたって、言語を民族的アイデンティティの核と考える思想とひとまず言えるだろう。多くの近代国民国家は「国民語（民族語）」と呼びうる言語をもっている。「国民語」の特徴は、国民国家の成員がその言語をひとしなみに共有していることにある。つまり、その国民国家の領土で暮らす人間が、その国の言語でもって話し、聞き、読み、書くということだ。

このことは一見自然のように見える。というのも、人はこの世に生まれたときに誰かに話しかけられ、その言葉を自然と習得してゆくからだ。多くの場合、言語習得の環境は家族である。人が最初に覚える言葉が「母の言語」（フランス語では「母の舌」とも読める）と呼ばれるのは故無きことではない。

もし人が「国民語」を自然のように思うとすれば、それは自分の「母語」と「国民語」が一致していたからだろう。というのも「国民語」それ自体はそもそも人工的な言語だ。「国民語」は一般に、国民国家の形成過程のなかで、その当時優位であった言語を中心に形成される。たとえば、文字がない場合には文字が発明（借用）され、それから書き言葉が鍛え上げられる。そうして人工的にできあがった言語を学校で学び、人は読み書き能力を身につける。さらには、文字・視聴覚メディア（新聞、テレビ）をつうじて、人は「自然と」その言語を自分の言語と認識してゆく。

こうして人工的に形成されたのが「国民語」である。当然、この言語が支配的になるにつれ、ほかの言語は「地方語（方言）」と見なされて周縁化してゆく。その国において「地方語」として扱われる言語が「母語」だった場合、その人は学校で「母語」を矯正されたり、場合によっては話すことを禁じられるだろう。「国民語」を正しく身につけるために。

フランス領カリブのクレオール語話者は、こうした苦い経験をだれもが（ある時期まで）味わってきた。学校で学ぶのはフランス語であり、教室でのクレオール語使用は禁じられた。フランス領カリブでは「国民語」はフランス語であり、クレオール語は「劣った」言葉、農民が話す「俚言《パトワ》」でしかなかった。

この支配的な言語観は、押しつけられたものとはいえ、フランス領カリブの人びとの意識のうちに深く刻み込まれてきた。ネグリチュードをつうじて反同化主義の立場を打ち出したセゼールは、クレオール語を喋ることができたはずであるが、生涯、公の場面でクレオール語で話したことはなく、当然クレオール語では書かなかった。

この問題について興味深い考察をしたのが精神科医ファノンだ。かれは『黒い皮膚・白い仮面』（海老坂武、加藤晴久訳、みすず書房、一九七〇年［原著一九五二年］）の第一章「黒人と言語」でミシェル・レリスのクレオール語観（第三章注11参照）を引きつつ、こう述べた。

俚言《パトワ》で書いている、ジルベール・グラシアンのような作家がいるとしても、これは奇特な例だと認めなければならない。それに、この種の作品の詩的価値はきわめて疑わしいと言っておこう。これに反し、セネガルのウォロフ語、あるいはプル語から翻訳されたもののなかには真の作品と言えるものがある。(『黒い皮膚・白い仮面』前掲、三一頁、一部改訳)

ウォロフ語やプル語(フラニ語)は民族の言語であるが、クレオール語は「俚言」だとファノンはいう。さらに、ファノンによれば、クレオール語はフランスの「地方語」とも違う。フランス・ブルターニュ地方でブルトン語を話す人は、自分がフランス人より劣っているとは思わない。しかし、フランス領カリブの人間はフランス人に劣等感を抱く。その劣等感の源のひとつは、フランス語に対する憧憬と葛藤である。フランス領カリブの人間は、自分たちは「黒人」であり、「劣った」人間だとばかり言われてきた。だからフランス語の習得は、「白人」の世界、ひいてはその「普遍的文明」を手に入れることなのである。そうした両義的な心情や葛藤が人びとをクレオール語から遠ざけてきた。ジルベール・グラシアン(本書第二章二節で『正当防衛』グループに批判されたムラート詩人)のクレオール語詩作もこのかぎりで否定的に捉えられるのだ。

この当時、クレオール語はいまだ自立した一個の「言語」とは見なされておらず、フランス語の話し言葉を単純化したものといった程度にしか捉えられてこなかった。このためだろう、言語を対象にする学問としての言語学は、一部の例外をのぞいて、クレオール語に長らく関心を抱いてこなかった。そうしたなかで、一九七〇年代以降、フランス領カリブの知識人のなかからクレオール語を専門に研究する言語学者が活躍を始めた。先ほど言及したダニ・ベベル＝ジズレはそのひとりである。

クレオール語研究をおこなう人のうちには、純粋に言語学的関心から取り組む人間もいる。というよりも、世界的に見れば、そちらの関心の方が大きいだろう。クレオール語という言語は、ほかの言語と違って、植民地支配をつうじて生じた新しい言語だ。それゆえ、クレオール語は、多くの人の興味をそそる言語の起源について考察するのに興味深い事例である。この言語の発生過程を、個人の言語習得の歩みと重ね合わせて論じ、人間の言語能力は遺伝子のうちに組み込まれたものだという仮説、いわゆるバイオプログラム説を提示して、クレオール語に対する関心に火をつけたのが、デレク・ビッカートンの『言語のルーツ』（筧寿雄、西光義弘、和井田紀子訳、大修館書店、一九八五年〔原著一九八一年〕）だった。

しかし、フランス領カリブの知識人は、多くの場合、クレオール語をいかに「国民語（民族語）」にするのか、という言語政治的な関心からクレオール語研究に取り組んだ。かれら・かの女たちを突き動かすのは「言語ナショナリズム」である。「ひとりの知識人が現実を変えようと望むなら、現実を内側から知らなければならない」と考えたベベル＝ジズレはグアドループ農民や学業不振の子どもたちにクレオール語の識字教育活動をおこなった。[17] 一九七〇年代の独立運動の流れのなかで、「国民語（民族語）」の形成に向けたクレオール語の研究と整備がおこなわれたのだった。

クレオール語研究と文学活動

クレオール語復権運動のなかで中心的な役割を果たしてきたのはマルティニックの言語学者ジャン・ベルナベ（一九四二年生）である。[18] ベルナベは、フランス語と古典語を中等・高等教育機関で教えることができる「文法の教授資格者《アグレジェ》」だ。ギリシア語、ラテン語も教授できるほどのヨーロッパの高い教養をもつこの文法学者の選んだ研究対象は、クレオール語だった。

一九七三年、ベルナベは、グアドループの「アンティーユ＝ギュイヤンヌ大学センター」に着任した。[19] この当時、フランス領カリブにはまだ完全な大学はなく、文学と科学にかんしては、大学の二年次の教育課程までしか存在しなかった。ここでは詳しくは述べないが、フランス領カリブの高等教育機関設立は一九四九年にまで遡り、もともとボルドー大学の分校として始まった経緯がある。そして、「アンティーユ＝ギュイヤンヌ大学センター」という名前が示すように、マルティニック、グアドループ、ギュイヤンヌのカリブ海外県三つをまたぐ、フランス領カリブ唯一の高等教育機関だった。

ベルナベはこの大学センターで初めてクレオール語の授業を開講した。最初は選択の授業だったが、ベルナベはこれを必修科目に変えた。二年次の修了証明書を得るには、クレオール語の単位を取らなければならないとする、大胆な改革だった。

一九七六年、ベルナベは「クレオール語・フランス語空間学術研究グループ」（ＧＥＲＥＣ－Ｆ）を設立する。ＧＥＲＥＣ－Ｆはクレオール語学者の研究グループだ。ベルナベをこのグループの長として、クレオール語の研究と整備をおこなってきた。

研究面では主にフランス語系クレオール語の文法の解明に取り組んだ。ベルナベは八年の研究の末、一九八二年にパリ第五大学に提出した博士論文「グアドループとマルティニックのクレオール語の比較検討による共通基本文法」で、フランス語系のクレオール語研究の礎を築いた。一五五九頁、五分冊におよんだこの博士論文は『フォンダル＝ナタル』という題名（博論でのタイトルは副題）のもと一九八三年に全三巻で出版された。

クレオール語の整備の面では、元来話し言葉であるこの言語の書記法をGEREC－Fとともに生み出した。文字はアルファベットを用い、クレオール語の音声研究をつうじて、音に対応する文字を選んだ。その結果、たとえば「クレオール語」はフランス語表記であれば«le créole»であるが、クレオール語では«kréyol-la»と表記された（接尾辞«-la»はクレオール語の前置詞）。本書の文脈上クレオール語の綴りと文法に立ち入ることはできないが、興味のある方は恒川邦夫「フランス語系クレオール（諸）語」（『言語文化』四三号（二〇〇六年一二月）、一橋大学紀要、八三―一〇三頁、電子版で入手可能）をお勧めしたい。これはフランス語圏カリブ海文学研究の先駆者である著者のクレオール語研究ノートであり、フランス領カリブのほか、ハイチ、モーリシャス、レユニオンの文法の基礎を紹介している。

ベルナベとGEREC－Fは、この書記法に基づいて、辞書の編纂、文法書の出版、専門誌（『クレオール語空間』『モフワズ』）の刊行、教育機関におけるクレオール語教育の拡充など、「国民語（民族語）」の形成を目指した、さまざまな試みを続けた。また、こうしたクレオール語研究と平行して、ベルナベの所属する「アンティーユ＝ギュイヤンヌ大学センター」は一九八二年に「アンティーユ＝ギュイヤンヌ大学」として四年制大学に格上げされた。文学部・人文学部はマルティニックのシェルシェール・キャンパス（フォール＝ド＝フランス市に隣接する地区）に設置され、以後このキャンパスがＧＲＥＣ－Ｆの拠点となった。

ＧＲＥＣ－Ｆは大学所属の研究チームとしてクレオール語の言語的特質を研究し、文字を与え、これまでクレオール語にはなかった「書き言葉」の次元を切り開いた。しかし、文字システムを形成しただけでは「書き言葉」は生まれない。新しいクレオール語で書く者が現われ、その著述を受けとる読者が誕生して初めてクレオール語は「書き言葉」を有するようになるのだ。

クレオール語で書く人間の役目は「書き言葉」を鍛え上げることにある。「話し言葉」が指し示すことができるのは、日常の世界、とりわけ農村・漁村の日常だ。これをさらに都市部の経験や、日常の経験では指し示せない抽象物を語る言語に練り上げる必要があった。言い直せば、クレオール語の語彙や比喩を増やし、クレオール語で世界のすべての事象をカバーできるような「豊かさ」を得るには、「書き言葉」の充実が不可欠だった。

この役割を担うのは知識人だが、とりわけ重要であるのは作家だ。作家は自分の創作物をすべてクレオール語で表現しなければならない以上、たんに語彙のレベルにとどまらず、単語に新たな意味を与え、比喩や表現を生み出し、ようするに文そのものを作り上げる。

言語学者がクレオール語の文字を発明した時期に、クレオール語で書く若い世代が現われた。そのひとりが詩人モンショアシ（一九四六年生）である。この名前はグアドループの逃亡奴隷の名を借りた筆名だ。クレオール語詩集『反逆《ディシダンス》』（一九七七年）でデビューしたモンショアシはこの最初の詩集の序文でクレオール語で書く理由をこう語った。

われわれの国の革命的大衆の感性と希求を表現するために、翻ってこれらの感性と希求が人民全体へと行き届くことを手伝うために生み出された文学・芸術作品は、クレオール語で実現されなければならない。これは逃れがたい根本的な必然性である。われわれの国では、クレオール語こそが唯一の民衆の言語である。何世紀にもわたる闘争と犠牲のさなかに人民によって作り出された、人民の言語である。反対にフランス語は抑圧を象徴している。[20]

これはモンショアシのみならずクレオール語で書くことを決意したこの時代の作家が共有する言語態度であると思う。これまでに言及してきた作家同様、モンショアシも学生時代を活動家として過ごした。『反逆』は在フランスのカリブ移民組織「アンティーユ連合同盟」(LUA)の支援のもとにフランスで刊行された。

モンショアシはこのあと、『ラウゼおじさん』(一九七七年)、『ベル・ベル・ゾベル』(一九七八年)、さらにフランス語との二カ国語詩集『ノストロム』(一九八二年)とクレオール語の詩集を発表するが、そうした創作活動のほかにマルティニックのクレオール語新聞にも携わっていた。

その雑誌の名を『グリフ＝アン＝テ(大地に爪を立てろ)』という。一九七七年に創刊され、一九八一年に終刊するまで六一号を発行した、クレオール語によるフランス領カリブの最初の政治週刊紙だ。この新聞の創刊に関わっていたラファエル・コンフィアン(一九五一年生)もまた、クレオール語の作家として出発した。詩集『ジュ・バレ（突然の日）』（一九八〇年）でデビュー後、『ピタコ・ア（田舎者）』（一九八六年）、『コド・ヤム（ヤムイモの蔓）』（一九八六年）などのクレオール語小説を発表した。

このようなクレオール語創作の試みは、フランスの主要月刊文芸誌のひとつ『ユロップ（ヨーロッパ）』の「マルティニック・グアドループ文学」特集号（通巻六一二号、一九八〇年四月）でも大きく取り上げられた。この号は、ハイチの作家ルネ・ドゥペストル（一九二六年生）によるセゼールへのインタヴューを冒頭に置き、特集の最後にクレオール語の作品を翻訳付で紹介している（企画者はフランス領カリブ文学研究者レジ・アントワーヌだと思われる）。作品を掲載した作家は、モンショアシ、コンフィアン、そしてジャン・ベルナベ、ダニエル・ブックマン、ジョビ・ベルナベ

図50　ラファエル・コンフィアン『コド・ヤム』表紙

図51　『アンティーヤ』1164号(2005年10月12日)、表紙を飾るのはラファエル・コンフィアン。

（一九四五年生）である。

また、クレオール語雑誌ではないが、一九八一年創刊の『アンティーヤ』にもここで触れておきたい。これは、ＯＪＡＭのメンバーとして逮捕・投獄された経歴のあるアンリ・ピエがラファエル・コンフィアンら数名の仲間と一緒に始めた、政治・経済を中心としたマルティニックの週刊誌だ。基本的には独立派路線の週刊誌として始まり、マルティニックのジャーナリスト兼小説家であるトニー・デルシャム（一九四六年生）、さらにはパトリック・シャモワゾーを編集・執筆陣に迎え、マルティニック文化を担う重要な情報誌として実績を重ね、支持を集めた。二〇一二年には通巻一五〇〇号にまで達し、マルティニックを代表する雑誌としていまでも発行されている。

一九八一年の大統領選と地方分権化政策

このように、一九七〇年代の独立運動の高まりが政治だけでなく文化の面でも展開された一方、議会政治の場面では、保守傾向が顕著に強まっていった。それを象徴するのが一九八一年のフランス大統領選である。[21]

フランス語に携わる読者はよく知っていることだが、第五共和政下の大統領選は二段階にわけておこなわれる。一回目は各党の候補者間で争われ、第一候補の得票率が五〇％に満たない場合、上位二名の候補者の決戦投票となる。大統領の任期は七年である。一九七四年、一九八一年の大統領選双方で、中道右派ジスカール・デスタンと左派フランソワ・ミッテランが接戦を繰り広げ、一九七四年にはジスカールが、一九八一年にはミッテランが最終的に勝利した。

フランス領カリブの住民は「海外県民」である以上、この大統領選に投票する権利を当然有している。一九八一年の決戦投票では、グアドループでは七八・四八％、マルティニックでは八〇・五七％がジスカール・デスタンを支持した結果となった。この投票では、フランス全体でミッテランが五一・七六％、デスタンが四八・三四％だったことを考えると、フランス領カリブの選挙民の意志は、圧倒的に反ミッテラン・反左派だったことがわかる（フランス本土でジスカール支持がもっとも高い地域でおよそ六四％だった）。

この結果は海外県の保守傾向を如実に示すものだった。それはPPMの党首セゼールに、「自治」を掲げてきた自党の政策を一時宙づりにすることを宣言する「モラトリアム演説」をおこなわせるほどだった。国民議会議員セゼールは、本土の国民議会では社会党と協調し、ミッテラン支持を表明してきた。しかし、海外県民の大半は、左派政権下における改革を望んでいなかった。セゼールは『アンティーヤ』誌のインタヴューでこの結果を次のように捉えた。

人びとはこう信じ込まされたのです、この選挙はステイタスをめぐる国民投票であり、ミッテランへの投票は独立賛成の投票である、と。マルティニック人がこの半世紀来獲得してきた社会的アドヴァンテージを自動的に失うことになる、と。(22)

少なくとも、投票をおこなった人びとの心性には「独立」に対する恐れがあった。しかし、この投票結果が全住民の意志かといえば必ずしもそうとは言えない。というのも、フランス領カリブの

表6　マルティニックにおける大統領選第2回投票結果

登録	187,319		
投票	103,150（55%）	ミッテラン	19,459（19%）
棄権	84,169（45%）		
無効票	3,037	ジスカール	80,653（81%）
有効票	100,112		

Miles, *De la politique à la Martinique*, L'Harmattan, 1992, p. 78, Tableau 4に基づいて作成

住民の約半数がそもそも投票を拒否していたからだ。これらの島では一八四八年の普通選挙の施行以来「棄権主義」と呼びうる傾向が続いており、一九八一年の大統領選における棄権者数もグアドループで五一%、マルティニックで四五%におよんだ。上の表はマルティニックの大統領選決選投票の結果をまとめたものである。

このようにマルティニックでは約一八万人の有権者数のうち、八万人以上は投票に参加していない。こうした「棄権主義」には複雑な要因があると言われている。たとえばそのひとつの要因は、国民議会議員にしろ、大統領にしろ、遠い本土での政治であって、それが直接・間接に自分たちの生活とかかわるという意識が形成されていないことにあるようだ。

前述したように、独立派のなかにはフランス議会政治を否定するイデオロギーから「棄権主義」を方針にする組織があった。マルティニックではMIM（マルティニック独立運動）、グアドループではUPLG（グアドループ解放民衆同盟）である。いずれもフランスの国政選挙には関与しない方針で大統領のみならず国民議会議員の選出にも拒否の立場を取った組織だった。とくに一九八一年の国民議会議員選挙の第一回投票では、グアドループでの投票拒否は七八%という異常な高さにおよんだ。この結果にUPLGの活動がどの程度影響しているのかはわからない。少なくともたしかなことは、政治に現われない意見のなかにはたとえ少数でも独立派が

ふくまれていたということだ。

いずれにしても、第五共和政初の左派政権の誕生に伴い、フランス領カリブの政治の風景は一変した。社会党のミッテランは当初から公約として掲げていた地方分権化改革に着手したのだ。地方に統治権を委譲し、地方の自治性を強めるこの改革は、フランス領カリブの自治派の主張とある程度折り合うものでもあった。しかし、そのとき、海外県のステイタス改革を掲げた「モルヌ・ルージュ協定」の精神は後景に退いた。セゼールは「モラトリアム演説」によってステイタス改革を求めないという方針を宣言したばかりだった。地方分権化とは、海外県の枠組みを維持したままの改革なのだった。

一九八二年に制定された分権化の法律によって、さまざまな制度改革がおこなわれた。これにより、県知事制度が廃止され、県の行政のトップには県議会議長が就いた。それまで県知事は中央政府が任命していたが、分権化以降、県議会議員の互選で選ばれる県議会議長が県行政を運営することになった（ただし「知事」の職名はこれ以降も存在する）。また、これに伴い、中央政府が地方市町村の行政を監視する「後見監督」の制度も撤廃された。さらには、いくつかの県を合わせて構成される「地域圏」（一九六〇年代以降整備されてきた行政組織）に議会を設けることが定められ、一九八六年の地域圏議会選挙をへて、地域圏は完全な自治体になった。(23)

こうした組織上の改革の結果、海外県の自治権はたしかに強化されていった。とくに地域圏にかんしては、各海外県がひとつの地域圏を構成するという特別措置が取られ、マルティニックもグアドループもそれぞれ県議会と地域圏議会を有することになった。

議会がふたつに増えたということは、単純に言っても、議会をつうじて地方政治に参与できる政治家の数や、海外県の政治に投入される国家予算が大幅に増えたということだ。ただ、それぞれの性格と役割は違うとはいえ、地方行政に携わる、ある程度自立的な行政組織がふたつもあるということは、別の視点から捉えれば、政治的紛糾の種になりかねない。セゼールは国民議会議員として、地方分権化の海外県への適用にかんして「単一議会」を求めたというが、これはかなわなかった。[24]

独立運動の極北

ミッテラン政権の成立は、フランス領カリブの自治権の拡大をもたらした一方で、「自治」要求の面では行政ステイタスの変革を見送ることを意味した。これは独立派から見れば自治派の政治的後退だ。とりわけ、反逆の詩人として出発したセゼールは、PCF離反とPPM創設後、海外県の失敗を認め、マルティニックに見合った自治を求めて、政治の表舞台に立ち続けてきた政治家だ。そのセゼールが「モラトリアム演説」で自党の政策を先送りし、そのことによって独立派との対話と協調の可能性を閉ざしてしまったことは、海外県化以後に生まれた世代のなかで島の生活を「成功した植民地支配」(グリッサン)と捉える若者たちには、裏切りに等しかった。

その思いを代弁したのが『アンティーヤ』の記者だったラファエル・コンフィアンだ。コンフィアンは同誌一九号(一九八二年六月一日)に「ある三〇歳の男の宛てたエメ・セゼールへの手紙」(星埜守之訳『現代思想』二五巻一号(一九九七年一月)、七一―七五頁)を公開し、その「怒りと絶望」

を書きつけた。

フランスの選挙も、インチキ集会も、法律の屁理屈も、モラトリアムも、もううんざりです。アンティーユ諸島のフランスの存在にうんざりです――フランスのテレビも、フランス文化も、フランスのスーパーマーケットも、フランスの学校も、フランスの日焼けした青白い顔たちも。国会議員＝市長殿、四〇歳以下の人間が感じているのは、もう沢山という気持ちなのです。

あなたのフランス流のお上品ぶりが私たちを駄目にしてきました。フランス人のなかでも最も色の黒いあなたが、自主管理やら自治やらモラトリアムやら何やらを、祝賀会の会話か「おそれながら申し上げます」式の台詞のような調子で要求しているのですから。あなたが私たちに売りつけることに貢献した、あの毒入りのフランス性に対して、私たちは誇りをもって屈辱、攻撃的態度、そして腹の底からの拒否を表明するものです。（「エメ・セゼールへの手紙」星埜訳、前掲、七四頁）

セゼールにはセゼールの義があり、マルティニックの将来を思い、政治特有の複雑な駆け引きのなかで最善を尽くそうと努めてきたにちがいない。実際にも、海外県の枠内で「近代化」は進められた。少しずつではあるが、社会保障をはじめとしてさまざまな権利が勝ちとられてきた。それはそれで「前進」である。しかしながら、そのような努力にもかかわらず、いや、かえってその努力こそが、コンフィアンのような若い世代を閉塞感に追い込んでいったとしたら、どうだろうか。フランスがもたらす一切を拒む姿勢をとる若者は、この閉塞感をどう耐えるのか。そして、かれ・かの女が抱え込む内なる「怒りと絶望」が社会に向けられるとき、何が起きるのだろうか。

そのひとつの可能性は、独立運動のもっともラジカルな形態、アラン・ブレラルドが大別した四つのうちの最後の潮流である、武装闘争だ（本章第一節）。フランス領カリブにおける武装闘争の展開は、海外県化以後に生まれた世代の独立派の閉塞感を共有しているように思えてならない。

最初の襲撃は、一九八〇年三月六日、グアドループで起きた[25]。グアドループの輸出入政策にかかわる親フランス派県会議員を狙った襲撃である（議員は負傷）。この襲撃を皮切りに、フランス資本の会社、軍隊、メディアなどを狙った襲撃事件が立て続けに起こった。

一九八〇年四月一三日から一四日の夜には、ポワン＝タ＝ピトルのフランス系ラジオ局のスタジオが放火された。同年七月一〇日と三〇日には、ポワン＝タ＝ピトルのスーパーマーケットの支配人への襲撃と、サン＝タンヌ（グアドループ）の憲兵隊兵舎への爆弾テロがおこなわれた。

この一連の襲撃のなかでもっとも大規模だったのが一一月一七日である。この日、ゴジエ港で二隻の船が爆破され、うちひとつは憲兵隊の船だった。しかし、このときにはグアドループの各所に複数の爆弾が仕掛けられていた。こうして、ポワン＝タ＝ピトルの「フランス商業銀行」、サン＝フランソワの「メリディアン・ホテル」、ブイヤントの憲兵隊兵舎は爆破された。バス＝テールの県庁舎およびアンス＝ベルトランの爆弾は未然に撤去されたが、ポワン＝タ＝ピトル空港に仕掛けられた爆弾は、その撤去作業中に一人が死亡した。

さらに一二月に入ると、ポワン＝タ＝ピトルの裁判所およびバス＝テールの県議会が爆破に遭い（五日）、フランス系ラジオ局のスタジオが再び標的とされ（二四日）、ポワン＝タ＝ピトル空港にも爆弾が仕掛けられた（二八日）。これは大統領のグアドループ滞在を狙った犯行だった。

これらの一連の襲撃にかかわっていたと言われるのが「武装闘争グループ」（GLA）である。GLAは「革命的暴力を準備することがフランス植民地主義が複数部門でふるう暴力に唯一対抗できる」と考え、「この暴力は「グアドループ人民の密告者および敵」すべてに対して行使される」とした。[26] 襲撃対象は、先ほどのコンフィアンの言葉を借りれば「アンティーユ諸島のフランスの存在」だった。

ところでコンフィアンには『エメ・セゼール、逆説的な世紀の横断』（一九九三）という評論がある。この著作はその題名から察されるようにセゼール批判の書であるわけだが、独立派に強いシンパシーを寄せるコンフィアンのマルティニック戦後史として読むこともできる。先述のセゼールへの公開書簡を収録するこの評論のなかで、コンフィアンは、ある爆破事件を紹介している。

それは、一九八三年五月二八日から二九日の夜にかけて起こった。マルティニック、グアドループ、ギュイヤンヌ、そしてフランスの首都でほぼ同時刻に一八個の爆弾が爆破したのだった。その物質的被害は甚大で、ギュイヤンヌの県庁所在地カイエンヌでは一人（爆弾を設置した人物か通行人）が死亡したという。当時の『アンティーヤ』の記事は、一八個の爆弾の同時爆破から考えて、この事件に関与した人数を少なく見積もって三六人から八〇人ほどだと考えた。

このとき、GLAはすでにメンバーが逮捕されていた。とすると、別の組織の犯行である。いずれ明るみになるその組織は「カリブ海革命連合」、略号でＡＲＣという。ＡＲＣはマルティニック、グアドループ、ギュイヤンヌの解放を求めて爆弾テロを決行したのだった。

五月二八日が決起日に選ばれたのは、この日が一八〇二年の奴隷制復活に抗したルイ・デルグレスがマトゥーバ要塞で爆死した日であると伝えられていたからだろう。ＡＲＣは、この決起を境に、そのゲリラ活動を展開していった。

五月三〇日、フォール＝ド＝フランスの出版社には「カリブ海革命連合マルティニック支部」による最初の声明文が投函された。

われらが奴隷の祖先による輝かしい蜂起以来初めて、われわれ人民のあらゆる社会層に属するマルティニック愛国主義者は、祖国の没落の受動的な証人にもう甘んじるわけにはいかないと決心した。

われわれは、あまりに長きにわたって、フランスの植民地支配者によって定められ組織された政治の不毛なゲームのなかに自分たちの行動をとどめてきた。

われわれの革命的行動は、ギュイヤンヌとグアドループの兄弟の革命的行動と共にある。かれらはわれわれと同時に、この歴史のうちで、支配を運命であるかのようには決して受入れなかった者たち全員の、困難だが屈することのない闘争に着手したのだ。

生じてしまった限定的反作用は蜂起のサインであり、その蜂起をつうじてわれわれは民族独立を奪取するにいたらなければならず、民としてのわれわれの存在にとって死すべき体制を片付けなければならない。
あらゆる民族解放闘争はこれに着手する者たちにとって最初は痛ましいが、それはこの闘争にいずれ志願する者たち全員にとっても同じだ。というのは、結局のところ、賭けられているのは祖国マルティニックの娘たち息子たちの未来なのだ。
われわれは暴力のための暴力の遊撃兵ではない。祖国への愛こそ、フランス植民地支配者およびそのありとあらゆる類の従僕に対するわれわれの革命的行動を導くものなのだ。[……]
マルティニック人民よ、労働者よ、若者よ、失業者よ、その名に値する知識人よ、二重に抑圧された女たちよ、共通の敵に対する闘争にどうか参加してほしい(27)。

この声明文のうちには、暴力をもってしか民族解放闘争はなしえないという悲壮な決意が感じられる。コンフィアンの言葉を再び借りればフランスに対する暴力は「禁忌」だった。一九八〇年代の独立過激派はこの「禁忌」を破り、自分たちの大義を信じ、この暴力が切り開く地平へ辿り着こうとした。
ARCは一九八三年五月二八日の決起の数日後にはパリ一〇区と二〇区の市庁舎に爆弾を仕掛け、八月にはパリのふたつの建物を爆破し、一一月にはポワン＝タ＝ピトルで白人の自動車を爆破、さらにバス＝テールの県庁舎前の自動車にも爆弾を仕込んだ（二三人が負傷）。同年一一月から一二月にかけて、ARCの中核であると思われる「グアドループ独立民衆運動」の活動家一九人が逮捕・投獄されるものの、そのリーダー格リュック・レネットは途中で逃げ出すことに成功した。

この逃亡は奴隷制時代の黒人逃亡奴隷にかけて「現代の逃亡行為《マロナージュ》」と呼ばれた。

このあともARCはその遊撃戦を緩めることはなかった。一九八四年、マルティニック支部は四月五日の夜に「ベケの経済権力の象徴」であるクリュニー地区のスーパー、「地方議員が関与する観光事業政策の象徴」としてトロワ＝ジレ（三つの小島）のゴルフ場、そして「フランス軍権力の象徴」であるリヴィエール＝サレ（塩の川）の憲兵隊兵舎に対する爆弾テロをおこなった。

しかし、ARCは追いつめられていった。フランス国家は組織の解体に本格的に着手した。ARCの武装闘争は、保守派からは当然のこと、PPMからも見放されていた。セゼールの懐刀として地方分権化改革に関与していたカミーユ・ダルシエール（一九三二―二〇〇六）はARCを「左派ファシスト」と呼び、OJAMやGONGの民族主義運動をかつて法廷で擁護したセゼールさえも、ARCの暴力論を「単純化したスローガン」だと批判した。

アンティーユの問題は単純ではないからです。爆弾を用いたり単純化したスローガンを用いたりして解決される問題には属さないのです。(28)

たしかにその通りなのかもしれない。セゼールの見解は「正しい」のかもしれない。過激化した闘争はいずれ自壊し、それをおこなった当人もまた自己否定する道程が一般論として語りうるのであれば、この種のゲリラ闘争は最初から孤立せざるをえないのかもしれない。しかしながら、その行為が結果的に独立の道をさらに狭めてしまうとしても、ARCに殉じようとした若者の決意については、「単純化したスローガン」という言葉で片付けることができないように思われる。こうした極端な観念と情念もまたたしかにフランス領カリブの歴史の一部をなしているのだ。

そして、GLAやARCが武装闘争によって独立の道を切り開こうとしたように、この閉塞感を打破し、フランス領カリブを一挙に世界へ開くことになる文学運動が登場する。

そう、それは「クレオール」と呼ばれる文学運動だ。その中心人物は、すでに本章で何度も言及してきたジャン・ベルナベとラファエル・コンフィアン、そして次節で詳しく取り上げるパトリック・シャモワゾーだ。この三人が発表した「クレオール」のマニフェスト『クレオール礼賛』の世界的成功によって、これまで知られざる地域文学だったフランス領カリブの文学が、いうなれば「世界文学」に接続することになるだろう。次の節ではこの「クレオール」の文学運動を、同時期にやはり「ワールドミュージック」として脚光を集めるカリブ海音楽の動向にも注目しながら見てゆくことにしよう。

3 カリブ海から世界へ

マラヴォワとカリ

本章ではこれまではあまり触れてこなかった音楽について紙面を割いている。それはすでに見てきているように、音楽がカリブ海の文化的アイデンティティの重要な要素であるからだ。しかも、一九八〇年代にはフランス領カリブの音楽はフランス本土を超えて注目されるようになる。日本でも「ワールドミュージック」が流行した一九九〇年前後に、フランス領カリブの音楽が本格的に紹介されていった。

フランス領カリブ音楽と一口に言っても、その音楽は多様だ。ジャンルだけをとってみても、太鼓音楽のグオ＝カ（グアドループ）とベレ（マルティニック）、洗練された都会的音楽ビギン、回転木馬の伴奏音楽として発展したシュヴァル・ブワなどが挙げられる。さらには、ビギンに隣り合うダンス音楽であるマズルカ（ポーランド）、ポルカ（ハンガリー）、カドリーユ（フランス）がフランス領カリブでは演奏され、農村部ではアフリカ的要素の強いマヨンベ、カレンダなどが太鼓にあわせて踊られてきた。これに、カリプソ（トリニダード・トバゴ）、コンパ（ハイチ）、レゲエ（ジャマイカ）など、ほかのカリブ海域で発展したスタイルをも吸収しながら、フランス領カリブは、まさしくクレオール的（混淆的）な音楽を展開してきた。

マラヴォワやカリの音楽をぼくらが新鮮に感じたのは、［……］、ホントの意味で伝統的で、それゆえに外に開かれた音楽性を提示してくれたからだ。カリブ海の島々に伝わる伝統はもともと言語の違いや国境で分断されていたものではない。自らの伝統を追い求めることで、国境なんてものは自然に越えてしまう。こんな方向性を見せてくれたところがマラヴォワやカリのワールド・ミュージックと呼ばれるゆえんでもある。

これは、音楽評論家の中村とうよう（一九三二―二〇一一）とともに、カリブ海音楽を積極的に紹介してきた田中勝則が季刊音楽誌『ノイズ』一二号に寄せた文章の一節だ[29]。まずはこの文章に登場するマラヴォワから紹介することにしよう。なおフランス領カリブの音楽紹介にあたっては、この地域の音楽をめぐる研究書であるブレンダ・ベリアン『覚醒する空間――フランス領カリブのポピュラー・ソング、音楽、文化』（二〇〇〇）を主に参照する[30]。

マラヴォワは一九六〇年代後半にヴァイオリン奏者のエマニュエル（通称マノ）・セゼールを中心に結成されたグループだ。ヴァイオリンを中心にした編成で、その音楽は、いうなれば、明るいノスタルジーを醸し出す。ビギン、マズルカ、ワルツなどを混ぜ合わせて生み出されるマラヴォワのこうした音楽性が確立したのは一九八一年以降だと言われる。マノと並んでマラヴォワ的音楽を語るときに欠かせないのがピアノ奏者ポール（通称ポロ）・ロジーヌだ。マラヴォワの代表曲は、一九八二年に発売された事実上のレコード・デビュー作『ラ・フィロ（哲学）』から（後年に一九六〇年代の初期録音がCDで発売される）、音楽評論家のあいだで高い評価を受ける『ジュ・ウヴェ（日の出）』（一九八八）まで、ポロが作曲を手がけたものが多い。ポロは一九九三年に四五歳という若さで病死してしまうものの、マラヴォワはその遺志を継いで現在にいたるまで活躍を続けている。

ところでユーザン・パルシー監督の『マルチニックの少年』が劇場公開されたのは一九八三年であり、マラヴォワの活躍期と重なっている。実際、映画のテーマ曲「バク・ティ・ブク（渡し舟ティ・ブク号）」を手がけるのはマラヴォワだ。一九三〇年代のマルティニックの都会フォール＝ド＝フランスの華やかさを伝えるような、軽やかで美しいインストゥルメンタルの楽曲だ。しかし、この映画サントラ盤の解説を執筆している比較文学者・西成彦が述べるように「じつはオシャレに聞こえる都会音楽にもアフリカ的な奴隷音楽の精神はしっかり受け継がれている」(「マルチニックの苦しみと奴隷文化の継承」、解説六頁)。多くのフランス領カリブ音楽がそうであるようにマラヴォワもまた歌が入るときはその多くがクレオール語でうたわれる。マラヴォワの歌い手として有名なのは、ポロ・ロジーヌが築いたマラヴォワ黄金期に在籍した男性歌手ラルフ・タマールだ。彼の優しく力強い声に乗せてうたわれるのは、「都会での生活に倦みはてアル中におちいる島の男の歌。誰よりも早く目を醒まし、牛飼いをつとめる少年の歌。自由を求める心の火を絶やすなと歌う激励の歌。人の足をひっぱる毒舌にしか才能を発揮できない島民の退廃を告発する歌」といった「島の人々の現実」(西成彦、同前)なのだ。

マルティニックの音楽家カリ(一九五九年生)もまた、マラヴォワ同様、伝統音楽を基調にしている点でたしかに共通性がある。じつは、先ほど言及した『ノイズ』一二号は「カリブ海音楽」の特集号であり、カリの来日記念のインタヴューを中心に組まれている。ちょうどこの来日でカリが引っさげていたのが彼の代名詞ともいえる「ラシーヌ(ルーツ)」シリーズだった。

このシリーズはその名のとおりカリブ海音楽のルーツを求めたものである。バンジョーという、ウクレレの音色にも似た弾むように陽気な音を出す撥弦楽器を片手に、カリはマルティニックの伝統音楽を基調にした、やはりマラヴォワのような明るいノスタルジーを喚起させる音楽を繰り広げる。その世界は、来日した一九九一年当時に発売されていた「ラシーヌ」シリーズの二枚のアルバムで堪能できる。

音楽の面ではおそらくカリの方がマラヴォワよりも農村音楽に接近している。カリが影響を受けたというフルート吹きの歌手ユジェーヌ・モナ（一九四三―一九九二）は太鼓ベレを基調にしたマルティニック農村音楽を代表する存在だ。カリいわく「彼がやっていたのは田舎の音楽なんだ。名前がなくて、もう田舎の音楽って呼ぶしかないような……。最初のアルバム［『ラシーヌ』］のような感じだけど、もっとルーツに近い。ぼくのアルバムではルーツ・ミュージックをソフトに仕上げて聞きやすくしてあるけど、これをもっともっと泥臭く、ダサくすればモナのやっていた音楽になるかな」（海老原政彦「歴史と地域性が織りなす優雅な色彩」『ノイズ』前掲、五二頁）。

カリにはもうひとり影響を受けた人物がいるという。それはボブ・マーリー（一九四五―一九八一）だ。レゲエを世界化した言わずと知れたこの音楽家からの影響は『ラシーヌ』のようなアルバムよりも、「スィジエム・コンティナン（第六大陸）」というバンドを組んでいた時代のアルバムに色濃く表われている。海外県・海外領土を痛烈に揶揄する「レゲエ・DOM‐TOM」というカリの代表曲もこの時代に作られた。そして、現状に対する批判精神がさらに鋭い仕方で現われているのが一九九二年発売のマキシシングルに収録された「この島売ります」だ。

マルティニック島を「観光」を表す過剰な記号でコラージュしたそのアルバムジャケットがまずは目を惹く。「この島売ります（ÎLE À VENDRE）」と売り出し中をアピールする大きな看板が印象的だ。

このジャケットとタイトルから想像されるよう

図52　『ノイズ』カリブ海音楽特集号の表紙（1991年12月）。写真はバンジョーを弾くカリ。

に、歌詞は観光地マルティニックに対する辛辣な皮肉で満ちている。[31] たとえば、歌詞はこの言葉から始まる。「レディース・アンド・ジェントルメン、ご乗車ください、ハロー、さあお席にどうぞ、カリブ海にようこそ、さあこれから島巡りが始まりますよ」。この島巡りの案内役カリは、聴き手にマルティニックの観光地としての魅力を誇張した紋切り型でこう伝える。「ここは熱帯の素晴らしい土地、太陽は年中照って日当たり良好、貿易風はプログラム済み、浜辺にはどこにでもココヤシの木保障付き！　さあこの島売ります、カリブ海の特別大売り出し」。

図53　カリのマキシシングル「この島売ります」(1992)

カリはこのような調子でマルティニックの観光地化したた現状を徹底的に風刺する。しかも、この観光地化を批判してきた独立主義者に対しても、カリはこんな皮肉を欠かさない。「ええ、何ですって？　革命が恐いですって？　大丈夫です、ここでは革命家はみんな公務員ですから」。この皮肉の背景には、海外県の公務員は通常の給料にくわえて四割増の特別手当を受けている、という事実がある。これはもともと物価高の海外県に赴任した本土人のための僻地手当だったが、ストライキによって現地の公務員も同様の手当を獲得した。安定した給与と特別手当を受ける公務員は、海外県では特権的な職業なのである。「革命家」は知的エリートであり、エリートが地元で就くのは公務員が相場だ。そんな「革命家」がフランスとの縁を切って公務員という「甘い汁」を手放すはずがないというのが、皮肉の含意だろう。単純に割り切れる話ではないが、公務員として生計を立てる独立主義者の矛盾をついていることはたしかだ。

「この島売ります」はフランス語でうたわれている。多くの歌詞をクレオール語で書くカリにしてはめずらしいが、それはマルティニックの観光業の大半はフランス人向けであるという事情を反映している。カリの歌は政治的である。「この島売ります」と合わせて収録された「燃えるヴァヴァル」(32)はクレオール語の歌だ。歌詞の末尾にはクレオール語表記はGEREC（―F）にしたがったと但し書きが添えられている。

ズークの誕生

「ワールドミュージック」全盛期に日本でその音楽性を高く評価されたのはマラヴォワとカリだった。とはいえ、フランス領カリブの音楽文化史を語るさいにマラヴォワやカリよりも存在感を放つのは、グループ「カッサヴ」である。マラヴォワやカリの世界的な成功は、カッサヴの成功を抜きにしては語ることはできないだろう。ではカッサヴとはどんなグループか(33)。

グループの誕生は一九七〇年代後半に遡る。創始者であるグアドループ人のピエール＝エドゥアール・デシミュスはハイチ音楽で人気を博した音楽家だ（当時グアドループ音楽を席巻していたのはダンス音楽のコンパだったという）。一九七八年にコンパを基調にした三人の音楽グループを組み、さらにカリブ海の多様なジャンルの音楽を取り入れて、一九七九年、音楽家兼プロデューサーのフレディ・マルシャルのサポートのもと、「カッサヴ」としてデビューした。

「カッサヴ（Kassav'）」とは、クレオール語で、熱帯植物キャッサバ（フランス語で「マニオク」）の根から採ったデンプンに、ココナツと砂糖を加えたガレット菓子のことだ。この語は語源をたどるとアラワク族（タイノ）の語がコロンブスに伝わったものと言われる。植民地支配よりも古い食べ物だ。しかも、キャッサバは場合によっては毒をふくんでいる。この毒を抜いて作ろうとした音楽、あるいは毒をもふくんでいる音楽、それが「カッサヴ」ということになる。

グループは自分たちの音楽を「ズーク」と呼んだ。このクレオールの言葉はダンスホールを意味する。その語の由来は諸説あるが、一説によればアフリカの言葉で娯楽集会を指すものだったそうだ。カッサヴは「ズーク」という語によって、フランス領カリブを特徴づけるリズムを重視したダンス音楽の方向性を打ち出した。

そのリズムは、どこまでもアップテンポで軽快だ。マラヴォワやカリに見られる郷愁を感じさせない、ひたすらに明るい気分を作り出すのがカッサヴの持ち味だろう。この底抜けの明るさがカッサヴとズークの異例な成功をもたらした大きな要因だと思われる。そのリズムの軽快さが耳に残るカッサヴの音楽は、しかし、たんに耳に心地よいだけの商業主義的な音楽ではなかった。

カッサヴが作り出した「ズーク」はそれ自体新しい音楽ジャンルであり、ロック、レゲエ、サルサなどの影響を受けつつ、当時フランス領カリブに存在したコンパ、グオ＝カ、ベレ、マズルカ、ビギン、カリプソなどの伝統音楽の諸要素をうまく混ぜ合わせて生み出した音楽だった。フランス領カリブの音楽の特徴が混淆性にあるのだとすれば、「ズーク」はその代名詞のようなジャンルといえるだろう。文字通りのクレオール音楽なのだ。

グループの中心人物はピエール＝エドゥアールとジョルジュのデシミュス兄弟（グアドループ）、そしてギタリストのジャコブ・デヴァリユー（グアドループ）である。これに女性歌手ジョスリンヌ・ベロアール（マルティニック）、男性歌手パトリック・サン＝テロワ（グアドループ）が加わってカッサヴの黄金時代を築いた。

一九八四年、デヴァリユーとジョルジュ・デシミュス名義のアルバム『イェレレ』に収められた「ズーク・ラ・セ・セル・メディカマン・ヌ・ニ」は、カッサヴの代表曲として知られる。この長いクレオール語のタイトルは「ズークはわれわれのもつ唯一の薬」という意味だ。「薬」という語は、昔のクレオール語では「力」を意味していた。「ズーク」は「われわれのもつ唯一の力」であるという隠された意味が込められたこの曲は、とくにBUMIDOM（海外県移民局）によってパリに移住したフランス領カリブ出身者から絶大な支持を得たという。ラジオをつうじて流れる陽気な音楽に乗って伝えられるそのクレオール語のメッセージは、冬の厳しいパリで生活を営むカリブ出身者の心を暖めるだけでなく、カリブ海の人間であることとの自信をもたらしたのだ。「ズーク・ラ・セ・セル・メディカマン・ヌ・ニ」はそれほど画期的な曲だった。

この曲の成功によってカッサヴはフランス本土でも一躍有名となり、一九八五年にはパリの有名なコンサート会場「ゼニス」での最初のコンサートをおこない、この年から一九八七年にかけてアフリカ各地を巡った。その人気はとどまることを知らず、多くのアルバムがゴールド・ディスク（フランスでは一九七三年から二〇〇六年までにかけて一〇万枚以上のセールスを記録したアルバムに与えられる賞）に輝いている。もっとも売れたアルバムはゴールド・ディスク（一〇万枚以上）とプラチナ・ディスク（三〇万枚以上）に輝いた、つまり計四〇万枚以上の売り上げを記録した三枚目の『ヴィニ・プ』（一九八七）、さらにダブル・ゴールド・ディスク（二〇万枚以上）を得た『マジェスティック・ズーク』（一九八九）と続く。フランス領カリブでは今日までトップの地位を維持している奇跡のグループだ。

しかし、どれほど売れようとも、カッサヴはクレオール語にこだわった。「ぼくら［カッサーヴ］は政治的な理由でフランス語では曲を作らない。ぼくは曲を作るときにクレオール語で考えているし、クレオール語で曲を書く。フランス語だと気詰まりだし、ぼくらはクレオール語をつうじて知られたいんだ」と、デシミュスは述べる(34)。

図54　カッサヴの1986年ゼニスでの実況録音盤

カッサヴは音楽をつうじてカリブ海の文化を世界へ開いた。たとえそれが文化の「中心」としてのパリ経由であったとしても、また、日本の「ワールドミュージック」ブームがバブル経済の異様な好景気を背景に生み出されたものだったとしても、この列島に住む人間は、以後、小さな島々の音楽を知るようになる。これまで、ほとんど名前も聞いたことのなかったマルティニックやグアドループという島々が地球上にたしかに存在することを知り、その島々から届けられる素晴らしい音楽に耳を傾けるようになる。そして、このようなフランス領カリブのクレオール音楽の世界化を背景に、今度は文学が大きく躍動する。

シャモワゾー小説の波紋

一九八六年、フランスの大手出版社ガリマールから一冊の小説が刊行された。『七つの不幸の年代記』と題されたその小説は、マルティニック唯一の都会フォール＝ド＝フランスの市場で働く、所得を申告しない、荷運びなどの細々とした仕事で日銭を稼ぐ何でも屋《ジョブール》を主人公にした物語だった。作者はパトリック・シャモワゾー。一九五三年にフォール＝ド＝フランスで生まれたこの作家には、最初の作品に『水の精《マンマン・ドゥロ》対魔女カラボッス』（一九八一）という戯曲があったが、この長編一作目が事実上のデビュー作と言ってよかった。いわゆる非行少年・少女の更生にあたる保護司の職務をつとめながら、シャモワゾーが書いたこの小説は刊行後たちどころに話題になり、数週間のうちに三万部が売れるという、無名の新人作家としては異例の成功を収めた。

作品はフランス語で書かれた。シャモワゾーは最初の戯曲から一貫してフランス語で執筆している。しかし、そのフランス語はしばしば口承性を帯びている、と言われる。彼のフランス語の文体は、クレオール語による庶民の世界を見事に伝えていると評判になった。

『七つの不幸の年代記』はそれゆえフランス領カリブの文学に波紋を生んだ。なぜなら、著者シャモワゾーは、クレオール語の息吹をフランス語によって表現するという困難な作業を成し遂げてしまったかもしれないからだ。より正確には、「シャモワゾー化したフランス語」（ミラン・クンデラ）の文学的価値は認めないこともないが、問題は彼の作品が、クレオール語で書き、読むという「国語化」の運動を妨げるかもしれないことにあった。

その懸念を表明したのは、ほかでもない、クレオール語学者ジャン・ベルナベである。

当初、私は『七つの不幸の年代記』にいくらか戸惑いを覚えました。文学的価値を疑ったのでなく、この作品がクレオール語だけで書かれた作品を代表してしまうのではないかと恐れたのです。なぜなら私はこう述べてきました、「あたかもクレオール語であるかのごとき幻想をもたらすフランス語作品を読むことになれば、カリブ海の民はクレオール語で読むなどという骨の折れることをしなくなるだろう」と。私は純粋かつ強固なクレオール語の著者であったわけですから『七つの不幸の年代記』に不安を覚えたのです[35]。

フランス語作品がクレオール語作品を代替してしまうのではないか。ベルナベの危機感は強い。一九八〇年代はようやくクレオール語による執筆が若い世代の作家によって担われはじめてきた、重要な時期だった。しかも、読者不在のなか、未来の読者を生み出すために書かれるクレオール語による執筆である。シャモワゾーのフランス語は、クレオール語を読んでいるような印象を、本土のみならずカリブ海の読者にも与えてしまうことになれば、ベルナベのいうとおり、クレオール語の読者は生じないだろう。ここにも、フランス語とクレオール語をめぐるダイグロシア（二言語のあいだに社会的優劣のある関係）の構図があり、シャモワゾー作品は、この観点では、フランス語の支配を強化してしまうことにもなりかねない。

ベルナベはフランス語の文章のなかでクレオール語を用いることを警戒していた。クレオール語を使用することでフランス人読者にクレオール語の文化を示すという肯定的側面はたしかにあるが、結局それはクレオール語で書くことではない。一九八二年にGEREC－Fが出版した「クレオール文化憲章」は、文学的表現のなかでフランス語のうちにクレオール語を混ぜ合わせることを「誤り」としていたほどだった。

したがって、シャモワゾーという大型新人の登場は、本土の読者にカリブ海のフランス語文学の存在を強く印象づける一方で、クレオール語による読み書きを危ぶませる脅威としてクレオール語ナショナリストには捉えられたのだった。

ここには、容易に解消しえない深いねじれがある。それは、ちょうど政治における独立か、自治かという問いにも似ている。というよりも、この言語的ねじれは、政治的ねじれそのものを反映していると言っていいだろう。フランス海外県として、完全にフランス人になることは自分たちのアイデンティティを失うことである。かといって独立して名実ともにカリブ海人になることもかなわない。

ベルナベやコンフィアンといったクレオール語擁護派は、このねじれを必死に正そうと、クレオール語の「国語化」に心血を注ぐ。これに対し、シャモワゾーはこのねじれをむしろ自分たちの実存の条件として受け入れたところで、クレオール語とフランス語との相互作用によって生み出される唯一無二の文体、すなわち「シャモワゾー化したフランス語」でもってフランス語に挑む。つまり、クレオール語擁護派とシャモワゾーは、結局のところ、その手段が違うだけで、「成功した植民地支配」を乗り越えるという目標においては一致しているのだ。

それゆえ、ベルナベとコンフィアンはシャモワゾーと手を組むことになる。クレオール語擁護派の二人はシャモワゾーの見解におそらく完全に同意したわけでなかった。むしろ、クレオール語の普及のためにはフランス語による文学活動もまた必要であると考え直したのだ。こうして、ベルナベとコンフィアンもまたフランス語で小説を書くようになる。しかし、フランス語での執筆を受け入れることは、当然ながら、自らの主張を変えることを意味する。

コンフィアンは一九七七年から一九八〇年代後半までクレオール語だけで書いてきた作家だった。この生粋のクレオール語作家は、あるとき、出版を意図せずにひそかに書いたフランス語の草稿（『コーヒーの水』）を「フランス語で書くべきだよ」と言っていたシャモワゾーに見せた。

シャモワゾーは『コーヒーの水』の草稿を読んで、言ってくれました。「すばらしいじゃないか！　ぜったい、出版社に送るべきだ！」それでいくつかの出版社宛に小包を作りました。その日の夜、私は眠れませんでした。クレオール語を裏切った、という感情があったからです。私は起き上がり、草稿の小包すべてを手に持ち、火をつけました。（コンフィアン『コーヒーの水』塚本昌則訳、紀伊國屋書店、一九九九年、四一七頁）[36]

このとき、目を覚ましていたコンフィアンの妻が小包を救出し、草稿は守られたという。コンフィアンは、こうした苦悩をへて、一九八八年、最初に発表したフランス語小説『ニグロと提督』でアンティゴネ賞をただちに受賞した（諸事情で『コーヒーと水』は彼の二作目として一九九一年に発表された）。

シャモワゾーの登場は、クレオール語作家コンフィアンにフランス語執筆を決意させるほど大きな「出来事」だった。そして、ある観点からすれば、シャモワゾー小説によるカリブ海フランス語文学への注目は、来るべきクレオール語にとっても、チャンスかもしれなかった。ベルナベとコンフィアンはこのチャンスに賭けた。こうして、シャモワゾー、ベルナベ、コンフィアンは手を組み、これまでのフランス語圏カリブ海文学を総決算し、新たな文学を展望する宣言文を共同で発表することにした。『クレオール礼賛』である。

『クレオール礼賛』

ヨーロッパ人でもなく、アフリカ人でもなく、アジア人でもなく、我々はクレオール人であると宣言する。それは我々にとって一つの心的態度の問題であろう。不断の心がまえの問題といったらいいか、いっそう正確にいえば、その中で我々の世界が、世界に対する十全な意識をもって構築される、一種の心的外皮なのだ。我々が伝達するこれらの言葉は理論やアカデミックな原理・原則とは無関係である。それはいわば証言なのだ。

一九八八年五月二二日、奴隷制廃止一四〇周年にあたるこの日、パリ近郊のセーヌ＝サン＝ドニ県のアンティーユ・フェスティヴァルで、ベルナベ、シャモワゾー、コンフィアンの三人は「クレオール礼賛」と題した共同声明文を読んだ。引用はその冒頭部分である。この宣言文はただちに出版される運びとなり、一九八九年に『クレオール礼賛』（恒川邦夫訳、平凡社、一九九七年、引用は一三頁）として刊行されると、フランス領カリブからのマニフェストとして大きな話題を呼んだ。クレオール文学が遠い日本にまでおよび話題になる、その最初のきっかけがこの宣言文にあったと言っていいだろう。

『クレオール礼賛』は文学マニフェストと言われる。実際、この宣言は「クレオール性」をキーワードにカリブ海の文学を執筆していかなければならないとする意志表明だった。シャモワゾーとコンフィアンは小説家であり、ベルナベは言語学者だが創作もした。その意味では、たしかに「クレオール性」の文学運動のマニフェストではあるのだが、この共同声明文には、これまでに述べてきた海外県の政治や言語の問題が複雑に絡み合っている。そもそも、冒頭の言葉が「我々はクレオール人であると宣言する」という自分たちのアイデンティティ表明で始まるように、『クレオール性礼賛』は、こう言ってよければ、「イデオロギー」のマニフェストである。

したがって、そこで問題となっているのは、フランス領カリブの人間の集団的アイデンティティである。「ヨーロッパ人でもなく、アフリカ人でもなく、アジア人でもなく」「クレオール人」だという意識はどのようなものなのか。

元々この「クレオール」という言葉は、植民地生まれの白人を指していた。本土の白人によって植民地生まれの白人を区別するために使われたわけだ。その後、植民地で生まれ育った人間や生活様式（料理や音楽）を形容するようになった「クレオール」は、同じく土地で話されている言語をも指示するようになる。言語としての「クレオール」は、これまで確認してきたように、一九七〇年代以降、言語復権運動による見直しがなされてきた。その過程で明らかになったのは、クレオール語とは、「植民地支配のもとで複数の言語接触から生じ、母語として話される混成語」であるということだ（「クレオール」『現代社会学事典』弘文堂、二〇一二年）。クレオール語は混成言語であるというこの決定的認識から、クレオール文化も、そしてクレオールの人間としてのアイデンティティも混成的だとする考えが生じる。したがって、「クレオール人」であるという宣言は、自分たちがヨーロッパ人、アフリカ人、アジア人の諸要素をふくみこんだ複合的な存在だという自覚の表明なのだ。そして、この文化、言語、人間の複合性を表わす語として、著者たちが選んだのが「クレオール性」という言葉だった。

　自分たちが複合的な存在だとする見方は、混血の進んだこの地域ではなじみ深い考えである。しかし、たしかに「クレオール性」の著者たちがいうように、セゼールの「ネグリチュード」にはこういう発想はない。ネグリチュードはアフリカに重心を置く詩学であるからだ。黒人であることの自覚とその肯定はネグリチュードによってはじめて可能になったわけだが、カリブ海の黒人ディアスポラにとって、ネグリチュードがアフリカを理想化する方向に働いたのはたしかだろう。

図55　週刊誌『アンティーヤ』の特別版。表紙写真はフェスティヴァルでの発表の様子。右からコンフィアン、シャモワゾー、ベルナベ。

「クレオール性」の考えに近いのは、

セゼールよりも一回り下の世代にあたるグリッサンである。グリッサンは若い頃からカリブ海の人間を複合的な存在と捉えてきた。カリブ海は、ヨーロッパ大陸とアフリカ大陸の結節点である。したがって、カリブ海では異なる文化同士の接触から新たな民が生じているのだと、グリッサンは二〇代の頃から考えていた（『意識の太陽』）。グリッサンの場合、奴隷制廃止後に移住したインド系や中国系の住民に対する意識はやや乏しいものの、「クレオール性」の基本的な視座はグリッサンから引き継がれている。

こうしてベルナベたちは、セゼールの「ネグリチュード」、グリッサンの「カリブ海性（アンティーユ性）」の次に来る段階として「クレオール性」を提示する。

「クレオール性」とはカリブ、ヨーロッパ、アフリカ、アジア、レヴァントなど「歴史」の軛《くびき》が同じ土地に集めた諸々の文化要素の相互交感的《アンテラクティフ》な、相互浸透的《トランスアクティフ》な集合体である。三世紀にわたって、こうした現象の影響下にあった島々と大陸の一部は、新しい人間性が打ちだされる真の鍛冶場であった。そこでは、言語も、民族も、宗教も、習慣も、世界中から集まってきた人々の生き方も、突如として脱領土化され、新たな生を模索せざるを得ないような環境に移植されたのだ。我々のクレオール性は、したがって、このとてつもない混交《ミガン》から生まれたのである。（『クレオール礼賛』前掲、三九頁）

「クレオール性」のエッセンスはこの一文に集約されている。数世紀間、この土地に生きる人びとは隷属を強いられてきた。アフリカをルーツにもつ奴隷とされてきた人びとは、奴隷貿易と植民地支配という西洋が無理やり作り出した環境を生きた。奴隷制廃止後は、奴隷の身分ではないにせよ、主にインドと中国から人びとがこの土地に移り住み、「苦力《クーリー》」として必死に生きた。それは、数世紀にわたる西洋の植民地支配が作り出した「歴史」である。ネグリチュードはこの西洋の覇権延長としての「歴史」にアフリカを主体とした「歴史」をもって対抗しようとした。ネグリチュードの思想にとって、奴隷制とは西洋が決して「償いようのないこと」(セゼール『ニグロとして生きる』立花英裕、中村隆之訳、法政大学出版局、二〇一〇年［原著二〇〇五年］、三六頁)である。しかし、クレオールの思想は、この植民地支配の暴力をも自分たちの生の根拠にしてしまうような、途方もないスケールを有している。それゆえ、西川長夫はクレオールを「植民地主義の最悪の極限状態で形成された言語や文化の中に、時代を越える肯定的な要素を見いだそうとする、いわば逆転の思想であり、被害者の方から差し伸べられた和解の思想」と捉えたのだった(西川長夫『〈新〉植民地主義論』平凡社、二〇〇六年、一〇〇頁)。

「クレオール性」はそうした「和解の思想」であるとともに、これまでの西洋を中心とした「歴史」の原理そのものを解体する可能性を秘めている。その思想的意義を西谷修はコンフィアンとシャモワゾーの共著『クレオールとは何か』(西谷修訳、平凡社ライブラリー、二〇〇四年［原著一九九一年］)の解説で次のように述べた。やや長くなるが、引用したい。

クレオールはそれゆえ「主体化」において意味をもつ。もちろん逆説的な「主体」ではある。というのは、クレオールは「主体」の可能性の根絶の上に生成したものだからだ。［……］そしてクレオールは繰り返し言うように、西洋の「歴史的暴力」の産物である。その産物がみずからを肯定するためには、西洋的歴史の運動を自己を生み出したものとして認知しなければならない。ちょうど子供が親を親と認めるように。それでなければクレオールの存在ははじめから否定されてしまうからだ。ただしこのように生まれた「子供」は、親の存在の原理を解体してしまうような素性を秘めている。つまり起源の不在と、同一性の不可能、不変の本質なるものの欠如等々、この本で〈一〉の原理と呼ばれているものが、破壊によってもたらしたあらゆるものである。クレオールがそれを自分自身の積極的なありようとして担うとき、破壊の効果はある生成へと転化し、〈一〉の原理にもとづくアイデンティティとは違うアイデンティティを、そのアイデンティティに支えられた主体とは違う主体のありようを構想させる。クレオールの自己表明とはしたがって、西洋的歴史を追認し、みずからをその産物と認めることによって、その歴史の原理を解体させる可能性を秘めたものなのだ。（西谷修「解説」前掲書、三五一―三五二頁）

「クレオール性」がフランス領カリブ海のローカルな運動にとどまらなかった思想的意義がこの文章に明確に述べられている。「クレオール性」[37]すなわちクレオールはカリブ海から生まれたものであるが、まさに西洋的歴史の運動を解体するクレオールの自己表明には、西洋の世界化として生じた「世界史」を、私たちが等しなみに共有するグローバルな歴史意識を変革するような潜在的な力が認められるのだ。

マルティニックとグアドループという小さな島々からのメッセージは、こうして世界的な意義を一挙に獲得したのだった。

カリブ海文学の開花

一九九二年、この年のゴンクール賞に輝いたのは、シャモワゾーの第三作目の小説『テキサコ』(星埜守之訳、平凡社、一九九七年［原著一九九二年］)である。女闘士マリー＝ソフィー・ラボリユーの語るフォール＝ド＝フランスの貧民街テキサコ地区の形成の物語を、作者の分身である「言葉の記録係」が書きとめるという構成をとったこの一大巨編は、ゴンクール賞受賞もあいまって、カリブ海文学の大傑作という評価をたちどころに獲得した。それとともに、シャモワゾーはフランス語圏の文学の新しい「顔」となった。

本書第二章で言及したルネ・マランを憶えているだろうか。彼がゴンクール賞を得たのは一九二一年のことであり、黒人初の受賞だった。その後、カリブ海作家としては(筆者の記憶では黒人作家としても)シャモワゾーが二度目となる。一九二一年の受賞には第一次世界大戦のセネガル狙撃兵の活躍が政治的な背景として指摘できたが、一九九二年のそれもまた、この年がコロンブスによる「新大陸発見」五〇〇周年に当たったことと無関係ではなかった。さらには、ノーベル文学賞という世界的な名誉賞がカリブ海の英語圏の詩人デレク・ウォルコット(一九三〇年生)に授与されたのも一九九二年だった。

いずれにしても『テキサコ』の成功によって、クレオールの作家たちはいよいよフランス本土でその存在感を強めていった。シャモワゾー、コンフィアンといった新しい作家ばかりでない。かれらに先行する世代の作品も改めて着目された。

マリーズ・コンデは「クレオール性」の宣言よりも以前から数々の作品を発表してきた先輩作家である[38]。一九三七年にポワン＝タ＝ピトルで比較的裕福な家庭に生まれたコンデ（旧姓ブコロン）は中等教育までをグアドループで過ごしたあと、大学進学のためパリに渡った。一九六〇年、俳優ママドゥ・コンデ（当時パリの演劇界でセンセーションを巻き起こしたジャン・ジュネの戯曲『黒人たち』で主演をつとめた）と結婚し、以後、コンデ姓を名乗るようになった。

その後、かの女は夫と一緒にギニア共和国の首都コナクリに出発し、以後一二年間アフリカ（ギニア、ガーナ、ナイジェリア、セネガル）で教職に就いた。この時期、マリーズ・コンデは、ネグリチュードに傾倒しており、セク・トゥーレのギニアに赴くことは、母なるアフリカへの帰還を果たすことだった。しかし、この長期のアフリカ滞在をつうじてかの女が感じたのは「人種」よりも「文化」が勝るということ、すなわち黒人としての連帯よりも、民族文化の差異のほうが大きいということだった。黒人ディアスポラと、アフリカの土地で生きる人びととのあいだには乗り越えがたい文化的障壁があったのだった。

一九七二年、パリに戻ると、コンデは文学作品を書き始めた。そして学業を再開し、比較文学者ルネ・エティアンブル（一九〇九―二〇〇二）の指導のもと一九七六年に提出した博士論文「アンティーユ文学における黒人のステレオタイプ」で学位を取得後、アフリカでの滞在を糧にした小説を発表した。とくに、一九八四年から一九八五年にかけて出版された『セグー』二部作は、トラオレ一族の歴史をつうじて、一八世紀から一九世紀後半までのバンバラ族のセグー王朝の盛衰を描いた歴史小説である。『セグー』はフランスでベストセラーになり、各国語に翻訳されたコンデの代表作になった。

一九八六年、コンデはグアドループに帰還し、セーラムの魔女裁判を題材にした『わたしはティチューバ』（風呂本惇子、西井のぶ子訳、新水社、一九九八年〔原著一九八六年〕）、流浪するグアドループの家系の物語『生命の樹』（管啓次郎訳、平凡社、一九九八年〔原著一九八七年〕）といった重要作を次々と発表してきた。そのようななかで、マルティニックの若い知識人たちが「クレオール性」を提唱したのだった。コンデ自身は「クレオール性」の方が「ネグリチュード」よりも有効な考えと捉えていたが、「クレオール性」の論者のなかのクレオール語擁護に対しては、違和感を表明してはばからなかった。

実際、『クレオール礼賛』は「言語の選択」という問いを立て、クレオール語で書くことの重要性を強く説いていた。

クレオール語は、したがって、グアドループの作家ソニー・リュペールが証明したように（証明など必要ないだろうが）、我々の表現力を担う力の一つである。リュペールは、クレオール語から、最も激烈な政治的な要求をクレオール語に根づいた詩学に結びつけることで、そのときまで通用してきた詩を完全に断ち切って新しい詩を書き、先鞭をつけた。〔……〕クレオール語はウワップ！と叫ぶこともなく、我々の小屋の奥底から飛び出してくる。それはクレオール語が我々の実存そのものと結ばれていて、つまるところ、作家ヴァンサン・プラコリが歌ったように**《我々に一番深く結びついているのはこの言葉だ！》**からである。（『クレオール礼賛』前掲、六九頁、訳文は一部修正、強調原文）

こうした考えは、三人の著者のうち、とくにベルナベとコンフィアンのものであることは、これまでの文脈から想像されることだろう。また、クレオール語との関連でソニー・リュペール（ソニ・リペ）やヴァンサン・プラコリの名が挙げられていることにも改めて注意したい。

ベルナベとコンフィアンにとっては、「クレオール性」はクレオール語による「国語化」を推し進めるものでなければならなかった。しかし、クレオール語の擁護は、「クレオール性」をグローバル化時代の新しいアイデンティティ・モデルとして考えるとき、厄介な問題となった。なぜなら「クレオール性」は、近代国民国家においてしばしば構想される単一的なアイデンティティに代わって、複数的、混成的なアイデンティティのあり方を示すものだとして、注目されてきたからだ。この文脈ではクレオール語の「国語化」は、単一的なアイデンティティ・モデルを目指すプロジェクトであると見なせる。これが「クレオール性」をめぐる議論のなかで、しばしば指摘されてきた矛盾なのだった。

しかしながら、繰り返しになるが、「クレオール性」はそもそも、言語的、政治的なねじれを抱えて込んで生まれてきた。そのねじれこそが「クレオール性」の原動力だったと言っていい。

そのねじれは、クレオール語で書く必要性を訴えながらも、フランス語で発表せざるをえないということ自体に端的に表われている。しかし、ねじれは否定的であるばかりでない。「**我々はフランス語に住んだのだ**」とかれらはいう（『クレオール礼賛』前掲、七二頁、強調原文）。この言明にはねじれをむしろ積極的に生きようとする意志さえ感じられる。こうした、「クレオール性」における逆説の含意をうまく言い表わしたのは、言語学者ジャック・クルシル（一九三八年生）だった(39)。

クレオール性の作家はクレオール語と小説との間で選択を迫られた。作家は口承芸術《オラリチュール》と文学との境界を経験した。クレオール語によって才能豊かにふんだんにクレオール語で書いたあと、彼らは、小説への愛のために、他者の言語の中へ天使のように失墜した。こうして、逆説的にも、「クレオール性」の運動はクレオール語に対する断念から生じた。言語と文字との狭間でどっちつかずの彼らの愛は、芸術と化したダイグロシアの苦しみの空間を穿ってきた。なぜなら、それぞれの行、それぞれの語に見られる文字で表わされない（読み書きができないのでない）沈黙は、黙ることを拒むからだ。

黙ることを拒む沈黙、それがダイグロシアの関係のなかで書かれることのないクレオール語であるのだ。この騒ぎ立てる沈黙の言語と、実際に書かれる支配的な言語との関係のなかで、クルシルは「クレオール性」をこう再規定する。「クレオール性は「言語態度《ランガージュ》」である、つまり書き方や文体ではなく、複数の言語が激しくぶつかり合う環境を生きる主体である。この環境を受け入れる「言語態度」は、その力が表わされる複数の言語の中で主体が切り開いた道の跡である」。

この「クレオール性」の捉え方は、三人のなかではパトリック・シャモワゾーの言語観と親和的だ。「より流通し、より伝播した言語を奪いとり、その言語をクレオールのやり方でこねあわせ、かきまぜ二つの特有言語を融合させること。その際、絶対的な単一言語使用という誘惑の声に屈服しないこと」、これが最初からフランス語で書き続けるシャモワゾーの態度だった。[40]

そのシャモワゾーが文学上もっとも影響を受けた作家として機会がある度に言及してきたのが、エドゥアール・グリッサンだった。『クレオール礼賛』では「カリブ海性」の提唱者として言及され、「クレオール性」の観点から捉えられた文学史である『クレオールとは何か』では「フランス植民地の島々に、今日クレオール文学の未来を建設するのはかれだ」(前掲、三〇二頁)とまで言われているグリッサンは「クレオール性」の生みの親のようにして、後続する世代、とりわけシャモワゾーから大いなる賛辞を受けてきた。

すでに見てきたように、グリッサンはフランス領カリブの戦後史において欠かせない存在ではあるが、作家としてはフランス本土に滞在していた時期の作品である『レザルド川』と『第四世紀』以降、フランス本土の読者からは少しずつ忘れられていったように見受けられる。グリッサンは、シャモワゾーと同じく、フランス語を表現言語としてきたが、そのフランス語は独特で、難解だ。その独自性と難解さの理由のひとつは、表面化しない内なるクレオール語がフランス語に影響をおよぼしていることにあると言われる。クルシルの先ほどの言葉を用いれば「言語態度」としての「クレオール性」をグリッサンは有してきた。

グリッサンの第三作目の小説『マルモール』(一九七五)は、ハイチ作家フランケティエンヌ(一九三六年生）のクレオール語小説『デザフィ』（一九七五）と並んで、シャモワゾーに決定的な読書体験をもたらした作品である。シャモワゾーは『マルモール』について「カリブ海列島のなかに突き落とされたフランス語」と評している。(41) この小説は二〇代のシャモワゾーに「支配された言語」において書くことの可能性を教えた。

『マルモール』をふくめ一九八〇年前後までのグリッサン作品の基調はフランス領カリブの状況を反映して暗い。しかし、小説でいえば『マアゴニー』（一九八七）を、評論でいえば『〈関係〉の詩学』（管啓次郎訳、インスクリプト、二〇〇〇年〔原著一九九〇年〕）を転機に、グリッサンは再び希望を見出すようになった。その希望は、もはやマルティニックの狭義の政治的展望のうちにでなく、むしろグリッサンが若い頃から抱いてきたクレオール的ヴィジョンのうちに秘められていた。「クレオール性」の世代に見出されたグリッサンは、それゆえ、現代の人間の寿命からすれば老境にさしかかり始めた年齢の頃から、「クレオール化」や「関係」などのキーワードによって世界を語る重鎮の思想家として注目されるようになった。そして、老いが活力の源であるかのように、『〈関係〉の詩学』以降、グリッサンは多くの作品を発表し続けた。求めに応じて自分の考えを語り、世界各地を巡り、「マルティニック学院」の続きのようにして「全‐世界学院」という文化的交流の場を組織し、必要な場合にはシャモワゾーと手を組んで政治に介入することも忘れなかった。

悲観主義から再生し、カリブ海の歴史的経験から構想されたクレオール的ヴィジョンでもって世界を積極的に語る一九九〇年代以降の老グリッサンの姿勢のうちに、語るべき、本書の希望はある。

注

（1）Marie-Louise Léotin, «Février 74, la rencontre et le réveil», *Les Cahiers du patrimoine*, numéro intitulé «Révoltes et luttes sociales en Martinique», n°27, nov. 2009, pp. 126-133.

（2）Daniel Maragnès, «Contre la mort lente», *Les Antilles dans l'impasse ?*, Paris, Éditions Caribéennes, 1981, pp. 55-85.

（3）マルティニックの政党および一九七〇年代の政治史については以下を参照。William F. S. Miles, *De la politique à la Martinique : Paradoxe au paradis*, traduit de l'américain par Loïza Nellec-Miles, Paris, L'Harmattan, 1992 ; Jacques Adélaïde-Merlande, *Histoire contemporaine de la Caraïbe et des Guyanes : de 1945 à nos jours*, Paris, Karthala, 2002 ; Alain Blérald, «Mouvements indépendantistes» in *Dictionnaire encyclopédique Désormeaux*, sous la direction de Jack Corzani, tome 6, Fort-de-France, Éditions Désormeaux, 1992, pp. 1756-1759.

（4）Alain Blérald, «Mouvements indépendantistes» in *Dictionnaire encyclopédique Désormeaux*, *op. cit.*, p. 1756.

（5）「モルヌ・ルージュ協定」の冊子（«Convention pour l'autonomie»）は「モントライ・クレヨル（クレオール教育）」の電子アーカイヴで参照可能である。http : //www.montraykreyol.org/spip.php?article1833

（6）William F. S. Miles, *De la politique à la Martinique*, *op. cit.*, p. 55.

（7）Édouard De Lépine, *Questions sur l'histoire antillaise: Trois essais sur L'Abolition, L'Assimilation, L'Autonomie*, Fort-de-France, Désormeaux, 1978.

（8）Gilbert Pago, «Vincent, La fidélité aux enseignements», *Tranchées*, numéro hors-série, janv. 1993, pp. 4-6.

（9）以下の文献とともにUGTGの電子サイトを参照。UPLG, «La situation politique en Guadeloupe depuis le 10 mai», *Les Temps Modernes*, n°441-442, avr.-mai 1983, pp. 1961-1973 ; Frantz Succab, «Qui connaît le mal Guadeloupéen ?», Rosa Moussaoui et als., *Qui ne connaît pas Monsieur Domota ?*, sans lieu, Éditions Desnel, 2009, pp. 69-219.

（10）UPLG, «La situation politique en Guadeloupe depuis le 10 mai», *Les Temps Modernes, op. cit.*, p. 1969.

（11）リペについては以下の文献とともにロラルド・セルボンヌの電子記事（カリブ海文学の綜合サイト「île en île」内の記事）も参照。Carlomann R. Bassette, *Sony Rupaire, Nommkali ou la poésie de l'engagement an Péyi Gwadloup*, Port-Louis, Éditions Lespwisavann, 2011.

（12）Sonny Rupaire, *...cette igname brisée qu'est ma terre natale ou grand parade, ti cou-baton*, Paris, Éditions Parabole, 1971, p. 11.

（13）拙著『フランス語圏カリブ海文学小史』風響社、二〇一一年、四三頁より引用。

（14）以下は次を参照。Richard Burton, «Négritude, Antillanité and Créolité», Richard Burton and Fred Reno (ed.), *French and West Indian: Martinique, Guadeloupe, and French Guiana Today*, Charlotteville and London, University Press of Virginia, 1995, pp. 137-166.

（15）Dany Bebel-Gisler, *La langue créole, force jugulée*, Paris, L'Harmattan, 1976.

（16）Richard Burton, «Négritude, Antillanité and Créolité», Burton and Reno (ed.), *French and West Indian : Martinique, Guadeloupe, and French Guiana Today, op. cit.*, p. 151.

（17）Dany Bebel-Gisler, «De la culture guadeloupéenne...de l'indépendance...», *Les Temps Modernes*, n°441-442, avr.-mai 1983, p. 2006.

（18）ジャン・ベルナベの経歴についてはマルティニックの週刊誌『アンティーヤ』のベルナベ教授退官記念

号の以下のインタビューを参照した。Jean Bernabé, «On a souvent l'impression que la langue créole n'a pas besoin d'être étudiée...», *Antilla*, n°1405, 27 mai 2010, pp. 4-11.

(19) Antoine Abou, «Université (l')», in *Dictionnaire encyclopédique Désormeaux*, sous la direction de Jack Corzani, tome 7, Fort-de-France, Éditions Désormeaux, 1992, pp. 2292-2299を参照。

(20) Monchoachi, *Dissidans'*, Paris, Germinal, 1977, p. 10.

(21) 以下を参照。William F. S. Miles, *De la politique à la Martinique, op. cit.*, ; Jacques Adélaïde-Merlande, *Histoire contemporaine de la Caraïbe et des Guyanes, op. cit.*; Maurice Satineau, *Contestation politique et revendication nationaliste aux Antilles française : Les éléctions de 1981*, Paris, L'Harmattan, 1986.

(22) cité par Raphaël Confiant, *Aimé Césaire : Une traversée paradoxale du siècle*, Paris, Écriture, 2006, p. 240.

(23) 大山礼子「地方自治と分権化改革」奥島孝康、中村紘一編『フランスの政治』早稲田大学出版部、一九九三年、八四―八五頁参照。

(24) 尾立要子「エメ・セゼールの「脱植民地化」における理念――分権化と自治政策の検討を通して」『相関社会科学』一一号（二〇〇一年三月）、東京大学大学院総合文化研究科国際社会科学専攻、七六頁参照。

(25) 以下を参照。Maurice Satineau, *Contestation politique et revendication nationaliste aux Antilles française, op. cit.*, pp. 226-236.

(26) *Ibid.*, p. 230.

(27) ARC, «Proclamation de la section martiniquaise de l'Alliance Révolutionnaire Caraïbe», in Raphaël Confiant, *Aimé Césaire, op. cit.*, pp. 331-332.

(28) cité par Confiant, *Aimé Césaire, op. cit.*, p. 235.

(29) 田中勝則「カリブ海から世界に広がる〝赤い糸〟」『ノイズ』一二号（一九九一年一二月）、四〇頁。同誌は、中村とうようが創刊にかかわった『ミュージック・マガジン』の別冊として刊行された。なお田中勝則は「ワールドミュージック」の自主レーベル「ライスレコード」を一九九八年にはじめ、カリやマラヴォワの再発をはじめ、カリブ海音楽を積極的に紹介している。

(30) Brenda F. Berrian, *Awakening spaces : French Caribbean Popular Songs, Music, and Culture*, The University of Chicago Press, Chicago and London, 2000.

(31)「この島売ります」については、前述のCDのほかに今井勉「クレオール文化学入門篇」『基礎研究(C)(2) 研究成果報告書「仏語表現クレオール文学の詩学」』二〇〇五年、二一―三八頁における翻訳もふくめた紹介を参照している。同論考は「レゲエ・DOM-TOM」についても紙幅を割いている。なお、この論考が収められている研究成果報告書は、筆者が二〇〇五年一二月に初めてマルティニックに滞在した折りに奇しくも出会ったフランス語圏文学研究者の廣松勲氏からマルティニックで頂いた(同氏もこの報告書に論考を寄せている)。記して感謝する。

(32) ヴァヴァルとは、毎年二月におこなわれるカーニヴァルの最大の出し物であり、その年を象徴する人物や出来事をモチーフにする。ヴァヴァルはカーニヴァル最終日の夜に焼かれる。

(33) カッサヴについてはBrenda F. Berrian, *Awakening spaces, op. cit.*のほかにカッサヴのドキュメンタリー番組『カッサヴ、アンティーユの叙事詩』(Kassav', une épopée antillaise) も参考にしている。

(34) Brenda F. Berrian, *Awakening spaces, op. cit.*, p. 41.

(35) cité par Delphine Perret, *La créolité : Espace de création*, Ibis Rouge Éditions, 2000, p. 24.

(36) 日本語訳『コーヒーの水』に付された訳者による著者インタヴューより。

(37)「クレオール」と「クレオール性」という語がどのように違うのか。この点が気にかかる読者もおられるかもしれないので、簡単に記しておこう。「クレオール性」とはベルナベ、シャモワゾー、コンフィアンたちの術語(la créolité)の訳語である。「クレオール」は、たとえばフランス語における対照語を強いて挙げれば形容詞ないし名詞を指示する«(le) créole»になるが、«la créolité»の意味でも用いられる。ようするに「クレオール」は何かの正確な訳語と考えると「間違った用法」となるのだが、おそらくそう考えるべきではない。むしろ「クレオール」は、当初は何かの訳語を指示したが、使い勝手の良い言葉なので流通するようになり、いつしか日本語となった用語と考えるほうが適切だろう。ひと言でいえば、「クレオール性」は外国語との対照関係をもつ訳語だが「クレオール」は日本語の単語である。ちなみに筆者をこのような考えに導いてくれたのは、社会言語学者・田中克彦の隠れた名著『クレオール語と日本語』（岩波セミナーブックス、一九九九年）である。

（38）マリーズ・コンデの経歴については菅啓次郎訳『生命の樹』（平凡社、一九九八年）の「訳者あとがき」（四一八—四三三頁）、マリーズ・コンデ「肌の色、言葉の違いを越えて」（『越境するクレオール』三浦信孝編訳、岩波書店、二〇〇一年、二四—四一頁）および Jack Corzani, «Maryse Condé», in *Dictionnaire encyclopédique Désormeaux*, sous la direction de Jack Corzani, tome 3, Fort-de-France, Éditions Désormeaux, 1992, pp. 706-707を参照。

（39）ジャック・クルシルの論文からの引用は、Jacques Coursil, «Éloge de la muette», *Linx*（revue des linguistes de l'Université Paris-Ouest Nanterre La Défense）, n° 10, 1998, pp. 149-166の電子版を参照。

（40）サミア・カッサーブ＝シャルフィ『パトリック・シャモワゾー』塚本昌則、中村隆之訳、アンスティチュ・フランセ、二〇一二年、五五頁［電子版］。

（41）Patrick Chamoiseau, *Écrire en pays dominé*, Paris, Gallimard, 1997, p. 92.

終章　カリブ－世界論

世界の渦

手元に一冊の書物がある。フランス語で書かれた、赤い長方形の本だ。表紙には「地火水風」と大きく書いてあり、その下には「全－世界の詩のアンソロジー」とある。この本は、エドゥアール・グリッサンが編んだ詩選集で、二〇一〇年の春に出版された。前章の最後で触れたように、グリッサンは一九九〇年以降、多くの文章を発表してきた。その数は、シャモワゾーとの共著をふくめると二〇冊を超える。この冊数はグリッサンの生涯の出版点数の約半分を占めており、晩年のグリッサンの多作ぶりをうかがわせる。

グリッサンは『地火水風』を出版して一年も経たないうちに他界した。二〇一一年二月三日、八二歳だった。以前から抱えていた病気が悪化したようだった。死を予感してのことか、かれはこんな言葉を書いている。「本当のことなど何もない、すべては生きている」。『地火水風』に付せられた序文のエピグラフとしても引かれているこの思いがけない言葉は、グリッサンの詩学（世界観）

の一端を示していた(1)。

この哲学詩人は、一九九〇年以降、世界をカオスとして捉えるようになった。カオスとは、この場合、たんなる無秩序状態というよりも、支配的な秩序、画一的な尺度では決して捉え切ることのできない、世界の複雑さを示している。言い換えれば、誰も、世界をひとつの視点で見とおすことはできないし、世界の総体を語ることはできない。ましてその未来を予測したり予見することもできない。

しかし、それだけでない。世界をカオスだとグリッサンがいうとき、カオスは、既成の秩序を転覆させる可能性を秘めている。

ここでいう秩序とは、私たちの社会を成り立たせているさまざまな決まりだ。社会はシステム化されている。たとえば、現代社会における時間は、多くの会社で採用されている出勤と退社の時間を基準にして動いている。交通機関は出勤と帰宅のピーク時にもっとも多く便を出していることを私たちは経験的に知っている。この出勤と帰宅を基準に、家庭では食事や余暇の時間が決まることになる。

この秩序は、労働力の再生産という、ひとつの企図に沿って組織されている。この秩序は、労働者が快適に過ごすためにというよりも、労働を効率良く組織するために作られた社会の決まりであり、たとえば会社で働くことを決めた労働者は、勝手にこの決まりを乱すことは許されない。会社を休んだり、遅刻を繰り返せば、労働者は、その人が非正規雇用の社員であればなおのこと、解雇の危機に脅かされる。私たちは、社会のさまざまな決まりにおいて弱者である。しかも、普段は弱者とも感じることなく、労働を中心としたこの社会秩序を内面化して生きている。

グリッサンの考えでは、世界はこのようなプログラム化された秩序では捉えられない。こうした社会はシステムが機能しているあいだは有効だが、コンピューターのように一部が壊れてしまえば、それですべてが機能不全に陥る。そのためにリスクを回避するさまざまな防御策が講じられているが、カオス世界観においては、未来はそもそも予測できない。その観点に立てば、プログラム化された秩序の上に形成された、私たちの共通感覚、その画一的な価値観もまた問われる。カオス世界観は、私たちの生の大部分を金稼ぎの労働に貶め、生きることの喜びを準備された娯楽のなかに埋没させる、この秩序と価値観に対する否である。

このようなかれの世界観の源にあるのは、やはりカリブ海である。たしかにかれの独立派知識人としての活動は同時代的には実を結ばなかった。しかし、『カリブ海序説』で考えてきたことが、グローバル化している高度消費社会とその均質な尺度に疑義を唱える視点を養ってきた。また、ヨーロッパを主体とした歴史の帰結から、予測不能なものとして生じてきたのがカリブ海のクレオールの民だった。比喩的に言えば、この海は、ヨーロッパ、アフリカ、アジアといったさまざまな要素からなる複合的な民を形成した、カオスの海なのだ。

しかし、ヨーロッパを主体とした歴史は、最初にこの海をヨーロッパ資本主義発展のための略奪の海としてきた。第一章で見てきたとおり、カリブ海における砂糖生産による富の蓄積をつうじて、ヨーロッパは産業革命を起こし、やがて世界の多くの地域を支配下におさめるとともに、資本主義の秩序と価値観を世界中に広めていった。今日の高度消費社会はその上に築かれているわけである。その意味で、その歴史を知るうえでも、今日の秩序を超えるヴィジョンを得るためにも、カリブ海は参照すべき場所であり続ける。

本書では、そのカリブ海のなかでも、マルティニックとグアドループを論じてきた。その理由を飽くなく繰り返せば、このフランス領カリブの島々は、結果的に、これまで一度も国家となったことがなく、それゆえ国際的な舞台ではまず話題にのぼらないような小さな場所であるにもかかわらず、第五章で見たように、世界的な文学や音楽を輩出してきたからである。否、それ以上に本書のきっかけは、プロローグで述べたように、二〇〇九年一月のグアドループに始まり、やがてマルティニック、さらにはインド洋のレユニオンにまで波及した、長期間の海外県ゼネストだった。この二〇〇九年の社会運動で潜在的に問われていたものこそ、私たちの支配的な労働観であり、労働を中心にシステム化された社会のあり方そのものだったのである。ゼネストが示したのは、システム化された社会を自分たちの手で解体してしまうことだった。道路を封鎖して流通の経路を遮断したとき、海外県社会はたしかに機能不全に陥ったのであり、そこから、プログラム化された秩序を超えるものがたしかに垣間見られたのだった。

本書の締めくくりとなるこの最終章では、ゼネストの潜勢力について語りたい。これまでの章ではゼネストにいたるまでのフランス領カリブの歴史的・社会的・経済的・文化的文脈を、直接・間接的にかかわるさまざまな事柄について語ってきた。このような小さな場所にもかかわらず、フランス領カリブがなぜ「先駆ける周辺」（石塚道子）として注目すべき場所であるのかを、筆者なりに示してきたつもりだ。

これまでの章では過去から現在にいたる線的な時間軸を設定し、その時間軸に沿って物語を展開してきた感がある。しかし、この物語もついにグリッサンのカオス世界観に逢着することで、フランス領カリブのゼネストの経緯を説明するという、ひとつの目的＝結論を目指した、論述的な語りの形式から解き放たれる頃だろう。言い換えれば、これまでの章は、ゼネストをきっかけにフランス領カリブの歴史をひも解くという、一定の統一性をなすコスモス的ヴィジョンで語ってきた。しかし、最終章ではカオスのヴィジョンのもとで、これまでの線条的展開を螺旋状へ開くことを試みたい。そうすることで、すでに語ってきた本書の事柄がここでまた別な意味と方向を獲得するのではないかと思う。

したがって、この章では、ゼネストに直接・間接にかかわるだろうトピックをめぐって、カリブ海の時間と空間を往還し、個人的な体験も積極的に交えつつ、フランス領カリブから発せられたこの社会運動の潜勢力を連想的に引き出すことにしよう。最初の場所はグアドループのポワン＝タ＝ピトル、「六七年五月」の記憶がいまでも風化することのない海外県ゼネスト発祥の地である。

ポワン＝タ＝ピトル

世界は偶然に満ちている。これは筆者のまだ長いとはいえない人生のなかで度々感じてきたことだ。二〇一一年九月七日、筆者はグアドループ初滞在の初日の夕方に、グアドループ最大の労働組合UGTG（グアドループ労働者総同盟）の書記長の部屋にいたのである。

UGTGの本部は、ポワン＝タ＝ピトルの中心街のはずれにある。その区域はいわゆる貧民地区で、観光客が不用意に足を踏み入れてはいけないところだ。好運なことに、グアドループを初めて訪れた筆者が最初にコンタクトを取った人物がUGTGの組合員であった。その人物はジェラール・デルヴェール（一九五五年生）。プロローグで触れた「高度必需品宣言」の共著者のひとりである。かれの特別のはからいで、UGTGの書記長であり、LKP（過剰搾取反対連合）の代表であるエリ・ドモタ（一九六八年生）に面会することができたのだった。

図56 エリ・ドモタ氏（ポワン＝タ＝ピトル、UGTGの書記長室にて）

ドモタは、二〇〇九年のあの一ヶ月以上におよぶ戦いのなかで突如生まれた「英雄」だった。ゼネストをめぐる連日の報道のなか、映像で流されるLKPの代表は、権力と闘う多くの人間がそうであるように、厳しい顔をしていた。映像からは中背のように見受けられたが、実際に会ってみると、カリブ海の男たちがそうであるように一メートル八〇センチ以上はある長身で、指導者の風格を漂わせていた。とくにその表情が印象的である。闘う人間の顔つきだった。

この面会をつうじて筆者はゼネストの指導者から直接この運動についての総括を聞くことができた。印象に残ったのは、かれのこのような趣旨の発言である。

LKPの勝利は突如生み出されたものではない。知識人、民族主義者、政治家、組合活動家がそれぞれのやり方で示してきた経験がこれまでにあって、ＬＫＰは、過去になされてきた活動家たちのあらゆる試みが結実したものだと私は思っている。

ＬＫＰの母体となったＵＧＴＧは、前章で見たとおり、一九七三年に結成された労働組合だった。グアドループの独立運動はＧＬＡ（武装闘争グループ）やＡＲＣ（カリブ海革命連合）の武装闘争以降はむしろ失速してしまい、労働組合を基盤にした政治組織ＵＰＬＧ（グアドループ解放民衆同盟）は弱体化を余儀なくされた。それ以降、労働組合の政治的要求は後景に退いている。運動の勝利後、ＬＫＰに対しては、島民の圧倒的な支持を背景に政党を作らないのか、という質問がたびたびなされてきたが、ＬＫＰはあくまで労働組合連合として闘うことを表明してきた。独立運動の機運を逸してしまった以上、ＬＫＰは政治問題には慎重になっている。

二〇〇九年一月二〇日から始まり、四四日間も続くグアドループの闘いが島民の支持を得たのも、これが政治という抽象物ではなく生活を問うものだったからにちがいない。燃油費の高価格を発端にした運動は、最低賃金の引き上げと物価高の解消を主に求めて始まったのだった。しかも、島民の支持は、ＬＫＰにとっても思いがけないことだった。ドモタによれば、当初は最大で三〇〇〇人から四〇〇〇人の規模と見込んでいた。グアドループという群島全体で四〇万人ほどの人口であるわけだから、過去の経験から照らしても、それ以上を期待することはできなかった。しかし、ピーク時には四万人もの人数が街路に出て、デモ行進にくわわったのである。

ＵＧＴＧ本部が置かれた通りの斜め向かいに、ＵＤＭＧと赤い字で記された建物が見える。ＵＤ

図57 グアドループ共済組合県協会の建物（ポワン＝タ＝ピトル）

MGは「グアドループ共済組合県協会」の略称だ。ストライキのあいだ、LKPはこの建物を占拠した。

LKPの闘い方は徹底的だった。まずガソリンスタンドに無期限の封鎖を呼びかけた。車は燃料が切れれば、ただちに無用の長物になる。世界中の多くの地方（中心ではない周辺）と同じく、グアドループは車社会だ。もちろん鉄道はない（マルティニックも同様）。それゆえ車が使えないということは、移動の手段が一挙に制限されることになる。さらには、トラック運転手たちが道路封鎖を決行した。これでは島民の移動もままならないが、それよりも、島に輸入される商品の流通が断ち切られてしまう。これでは、経営者側はグアドループという市場で商売ができなくなる。もちろん、それは島民が普段の消費生活を営めないことをも意味した。

このような苦しい闘いのなか、死者も出た。CGTG（グアドループ労働総連盟）の組合員ジャック・ビノである。憲兵隊による銃撃を受けたのだった。この悲劇は、当然のこととしてグアドループでおこなわれてきた度重なるストライキとその弾圧の記憶に直結するものだった。したがってエリ・ドモタが「LKPは、過去になされてきた活動家たちのあらゆる試みが結実したものだ」と述べたとき、その四四日間の闘争の背後には、日本人の最初のストライキは別にして、古くには一九一〇年二月のダルブシエ工場におけるストライキ（本書第二章第一節）から、一九六七年三月のバス＝テール、五月のポワン＝タ＝ピトルの出来事とＧＯＮＧ裁判（本書第四章第二節）をへて、ＵＧＴＧが支援してきた一九七五年の決起をはじめとする近年の労働争議まで、数え切れないグアドループ人労働者の抵抗の歴史が控えていたのだった。

四四日後の二〇〇九年三月四日、ＬＫＰは最終的に勝利した。まず、労働組合連合はビノの死を悼み、最低賃金月額二〇〇ユーロの引き上げを定めた協定を「ビノ協定」と呼んだ。ＬＫＰは、「ビノ協定」のほか、「低所得者の家庭への二〇〇ユーロの特別手当の支給、グアドループの大学生に対する二〇〇ユーロの奨学金の支給、スーパー主要一〇〇品目の価格、銀行手数料、燃油費（ガソリン、軽油）、水道代、通信費の値下げ」を獲得した。そして、「住居、交通、職業訓練、雇用、農業、漁業各種の分野の改善」をふくむ計一六五項目について、合意を勝ち取った（拙稿「フランス海外県ゼネストの史的背景と「高度必需」の思想」『思想』一〇三七号、二六─二七頁）。この合意にあたっては、知事、県議会と地方圏議会、市長協会の議長がこれに賛同したが、日本の経団連にあたる「フランス企業運動」、通称ＭＥＤＥＦからの了承は得られなかった。したがって、このゼネストは最終的に政府が介入し、政府との合意によって終結したのだった。

この勝利によって何が変わったか。エリ・ドモタは何よりも「グアドループ人はこれまでより自分に自信をもつようになった」と言い、「グアドループ、カリブ海、世界における自分たちの位置について考えるようになった」と述べていた。また経済面では島民は多少高くてもグアドループ産のものを買うようになったという。これも大きな意識の変化だろう。

しかし、当たり前だが、これですべてが解決したわけではない。国家権力の狡猾さはフランス領カリブやアフリカに対する植民地政策をつうじて見てきたとおりだ。実際、政府が合意したプロトコル（協定書）はいまもなお多くの不履行をふくんでいる。生活必需品の値下げは一部実施されたが、島の物価高の要因である海路搬入税は据置のままだ。価格統制の問題についても国家は協定を守っていない。若者の職業教育についても行政はその後措置をとらず、失業問題はいっこうに解消されていないという。

ＬＫＰの闘いは続く。

フォール＝ド＝フランス

二〇〇九年の海外県ゼネストにかんしては、多くの本が出版された。そのうちの一冊『マルティニックにおける反乱と社会闘争』（二〇〇九）は、その題名にあるように、マルティニックの数々の「反乱」と「社会闘争」をたどった書である。二〇〇九年のインパクトを受けて出版されたこの本は、当然ながらその社会運動で締めくくられている。ただし、この運動がまだ現在形であることを示すかのように、解説や説明の代わりに、複数の写真だけが掲載されている。

マルティニックの社会運動はグアドループのそれから約二週間ほど遅れた二月五日から始まった。運動を率いたのはやはりＬＫＰのような複数の組合を中心にした連合であり、その連合は、マルティニックでは決起の日を記念して「二月五日コレクティヴ」（Ｃ５Ｆ、クレオール語ではＫ５Ｆ）と呼ばれた。Ｃ５Ｆもまた物価高に対する「否」を掲げ、三六日間を闘い、三月四日、政府のほか、現地のＭＥＤＥＦからの合意も得るなど、ＬＫＰとはやや違うかたちで勝利を得た。

偶然にも二〇〇九年五月からマルティニックで生活を始めた筆者は社会運動の終結後の島の雰囲気を知ることができた。終結二ヶ月後にはもはや長期のストライキなどなかったかのように島は平穏を取り戻していたが、フォール＝ド＝フランスの街を歩けば、黒やオレンジのスプレーで書かれた「べケは盗んだ」、「搾取した」といった言葉が消されずに残っていた。

二〇〇九年四月からスーパーではさっそく主要品目の一部が値下げになったようだった。あるスーパーでは品目の割引率が貼り出してあったほどだ。それでも、マルティニックの物価高は十分に感じとられた。地元紙『フランス＝アンティーユ』が伝えるところでは、二〇〇九年四月二一日から調査を始めた主要四五品目について、一〇月六日の段階でおよそ一二％の値下げが認められたという。ただしそれでもなお、フランス本土に比べて三割以上の物価高が見られるとも報じていた。

そうした物価高を感じつつも、マルティニックの文化面では、二〇〇八年四月一七日に物故したばかりのエメ・セゼールの存在感が際立っていた。道路にはセゼールをかたどった看板が置かれたり、とりわけ夏休みの時期には一周忌のイベントが各地で開かれていた。

セゼールは九四歳まで生きた。「ひとりのニグロ、そいつは一世紀だ」というクレオール語の諺を文字どおり体現するような長寿である。クレオールの作家たちはこの黒人詩人をあれほど意識し、その超克をはかろうとしたが、セゼールの方は「わたしはニグロ、いつまでもニグロだ」という『帰郷ノート』以来の力強い信条を決して折り曲げることなく、政治家を引退したあとも、マルティニックの象徴的存在として、厚い信望を集めてきた。

晩年にこのようなエピソードがある。二〇〇五年二月、フランスで植民地支配の問題をめぐる法案が可決された。それはアルジェリア戦争のフランス人引揚者の功績を讃えることを定めたもので、その条項のなかにフランスの植民地支配の肯定的側面を歴史教育に盛り込むという内容がふくまれており、論争を巻き起こした。セゼールはこの条項を批判した。またこれが引き金になり、フランス領カリブでも奴隷制の記憶をめぐる問題が再燃した。このような経緯を背景に、二〇〇五年一二月、当時内相だったニコラ・サルコジの表敬訪問の打診に対して、セゼールは「断固とした反植民地主義者」の態度で拒絶した。サルコジといえば、同年一〇月から一一月にかけて起きたパリ郊外での「暴動」に対して、これに加わる若者を「社会のくず」呼ばわりしたことで、郊外に集う低所得者層の苦境を知る人びとから批判を受けたばかりだった。

このようなセゼールの毅然とした反植民地主義の態度もまた、かれの信望をより高めることになったようだ。

二〇〇八年四月二〇日、セゼールの葬儀はフォール＝ド＝フランスのピエール・アリケール競技場で盛大におこなわれた（競技場はPPMの同志でありセゼールの親友アリケールの名を冠している。二〇〇七年に一〇〇歳を迎えた記念に命名された）。マルティニック最大のスタンドには多くの島の人びとが詰めかけた。葬儀には、大統領サルコジ（当時）、社会党のセゴレーヌ・ロワイヤル、フランソワ・オランド（二〇一二年より大統領）などの政治家も参列した。

マルティニックのゼネストは、見方によれば、この偉大なる詩人の死から間もなくして始まったとも捉えられる。二〇〇九年二月、そこにセゼール本人がいれば運動はさらなる昂揚を見せたにちがいない。しかし、セゼールの精神はゼネストのなかに宿っていたようだった。二〇〇四年、九一歳のときのインタビューでセゼールはこう述べていた。

> 私は、マルティニックや、そのような国のために、独立の権利を要求しています。これは必ずしも政治的独立でなくてもよい。実際、マルティニック人民はそんなことを望んでいない。そんな手段も資源も持ち合わせていないことを知っていますから。だが、それは試みられうる。私たちは独立派ではないが、独立の権利を有している。（セゼール『ニグロとして生きる』立花英裕、中村隆之訳、法政大学出版局、二〇一一年、三〇頁、強調原文）

C5Fを中心にした物価高に対する権利要求のうちには、そうは表明されなくても、この「独立の権利」が暗黙のうちに求められていたのではないだろうか。『マルティニックにおける反乱と社会闘争』には、デモ参加者の手作りのプラカードを撮った写真が収められている。そのプラカードにはセゼールの『そして犬どもは黙っていた』（一九四六）から引かれたこんなフランス語の文字が読みとれる。

わが名字《モン・ノン》、屈辱された者《オフファンセ》

図58　エメ・セゼール像（フォール＝ド＝フランス、ピエール・アリケール競技場近郊）

わが名前《モン・プレノン》、恭順《ユミリテ》
わが身分《モ・ネタ》、反逆する者《レヴォルテ》

デモと太鼓、歌

デモには音楽の要素が有効だが、マルティニックではグアドループに比べて音楽の力が足りなかったのではないか。ある会話の場面でマルティニック人の知り合いからこんな一言を聞いた。どちらのストライキにも居合わせなかった者としては感覚的にはわからない。しかし、グアドループの音楽の方がマルティニックよりも力強いような印象は抱いてきた。

その印象はおそらくグオ＝カにある。もちろんマルティニックにも農村部の太鼓音楽にベレがあり、ユジェーヌ・モナのほかにも太鼓の名手ティ＝エミール（一九二五―一九九二）など、ベレを担う重要な音楽家がいた。しかし、グオ＝カの方がより土地の音楽文化のなかに根づいているように見えた。

たとえばグオ＝カ集団「アキヨ」はＬＫＰを構成する団体のひとつだった。クレオール語で「かれらは何者か」を意味するアキヨは、カリブ海のみならずフランス本土でも人気のあるグループだ。しかし、アキヨは、毎週土曜日にポワン＝タ＝ピトルの路上で演奏している。演奏場所はサン＝ジョン・ペルス通り、グオ＝カの達人ヴェロの石像のすぐそばで、アキヨはストリートのグループとして太鼓を叩いている。

アキヨの誕生は一九七八年頃に遡る。ＵＰＬＧが結成され、グアドループ文化再興の流れのなかでグオ＝カが独立主義者によって再評価された時期であり、アキヨはまさにこの流れのうちで誕生した集団だった。毎年二月におこなわれるカーニヴァルをはじめとして、グループはグアドループ文化の活性化に貢献してきた。ヴェロが亡くなった一九八四年、アキヨは音楽集団から「組合」となり、以後「文化運動アキヨ」として活動している。現在のリーダーであるフランソワ・ラドルゾーはアキヨのみならずグアドループ文化の「顔」と言ってよい存在だ。ＬＫＰの構成団体のひとつとして名を連ねた、そうしたアキヨのグオ＝カ演奏が四四日間のストライキと示威行動を内側から支えたのは想像にかたくない。

グアドループはわれわれのもの、グアドループはやつらのものじゃない（La Gwadloup sé ta nou, la Gwadeloup sé pa ta yo）

本書の冒頭で、デモ参加者が唱和したこの言葉を紹介した。デモとは、歌が生まれるときでもある。誰が歌い出したのかはわからないが、このスローガンをリフレインにした音楽がＬＫＰの曲となった。演奏はもちろんアキヨである。

この関連で、ポワン＝タ＝ピトル生まれのズーク歌手ドミニク・ココ（一九六六年生）にも触れておきたい。かれも、アキヨ同様、現代のグアドループ文化を擁護する重要な音楽家だ。その音楽精神は、二〇〇八年に発表された『レスプリ・カスコッド（カコの精神）』のうちに見事に表現されている。「カコ」とはクレオール語で「茶色」を指し、フランス語で「茶色」を表わす「マロン」

には「逃亡奴隷」の意がある。アルバムには「六七年五月」という曲、さらには詩人ソニ・リペのクレオール語詩を歌詞とした「ムエン・セ・グワドルペイェン（私はグアドループ人）」が収められている。

二〇〇九年のゼネストにこの社会参加の音楽家が反応しないはずはなかった。ココは路上に結集した島民の意志を鼓舞する歌「ジャンティマン」を作った(2)。この歌のクリップは、ゼネストの映像と「カコ」と大きく書かれた茶色のTシャツを着たココの映像とをコラージュしたもので、この歌の精神を伝えている。

太鼓のリズムに合わせながら、ギター、ドラム、ベースの音が絡んでくる。その音楽を背景にうたわれるクレオール語の歌は、優しく、深いドミニク・ココの声をとおして、ときに畳みかけるようにして発せられる。リフレインの部分では、あいの手のように入る「行儀よく《ジャンティマン》」という女性コーラスに合わせて、「われわれは歩いた」「結集した」「要求した」というメッセージを力強く伝える曲だ。

一方、マルティニックでは、コロ・バルストというクレオール語でうたうフォークシンガーの存在が改めて際立った。二〇〇四年に発表したアルバムでデビューしたコロ・バルストは、「七四年二月」という曲でマルティニックで一躍有名になった歌手であり、その歌は「一九七四年二月」のストライキとその弾圧（本書第五章第一節）をうたったものだった。

セゼールと同郷のバス＝ポワント生まれのコロ・バルストは、この出来事が起きたときは学校に通う生徒だった。彼はこのときの不穏な空気を覚えており、とりわけ海岸で発見された死体が一九歳の若者だと知ると、仲間とすぐにその場へ駆けつけたという。しかし、このときの出来事はマルティニックの集団的記憶のなかで長らく隠蔽されてきた。コロは証言に基づいて当時の出来事を再構成した詩を書いた。その詩は、コロがこの歌をうたう一三年も前に書かれたという。二〇〇四年、機が熟したときに発表された「七四年二月」はただちに島の歌となった。

マルティニックのゼネストは、「一九七四年二月」を記憶の参照項としてきた。ゼネストが二月五日から始まったことに加え、この出来事がバナナ労働者によるストライキであったこと、なおかつコロ・バルストの曲による記憶の再燃が大きく働いたと思われる。二〇〇九年にはこの社会運動を振り返る催しがいくつもなされたが、そういう場でコロが「七四年二月」をうたっていたことが強く印象に残っている。

ラクゼミ

マルティニックへの渡航にあたって経由したパリで二〇〇九年四月三〇日付の『アンティーヤ』を入手した。表紙を飾っていたのが詩人モンショアシであったからだ。かれの記事の説明文にはこうあった。「ラクゼミは、サン＝タンヌのトマサン闘鶏場で定期的におこなわれる発言と意見交換の場である。数日前、ラクゼミの主唱者であるマルティニックの作家モンショアシがいくつものメディアにある文章を公開した……」(3)。その文章は、ゼネスト終結後に政府が準備した「三部会」という「民主主義的」組織を痛烈に批判したものであったようだ。ゼネスト後のマルティニックの状況は当然気にかかったが、トマサン闘鶏場でおこなわれるラクゼミという催しにも興味を惹かれた。

ラクゼミは二〇〇七年八月にモンショアシが始めた運動である。その活動は主にふたつあり、そのひとつは一年に一度、雑誌『ラクゼミ』を刊行することにあった。A4サイズの大きな判型で、赤茶色の表紙には、不思議なデッサンが印刷されている（このデッサンについては後述する）。

もうひとつは、ラクゼミの精神にとって重要な三つの日付に会合を開くことにあった。その日付は、キリスト教の復活祭にあたる時期、聖母の被昇天の祝日にあたる八月一五日、そして死者の日（一一月一日）の時期と定められていた。なぜか。ラクゼミによれば、復活祭にあたる時期（移動祝日）を遡ると、一六六〇年三月三一日のバス＝テール協定に行き着くからである。バス＝テール協定とは、フランス人をはじめとするヨーロッパ人と先住民カリナゴ（「カリブ族」）とのあいだに結ばれた停戦と土地の分割を定めたものだが、小アンティル諸島でカリナゴ国家の存在を認知するものとしてラクゼミは捉えた。さらには夜空に星座が現われる、カリナゴにとって新年にあたる時期だともいう。八月一五日は、ハイチ革命を導いた一七九一年のカイマン森の儀式の日とされる（通常は八月一四日の夜と伝えられるが、儀式は夜通しおこなわれたということだろう）。死者の日の日付には、コロンブスが最初に先住民から攻撃を受けたとされる一四九三年一一月三日が隠されている。

ラクゼミは、このように、植民地化とともに伝えられたキリスト教の祝日のなかに失われた別の記憶を呼び覚まし、これまでの文化運動のなかでは見失われがちだった先住民との絆を取り戻すことに重心を置いた。改めて強調すれば、カリブ海の島々にもっとも長く暮らしてきた人びとは先住民だった。先住民文化のほとんどが失われてしまった現代のフランス領カリブで、その文化をもう一度自分たちの現在に繋ぎ合わせようとする詩人モンショアシのヴィジョンは壮大である。ラクゼミ（Lakouzémi）のうち「ラク」は囲まれた「場所」を、「ゼミ」は先住民の語で「精神」を意味する。「場所の霊を呼び覚ます」というのがこの語には込められている。

ラクゼミの集いは、サン＝タンヌのトマサン闘鶏場でおこなわれた（二〇〇九年は例外的にマリゴほか各地でも開催された）。闘鶏場は円形である。ここに参加者が座って政治の議論が繰り広げられる。しかし「発言と意見交換の場」ばかりでない。闘鶏の舞台に立って、詩の朗読、歌、ダンスなど、さまざまな試みがなされる。会合は朝から晩まで丸一日続く。この一日のあいだに闘鶏場を多くの人が行き交う。大人たちに連れられて来る子どもたちはこのあいだにみんなで遊び、闘鶏場に併設された小さな食事の空間ではラクゼミの用意した食事をとりながら集まった人びとが話をする。ブティックでは雑誌『ラクゼミ』や関連物が販売されている。

図59　ハイチの震災後に開かれたラクゼミ（サン＝タンヌ）

ラクゼミは完全に自前の活動だった。賛同者が出資し合い運営をしているのだ。したがって会合での食事や雑誌販売が直接の売り上げをなしていた。フランス領カリブの文化的催しは、地方自治体の文化振興の予算に頼る場合が多い。しかし、ラクゼミは、思考の自立のためには経済の自立が必要であるという考えから、国家への財政の依存を拒否してきたのだった。

ラクゼミの一日は、夜に近づくほどその場所に流れる空気が濃厚になる。まさに「場所の霊を呼び覚ます」ような空間が立ち現われるという印象だ。それはちょうど『ラクゼミ』誌の表紙に描かれたあの不思議なデッサンのようである。陶芸家で画家のヴィクトル・アニセ（一九三八年生）によるそのデッサンは、種の詰まったヒョウタンを表わしている。ヒョウタンの中央に見えるのは、「レレ」と呼ばれる、数本の足のついた棒で、ティポンシュを作るさいに砂糖やライムをかきまぜるときに使われる。つまり、この徴に示されるヒョウタンはラクゼミという場所（円形の闘鶏場）を表わし、レレは種（参加者の発言や人びとの出会い）をかきまぜる。人びとは見えないレレの力で共振しながらラクゼミを深めてゆくのだ。

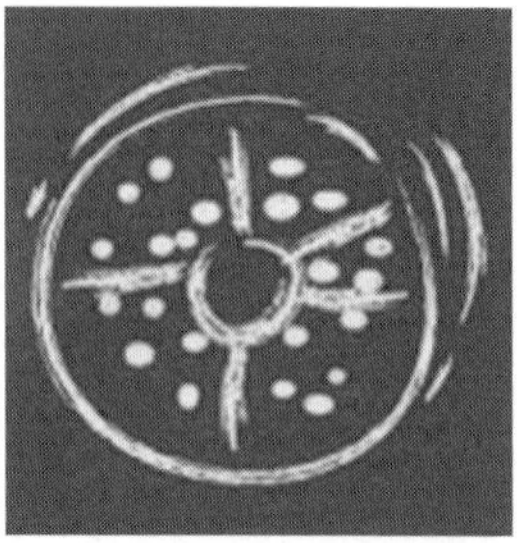

図60 ラクゼミのマーク

ハイチ

二〇一〇年一月一二日（日本時間では一三日）、ハイチはマグニチュード七・〇の大地震に見舞われた。首都ポルトープランスから南西二五キロほど離れたところが震源地となった。国家を象徴する大統領府も倒壊するほどの激震で、首都の多くの建物が崩れ落ちた。死者は三〇万人を超えたという。

フランス領カリブにはハイチ出身者が少なからずいる。世界最貧国のひとつと言われる国からやって来た人びとにとって、おそらくフランス領カリブの人間の生活はおおいに羨ましいにちがいない。政情は不安定で、仕事も少なく、文字通りの貧困を生きる人びとにとって、マルティニックやグアドループは「先進国」である。海外県住民は国籍のうえで「フランス人」であり、フランス本土で働くことも簡単である。教育も十分に受けられ、病院もある。祖国に比べれば、何もかもが「豊か」である島々だ。それゆえ、厳しい審査を通過してフランス領カリブに「入国」したハイチの人びとは、おそらくそこで強いられる多少の生活苦などものともしないだろう。

海外県に住むハイチ系住民にはそのような逞しさがあるように思える。ポワン＝タ＝ピトルでは湾岸にかけて主にTシャツなど古着を売るビニールシートの露店がずらりと並んでいる一帯があるが、その露店を営むのはハイチ系の人たちだという。街角に座り込んでジュースを売る人たちもおそらくそうなのだろう。ポワン＝タ＝ピトルでは、フォール＝ド＝フランス以上にクレオール語が飛び交うが、その一部はハイチ人の会話でもある。

二〇一〇年一月三〇日に緊急に開催されたラクゼミでは、ハイチ人民への連帯がテーマだった。詩人モンショアシもハイチの作家の友人を亡くした。二一時頃だろうか、夜も更けてから一台のバスがトマサン闘鶏場に到着した。バスに乗っていたのはフォール＝ド＝フランスの貧民地区に住むハイチ人たちの若者（主に女性）だった。かの女たちのカーニヴァルの踊りは、闘鶏場にハイチの地霊を召喚するほどの活力を与えていたように感じられた。

フランス領カリブで感じとったそのようなハイチの響きを、二〇一三年、筆者は東京で手にした冊子『ハイチ　復興への祈り』（岩波ブックレット、二〇一〇年）のうちに思いがけなく聞きとることになる。

著者は須藤昭子（一九二七年生）、医療活動をつうじて一九七六年からハイチとの交流を持ち続けてきた人だ。「語りおろし」であるこの小さな本は、あの未曾有の震災によって奇しくも世界からハイチが注目された時期に刊行された。とはいえ、その内容は表面的なものではもちろんなく、現地に長く住み、ハイチ人を愛する人間の視線によって語られる。結核予防の医師にして修道女会のシスターの須藤は、一九七六年、四九歳のときにハイチのレオガンにある結核診療所で働くことになった。ポルトープランスから西に二九キロほどに位置するこの小さな農村は、二〇一〇年の地震の震源地に近い。かの女がここに来たときにはポルトープランスの結核患者を隔離するだけの場所であったという。ベッドも注射針も数えるほどしかなく、病室の床に横たわる患者は治療を受けることもなく死を待つのみである。そのような絶望的な状況から、さまざまな出会いと巡り合わせによって、かの女は何もないところから必要な設備と医療技術を備えた結核診療所に変え、この場所で三〇年間働いてきた。

大震災のとき、須藤はちょうど日本にいた。ハイチに戻ったのは四月下旬のことだった。戻ったときのハイチの印象をかの女はこう伝えている。

びっくりしたのは、こんな大地震に遭《あ》い、多くが身近な人の命や住まいを失ったにもかかわらずハイチの人たちが明るかったことです。あの人たちはずっと困難のなかに生きてきた。ほんとうに貧しく苦しいなかを生きていましたから、その苦しさに耐えていく力を持っているんでしょう。私が行ったときは、ちょうど小学校が再開されて、子どもたちが制服を着てにこにこしながら学校に通っていました。ポルトープランスの目抜き通りを行くと、道の両脇には露店がずらりと出ていて、もう地震前と変わらないにぎわいでした。（『ハイチ　復興への祈り』前掲、五四―五五頁）

八〇歳をすでに超えた須藤がハイチとの長い付き合いから「日本の若いみなさんへ」宛てたメッセージも心に残る。日本では何人もの若い人から自分たちには希望がないという言葉をシスターは聞いてきた。それに対してかの女はこう述べる。

ハイチだって希望のある世界ではありません。もともとひどく貧しく苦しいところが、こんどの地震でもっとめちゃめちゃになった。そういう事実を見れば、希望は日本より、もっともっとないでしょう。でもハイチの人たちは希望を失ってはいない。希望がないからこそ、希望をもつしかないんです。（同書、六二頁）

『カリブ海偽典』

二〇一〇年一二月に翻訳刊行されたパトリック・シャモワゾーの作品『カリブ海偽典』（塚本昌則訳、紀伊國屋書店）は、日本語で読めるフランス領カリブの文学作品のなかで、もっとも重要な部類に属するだろう。原著は、日本語版の副題にあたる「最期の身ぶりによる聖書的物語」をタイトルとし、二〇〇二年に刊行された。シャワワゾーの文学的経歴のなかで『テキサコ』に次ぐ代表作となったこの小説は、原著でも文庫判で八六〇頁を超える、かれの作品のなかで最長の小説であり、日本語版では一〇〇〇頁に届かんとする分量である。

シャモワゾーはこの長編小説の主人公にバルタザール・ボデュール＝ジュールという人物を造形した。マルティニック生まれの主人公は青年時代から思想教育を受け、肉体を鍛錬し、第二次世界大戦以降、インドシナ戦争を始めとし、数々の脱植民地化の闘争にゲリラ戦士として身を投じてきた。帰郷後は、マルティニックの独立主義者として数々の政治活動に加わりつつも、独立主義者の意志に反して、島の自立の道は閉ざされてゆき、政治的には諦観を余儀なくされる。文学作品としての魅力を引き立たせる要素は、物語全編に織り込まれる幼年時代の魔法的な世界のうちにむしろあると言ってよく、その超自然的な物語と政治性を帯びる主人公の倫理との併存が、この長編を比類なき傑作へ昇華しているのだと考えられる。

二〇一二年一一月、シャモワゾーが来日を果たしたとき、かれとの初日の対談役をつとめたのは、大江健三郎（一九三五年生）だった。四六八席を有する紀伊國屋サザンシアターの前売り券が完売するほどの盛況のなか、堀江敏幸の司会進行のもと、ふたりは自らの文学観や互いの作品について語り合った（「文学の力」『群像』二〇一三年二月号、一八八―二〇三頁）。

シャモワゾーと大江とはこれまでパリで言葉を交わしてきたこともあり、東京で実現した対談は深い信頼関係の上に築かれていた。シャモワゾーは大江のことを「文学における兄弟」と述べる。ふたりは生きてきた場所も時間も異なるが、その文学に対する姿勢はたしかに兄弟のように近しい。文学者としての社会的役割を引き受ける倫理性、子ども時代のうちに創作の基盤をもつ点など、思いつく共通点もある。対談のなかでシャモワゾーはフランス語に訳されている大江作品のうち『ヒロシマ・ノート』（岩波新書、一九六五年）に言及し、その試みのうちに「考えることの困難なもの」を言語化しようとする作家の企図の深度を捉えた。

一方、大江はシャモワゾー作品のうち、とくに『カリブ海偽典』の「最期の身ぶり」の大切さを語った。この小説は、今際のときのバルタザール・ボデュール＝ジュールの言葉を、作者の分身である「言葉の記録係」が書きとるという構成をとっているが、この老齢の戦士はもはや言葉を発することができず、身ぶりで何かを伝える。その「最期の身ぶり」のうちに、大江は、自ら「後期の仕事《レイト・ワーク》」と呼んで近年発表を続けてきている小説のなかの「最期の小説となるはずの「晩年様式集《イン・レイト・スタイル》」という作品」に通ずるものを見てとる。

その最期の小説では、大江の人生においても作品においてもかけがえのない、知的障害をもつ息子・光との関係が重要なテーマとなることから、大江はこの息子との関係を『カリブ海偽典』の主人公と語り手との関係と対比させてこう述べる。

> 『カリブ海偽典』でボデュール＝ジュールが人生の最期に身ぶりによって自分を表現するのに対比すると、私の子供は身ぶりと、その純粋化されたかたりのような音楽によって自分を表現している。身ぶりによる表現は根本的で奥深く、しかも現実とかかわっているんだと、私は息子をつうじて知っているわけなんです。そうであれば、いま私があまり読み手もいない小説を書いている意味も自分にわかると思っています。光の身ぶりによる表現の総体というものを、自分の最期

の小説の中でついには書きたいという願いがあり、そのために毎日少しずつ書き進めているのかも知れません。自分の息子について書くことで、この年老いた戦士のそれなりの闘いぶりとしてどこかにいる人に伝わると信じて、最期の仕事をしているのかも知れません。（大江健三郎「文学の力」『群像』前掲、一九九頁）

『カリブ海偽典』のうちには、大江健三郎がこれほどの思いを述べるほどの、計り知れないスケールと広がりがある。見方によれば、この作品が物語るのはマルティニックをモデルとしたフランス領カリブの現代史であるとも言える。実際にも、この老戦士のうちには『植民地主義論』のセゼール、アルジェリアの独立のために脱植民地化運動に取り組んだファノン、マルティニックの行く末を憂いてきたグリッサンの面影を見出すことができる。本書で見てきたとおり、いずれもこの島々の現代史の総体を語るうえでは欠かせない人物たちだ。

小説に描かれるのは、結局のところ「独立」の困難であり、反植民地主義者として闘ってきた人間の悔恨と諦観である。さまざまな闘いをへてきた主人公が最後の戦いとして麻薬撲滅に挑み、密売人や常習者のアジトを壊滅することに成功したにもかかわらず、麻薬に溺れていた叔母の娘（**「これはわしの娘だ、ああ、わしが一度ももてなかった娘だ……！」**）を結局助けることができないというエピソードは、読み手に深い傷跡を残す。

しかしながら、『カリブ海偽典』が独立主義者の絶望の果てに示すのは、その絶望をも超えた希望である。漆黒の夜が続いても必ず夜明けが来るように、希望の朝とでも呼べる時間が物語の最後に立ち現われる。主人公が生きとし生けるものに思いを馳せる場面のうちに射す光。

どのマンゴーもひとつの驚異だ。柔らかく曲がった緑、白っぽい薄皮を思わずつかみたくなるなめらかさ、おいしい黄色がどんどん表面に広がってゆくなめらかさ。色合いは、太陽の黄色にまで変化し、それから死にゆく＝黄色、イエン＝イエン蠅が期待する腐敗の栗色まで変色する。根が養分を吸い、樹液が上り、花が創りだされ、果実が生みだされるこのゆるやかな奇跡を、わしは心に思い描く。花咲くマンゴーの木は、婚礼のレースをまといっていて、わしは、いちばん素朴な昆虫同様、そのレースを気にせずにはいられない。周囲の全生命を必要とするこの錬金術のなかに、わしの居場所はない。蝶は知っている。蜂は知っている。コガネムシは知っている。テントウムシは知っている。毛虫は知っている。蟻は知っている。（パトリック・シャモワゾー『カリブ海偽典』前掲、八九九—九〇〇頁）

長い遍歴のなかで老戦士がたどり着いたのは、支配体制や権力に対する直接的な抵抗とは別のかたちの戦いだ。シャモワゾーの言葉で述べれば、あるシステムに対する「反逆者」は、システムのなかで生産される支配／被支配、勝利／敗北などの関係を逆転しようとする存在だ。反逆が成功すれば、被支配者は支配者になることができる。しかし、システムそれ自体は支配／被支配の関係を生み出す以上、新たに支配される立場に置かれる者が出てくる。現代において必要な戦いは、そのような「反逆者」の戦いではなく、システムを解体しようとする「戦士」のそれだとシャモワゾーはいう。

バルタザール・ボデュール＝ジュールは最期に「戦士」として再生する。引用文にあるように、生きとし生けるものの活動を事細かに観察し、人間のそれとは異なる生物界の論理を知ろうとすることにもまた「戦士」の倫理的態度が示されている。

その姿勢はまた二〇〇九年のゼネストのさなかに発せられた「高度必需品宣言」のシャモワゾーとグリッサンをはじめとする九人の態度でもあった。

ユートピアを夢見ること

「高度必需品宣言」は、ゼネストの権利要求を全面的に擁護しつつ、この出来事から構想される社会のヴィジョンを提示した。海外県初の一大社会運動の思想的意義を引き出し、これが「先駆ける周辺」から世界への問題提起となるよう、放たれた言葉だった。

声明文の著者たちはいう。「われわれはいかなる留保もない全面的連帯精神のうちでグアドループ、次いでマルティニックに定着し、ギュイヤンヌおよびレユニオンへ波及しようとしているこの測り知れない社会運動を讃える。われわれの要求は何一つ不当ではない。われわれの要求は本来何一つ不合理ではなく、そもそも行き過ぎているのはわれわれが立ち向かうシステムの歯車の方である」と（「高度必需品宣言」『思想』二〇一〇年九月、九頁）。

LKPの頭文字「リナンナジ（Lyannaj）」は「連帯していなかったすべてのものを結び合わせ、再結集させ、結びつけ、繋ぎ、中継する」（同頁）。そのような「リヤンナジ」の力によって連帯した海外県の物価高抗議運動は、著者たちによれば、「具体的な生活上の要求に属しながら生活のもっとも高貴な部分へのきわめて深い呼びかけに属する社会運動」（同前、一〇頁）だ。

この運動は、低所得者層の月額最低賃金の引き上げや生活必需品の値下げといった、きわめて具体的な要求に根ざしている。声明文の賛同者たちは、この具体的な要求のうちに、システムそのものを問いなおす潜勢力を見てとる。継続中のゼネストは、たしかに勝利をおさめるかもしれない。しかし、その勝利は、現実的な諸要求のうちにとどまっているかぎりは、準備されたシステムのなかで得られるものに過ぎない。つまり、物価高と高失業率の環境を生み出しているシステムを問いなおす要求をおこなわなければならないのではないか。

九人の著者は、その要求を「高度必需」（「詩的なるもの」）と呼んだ。それは、生きるために欠かせない「最低必需品」（「散文的なるもの」）に対して、物質として具現化しない、抽象的な、目に見えない、精神の態度に属する要求である。しかも、その精神の態度をつうじて、「最低必需品」との関係が変ってしまうような要求である。

フランス領カリブにおける「高度必需」とは、端的には、輸入に頼るエネルギーと食生活を考えなおすということだ。

図61　『高度必需品宣言』表紙。裏表紙にはこのパンフレットの売り上げ金はすべてグアドループとマルティニックの労働組合に寄付される、とある。

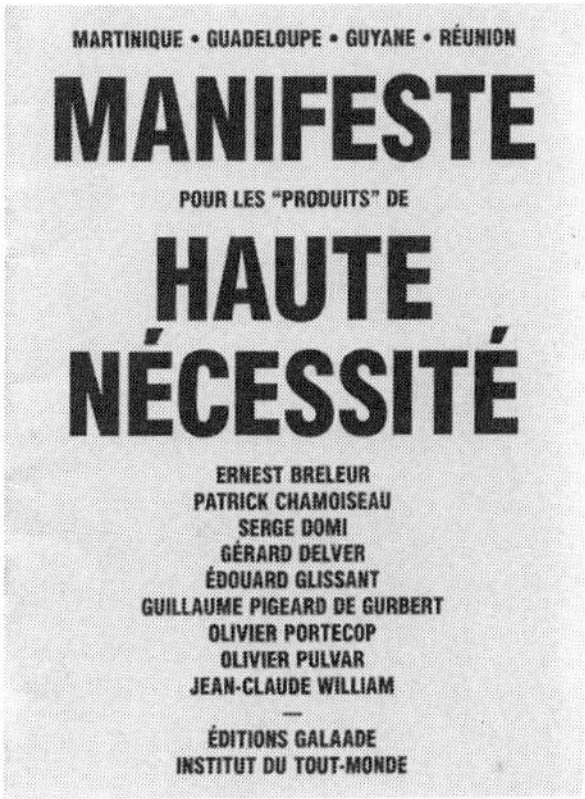

植民地の不条理は、われわれの土地の料理《マンジェ＝ペイ》、われわれの近しい環境、われわれの様々な文化的現実からわれわれを遠ざけた挙げ句、着る物もなければ家庭菜園《ジャルダン・ボカイ》もないわれわれをヨーロッパ的食生活に委ねた。フランスとは、まるで数千キロも離れたところからすべての食料と生活必要品を輸入するべく配列されたデータであるかのようだ。（「高度必需品宣言」前掲、一二頁）

繰り返すが、ゼネストは実際にも物資を遮断してしまったことで、商品在庫が尽きることを経験したのだった。何でも商品化され、購買行動をつうじて生活のほとんどを成り立たせている今日の社会システムにあって、商品がないという状態は致命的である。しかし、どのような状況にあっても生きようとする生存本能がある以上、人は食べ物を小売店の商品棚以外で見つけなければならない。そのとき、人間と食との関係も変わってくる。

そして、ゼネストという一切の労働が停止した時間のなかで、人は、生産と消費の無限構造から瞬間的に解き放たれる。そのときに垣間見られるのが、「現代資本主義」に対する異議申し立てに加わり、「脱経済社会の基盤を築くという試み」の可能性である。

その社会基盤のうちでは、経済発展の継続的伸長という考えは押しのけられて成熟という考えに吸収されるだろうし、雇用、消費、生産は自己を創造し、人間を完成させる場をなすだろう。［……］われわれは誰もがグローバル化した不定形なシステムの犠牲者であり、われわれはこれに一丸となって立ち向かわなければならない。労働者と小経営者、消費者と生産者は、自分たちのうちのどこかに、黙してはいても不屈の、あの高度必需を有しているのであり、われわれはそれを目覚めさせなければならない。（同、一一二―一一三頁）

商品世界の拡張を求めてゆく「現代資本主義」のなかでは消費者が生産者となり、生産者が消費者となる。その意味で「われわれは誰もがグローバル化した不定形なシステムの犠牲者」である。このような自覚から出発して、労働と生活を、金銭に従属する矮小化された価値から解放することが、「高度必需」の求めることであり、ゼネストの秘める世界規模の可能性だった。

健全に、そして今とは別様に食べることで、われわれは大規模流通業を跪かせることができる。

一切の自動車を断つことで、われわれはＳＡＲＡ（アンティーユ石油精製株式会社）と石油会社を地下牢に押し戻すことができる。

ごくわずかな水滴でも貴重な食料品だと直ちに見なすことによって、われわれはこれを各所で守り、全員のものである宝物の最期の欠片《シクタイユ》であるかのように使用することによって、水道会社を、その法外な値段を堰き止めることができる。（同、一一三頁）

まさにこの言明にあることを、海外県民は一ヶ月以上にわたって実践したのだった。

その後は、すでに述べたように、人びとはそれぞれの職場に戻り、日常に「復帰」した。スーパーは相変わらず人びとの生活必需品を供給する場として機能していた。物資不足という消耗戦に疲れ果てた人びとは、再び商品が買える喜びをひそかに噛みしめたのかもしれない。しかし、たとえそうであるにしても、この長期の異議申し立ては、フランス領カリブの歴史を画する〈出来事〉となった。再び喩えるなら、植民地主義下を生きる人びとの〈マグマ〉の噴火が二〇〇九年の〈出来事〉だったのであり、その〈マグマ〉の恐怖を感じたからこそ、政府は介入せざるをえなかった。植民地的構造はたしかに変らない。しかし、これまでの労働運動のなかで記念碑的な達成となった二〇〇九年海外県ストライキは、それを担った人びとの心性に、何か肯定的なものを確実に残したように思える。エリ・ドモタが述べたように、人びとは何よりも「これまでより自分に自信をもつようになった」のではないか。

ユートピアは地球上に、語の原義からして存在しない。しかし、ユートピアを想像すること、つまり現状の社会を批判し、その批判精神から新しい社会のあり方を夢見ることは、必要だ。今日の私たちは、進歩史観にのっとって社会の改良や前進を確信できるほど、純朴ではいられない。ユートピアは、そのような進歩史観の先に待つ、実現されるべき未来のなかに求められるのではない。ユートピアの可能性は、グリッサンの考えるようなカオス世界観のなかで、予期せぬかたちで実現する〈出来事〉のうちに宿るように思える。〈出来事〉である以上、それは持続しない。したがって、そこから体制が築かれることもない。ユートピアの可能性は、一瞬の力の凝集として現われる〈出来事〉のそれだ。その〈マグマ〉が熱しているほど、〈出来事〉は消えたあとも現実世界に大きな痕跡を残す。
高度消費社会に支えられた私たちの生活はいつ崩壊するかわからず、この生活のあり方に対する世界規模の「リヤンナジ」もまたいつ生じるかわからない。私たちは、予測不能を当たり前のように受け入れなければならない時代に生きている。だからこそ、降りかかる困難や絶望をも前にしても、そこから新しく始める生命力と知性を必要としている。そのとき、フランス領カリブの歴史的経験から私たちが学びとることは、決して少なくない。

注

（1）Édouard Glissant, *La terre le feu l'eau et les vents : Une anthologie de la poésie du Tout-monde*, Paris, Galaade, 2010.
（2）YouTubeで見ることができる。「ムエン・セ・グワドルペイエン（Mwen sé gwadloupéyen）」と「ジャンティマン（Jantiman）」をカップリングした映像である。ドミニク・ココはDominik Cocoと綴る。
（3）Monchoachi, «Le leurre démocratique s'appelle démagogie.», *Antilla*, n°1349, 30 avril 2009, p. 19.

あとがき

本書は二〇一二年二月一六日から二〇一三年四月一日にかけて人文書院のｗｅｂコラムに書き下ろしとして連載した論考「カリブ‐世界論」に基づいている。単行本として出版するにあたり、マルティニックとグアドループの地図、参考文献、略語表および人名索引を加えた。図版は、巻末に出典をまとめ、変更・追加を適宜おこなった。文章にも一部だが加筆・修正を施している。

連載時の論考の出発点は、『思想』二〇一〇年九月号で組まれた小特集「「高度必需」とは何か――クレオールの潜勢力」にある。特集号のために訳出されたエドゥアール・グリッサン、パトリック・シャモワゾーほか九人の声明文「高度必需品宣言」は幸い読者に恵まれ、届くべきところに届いた。このマニフェストおよびその解説論文として書かれた「フランス海外県のゼネストの史的背景と「高度必需」の思想」、ならびに風響社より上梓したブックレット『フランス語圏カリブ海文学小史』が本書の原型をなしている。文章執筆の機会を与えてくださった互盛央、石井雅の両氏にこの場を借りてお礼申し上げる。

本書は、筆者にとって第二の博士論文のような位置を占めている。

最初の博士論文は、本書の通奏低音をなすグリッサンの文学をめぐるものだった。学生時代にグリッサン作品と出合ったことがきっかけで、大学院へ進学し、カリブ海のフランス語文学を専攻した筆者は、その学究の過程で今福龍太、上村忠男、管啓次郎、砂野幸稔、立花英裕、恒川邦夫、西成彦、星埜守之、真島一郎各氏の謦咳に接し、絶えざる向学の機会に恵まれてきた。博士論文の指導に当ってくださった西谷修先生は、学部時代以来の恩師である。フランス文学科に入学した一学生にクレオールの作家の存在を教えてくださった恩師のもとで探究が継続できたことは大変幸運だった。

グリッサン作品における「歴史」を主題にした博士論文を東京外国語大学大学院に提出したのは二〇〇九年のことである。二〇〇六年に意を決して渡航したマルティニック島ではジャン・ベルナベ氏がアンティーユ・ギュイヤンヌ大学に迎えてくれた。この一年間の滞在をつうじて筆者は、モンショアシの主宰するラクゼミへの参加をはじめとして、かけがえのない経験を得た。翌年、研究の拠点をフランス本土に移し、幸いにも二年間をパリで過ごすことができた。このような研究滞在の機会を提供してくださった松下幸之助記念財団、東京外国語大学の「組織的な若手研究者等海外派遣プログラム（短期派遣EUROPA）」に感謝申し上げる。さらに、この間に念願のマルティニック再訪とグアドループ滞在がかなった。本書執筆のための研究調査に進んで協力してくれたジェラール・デルヴェール、エリ・ドモタ、エクトル・デグラ（以上グアドループ）、ロドルフ・エティエンヌ、フェルナン・フォルチュネ（以上マルティニック）の各氏に友情を込めた挨拶を送りたい。

博士論文を提出してからのこの七年間をつうじて、筆者の考えもずいぶん変わった。博論執筆時、筆者は文学研究とは究極的に「テクスト」を研究するだけで十分であると考えていた。しかし現在では、文学研究は地域研究であると捉えている。カリブ海のような「場所」にこだわる文学の場合、その「場所」についての見識があるとないとでは読み方がずいぶん変わってくる。カリブ海の土地を知るのは当然のこと、文学作品だけでなく、歴史、社会、経済、文化、すなわちこの地域の包括的な知識がカリブ海の文学を専門的に読むさいには必要であり、そのような知識によって刷新された感性が新たな文学の読みを可能にする、そう筆者は考える。その意味で本書もまた筆者の広義の文学研究の一環をなしている。

この点との関連で言えば、本書執筆の背景には、日本におけるクレオールをめぐる議論を引き継ぎたいという想いもあった。複数文化研究会によって編まれた『〈複数文化〉のために――ポストコロニアリズムとクレオール性の現在』（人文書院、一九九八年）における「クレオール性」に対する問題提起、とりわけ「クレオール性」の主張（これを礼賛する言説をふくむ）のリアリティを問う批判は深く受け止めてきた。当時大学院生だった筆者にはこの批判に応える機会も力量も持ち合せなかったが、それから十数年がたち、クレオールという言葉も定着した感のある現在から、改めてこの語をめぐって活発に交わされた議論の可能性を、フランス領カリブの文化史を丹念にたどることによって開いてゆけるのではないかと考えた。ポール・ニジェール（アルベール・ベヴィル）、ソニー・リュペール、ヴァンサン・プラコリといった日本語圏ではいまだ無名の作家やクレオール語復権運動の紹介に努めたのはこのような企図と関係している。

また、副題にあるとおり、本書を貫くテーマは植民地主義である。本書を書き終えてから改めて気づいたこのテーマにかんして、先頃「最後の論集」として『植民地主義の時代を生きて』（平凡社、二〇一三年）を出版された西川長夫氏の、植民地主義批判をめぐる一連の仕事におおいに啓発されていることを特記しておきたい。

本書は、フランス領カリブの「現在」を構成する多様な要素をできるかぎり叙述するよう努める過程で、ひとつの専門分野に特化しない混成的な研究となっていった。これは筆者の地域研究的文学理解に拠るものの、執筆の直接的動機は二〇〇九年のグアドループのゼネストにあった。本書がとりわけ経済的側面にこだわった理由もそこにある。この点については、アンドレ・ゴルツ、カール・ポランニー、セルジュ・ラトゥーシュなどの経済思想のオルタナティヴを参照しつつゼネストの可能性を論じてみようと当初は考えていたが、結果的には別のかたちで書くことにした。本書は上述の思想家の経済観にも触発されている。

このような冒険的な執筆に誘ってくれたのは、人文書院編集部である。筆者にとって最初の本格的な著作となる本書をこの京都の歴史ある人文系出版社から上梓できることを誇りに思う。また、グリッサン『フォークナー、ミシシッピ』（拙訳、インスクリプト、二〇一二年）に引き続いて間村俊一さんが装丁をご担当くださるという僥倖を嬉しく感じる。

企画から編集にいたるまで筆者を支えてくれたのは松岡隆浩さんである。前述の『思想』の特集に目をとめてくれた松岡さんとの出会いを機縁に本書の冒険は始まった。新しい章を送るたびに届けてくれた激励の言葉に励まされ、ついに書き終えることができた。連載原稿を毎回ｗｅｂにあげるという大変な仕事も進んでおこなってくれたこの敏腕編集者がいなければ、本書はけっして存在しなかった。心からの謝意を表したい。

最後に、本書を手にとってくださる方に対して、親愛なる友情の気持ちを込めて、深い感謝の念を捧げます。

二〇一三年五月一〇日／二二日

中村　隆之

放民衆同盟
UTA（Union des Travailleurs Agricoles）農業労働者同盟

IME（Institut Martiniquais d'Études）マルティニック学院
LKP（Liyannaj Kont Pwofitasyon）過剰搾取反対連合（グアドループ）
LUA（Ligue d'Union Antillaise）アンティーユ連合同盟
MDRM（Mouvement Démocratique de la Rénovation Malgache）マダガスカル改革民主運動
MEDEF（Mouvement des Entreprises de France）フランス企業運動
MIM（Mouvement Indépendantiste Martiniquais）マルティニック独立運動
MRP（Mouvement Républicain Populaire）人民共和運動
OCLAE（Organización Continental Latinoamericana y Caribeña de Estudiantes）ラテンアメリカ大陸学生連合
OJAM（Organisation de la Jeunesse Anticolonialiste de la Martinique）マルティニック反植民地主義青年同盟
PCF（Parti Communiste Français）フランス共産党
PCG（Parti Communiste Guadeloupéen）グアドループ共産党
PCM（Parti Communiste Martiniquais）マルティニック共産党
POF（Parti Ouvrier Français）フランス労働党
PPM（Parti Progressiste Martiniquais）マルティニック進歩党
RDA（Rassemblement Démocratique Africain）アフリカ民主連合
SFIO（Séction Française de l'Internationale Ouvrière）労働インターナショナル・フランス支部（フランス社会党）
UDMG（Union Départementale des Mutuelles de Guadeloupe）グアドループ共済組合県協会
UEG（Union des Étudiants Guyanais）ギュイヤンヌ人学生連合
UGTAN（Union Générale des Travailleurs d'Afrique Noire）ブラック・アフリカ労働組合総連合
UGTG（Union Générale des Travailleurs de Guadeloupe）グアドループ労働者総同盟
UGTSF（Union Générale des Travailleurs Sénégalais en France）在仏セネガル人労働者総連合
UNR（Union pour la Nouvelle République）新共和国連合
UPG（Union des Paysans pauvres de la Guadeloupe）グアドループ貧農同盟
UPLG（Union Populaire de Libération de la Guadeloupe）グアドループ解

団体名略語表

（政党・労働組合・学生組織等）

AGEG（Association Générale des Étudiants Guadeloupéens）グアドループ人学生総協会

AGEM（Association Générale des Étudiants Martiniquais）マルティニック人学生総協会

APAL（Asé Pléré An Nou Lité）「涙はごめんだ、闘おう」（マルティニック）

ARC（Alliance Révolutionnaire Caraïbe）カリブ革命連合（マルティニック）

BUMIDOM（Bureau des migrations des départements d'outre-mer）海外県移民局

CGT（Confédération Générale du Travail）労働総連盟（フランス）

CGTG（Confédération Générale du Travail de la Guadeloupe）グアドループ労働総連盟

CGTM（Confédération Générale du Travail de la Martinique）マルティニック労働総連盟

CO（Combat Ouvrier）労働者闘争（マルティニック）

CRS（Compagnies Républicaines de Sécurité）共和国機動隊

C５F（Collectif du 5 Février）２月５日コレクティヴ（マルティニック）

FEANF（Fédération des Étudiants d'Afrique Noire en France）在仏ブラック・アフリカ学生連盟

FAG（Front Antilles-Guyane）アンティーユ＝ギュイヤンヌ戦線

FLN（Front de Libération Nationale）民族解放戦線（アルジェリア）

FSM（Fédération Socialiste de la Martinique）マルティニック社会主義者連盟

GEREC-F（Groupe d'Études et de Recherches en Espace Créolophone et Francophone）クレオール語・フランス語空間学術研究グループ

GLA（Groupe de Libération Armée）武装闘争グループ（グアドループ）

GONG（Groupe d'Organisation Nationale de la Guadeloupe）グアドループ民族連合グループ

GRS（Groupe Révolutionnaire Socialiste）社会主義革命グループ（マルティニック）

357, août-sept. 2009.
Études Guadeloupéennes, numéro intitulé «De l'explosion aux interrogations», n° 11, avr. 2011.
Historial antillais, 6 vols, Pointe-à-Pitre, Éditions Dahani, 1981.
La Revue du Monde Noir : 1931-1932 Collection complète numéro 1 à 6, réédition, Paris, Jean-Michel Place, 1992.
Légitime Défense, réédition, Paris, Jean-Michel Place, 1979.
Les Temps Modernes, numéro intitulé «Guadeloupe-Martinique janvier-mars 2009 : la révolte méprisée, n° 662-663, janv.-avr. 2011.
Tropiques, 2 vols, réédition, Paris, Jean-Michel Place, 1978.
Ô Fugitif : Anthologie autour de la figure du marron, une présentation de Jacqueline Picard avec la collaboration d'Armelle Détang et Claude Lucas, Le Gosier（Guadeloupe）, Éditions CARET, 1999.

音声・映像資料（CD・DVD）

COCO Dominik, *Lésprit Kaskòd*, Golet Musik, 2008.
DESVALIEUX, Jacob et DECIMUS Georges, *Yélélé*, Up Music, 2004 [1984].
Françafrique, réalisé par Patrick Benquet, Compagnie des phares & balises, 2010.
KALI, *Île à vendre*, Hibiscus Record, 1992.
L'Avenir est ailleurs, réalisé par Antoine Leonard-Maestrati, Doriane Films, 2006.
Les 16 de Basse-Pointe, réalisé par Camille Mauduech, Les films du Marigot, 2009.
Life & Debt, directed by Stephanie Black, 2001.（『ジャマイカ楽園の真実』ステファニー・ブラック監督、アップリンク、2005年）
Rue Cases-Nègres, réalisé par Euzhan Palcy, Carlotta, 2008 [1983].

als., *Qui ne connaît pas Monsieur Domota ?*, sans lieu, Éditions Desnel, 2009, pp. 69－219.

TANIC Max, DOMI Serge et BIROTA Fabrice, *La Saison des nouveaux commencements: Contribution débats*, Fort-de-France, Éditions L'Autre-Mer, 2009.

UPLG, «La situation politique en Guadeloupe depuis le 10 mai», *Les Temps Modernes*, n° 441－442, avr.-mai 1983, pp. 1961－1973.

VERDIN Philippe, *Alioune Diop, le Socrate noir*, Paris, Lethielleux, 2010.

VERSCHAVE, François-Xavier, *La Françafrique : Le plus long scandale de la République*, Paris, Stock, 1998.（『フランサフリック――アフリカを食いものにするフランス』大野英士、高橋武智訳、緑風出版、2003年）

VOLTAIRE, *Candide et autre contes*, Paris, Gallimard, coll. «Folio classique», 1992.（ヴォルテール『カンディード』吉村正一郎訳、岩波文庫、1956年）

WILLIAM Jean-Claude, «Les origines de la loi de départementalisation», *Historial antillais*, Pointe-à-Pitre, Éditions Dahani, 1981.

WILLIAMS Eric, *Capitalism and Slavery*, Chapel Hill, University of North Carolina Press, 1994［1944］.（『資本主義と奴隷制』山本伸監訳、明石書店, 2004年）

――, *From Columbus to Castro : The History of the Caribbean 1492-1969*, New York, Harper & Row, 1970.（『コロンブスからカストロまでⅠ・Ⅱ』川北稔訳、岩波書店, 1978年）

YACONO Xavier, *Histoire de la colonisation française*, Paris, PUF, 1993.（『フランス植民地帝国の歴史』平野千果子訳、白水社文庫クセジュ, 1998年）

ZOBEL Joseph, *La rue Cases-Nègres*, Paris, Présence Africaine, 1974.

欧文（雑誌、選集、事典）

Dictionnaire de la colonisation française, sous la direction de Claude Liauzu, Paris, Larousse, 2007.

Dictionnaire encyclopédique Désormeaux, sous la direction de Jack Corzani, vol 7, Fort-de-France, Éditions Désormeaux, 1992.

Esprit, numéro partiellement consacré à «Les Antilles d'Aimé Césaire», n°

PRICE Richard et PRICE Sally, *Les marrons*, Paris, Vents d'ailleurs, 2005.
RIFAUX, Francis «démographie» in *Dictionnaire encyclopédique Désormeaux*, sous la direction de Jack Corzani, tome 3, Fort-de-France, Éditions Désormeaux, 1992, p. 867.
ROSS Kristin, *Fast Cars, Clean Bodies : Decolonization and the Reordering of French Culture*, Cambridge, The MIT Press, 1996.
RUPAIRE Sonny, *...cette igname brisée qu'est ma terre natale ou grand parade, ti cou-baton*, Paris, Éditions Parabole, 1971.
SAINT-CYR Philippe, «L'octroi de mer», *Historial antillais*, Point-à-Pitre, Éditions Dahani, 1981.
SAINTON Jean-Pierre (ed.), *Histoire et civilisation de la Caraïbe, tome I : Le temps des Genèses, des origines à 1685*, Paris, Maisonneuve & Larose, 2004.
SARTRE Jean-Paul, «Orphée noir», *Situations, III : lendemains de guerre*, Paris, Gallimard, 1949, pp. 229-286.（「黒いオルフェ」鈴木道彦、海老坂武訳『植民地の問題』鈴木道彦ほか訳、人文書院、2000年、140－195頁）
——, «Le tiers monde commence en banlieu», *Situations, VIII : autour de 68*, Paris, Gallimard, 1972, pp. 302－307.（「第三世界は郊外に始まる」鈴木道彦訳『植民地の問題』前掲、228－233頁）
——, «Présence noire», *Présence Africaine*, n° 1, nov.-déc.1947, réédition, Paris, Présence Africaine, 1997, pp. 28－29.
SATINEAU Maurice, *Contestation politique et revendication nationaliste aux Antilles française : Les éléctions de* 1981, Paris, L'Harmattan, 1986.
SCHMIDT Nelly, *La France a-t-elle aboli l'esclavage?*, Paris, Perrin, 2009.
SENGHOR, Léopold Sédar, «Défense de l'Afrique noire», in *Esprit*, juillet 1945, pp. 237－248 (édition numérique).
——, (ed.) *Anthologie de la nouvelle poésie nègre et malgache de langue française*, Paris, PUF, 2007.
——, *Poésie complète*, édition critique, Paris, CNRS Editions, 2007.
STEHLÉ Guy, «recensement» in *Dictionnaire encyclopédique Désormeaux*, sous la direction de Jack Corzani, tome 7, Fort-de-France, Éditions Désormeaux, 1992, pp. 1992－2001.
SUCCAB Frantz, «Qui connaît le mal Guadeloupéen ?», Rosa Moussaoui et

des origines au début du XXe siècle, Centre Régional de Documentation Pédagogique de la Martinique, 2009.

MILES William F. S., *De la politique à la Martinique : Paradoxe au paradis*, traduit de l'américain par Loïza Nellec-Miles, Paris, L'Harmattan, 1992.

MONCHOACHI, *Dissidans'*, Paris, Germinal, 1977.

——, «Le leurre démocratique s'appelle démagogie.», *Antilla*, n°1349, du 30 avril au 8 mai 2009, pp. 19－22.

MONNEROT Jules, *La poésie moderne et le sacré*, Paris, Gallimard, 1945.（『シュルレアリスムと聖なるもの』有田忠郎訳、吉夏社、2000年）

MONTESQUIEU, *Œuvres complètes*, tome II, Paris, Gallimard, coll. «Bibliothèque de la Pléiade», 1951.（モンテスキュー『法の精神』野田良之ほか訳、全３巻、岩波文庫、1989年）

MORTON Patricia, *Hybrid Modenities : Architecture and Representation at the 1931 Colonial Exposition, Paris*, Cambridge, The MIT Press, 2003.（『パリ植民地博覧会』長谷川章訳、ブリュッケ, 2002年）

MOUTOUSSAMY Ernest, *Aimé Césaire : Député à l'Assemblée nationale 1945－1933*, Paris, L'Harmattan, 1993.

NEMO, *Matinik doubout*, Paris, Alternative Libertaire, 2009.

NIGER Paul, «L'assimilation, forme suprême du colonialisme», *Esprit*, n° 305, avr.1962, pp. 518－532.

NKRUMAH Kwame, *Le néo-colonialisme : Dernier stade de l'impérialisme*, traduit de l'anglais, Paris, Présance Africaine, 2009.

NICOLAS Armand, *Histoire de la Martinique : De 1848 à 1939*, tome 2, Paris, L'Harmattan, 1997.

——, *Histoire de la Martinique : De 1939 à 1971*, tome 3, Paris, L'Harmattan, 1998.

PAGO Gilbert, «Vincent, la fidélité aux enseignements», *Tranchées*, numéro hors-série, janv. 1993, pp. 4－6.

PERRET Delphine, *La Créolité : Espace de création*, Ibis Rouge Éditions, 2001.

PLACIDE Louis-Georges, *Les émeutes de décembre 1959 en Martinique : Un repère historique*, Paris, L'Harmattan, 2009.

PLUCHON Pierre (ed.), *Histoire des Antilles et de la Guyane*, Toulouse, Privat, 1982.

Apal Production, sans date.

——, *Habiter le monde : Martinique* 1946-2006, Ibis Rouge Éditions, 2008.

——, «Février 74, la rencontre et le réveil», *Les Cahiers du patrimoine*, numéro intitulé «Révoltes et luttes sociales en Martinique», n° 27, nov. 2009, pp. 126-133.

LÉPINE Édouard de, «Le parti communiste et le mouvement ouvrier à la Martinique de 1945 à nos jours», *Historial antillais*, tome 6, Pointe-à-Pitre, Éditions Dahani, 1981, pp. 181-295.

LKP, *Guadeloupe et Martinique en grève générale contre la vie chère et l'exploitation outrancière, Les* 120 *propositions du collectif*, sans lieu, Éditions Desnel, 2009.

LOLLIA Alex, «Les Antilles contre la pwofitasyon», *Contretemps*, n° 2, nouvelle série, mai 2009, pp. 9−19.

LOZA Julien Valère, *Les étudiants martiniquais en France : Histoire de leur organisation et de leurs luttes*, tome 1, Fort-de-France, Éditions 2 M, 2004.

LUCRÈCE André, *Frantz Fanon et les Antilles : L'empreinte d'une pensée*, Fort-de-France, Le teneur, 2011.

LUCRÈCE André, OZIER-LAFONTAINE, Louis-Félix et L'ETANG, Thierry, *Les Antilles en colère : Analyse d'un mouvement social révélateur*, Paris, L'Harmattan, 2010.

MACEY David, *Frantz Fanon, une vie*, traduit de l'anglais par Christophe Jaquet et Marc Saint-Upéry, Paris, La Découverte, 2011.

MANCERON Gilles, «Un mardi pluvieux d'octobre», *Le* 17 *octobre* 1961 *par les textes de l'époque*, Paris, Les Petits Matins, 2011, pp. 7−32.

MANVILLE Marcel, «Chronique de la répression», *Esprit*, n° 305, avril 1964, pp. 551−557.

MARAGNÈS Daniel, «Contre la mort lente», *Les Antilles dans l'impasse ?*, Paris, Éditions Caribéennes, 1981, pp. 55−85.

MARSEILLE Jacques, *Empire colonial et capitalisme français : Histoire d'un divorce*, Paris, Albin Michel, 2005.

MENCÉ Gesner, *L'Affaire de L'O.J.A.M ou le «Complot du Mardi-Gras»*, Fort-de-France, Éditions Désormeaux, 2001.

MESLIEN Sylvie, *La canne à sucre et ses enjeux aux Antilles françaises :*

KASSAB-CHARFI, Samia, *Patrick Chamoiseau*, Paris, Gallimard/Institut français, 2012.（『パトリック・シャモワゾー』塚本昌則、中村隆之訳、アンスティチュ・フランセ、2012年［電子書籍］）

KATEB Yacine, *Nedjma*, Paris, Seuil, 1956.（『ネジュマ』島田尚一訳、現代企画室、1994年）

——, *Le Poète comme un boxeur : entretiens* 1958-1989, Paris, Seuil, 1994.

KELLEY Robin, *Freedom Dreams : The Black Radical Imagination*, Boston, Beacon Press, 2002.（『フリーダム・ドリームス——アメリカ黒人文化運動の歴史的想像力』高廣凡子、篠原雅武訳、人文書院、2011年）

KINCAID Jamaica, *A Small Place*, New York, Farrar, Straus & Giroux Inc., 1988.（『小さな場所』旦敬介訳、平凡社、1997年）

LABAT Jean-Baptiste, *Voyages aux isles de l'Amérique*（*Antilles*）*1693–1705*, 2 vols, Paris, L'Harmattan, 2005［1931］.『仏領アンティル諸島滞在記』佐野泰雄訳、岩波書店, 2003年.

LAVENTURE, Luc（ed.）, *La Révolution antillaise*, Paris, Eyrolles, 2009.

LECLERCQ Sophie, *La rançon du colonialisme : les surréalistes face aux mythes de la France coloniale*（1919–1962）, Paris, Les Presses du Réel, 2010.

LEFEBVRE Henri, *Critique de la vie quotidienne : Introduction*, Paris, Grasset, 1947.（『日常生活批判序説』田中仁彦訳、現代思潮社、1978年）

——, *Critique de la vie quotidienne II : Fondaments d'une sociologie de la quotidienneté*, Paris, L'Arche, 1961.（『日常生活批判 2』奥山秀美訳、現代思潮社、1970年）

LEIRIS Michel, «Martinique, Guadeloupe, Haïti», *Les Temps Modernes*, n° 52, fév. 1950, pp. 1345–1368.（「マルティニック、グアドループ、ハイチ」『日常生活の中の聖なるもの』岡谷公二訳、思潮社、1986年、35–78頁）

——, *Contacts de civilisations en Martinique et en Guadeloupe*, Paris, Unesco/Gallimard, 1955.

——, «L'Afrique fantôme», in *Miroir de l'Afrique*, Paris, Gallimard, coll. «Quatro», pp. 61–868.（『幻のアフリカ』岡谷公二、田中淳一、高橋達明訳、平凡社ライブラリー、2010年［単刊本1995年］）

LÉOTIN Marie-Hélène, *Martinique : La grève de février* 1900, sans lieu,

Falaize, 1956.（「インド」恒川邦夫訳『《クレオール》な詩人たちI』思潮社、2012年、242－281頁）

——, *La Lézarde*, Paris, Seuil, 1958.（『レザルド川』恒川邦夫訳、現代企画室、2003年）

——, «Culture et colonisation», *Esprit*, n°305, avr.1962, pp. 588－595.

——, *Le discours antillais*, Paris, Seuil, 1981.

——, «La dépossession», *Le discours antillais, op. cit.*, pp. 58-73.（「剝　奪」星埜守之訳『思想』1037号（2010年9月）、62－76頁）

——, *La terre le feu l'eau et les vents : Une anthologie de la poésie du Tout-monde*, Paris, Galaade, 2010.

GOUNONGBÉ Ari et KESTELOOT Lilyan, *Les grandes figures de la Négrtiude : Paroles Privées*, Paris, L'Harmattan, 2007.

GRATIANT Georges, «Sur trois tombes», *Les Cahiers du patrimoine*, numéro intitulé «Révoltes et luttes sociales en Martinique», n°27, nov. 2009, pp. 120－123.

GUÉRIN Daniel, *Les Antilles décolonisées*, avec une introduction d'Aimé Césaire, Paris, Présence Africaine, 1986.

HALE Thomas, «Les écrits d'Aimé Césaire : Bibliographie commentée», in *Études françaises*, vol 14, n° 3 － 4 , 1978, pp. 221－498.

HEARN Lafcadio, «Conte Coulibri», *Trois fois bel conte*, traduit par Serge Denis avec le texte original en créole antillais, Vaduz（Liechtenstein）, Calivran Anstalt, 1978［1932］, pp. 127－131.（小泉八雲「ハチドリの話」平川祐弘編『クレオール物語』西成彦訳、講談社学術文庫、1991年、308－313頁）

HOLLIER Denis（éd.）, *Le collège de sociologie*, Paris, Gallimard, 1979.（『聖社会学』兼子正勝、中沢信一、西谷修訳、工作舎、1987年）

HOSKYNS Catherine, *The Congo since independence : January 1960－December 1961*, London, Oxford University Press, 1965.（『コンゴ独立史』土屋哲訳、みすず書房、1966年）

HULME Peter, *Colonial Encounters : Europe and the Native Caribbean*, 1492－1797, London and New York, Routledge, 1992.（『征服の修辞学』岩尾龍太郎、本橋哲也、正木恒夫訳、法政大学出版局、1995年）

JAMES C.L.R., *The Black Jacobins*, London, Penguin Books, 2001［1938］.（『ブラック・ジャコバン』青木芳夫監訳、大村書店、1991年）

——, «L'Hospitalisation de jour en psychiatrie, valeur et limites», en collaboration avec C. Geronimi, *L'Information psychiatrique*, volume 51, n° 10, *op. cit.*, pp. 1117-1130.

——, «Peau noire, masques blancs», in *Œuvres*, Paris, La Découverte, 2011, pp. 63－251.（『黒い皮膚・白い仮面』海老坂武、加藤晴久訳、みすず書房、1998年）

——, «L'An V de la révolution algérienne», in *Œuvres, op. cit.*, pp. 261－418.（『革命の社会学』宮ヶ谷徳三、花輪莞爾、海老坂武訳、みすず書房、1984年）

——, «Les Damnés de la terre», in *Œuvres, op. cit.*, pp. 449－676.（『地に呪われたる者』鈴木道彦、浦野衣子訳、みすず書房、1969年）

——, «Pour la révolution africaine», in *Œuvres, op. cit.*, pp. 689－878.（『アフリカ革命に向けて』北山晴一訳、みすず書房、1984年）

FILOSTRAT Christian, *Negritude Agonistes, Assimilation against Nationalism in the French-speaking Caribbean and Guyane*, Cherry Hille (New Jersey, USA), Africana Homestead Legacy Publishers, 2008.

FONKOUA Romuald, *Aimé Césaire*, Paris, Perrin, 2010.

FOURASTIÉ Jean, *Les Trentes Glorieuses*, Paris, Fayard, coll. «Pluriel», 2011.

FREYE Gilberto, *Terres du sucre*, traduit du portugais par Jean Orecchioni, Paris, 1956.

——, *Casa-grande & Senzala : formaçao dä família brasileira sob o regime da economia patriarcal*, Rio de Janeiro, José Olympio, 1980.（『大邸宅《カザグランデ》と奴隷小屋《センザーラ》——ブラジルにおける家父長制家族の形成』鈴木茂訳、日本経済評論社、2005年）

GAMA Raymond et SAINTON Jean-Pierre, *Mé* 67, seconde édition, Port-Louis (Gaudeloupe), 2011.

GASTON-MARTIN, *Nantes au XVIIIe siècle : L'Ère des négriers* (1714－1774), Paris, Librairie Félix Alcan, 1931.

GIDE André, *Voyage au Congo*, Paris, Gallimard, coll. «Folio», 1995.（『コンゴ紀行』河盛好蔵訳、岩波文庫、1938年）

GIRCOUR Frédéric et REY Nicolas, *LKP, Guadeloupe : le mouvement des 44 jours*, Paris, Syllepse, 2010.

GLISSANT Édouard, *Les Indes : Poème de l'une et l'autre terre*, Paris,

（食人種）』高橋啓訳、青土社、2003年）
DAMAS Léon-Gontran (ed.), *Poètes d'expression française* 1900−1945, Paris, Seuil, 1947.
——, «Un clochard m'a demandé dix sous», in *Pigments, Névralgies*, édition établie et postfacée par Sandrine Poujols, Paris, Présence Africaine, 2007.（「乞食がおれに10スウくれと手を出した」『世界黒人詩集』嶋岡晨、松田忠徳訳、飯塚書店, 1975年、14−16頁）
DEBORD Guy, *Société du Spectacle*, Paris, Gallimard, 1992.（『スペクタクルの社会』木下誠訳、ちくま学芸文庫、2003年）
——, «Perspectives de modifications conscientes dans la vie quotidienne» (texte numérique).（「日常生活の意識的変更のパースペクティヴ」木下誠訳、「シチュアシオニスト・オンライン文庫」［電子版］）
DESSARRE Ève, *Cauchemar antillais*, Paris, François Maspero, 1965.
DEWITTE Phillipe, *Mouvements nègres en France* 1919−1939, Paris, L'Harmattan, 1985.
DIANÉ Charles, *La FEANF et les grandes heures du mouvement syndical étudiant noir*, Paris, Éditions Chaka.
DIOP Alioune, «*Niam n'goura* ou les raisons d'être de *Présence Africaine*», *Présence Africaine*, n° 1, nov.-déc.1947, réédition, Paris, Présence Africaine, 1997, pp. 7−14.
——, «Discours d'ouverture», *Présence Africaine*, numéro spécial intitulé «Le Premier Congrès International des Écrivains et Artistes Noirs», nouvelle série, n° 8-9-19, juin-nov.1956, pp. 9-18.
DRACIUS Suzanne, SAMLONG Jean-François et THÉOBALD Gérard, *La Crise de l'outre-mer français : Guadeloupe, Martinique, Réunion*, Paris, L'Harmattan, 2009.
DU TERTRE R.P., *Histoire générale des Antilles habitées par les François*, Tome III, Paris, Chez Tomas Jolly, 1667 (édition numérique).
ENTIOPE Gabriel, *Nègres, danse et résistance : La Caraïbe du XVIIe siècle au XIXe siècle*, Paris, L'Harmattan, 1996.（『ニグロ、ダンス、抵抗』石塚道子訳、人文書院、2001年［原著の改訂・編集版］）
FANON Frantz, «La Socialthérapie dans un service d'hommes muslmans», en collaboration avec J. Azoulay, *L'Information psychiatrique*, volume 51, n° 10, décembre 1975, pp. 1095−1106.

antillaises et continentales de la littérature, Haïti, Guadeloupe, Martinique, Guyane 1635-1975. Paris, Gallimard, 1991.（『クレオールとは何か』西谷修訳、平凡社ライブラリー、2004年［単刊本1995年］）

CHÂTEAU-DEGAT Richard et PLACIDE Louis-Georges, «Les émeutes de décembre 1959 : un tournant historique», *Les Cahiers du patrimoine*, numéro intitulé «Révoltes et luttes sociales en Martinique», n° 27, nov. 2009, pp. 104－119.

COLOMB Christophe, *La découverte de l'Amérique*, 2 vols, traduit de l'espagnol par Soledad Estorach et Michel Lequenne, Paris, La Découverte, 2002.

CONDÉ Maryse, *Moi, Tituba, sorcière noire de Salem*, Paris, Mercure de France, 1986.（『わたしはティチューバ』風呂本惇子、西井のぶ子訳、新水社、1998年）

——, *La vie scélérate*, Paris, Éditions Seghers, 1988.（『生命の樹』管啓次郎訳、平凡社、1998年）

CONDORCET, *Réflexions sur l'esclavage des nègres*, Flammarion, 2009.

CONFIANT Raphaël, *Eau de Café*, Éditions Grasset et Fasquelle, 1991.（『コーヒーの水』塚本昌則訳、紀伊國屋書店、1999年）

——, *Aimé Césaire : Une traversée paradoxale du siècle*, Paris, Écriture, 2006.

——, «Lettre d'un homme de trente ans à Aimé Césaire», in *Aimé Césaire, op. cit.*, pp. 333-336.（「エメ・セゼールへの手紙」星埜守之訳『現代思想』25巻1号（1997年1月）、71－75頁）

——, «Souvenirs du Tout-monde», *Antilla*, n° 1442, 10 fév. 2011, pp. 5-6.（「全－世界《トゥーモンド》の記憶」大辻都訳『現代詩手帖』2011年4月号、62－71頁）

CO.GA.SO.D., *Le procès des Guadeloupéens : 18 patriotes devant la Cour de Sureté de l'État français*, sans lieu, CO.GA.SO.D., 1969.

CO.PA.GUA, *Mai* 1967, Saint-Anne（Guadeloupe）, 2008.

CORZANI Jack, «Maryse Condé», in *Dictionnaire encyclopédique Désormeaux*, sous la direction de Jack Corzani, tome 3, Fort-de-France, Éditions Désormeaux, 1992, pp. 706－707.

COURSIL Jacques, «Éloge de la muette», *Linx*（revue des linguistes de l'Université Paris-Ouest Nanterre La Défense）, n° 10, 1998, pp. 149－166.

DAENINCKX Didier, *Cannibales*, Paris, Éditions Verdier, 1998.（『カニバル

ス・トレーズへの手紙」砂野幸稔訳『現代思想』1997年1月号、60－70頁）
——, «Réponse à Depestre poète haïtien (éléments d'un art poétique)》in *Présence Africaine* n°1-2, nouvelle série, avr.-juil. 1955, pp. 113－115.（「ルネ・デペストルへの返事——詩法の諸要素」砂野幸稔訳『現代思想』1997年1月号、54-59頁）
——, «Pour un gréviste assassiné», *Présence Africaine*, nouvelle série, n° 1-2, avr.-juil. 1955, pp. 120－121.
——, «L'homme de culture et ses résponsabilités», in *Présence Africaine*, numéro spécial intitulé «Le Deuxième Congrès des Écrivains et Artistes Noirs», nouvelle série, n°24-25, fév.-mai.1959, pp. 116－122.
——, «Présentation», in *Tropiques* 1941-1942, réédition, Paris, Jean-Michel Place, 1978.
——, «En guise de manifeste littéraire», in *Tropiques* 1941－1942, *op. cit.*.
——, «Entretien avec Aimé Césaire par Jacqueline Leiner», in *Tropiques* 1941-1942, op. cit., pp. V-XXIV.
——, «Hommage à Victor Schœlcher», in *Tropiques* 1943－1945, réédition, Paris, Jean-Michel Place, 1978.
——, *Cahier d'un retour au pays natal*, Paris, Présence Africaine, 1983.（『帰郷ノート／植民地主義論』砂野幸稔訳、前掲）
——, *Nègre je suis, nègre je resterai : Entretiens avec Françoise Vergès*, Paris, Albin Michel, 2005.（『ニグロとして生きる』立花英裕、中村隆之訳、法政大学出版局, 2011年）
——, «Victor Schœlcher et l'abolition de l'esclavage», in Victor Schœlcher, *Esclavage et colonisation*, Paris, PUF, 2008, pp. 1－28.
CÉSAIRE Suzanne, «Misère d'une poésie, John Antoine-Nau», in *Tropiques* 1941-1942, réédition, Paris, Jean-Michel Place, 1978.
CHAMOISEAU Patrick, *Texaco*, Paris, Gallimard, 1992.（『テキサコ（上・下）』星埜守之訳、平凡社、1997年）
——, *Écrire en pays dominé*, Paris, Gallimard, 1997.
——, *Biblique des derniers gestes*, Paris, Gallimard, 2002.（『カリブ海偽典——最期の身ぶりによる聖書的物語』塚本昌則訳、紀伊國屋書店, 2010年）
CHAMOISEAU Patrick et CONIANT Raphaël, *Lettres créoles : Tracées*

BRATHWAITE Edward Kamau, "Caribbean Man in Space and Time ", John Hearne (ed.), *Carifesta Forum : An Anthology of 20 Caribbean Voices*, Kingston, Institute of Jamaica and Jamaica Journal, 1976, pp. 199－208.

BRELEUR Ernest, CHAMOISEAU Patrick, DOMI Serge, DELVER Gérard, GLISSANT Édouard, PIGEARD DE GURBERT Guillaume, PORTECOP Olivier, PULVAR Olivier, WILLIAM Jean-Claude, *Manifeste pour les «produiits» de haute nécessité*, Paris, Galaade, 2009.（「高度必需品宣言」中村隆之訳『思想』1037号・2010年９月、８－16頁）

BRETON André, *Martinique charmeuse de serpents*, Paris, Jean-Jacques Pauvert, 1972.（「震えるピン」『アンドレ・ブルトン集成４』大槻鉄男訳、人文書院、1970年、211―223頁．ブルトン＋マッソン「クレオールの対話」鈴木雅雄訳『文化解体の想像力』鈴木雅雄、真島一郎編、人文書院、2000年、157－168頁）

BURTON Richard, «Négritude, Antillanité and Créolité», Richard Burton and Fred Reno (ed.), *French and West Indian : Martinque, Guadeloupe, and French Guiana Today*, Charlotteville and London, University Press of Virginia, 1995, pp. 137－166.

BUTEL Paul, *Histoire des Antilles françaises : XVIIe–XX^e^siècle*, Paris, Perrin, coll. «tempus», 2007.

CABANIS André G. et MARTIN Michel L., «La question économique et l'abolition de l'esclavage dans le discours révolutionnaire, 1791-1794》, Michel L. Martin et Alain Yacou (eds.), *De la Révolution française aux révolutions créoles et nègres*, Editions Caribéennes, 1989, pp. 69－80.

CALLY Sully, *Musiques et danses afro-caraïbes*, Paris, Éditions Caribéennes, 1990.（『カリブの音楽とダンス』大串久美子訳、勁草書房、1996年）

CELMA Cécile, «Le mouvement ouvrier aux Antilles de la première guerre mondiale à 1939», *Historial antillais*, tome 5, Pointe-à-Pitre, Éditions Dahani, 1981.

CÉSAIRE Aimé, *Le discours sur le colonialisme*, Paris, Réclame, 1950.（『帰郷ノート／植民地主義論』砂野幸稔訳、平凡社ライブラリー、2004年［単刊本1997年］）

――, *Lettre à Maurice Thorez*, Paris, Présence Africaine, 1956.「モーリ

1976.
——, «De la culture guadeloupéenne...de l'indépendance...», *Les Temps Modernes*, n° 441-442, avr.-mai 1983, pp. 2004－2025.
BENOT Yves, *Indépendances africaines*, vol. 2, Paris, Maspero, 1975.（『自立するアフリカ――イデオロギーと現実』片岡幸彦訳、新評論, 1981年）
——, *Les députés africains au Palais Bourbon : de* 1914 *à* 1958, Paris, Éditions Chaka, 1989.
——, *Massacres coloniaux* 1944-1950 *: la IVᵉ République et la mise au pas des colonies françaises*, Paris, La Découverte, 2001.
BERNABÉ Jean, «On a souvent l'impression que la langue créole n'a pas besoin d'être étudiée...», *Antilla*, n° 1405, du 27 mai au 03 juin 2010, pp. 4－11.
BERNABÉ Jean, CHAMOISEAU Patrick et CONFIANT Raphaël, *Éloge de la Créolité*, édition bilingue français/anglais, Paris, Gallimard, 1993.（『クレオール礼賛』恒川邦夫訳、平凡社、1997年）
BERRIAN Brenda F., *Awakening spaces : French Caribbean Popular Songs, Music, and Culture*, The University of Chicago Press, Chicago and London, 2000.
BICKERTON Derek, *Roots of Language*, Ann Arbor, Karoma Publishers, 1981.（『言語のルーツ』筧寿雄、西光義弘、和井田紀子訳、大修館書店, 1985年）
BISSETTE Cyrille, *De la situation des gens de couleurs libres aux Antilles françaises*, Paris, L'Imprimerie de J. Mac Carthy, 1823.
BLANCHOT Maurice, *Écrits politiques*（1958-1993）*: Guerre d'Algérie, Mai* 68 *etc*, Paris, Lignes-Léo Scheer, 2003.（『ブランショ政治論集1958――1993』安原伸一郎、西山雄二、郷原佳以訳、月曜社、2005年）
BLÉRALD Alain-Philippe, *Histoire économique de la Guadeloupe et de la Martinique : du XVIᵉ siècle à nos jours*, Paris, Karthala, 1986.
——, «Mouvements indépendantistes» in *Dictionnaire encyclopédique Désormeaux*, sous la direction de Jack Corzani, tome 6, Fort-de-France, Éditions Désormeaux, 1992, pp. 1756－1759.
BONNIOL Jean-Luc et als, *La Guadeloupe en bouleverse : 20 janvier* 2009 － 4 *mars* 2009, Point-à-Pitre, Éditions Jasor, 2009.
BOUKMAN Daniel, *Les négriers*, Paris, L'Harmattan, 1978.

レーニン、ウラジミール『帝国主義論』角田安正訳、光文社古典新訳文庫、2006年。

欧文（単行本、論文）

ABÉNON Lucien-René, *Petite histoire de la Guadeloupe*, Paris, L'Harmattan, 1996.

ABOU Antoine, «Université (l')», in *Dictionnaire encyclopédique Désormeaux*, sous la direction de Jack Corzani, tome 7, Fort-de-France, Éditions Désormeaux, 1992, pp. 2292－2299.

ACHILLE Louis-Thomas, «Préface» in *La Revue du Monde Noir : 1931-1932 Collection complète numéro 1 à 6*, réédition, Paris, Jean-Michel Place, 1992, pp. vii-xvii.

ADÉLAÏDE-MERLANDE Jacques, *Les origines du mouvement ouvrier en Martinique* 1870-1900, Paris, Karthala, 2000.

——, *Histoire contemporaine de la Caraïbe et des Guyanes : de* 1945 *à nos jours*, Paris, Karthala, 2002.

AGERON Charles-Robert, *Histoire de l'Algérie comtemporaine* 1830-1999, Paris, PUF, 1999.（『アルジェリア近現代史』私市正年、中島節子訳、白水社文庫クセジュ、2002年）

ANSELIN Alain, «L'émigration antillaise en France», in *Dictionnaire encyclopédique Désormeaux*, sous la direction de Jack Corzani, tome 4, Fort-de-France, Éditions Désormeaux, 1992, pp. 1013-1018.

ARC, «Proclamation de la section martiniquaise de l'Alliance Révolutionnaire Caraïbe», in Raphaël Confiant, *Aimé Césaire : Une traversée paradoxale du siècle*, Paris, Écriture, 2006, pp. 331-332.

BASSETTE Carlomann R., *Sony Rupaire, Nonmkali ou la poésie de l'engagement an Péyi Gwadloup*, Port-Louis, Éditions Lespwisavann, 2011.

BATAILLE Georges et al., *Acéphale*, Paris, Jean-Michel Place, 1980.（『無頭人《アセファル》』兼子正勝、鈴木創士、中沢信一訳、現代思潮新社、1999年）

BEAUDOUX Édith Kováts, *Les Blancs créoles de la Martinique : Une minorité dominante*, Paris, L'Harmattan, 2009.

BEAUVOIR, Simone de, *La Force des choses*, Paris, Gallimard, 1963.（『或る戦後』下巻、朝吹登水子、二宮フサ訳、紀伊國屋書店、1965年）

BEBEL-GISLER Dany, *La langue créole, force jugulée*, Paris, L'Harmattan,

――「フランス海外県ゼネストの史的背景と「高度必需」の思想」『思想』1037号（2010年９月）、17－34頁。

――『フランス語圏カリブ海文学小史』風響社、2011年。

――「クレオール」見田宗介編集顧問、大澤真幸、吉見俊哉、鷲田清一編『現代社会学事典』弘文堂、2012年、319－320頁。

西成彦「マルチニックの苦しみと奴隷文化の継承」『マルチニックの少年 オリジナル・サウンドトラック』オーマガトキ、2002年、２－６頁。

西川長夫『〈新〉植民地主義論――グローバル化時代の植民地主義を問う』平凡社、2006年。

――『パリ五月革命私論――転換点としての68年』平凡社新書、2011年。

西谷修「解説」パトリック・シャモワゾー、ラファエル・コンフィアン『クレオールとは何か』平凡社ライブラリー、2004年、341－358頁。

服部春彦「アンシャン・レジームの経済と社会」柴田三千雄、樺山紘一、福井憲彦編『フランス史２』山川出版社、1996年、３－67頁。

服部春彦、谷川稔編著『フランス近代史』ミネルヴァ書房、1993年。

浜忠雄『ハイチ革命とフランス革命』北海道大学図書刊行会、1998年。

――『ハイチからの問い』岩波書店、2003年。

平田周「第二次世界大戦後フランスにおける資本蓄積のプロセスの変化――アンリ・ルフェーヴルにおける日常生活と都市の主題の交錯点」『言語・地域文化研究』16号（2010年３月）、東京外国語大学大学院、15－36頁。

平野千果子『フランス植民地主義の歴史』人文書院、2002年。

ビュテル、ポール『近代世界商業とフランス経済』深沢克己、藤井真理訳、同文館、1998年。

星埜守之「カリブ海とシュルレアリスム――エメ・セゼールと『トロピック』を巡って」塚本昌則、鈴木雅雄編『〈前衛〉とは何か？〈後衛〉とは何か？――文学史の虚構と近代性の時間』平凡社、2010年、507－520頁。

福井憲彦「二十世紀の文化と社会」柴田三千雄、樺山紘一、福井憲彦編『フランス史３』山川出版社、1995年、459－503頁。

宮本正興、松田素二編『新書アフリカ史』講談社現代新書、1997年。

本橋哲也『ポストコロニアリズム』岩波新書、2005年。

ラス・カサス、バルトロメ・デ『インディアスの破壊についての簡潔な報告』染田秀藤訳、岩波文庫、1976年。

昭ほか編訳・解説)、松籟社、2000年。

河野健二『フランス現代史』山川出版社、1977年。

河野健二編『資料　フランス革命』岩波書店、1989年。

紀平英作「戦間期と第二次世界大戦」有賀貞、大下尚一、志邨晃佑、平野孝編『アメリカ史2』山川出版社、1993年、197－318頁。

工藤庸子『ヨーロッパ文明批判序説』東京大学出版会、2003年。

コロンブス『全航海の報告』林屋永吉訳、岩波文庫、2011年。

コンデ、マリーズ『越境するクレオール　マリーズ・コンデ講演集』三浦信孝編訳、岩波書店、2001年。

桜井由躬雄、石澤良昭『東南アジア現代史 Ⅲ』山川出版社、1977年。

管啓次郎「訳者あとがき」マリーズ・コンデ『生命の樹』平凡社、1998年、418－432頁。

須藤昭子『ハイチ　復興への祈り――80歳の国際支援』岩波ブックレット、2010年。

砂野幸稔「大正期に翻訳されたフランス黒人小説――ルネ・マラン『バトゥアラ』と日本の知識人」『アフリカ文学研究』第4号（1994年2号)、1－25頁。

――「「黒人シュルレアリスト」と戦後――セゼールとシュルレアリスム」『現代詩手帖』2001年4月号、80－88頁。

ダオメ、ジャッキー「アンティルのアイデンティティと〈クレオール性〉」元木淳子訳、複数文化研究会編『〈複数文化〉のために』人文書院、1998年、155－177頁。

高多彬臣『エマニュエル・ムーニエ、生涯と思想』青弓社、2005年。

田中勝則「カリブ海から世界に広がる“赤い糸”」『ノイズ』12号（1991年12月)、35－44頁。

田中克彦『クレオール語と日本語』岩波セミナーブックス、1999年。

谷昌親「植民地博覧会に降る雨――1931年のシュルレアリスム」『人文論集』42号（2004年2月)、早稲田大学法学会、127－150頁。

恒川邦夫「フランス語系クレオール（諸）語」『言語文化』43号（2006年12月)、一橋大学紀要、83－103頁。

永井敦子「ジュール・モヌロの転成」『現代詩手帖』2001年4月号、89－97頁。

中村隆之「ハチドリ通信　第一回　グアドループ、マルティニック、レユニオンの社会運動」『リプレーザ』第2期1号、105－109頁。

参考文献

日本語

池本幸三、布留川正博、下山晃『近代世界と奴隷制』人文書院、1995年。

石塚道子「地に呪われたる者は立ち上がったのか——マルティニクの植民地解放プロジェクト」石塚道子、田沼幸子、冨山一郎編『ポスト・ユートピアの人類学』人文書院、2008年、71－110頁。

今井勉「クレオール文化学入門篇——テクスト・映像・音楽を手がかりとして」『基礎研究（C）（２）研究成果報告書「仏語表現クレオール文学の詩学」』2005、21－38頁。

海原峻『フランス共産党史』現代の理論社、1967年。

——『フランス現代史』平凡社、1974年。

——『フランス社会党小史』新泉社、1979年。

海老坂武『フランツ・ファノン』みすず書房、2006年。

海老原政彦「歴史と地域性が織りなす優雅な色彩——カリとの対話をきっかけに探るマルチニック音楽の不思議」『ノイズ』12号（1991年12月）、45－53頁。

大江健三郎×パトリック・シャモワゾー（司会・堀江敏幸）「文学の力——クレオール的未来のために」『群像』2013年２月号、188－203頁。

太田悠介「エティエンヌ・バリバールの脱植民地化論——「国民社会国家」批判の一理路」『言語・地域文化研究』15号（2009年３月）、東京外国語大学大学院、111－134頁。

大山礼子「地方自治と分権化改革」奥島孝康、中村紘一編『フランスの政治』早稲田大学出版部、1993年、82－106頁。

尾崎文太「エメ・セゼールの戯曲作品と政治思想——1940年代から1960年代まで」一橋大学大学院言語社会研究科提出博士論文、2008年。

小田英郎『アフリカ現代史Ⅲ』山川出版社、1986年。

尾立要子「エメ・セゼールの「脱植民地化」における理念——分権化と自治政策の検討を通して」『相関社会科学』11号（2001年３月）、東京大学大学院総合文化研究科国際社会科学専攻、66－83頁。

梶田孝道「戦後フランスの国家と社会変動」柴田三千雄、樺山紘一、福井憲彦編『フランス史３』山川出版社、1995年、387－457頁。

ガタリ、フェリックスほか著『精神の管理社会をどう超えるか？』（杉村昌

図41 「エドゥアール・グリッサン」Corzani, *La littérature des Antilles-Guyane françaises*, tome 4, p. 115.
図42 「ラマンタンとフォール＝ド＝フランス間の高速道路」筆者撮影（マルティニック）
図43 「マルティニック、フォール＝ド＝フランス郊外のハイパーマーケット」筆者撮影（マルティニック）

第五章

図44 「「モルヌ・ルージュ協定」パンフレット表紙」http://www.mon-traykreyol.org/spip.php?article1833
図45 「GRS機関誌『トランシェ』のヴァンサン・プラコリ追悼号表紙（1993年）」
図46 「ソニ・リペ『…この砕けたヤマイモがわが生地』表紙（1971年）」
図47 「デモを先導するソニ・リペ」Corzani, *La littérature des Antilles-Guyane françaises* ,tome 5, p. 139.
図48 「ダニ・ベベル＝ジズレ『クレオール語、押し殺された力』表紙（1976年）」
図49 「グオ＝カの達人ヴェロの石像」筆者撮影（グアドループ）
図50 「ラファエル・コンフィアン『コド・ヤム』表紙」
図51 「『アンティーヤ』1164号表紙（2005年10月12日）」
図52 「『ノイズ』カリブ海特集号表紙（1991年12月）」
図53 「カリのマキシシングル「この島売ります」（1992年）」CDジャケット
図54 「カッサヴの1986年ゼニスでの実況録音盤」CDジャケット
図55 「週刊誌『アンティーヤ』特別版表紙」

終　章

図56 「エリ・ドモタ氏」筆者撮影（グアドループ）
図57 「グアドループ共済組合県協会の建物」筆者撮影（グアドループ）
図58 「エメ・セゼール像」筆者撮影（マルティニック）
図59 「ハイチの震災後に開かれたラクゼミ」筆者撮影（マルティニック）
図60 「ラクゼミのマーク」*Lakouzémi* (*journal*), numéro 1, août 2009, p. 1.
図61 「『高度必需品宣言』パンフレット表紙」

図23 「第1回黒人作家芸術家会議の様子」*Gradhiva*, numéro 10, 2009, p. 114.

図24 「フランツ・ファノン」Fanon, *Peau noire, masques blancs*, Seuil, 1965, p. 4.

図25 「ブリダ精神病院」*Algérie Littérature/Action*, numéro 153 - 156, 2011, p. 68.

図26 「投石にあったヨーロッパ・ホテル」*Les cahiers du patrimoine*, numéro 27, 2009, p. 107.

図27 「「騒擾」時のフォール=ド=フランス」*Les cahiers du patrimoine*, numéro 27, 2009, p. 111.

図28 「第2回黒人作家芸術家会議でのグリッサンとベヴィル」Corzani, *La littérature des Antilles-Guyane françaises*, tome 4, p. 21.

図29 「押収された『プレザンス・アフリケーヌ』誌フランス領カリブ特集号表紙」

図30 「逮捕されたパトリス・ルムンバ」*Cent poèmes d'Aimé Césaire*, p. 81.

第四章

図31 「ドキュメンタリー『フランサフリック』」DVD ジャケット

図32 「グラシアン『3つの墓石に』表紙」*Les cahiers du patrimoine*, numéro 27, 2009, p. 121.

図33 「『マトゥーバ』誌表紙」Loza, *Les étudiants martiniquais en France*, tome 1, p. 117.

図34 「ポワン=タ=ピトルのロリシスク地区における GONG のグラフィティ」Gama et Sainton, *Mé* 67, p. 38.

図35 「『GONG インフォメーション』特別号表紙」Bassette,*Sony Rupaire Nonmkali*, p. 120.

図36 「ひっくり返されたサンスキーの車」Gama et Sainton, *Mé 67*, p. 67.

図37 「ポワン=タ=ピトル地図」Plan de la ville de Pointe-à-Pitre, Les îles de Guadeloupe（comité du tourisme）.

図38 「「67年5月」のフレスコ壁画」筆者撮影（グアドループ）

図39 「グアドループ人を法廷で擁護するサルトルを報じる記事」CO.PA. GUA., *Mai* 1967, p. 57.

図40 「国を去るな、BUMIDOM 反対」*L'Avenir est ailleurs*, film d'Antoine Leonard-Maestrati, 2006.

図版出典一覧

第一章

図1　「刻まれた岩」筆者撮影（グアドループ）
図2　「発酵タンク」筆者撮影（マルティニック）
図3　「熱帯林」筆者撮影（グアドループ）
図4　「トゥサン・ルーヴェルチュールの肖像」筆者撮影（ボルドー・アキテーヌ博物館）

第二章

図5　「シリル・ビセット」*Historial Antillais*, tome 6, p. 50.
図6　「ヴィクトル・シェルシェール」*Historial Antillais*, tome 6, p. 52.
図7　「エジェシップ・レジティミュス」*Historial Antillais*, tome 4, p. 339
図8　「ジョゼフ・ラグロジリエール」*Historial Antillais*, tome 4, p. 363.
図9　「ポーレット・ナルダル」*Dictionnaire encyclopédique Désormeaux*, tome 6, p. 1775.
図10　「クラマールの文学サロンが開かれたアパルトマン」筆者撮影（パリ）
図11　「『黒人世界評論』表紙（再刊版）」
図12　「『正当防衛（レジティム・デファンス）』表紙（再刊版）」
図13　「セゼール『帰郷ノート』表紙（1956年版）」
図14　「フォール＝ド＝フランス」筆者撮影（マルティニック）
図15　「エメ・セゼール」Corzani, *La littérature des Antilles-Guyane françaises*, tome 4, p. 177.
図16　「シュザンヌ・セゼール」『トロピック』誌・中表紙
図17　「『トロピック』表紙（再刊版）」

第三章

図18　「アリウン・ジョップ」*Gradhiva*, numéro 10, 2009, p. 7.
図19　「『プレザンス・アフリケーヌ』創刊号表紙（復刻版）」
図20　「セゼール『太陽、切られた首』表紙」
図21　「サンゴール『黒い生贄』表紙」
図22　「レクラム社版『植民地主義論』表紙」

ロック、アラン　Alain Locke　106, 107
ロートレアモン　Lautréamont　134, 136
ロベール、ジョルジュ（提督）　Georges Robert（Amiral）　126, 127, 129, 133, 135, 136, 281
ロリア、マルセル（ヴェロ）　Marcel Lollia（Vélo）　316
ロワイヤル、セゴレーヌ　Ségolène Royal　380

ワ行

ンクルマ、クワメ　Kwame Nkrumah　232, 236

モヌロ、ジュール（子） Jules Monnerot 95, 96, 109, 110, 134, 137
モファ、フランツ Frantz Moffat 207, 208
モブツ、セセ・セコ Mobutu Sese Seko 220
モンショアシ Monchoachi 323-325, 385-387, 389
モンテスキュー、シャルル＝ルイ・ド Charles-Louis de Montesquieu 61

ヤ行

ヤコノ、グザヴィエ Xavier Yacono 156
ユーグ、ヴィクトル Victor Hugues 65

ラ行

ライト、リチャード Richard Wright 187
ラコスト、ロベール Robert Lacoste 194, 195
ラグロジリエール、ジョゼフ Joseph Lagrosillière 94-96, 98, 139, 304
ラス・カサス、バルトロメ・デ Bartolomé de las Casas 39
ラドルゾー、フランソワ François Ladrezeau 383
ラベマナンジャラ、ジャック Jacques Rabemananjara 158, 187
ラマルティーヌ、アルフォンス・ド Alphonse de Lamartine 67-69
ラミング、ジョージ George Lamming 187
ラム、ヴィフレド Wifredo Lam 167
リシュリュー Richelieu 54
リペ、ソニ（リュペール、ソニー） Soni Ripé (Sonny Rupaire) 310-314, 360, 384
ルイ14世 Louis XIV 54
ルイ・フィリップ1世 Louis-Philippe 67
ルーヴェルチュール、トゥサン Toussaint Louverture 65, 66, 156, 244
ルクレルク、ソフィー Sophie Leclercq 104
ルネ＝コライユ、ジョゼフ Joseph René-Corail 251
ルフェーヴル、アンリ Henri Lefebvre 271-273, 288
ルムンバ、パトリス Patrice Lumumba 219, 220, 221, 234
レジティミュス、エジェシップ Hégésippe Jean Légitimus 94, 95
レーニン、ウラジミール Vladimir Lenin 158, 160, 236
レネット、リュック Luc Reinette 335
レピーヌ、エドゥアール・ド Édouard De Lépine 306
レリス、ミシェル Michel Leiris 165, 171-173, 175, 176, 182, 213, 261, 318
レロ、エティエンヌ Etienne Léro 110-112, 168
ロイ、ジャン Jean Roy 57
ロジーヌ、ポール（ポロ・ロジーヌ） Paul Rosine 339, 340
ロス、クリスティン Kristin Ross 269-271

フロベニウス、レオ　Leo Frobenius　109, 162
ベヴィル、アルベール（ポール・ニジェール）　Albert Béville（Paul Niger）　213-215, 217, 218, 243, 245, 247, 279, 280
ベイカー、ジョセフィン　Josephine Baker　105
ペタン、フィリップ　Philippe Pétain　126-128, 135
ベノ、イヴ　Yves Benot　232
ベベル＝ジズレ、ダニ　Dany Bebel-Gisler　314, 320
ベリアン、ブレンダ　Brenda Berrian　339
ベール（海軍大尉）　Bayle（Lieutenant de Vaisseau）　134
ベルナベ、ジャン　Jean Bernabé　321, 322, 325, 337, 347-354, 360
ベルナベ、ジョビ　Joby Bernabé　325
ベロアール、ジョスリンヌ　Jocelyne Béroard　345
プレネル、アラン　Alain Plénel　240
ホーチミン　Ho Chi Minh　156, 160
ボードレール、シャルル　Charles Baudelaire　129

マ行

マザラン、ジュール　Jules Mazarin　55
マッケイ、クロード　Claude McKay　107, 111
マッソン、アンドレ　André Masson　132
マノ、ギイ・レヴィ　Guy Lévis Mano　116
マラニェス、ダニエル　Daniel Maragnès　302, 307
マラルメ、ステファヌ　Stéphane Mallarmé　129, 136
マラン、ルネ　René Maran　106, 108, 111, 357
マーリー、ボブ　Bob Marley　341
マリ＝ジャンヌ、アルフレド　Alfred Marie-Jeanne　308, 309
マルシャル、フレディ　Freddy Marshall　343
マルセイユ、ジャック　Jacques Marseille　236
マルロー、アンドレ　André Malraux　200, 212
マンヴィル、マルセル Marcel Manville　213-215, 217, 240, 243, 245, 260, 264
マンセ、ジェスネ　Gesner Mencé　249
ミッテラン、フランソワ　François Mitterrand　235, 326, 327, 329, 330
ムッサ、ピエール　Pierre Moussa　236
ムーニエ、エマニュエル　Emmanuel Mounier　163, 164
メニル、ルネ　René Menil　109, 111, 128, 131, 132, 134, 136, 171
毛沢東　308, 309
モナ、ユジェーヌ　Eugène Mona　341, 382
モヌロ、ジュール（父）　Jules Monnerot　95

ナルダル、ポーレット　Paulette Nardal　105, 107, 108
ニコラ、アルマン　Armand Nicolas　96, 101
西成彦　339
西川長夫　355
西谷修　355, 356
ネストール、ジャック　Jacques Nestor　253, 258

ハ行

ハーッジュ、メサーリー　Messali Hadj　157
パスィ、イポリット　Hippolyte Passy　68
パポン、モーリス　Maurice Papon　237
浜忠雄　62, 66
パルシー、ユーザン　Euzhan Palcy　41, 339
バルスト、コロ　Kolo Barst　384, 385
ハーン、ラフカディオ　Lafcadio Hearn　132
バンケ、パトリック　Patrick Benquet　235
ピエ、アンリ　Henri Pied　326
ピカソ、パブロ　Pablo Picasso　106, 186
ビセット、シリル　Cyrille Bissette　80-82
ビソル、レオポル　Léopold Bissol　139, 140
ビッカートン、デレク　Derek Bickerton　320
ビノ、ジャック　Jacques Bino　376
ヒューズ、ラングストン　Langston Hughes　107, 111
ヒューム、ピーター　Peter Hulme　35
平野千果子　69
ファノン、ジョビ　Joby Fanon　205
ファノン、フランツ　Frantz Fanon　136, 190-206, 210, 211, 213, 214, 216, 217, 221-223, 240, 244, 252, 275, 277, 310, 313, 318, 319, 394
ファブリック、ギイ・ド　Guy de Fabrique　175
フォカール、ジャック　Jacques Foccart　235, 258
ブックマン、ダニエル　Daniel Boukman　222, 277, 278, 310, 325
プライス＝マルス、ジャン　Jean Price-Mars　108, 187
プラコリ、ヴァンサン　Vincent Placoly　306, 307, 360
ブラスウェイト、エドワード・カマウ　Edward Kamau Brathwaite　28
ブリソ、ジャック・ピエール　Jacques Pierre Brissot　61, 62
ブルトン、アンドレ　André Breton　104, 110, 130, 131, 132, 136, 167, 171
フレイレ、ジルベルト　Gilberto de Mello Freyre　42
ブレラルド、アラン　Alain Blérald　303, 332

ダオメ、ジャッキー　Jacky Dahomay　26
ダルシエール、カミーユ　Camille Darsières　336
チャンカ、ディエゴ　Diego Álvarez Chanca　33, 34
チョンベ、モイズ　Moïse Tshombe　220
ツァラ、トリスタン　Tristan Tzara　106
恒川邦夫　322
ティ＝エミール　Ti-Émile　382
デヴァリユー、ジャコブ　Jacob Desvarieux　345
デグラ、エクトル　Hector Déglas 265, 266
デサリーヌ、ジャン＝ジャック　Jean-Jacques Dessalines　307
デサール、エヴ　Ève Dessarre　278, 279
デシミュス、ジョルジュ　Georges Décimus　345
デシミュス、ピエール＝エドゥアール　Pierre-Edouard Décimus　343, 346
デスタン、ジスカール　Giscard d'Estaing　326, 327
デナンクス、ディディエ　Didier Daeninckx　103
デナンビュック、ピエール　Pierre Belain d'Esnambuc　54
デュ・テルトル、ジャン・バティスト　Jean-Baptiste Du Tertre　44-46
デュクロ、ジャック　Jacques Duclos　181
デルグレス、ルイ　Louis Delgrès　66, 244, 245, 311, 334
デルシャム、トニー　Tony Delsham　326
ドゥフェール、ガストン　Gaston Defferre　188
ドゥブレ、ミシェル　Michel Debré　240, 286
ドゥペストル、ルネ　René Depestre　186, 325
ドゥボール、ギー　Guy Debord　271-273, 288
トゥーレ、サモリ　Samory Touré　205
トゥーレ、セク　Ahmed Sékou Touré　189, 199, 203, 205, 358
トクヴィル、アレクシ・ド　Alexis de Tocqueville　67
ドゴール、シャルル　Charles de Gaulle　126, 135, 139, 154, 158, 159, 198, 200, 202, 210, 212, 218, 219, 234, 235, 237, 256, 258, 286
トスケイェス、フランシスコ　Francesc Tosquelles　191, 192
ドモタ、エリ　Elie Domota　13, 374-377, 400
トレーズ、モーリス　Maurice Thorez　159, 183, 205

ナ行

中村とうよう　338
ナポレオン１世　Napoléon Bonaparte　65-68
ナルダル、アンドレ　Andrée Nardal　105, 107
ナルダル、ジャンヌ　Jeanne Nardal　105, 107, 108

サンスキー　Srnsky　256
サン＝テロワ、パトリック　Patrick Saint-Éloi　345
サンドラール、ブレーズ　Blaise Cendrars　106
サントン、ジャン＝ピエール　Jean-Pierre Sainton　251
サントン、ピエール＝マチュー　Pierre-Mathieu Sainton　261, 265
ジェイムズ、C・L・R　Cyril Lionel Robert James　60
シェルシェール、ヴィクトル　Victor Schœlcher　69, 70, 78, 81-83, 99, 100, 102, 109, 121, 126, 128, 129, 137, 138, 141, 166, 168, 178, 179, 190
ジッド、アンドレ　André Gide　163, 164, 186
ジャキノ、ルイ　Louis Jacquinot　234
ジャーニュ、ブレーズ　Blaise Diagne　154
シャモワゾー、パトリック　Patrick Chamoiseau　15, 16, 30, 287, 288, 306, 326, 337, 347-352, 355, 357, 358, 362, 363, 369, 391-396
ジョップ、アリウン　Alioune Diop　162, 164, 165, 187, 203, 213
ジョップ、シェイク・アンタ　Cheikh Anta Diop　182, 187
シラク、ジャック　Jacques Chirac　235
ジラール、ロザン　Rosan Girard　260
ジロドゥ、ジャン　Jean Giraudoux　118
スターリン、ヨシフ　Joseph Stalin　184
ステリオ、アレクサンドル　Alexandre Stellio　315
須藤昭子　390, 391
砂野幸稔　114
スミス、アダム　Adam Smith　52, 61
セゼール、エマニュエル（マノ・セゼール）　Emmanuel Césaire　339
セゼール、エメ　Aimé Césaire　98-100, 102, 105, 107-109, 112-115, 118-121, 125-129, 131-134, 136-141, 153, 154, 160, 161, 164, 166-168, 173-187, 190, 194, 199-203, 205, 206, 210, 212, 216, 222, 241, 253, 261-263, 265, 278, 281, 284, 289, 304, 306, 318, 325, 327, 329-331, 333, 336, 339, 353-355, 379-381, 384, 394
セゼール（旧姓ルースィ）、シュザンヌ　Suzanne Césaire　125-128, 131-134
セレスト、シェリュバン　Chérubin Céleste　310
ゾベル、ジョゼフ　Joseph Zobel　41, 101

タ行

高多彬臣　164
田中勝則　339
ダマス、レオン＝ゴントラン　Léon-Gontran Damas　113, 115, 120, 121, 161, 166-168, 306
タマール、ラルフ　Ralph Thamar　340

カテブ、ヤシン　Kateb Yacine　152, 237
カミュ、アルベール　Albert Camus　165
カリ、シュリ　Sully Cally　315
カリ　Kali　340-342
カルティエ、レイモン　Raymond Cartier　236
キンケイド、ジャメイカ　Jamaica Kincaid　22, 23
工藤庸子　69
グサヴィエ＝ヴェルシャヴ、フランソワ François-Xavier Verschave　234
クノー、レイモン　Raymond Queneau　118
グベリナ、ペタル　Petar Guberina　118, 119
グラシアン、ジルベール　Gilbert Gratiant　111, 319
グラシアン、ジョルジュ　Georges Gratiant　129, 131, 132, 136, 241
グレゴワール、アンリ　Henri Grégoire　61
グリッサン、エドゥアール　Édouard Glissant　15, 16, 28, 29, 112, 171, 213-215, 217, 218, 242-248, 269, 279-284, 286, 289, 291, 297-303, 330, 354, 362, 363, 369-371, 373, 394, 396, 400
クルシル、ジャック　Jacques Coursil　361, 362
クンデラ、ミラン　Milan Kundera　347
ケステロート、リリアン　Lilyan Kesteloot　203, 204
ゲード、ジュール　Jules Guesde　94
ゲラン、ダニエル　Daniel Guérin　182, 183, 185, 261, 278
ココ、ドミニク　Dominik Coco　383, 384
コルベール、ジャン－バティスト　Jean-Baptiste Colbert　54-57, 89, 299
コロンブス、クリストファー（クリストバル・コロン）Cristóbal Colón　28, 31-34, 36, 38, 45, 344, 357, 386
コンデ、ママドゥ　Mamadou Condé　358
コンデ、マリーズ　Maryse Condé　358, 359
コンドルセ　Condorcet　61, 62
コンフィアン、ラファエル　Raphaël Confiant　30, 222, 223, 282, 287, 289, 306, 324-326, 330, 332, 333, 337, 349-352, 355, 358, 360

サ行

サジュー、レオ　Léo Sajous　108
サルコジ、ニコラ　Nicolas Sarközy　235, 380
サルトル、ジャン＝ポール　Jean-Paul Sartre　164-166, 168-170, 186, 221, 261, 263, 264, 266-268, 312
サンゴール、レオポル・セダール　Léopold Sédar Senghor　102, 107, 109, 113, 115, 161, 162, 164, 166, 168, 187, 199, 213

人名索引

ア行

アポリネール、ギヨーム　Guillaume Apollinaire　106
アラゴン、ルイ　Louis Aragon　104, 186
アレクシ、ジャック・ステファン　Jacques Stéphen Alexis　187
アリケール、アンドレ　André Aliker　97, 98, 175, 380
アリケール、マルセル　Marcel Aliker　98
アントワーヌ、レジ　Régis Antoine　325, 372
アンパテ・バ、アマドゥ　Amadou Hampâté Bâ　187
石塚道子　303, 372
ウィリアムズ、エリック　Eric Eustace Williams　50-55, 203, 279
ウィルバーフォース、ウィリアム　William Wilberforce　51
ウォルコット、デレク　Derek Walcott　357
ヴォルテール　Voltaire　61
ウフェ＝ボワニ、フェリックス　Félix Houphouët-Boigny　155, 188, 199, 234
海老坂武　193
エチャール、サルヴァ　Salvat Etchart　261
エティアンブル、ルネ　René Etiemble　358
海老原政彦　341
エブエ、フェリックス　Félix Eboué　108
エリュアール、ポール　Paul Éluard　104
エルサン、ロベール　Robert Hersant　286
大江健三郎　392-394
オバマ、バラク　Barack Hussein Obama　11
オベリー、ウジェーヌ　Eugène Aubéry　97, 98, 175
オベリー、ロジェ　Roger Aubéry　240, 241
オランド、フランソワ　François Hollande　380

カ行

カサブブ、ジョゼフ　Joseph Kasa-Vubu　219, 220
カス、ジェルマン　ermain Casse　93
カタイエ、ジュスタン　Justin Catayée　280
片岡幸彦　232, 234
ガタリ、フェリックス　Félix Guattari　191

著者紹介

中村隆之（なかむら　たかゆき）

1975年生。明治学院大学文学部フランス文学科卒業。一橋大学大学院言語社会研究科修士課程および東京外国語大学大学院地域文化研究科博士後期課程修了。アンティーユ・ギュイヤンヌ大学およびフランス国立社会科学高等研究院での研究滞在を経て、現在、大東文化大学外国語学部専任講師。専攻はフランス語圏カリブ海文学・地域研究。著書に『フランス語圏カリブ海文学小史』（風響社、2011年）、論文に「フランス海外県ゼネストの史的背景と「高度必需」の思想」（『思想』2010年9月号）、「グリッサンの〈全－世界〉(1)」（『思想』2013年5月号）、訳書にA・セゼール『ニグロとして生きる』（共訳、法政大学出版局、2011年）、E・グリッサン『フォークナー、ミシシッピ』（インスクリプト、2012年）、S・カッサーブ＝シャルフィ『パトリック・シャモワゾー』（共訳、アンスティチュ・フランセ、2012年）など。

ISBN978-4-409-04105-5 C3010

カリブ-世界論
植民地主義に抗う複数の場所と歴史

二〇一三年八月一〇日　初版第一刷印刷
二〇一三年八月二〇日　初版第一刷発行

著　者　中村隆之
発行者　渡辺博史
発行所　人文書院
〒六一二-八四四七
京都市伏見区竹田西内畑町九
電話〇七五(六〇三)一三四四
振替〇一〇〇〇-八-一一〇三
印刷　亜細亜印刷株式会社
製本　坂井製本所
装丁　間村俊一